Renoir

Photographie de Renoir
vers 1875
(Paris, Musée d'Orsay).

Hayward Gallery
Londres
30 janvier-21 avril 1985

Galeries nationales du Grand Palais
Paris
14 mai-2 septembre 1985

Museum of Fine Arts
Boston
9 octobre 1985-5 janvier 1986

Renoir

Ministère de la Culture
Éditions de la Réunion des musées nationaux

Cette exposition, qui a bénéficié du soutien d'I B M,
a été organisée par
l'Arts Council of Great Britain à Londres,
le Museum of Fine Arts à Boston,
et la Réunion des musées nationaux à Paris,
avec pour la présentation française,
la collaboration du Musée d'Orsay,
des services techniques du Musée du Louvre
et des galeries nationales du Grand Palais.

Couverture :
La danse à Bougival (détail)
cat. 66

ISBN 2-7118-2000-9

Commissaires

Anne Distel
Conservateur au Musée d'Orsay, Paris

assistée d'Isabelle Cahn

John House
Courtauld Institute of Art, Londres

John Walsh, Jr.
Directeur du J. Paul Getty Museum, Santa Monica
précédemment conservateur au Museum of Fine Arts de Boston

assistés de Susan Ferleger Brades,
Arts Council of Great Britain

Administrateur des galeries nationales du Grand Palais
Germaine Pélegrin

Que toutes les personnalités qui ont permis par leurs généreux concours
la réalisation de cette exposition trouvent ici l'expression de notre gratitude
et tout particulièrement :

Durand-Ruel, Paris
M. et Mme Alexander Lewyt
Mme Rodolphe Meier de Schauensee

The Estate of the late Sir Charles Clore
ainsi que celles qui ont préféré garder l'anonymat.

Nos remerciements s'adressent également
aux responsables des collections suivantes :

Autriche
Vienne   Kunsthistorisches Museum

Brésil
Sâo Paulo   Museu de Arte de Sâo Paulo, Assis
                          Chateaubriand

Canada
Toronto   Art Gallery of Ontario

États-Unis d'Amérique
Baltimore   The Baltimore Museum of Art
Boston   Museum of Fine Arts
Brooklyn   The Brooklyn Museum
Cambridge   Fogg Art Museum, Harvard University
Chicago   The Art Institute of Chicago
Hartford   Wadsworth Atheneum
Houston   The Museum of Fine Arts
Kansas City   The Nelson-Atkins Museum of Art
Minneapolis   The Minneapolis Institute of Arts
New Haven   Yale University Art Gallery
New York   The Metropolitan Museum of Art
Omaha   Joslyn Art Museum
Philadelphia   Philadelphia Museum of Art
Pittsburg   Museum of Art, Carnegie Institute
Portland (Oregon)   Portland Art Museum
Providence   Museum of Art, Rhode Island School of Design
Saint Louis   The Saint Louis Art Museum
Saint Petersburg (Floride) Museum of Fine Arts
San Francisco   The Fine Arts Museums of San Francisco
Toledo   The Toledo Museum of Art
Washington   National Gallery of Art,
                          The Phillips Collection
West Palm Beach   Norton Gallery and School of Art
Williamstown   Sterling and Francine Clark Art Institute

France

Cagnes-sur-Mer	Musée des Collettes
Lyon	Musée des Beaux-Arts
Paris	Musée Marmottan
	Musée de l'Orangerie, Collection Walter-Guillaume
	Musée d'Orsay, Galerie du Jeu de Paume

Grande Bretagne

Aberdeen	Aberdeen Art Gallery and Museums
Cambridge	The Fitzwilliam Museum
Cardiff	National Museum of Wales
Londres	British Rail Pension Fund
	Courtauld Institute Galleries
	The National Gallery
	Tate Gallery

Japon

Hiroshima	Hiroshima Museum of Art
Tokyo	The National Museum of Western Art

Pays Bas

Otterlo	Rijksmuseum Kröller-Müller

République fédérale d'Allemagne

Berlin	Staatliche Museen Preussischer Kulturbesitz, Nationalgalerie
Cologne	Wallraf-Richartz Museum
Hambourg	Hamburger Kunsthalle

Suède

Stockholm	Nationalmuseum

Suisse

Bâle	Kunstmuseum

Tchécoslovaquie

Prague	Národní Galerie

U.R.S.S.

Leningrad	Musée de l'Ermitage
Moscou	Musée des Beaux-Arts Pouchkine

Les organisateurs de l'exposition souhaitent exprimer leur vive gratitude à M. et Mme Charles Durand-Ruel pour leur aide toute particulière ainsi qu'à France Daguet, et Caroline Godfroy pour les recherches menées dans les Archives Durand-Ruel.

Nous souhaiterions également remercier les officiers et employés de l'Etat-Civil qui en France ont permis de préciser de nombreux détails biographiques ainsi que tous ceux qui, au cours de la préparation de l'exposition et du catalogue, nous ont apporté leur aide :

William Acquavella, Hélène Adhémar, Eve Alonso, Juliet Wilson Bareau, William Beadleston, Mme J.M. Beecham, Maria van Berge, François Bergot, Marie-Laure Bernadac, Ernst Beyeler, Annette Blaugurund, Marina Bocquillon, Richard Brettell, David Brooke, Harry Brooks, Kevin Buchanan, Christopher Burge, Claire Bustarret, Françoise Cachin, Jean-Gilles Cahn, David B. Cass, Claude Chambolle-Tournon, François Chapon, M. Jacques Chardeau, Hubert Collin, Me. Albert Collet, Philippe Comte, Desmond Corcoran, Claude Cosneau, Götz Czymmek, Anne D'Harnoncourt, MM. Dauberville, Marie Amynthe Denis, Lieutenant-Colonel Denisse, Georges Dussaule, M. Dutar, Dennis Farr, Sarah Faunce, Richard L. Feigen, Mme Walter Feilchenfeldt, Andrew Forge, M. Philippe Gangnat, Tamar Garb, Louis-Marcel Garriga, Christian Geelhaar, Mme Jacqueline George-Besson, Mary Giffard, Pontus Grate, Hélène Guicharneaud, Lynne Hanke, Paula H. Harper, M. Henkels, M. Henriquet, Jacqueline Henry, Norman Hirschl, Michel Hoog, Jill House, Ay-Whang Hsia, M. Kellermann, Peter Krieger, Monique Laÿ, Peter Lasko, Marie-Agnès Le Bayon, Jean-Charles Lebœuf, Sir Michael Levey, Susanne Lindsay, Nancy Little, Hugh Macandrew, Madeleine Marcheix, Marlborough Fine Art (London) Ltd., Caroline Mathieu, Auguste Menez, Hamish Miles, Michael Milkovich, Charles Moffett, Sophie Monneret, Alexandra Murphy, David Nash, Philippe Néagu, Sasha Newman, Oriane Norembuena, Mme Nouel, Pamela S. Parry, Sylvie Patin, Anne Pingeot, Père Ploix, François Pomarède, Evelyne Possémé, James Purcell, Robert Ratcliffe, Gaillard Ravenel, Mme D. Rémy, John Rewald, Aileen Ribeiro, Michèle Richet, Joseph Rishel, Anne Roquebert, Elisabeth Salvan, M. Edouard Senn, Frances Smyth, Claude Souviron, Michel Strauss, Charles Stuckey, Martin Summers, M. Suriano, David Sylvester, Antoine Terrasse, E. V. Thaw, Gary Tinterow et Michael Wilson.

Sommaire

Avant-propos

Renoir est peut-être le plus populaire des peintres impressionnistes et pourtant, cela peut paraître surprenant, il n'y a pas eu d'exposition rétrospective de son œuvre à Paris depuis 1933, en Grande-Bretagne depuis 1953 et en Amérique depuis 1973.

Cette exposition se propose d'examiner dans son ensemble la carrière de Renoir, sa contribution au mouvement impressionniste et ses rapports avec la tradition picturale européenne comme peintre de figures et comme paysagiste.

Cette manifestation fait suite à celles consacrées à Millet et à Courbet organisées conjointement par l'Arts Council of Great Britain et la Réunion des musées nationaux en 1976 et en 1978, et, plus récemment, à la rétrospective Pissarro qui eut lieu en 1980 avec la participation du Museum of Fine Arts de Boston.

L'Arts Council a assuré le secrétariat administratif de l'exposition avec la collaboration de la Réunion des musées nationaux et du Museum of Fine Arts. Le soin de sélectionner les plus belles peintures de Renoir, artiste prodigieusement prolifique, a été entrepris de manière savante et enthousiaste par John House, Anne Distel et John Walsh, Jr., auxquels nous sommes particulièrement reconnaissants. Le catalogue a été rédigé par le Dr. John House et Anne Distel et nous voudrions les en remercier ici ainsi que Sir Lawrence Gowing qui a écrit un essai d'introduction.

Nous voudrions, d'autre part, exprimer notre gratitude à tous ceux qui nous ont aidés de leurs conseils au cours de la préparation de l'exposition et du catalogue et dont les noms se trouvent à la page 8.

Que soit également et vivement remerciée ici IBM Corporation pour le soutien financier apporté à cette exposition.

L'exposition a été rendue possible grâce à la généreuse collaboration des propriétaires de peintures de Renoir qui ont accepté de prêter des œuvres majeures pour une très longue période. Leurs noms figurent pages 6 et 7.

Joanna Drew
Director of Art, Arts Council of Great Britain

Hubert Landais
Directeur des musées de France

Jan Fontein
Director, Museum of Fine Arts, Boston

John House

Les mondes de Renoir

Au premier abord, les peintures de Renoir nous présentent un monde sans problèmes et sans incertitudes : un monde aux visages souriants et aux couleurs lumineuses, évoqué par une technique apparemment spontanée. Leur facilité d'accès a valu une immense popularité à bon nombre de ses images. Mais est-ce là Renoir tout entier ? Et même, ne serait-ce pas une demi-vérité en ce qui concerne l'homme et son art ? Au cours des vingt dernières années, cette image de l'artiste s'est considérablement enrichie, mais elle a été essentiellement soutenue par un livre remarquable, *Pierre-Auguste Renoir, mon père,* dans lequel Jean Renoir raconte ses souvenirs et évoque la vieillesse du peintre, le tout filtré à travers l'expérience vécue, également riche, de son fils cinéaste[1]. Mais quand nous analysons les sources évoquant les débuts de Renoir — années pour lesquelles nous ne disposons pas d'un témoignage aussi éloquent — nous nous trouvons devant un tableau plus confus et plus contradictoire : sa vie et son art se sont construits autour de contradictions qui nous obligent à reconsidérer nos premières impressions.

Son art ne s'est pas développé en ligne droite, loin de là. En 1879, on l'avait salué comme un peintre qui excellait à rendre la vie quotidienne du Paris moderne, et pourtant, en 1886, il affirmait l'importance capitale du nu[2]. Entre 1870 et 1880, il avait mis au point une technique apparemment facile proche de l'esquisse, et pourtant il a passé les dix années suivantes dans l'ombre d'Ingres et des artistes de la Renaissance, s'enseignant à lui-même à peindre et à dessiner ; et même, lorsqu'à partir de 1890, sa peinture eût retrouvé sa facilité, il recommandait l'étude de Mantegna qui, selon lui, était un élément nécessaire de la formation d'un peintre[3].

Sur le plan social également, sa situation était contradictoire. Il était issu d'une famille ouvrière mais les clients et les amis qu'il cultivait appartenaient à la riche bourgeoisie et ceux-ci, pendant dix ans, ne se sont pas aperçus de sa liaison avec une femme de la classe ouvrière, jusqu'à son mariage, en 1890, cinq ans après la naissance de leur premier enfant. Sa mine et sa manière d'être démentaient la sérénité apparente de son art. Toujours agité et nerveux, il était mal à l'aise en société, et il exprimait souvent des opinions contradictoires. Il se tourmentait continuellement au sujet du bien fondé des techniques qu'il employait, faisant sans cesse de rapides esquisses, même quand il n'avait rien à exprimer. Rares, si tant est qu'il y en ait eu, sont celles qui ont été détruites, et c'est à cette absence de tri que nous devons la quantité de toiles authentiques,

1   J. Renoir 1962 ; malgré ses inexactitudes historiques, le livre de J. Renoir est la source d'information la plus riche qui existe sur l'attitude de Renoir vis-à-vis de la vie.
2   E. Renoir 1879, in Venturi 1939, II, pp. 334-8 ; Rouart 1950, p. 128 (carnet de Berthe Morisot, 11 janvier 1886).
3   Baudot 1949, p. 30

mais insignifiantes, qui ont tant nui à sa réputation. Si nous voulons prendre la mesure de l'artiste, il nous faudra réexaminer dans toute leur diversité ses peintures les plus achevées, les plus totalement abouties. Toutefois, nous ne comprendrons bien cette diversité qu'en analysant les contradictions cachées derrière la vie et l'art de l'homme qu'il fut.

Le père de Renoir était tailleur; il avait quitté Limoges pour venir à Paris alors que Renoir avait environ trois ans; peu avant 1870, il se retira et alla habiter Louveciennes avec la mère de Renoir. Celui-ci a dit plus tard que la mécanisation avait mis en danger le métier de son père[4]. Mais entre 1860 et 1870, la vie de Renoir aussi avait changé à cause de l'évolution des techniques : son premier métier de peintre sur porcelaine chez un certain M. Lévy avait été rendu caduc par l'invasion des produits faits à la machine qui détruisaient le marché des produits peints à la main[5]. Ainsi donc, Renoir, dans sa jeunesse, avait reçu sa première formation artistique sous forme d'un apprentissage traditionnel, et il avait été témoin, tant dans son métier que dans celui de son père, de la destruction des traditions artisanales par la machine. Ces expériences ont créé chez lui des attitudes et des préjugés que Renoir a conservés toute sa vie — attitudes qui dépassaient le simple regret causé par la disparition des habiletés manuelles pour devenir nostalgie d'une structure sociale qui avait rendu possibles ces méthodes de production.

En étudiant chez Gleyre et en entrant à l'Ecole des Beaux-Arts, Renoir quittait la tradition artisanale de l'apprentissage pour les métho-des d'éducation codifiées d'une école d'art. En décidant de devenir peintre, il quittait un métier pour entrer dans une profession — il quittait la classe des ouvriers qualifiés dans laquelle il était né pour entrer dans une activité qui était essentiellement bourgeoise au milieu du XIXe siècle. Par la suite, Renoir admettait qu'il était un bourgeois, mais il soutenait aussi qu'il était resté un « ouvrier de la peinture »[6]. Les amis qu'il s'était faits dans sa nouvelle carrière appartenaient à une classe différente de la sienne. Bazille (voir cat. n° 5) était le fils d'un agronome et viticulteur prospère du Midi qui soutenait les ambitions artistiques de son fils, Monet était le fils d'un épicier en gros du Havre, qui pouvait se permettre de donner une pension à son fils s'il le désirait. A l'inverse, Renoir semble n'avoir eu pour vivre que l'argent qu'il gagnait comme peintre décora-teur[7]. Ainsi, quand Bazille partageait son atelier avec ses amis, Monet jouait le rôle du bohème qui a rejeté l'autorité parentale, tandis que Renoir cherchait à vivre aux moindres frais. Deux autres bons amis de cette époque, Jules Le Cœur (voir cat. n° 4), fils d'un entrepreneur arrivé, et Sisley (voir cat. n° 5) avaient tous deux des parents qui pouvaient soulager la situation difficile de Renoir en lui commandant des por-traits.

Les cadres sociaux que Renoir s'était construits dans sa maturité reflétaient l'écart entre sa propre identité sociale et les milieux avec lesquels sa carrière de peintre le mettait en contact. Personnellement, il a mené une vie de nomade[8] dans une succession d'ateliers et d'appar-tements loués, même après son mariage avec Aline Charigot, en 1890, et la naissance de ses deux premiers fils, Pierre en 1885, et Jean en 1894. Wyzewa avait noté cette agitation, en 1903 : « Il a dans le sang un

4 J. Renoir 1962, pp. 37, 39-40.
5 Natanson 1896, p. 547; Vollard 1938, p. 146; J. Renoir 1962, pp. 75-6.
6 J. Renoir 1962, p. 223.
7 Après la peinture sur porcelaine, Renoir a gagné sa vie en peignant des stores (à ce sujet et pour d'autres informations biographiques voir la chronologie); les gains provenant de ces métiers semblent avoir servi à financer ses premières études de peinture (André 1928, p. 52). Rivière (1921, p. 11) pense qu'il a continué à travailler comme peintre décorateur parallèlement à ses études artistiques jusqu'à 1865 environ.
8 Deux de ses fils l'ont décrit en ces termes : J. Renoir 1962, pp. 204-5; C. Renoir 1960.

malheureux besoin de changer, que la maladie a aggravé. Il ne peut pas rester deux ans au même endroit : ses nerfs s'en impatientent, et il faut qu'il essaye d'être mieux ailleurs. Tel il a été toute sa vie comme Watteau jadis à qui vraiment il ressemble en mainte façon [sic]. »[9]

Depuis 1873 environ jusqu'à 1883, la vie de Renoir a eu pour centre son atelier de la rue Saint-Georges, à Paris, qui tenait beaucoup du logement d'artisan, et qui était devenu le point de rencontre du cercle que Georges Rivière a décrit plus tard avec tant d'éloquence[10]. Renoir était en termes amicaux avec ses camarades qui participaient avec lui aux expositions du groupe impressionniste, et Monet est toujours resté un ami intime ; mais Pissarro, autre outsider, est le seul de ce groupe à avoir fréquenté l'atelier de la rue Saint-Georges ; les autres habitués étaient pour la plupart plus jeunes que Renoir, et ils exerçaient des professions diverses. Vers 1880, Renoir fit la connaissance d'Aline Charigot, récemment arrivée de son village natal d'Essoyes, dans le sud de la Champagne, pour travailler comme couturière à Paris. Renoir l'a d'abord peinte sous les traits des jeunes modèles de ses scènes de la vie de la banlieue moderne (*voir* cat. nos 51, 68), mais, en particulier après la naissance de Pierre, en 1885, il en vint à l'associer à ses racines en la dépeignant comme une femme de la campagne (*voir* cat. nos 77, 78)[11]. Nous savons peu de choses sur sa vie de famille entre son départ de la rue Saint-Georges, vers 1883, et l'emménagement peu après son mariage, en 1890, au « Château des Brouillards », rue Girardon, à Montmartre. Là, Aline et lui menaient une vie simple et rustique, rejetant délibérément tous les pièges de la mode[12] ; il avait créé un autre groupe exempt de cérémonie de jeunes amis qui venaient le voir régulièrement, et il semble avoir entretenu des relations amicales et faciles avec bon nombre des jeunes artistes qui fréquentaient Montmartre[13]. Ses compagnons habituels de la rue Saint-Georges et du « Château des Brouillards » n'appartenaient pas au groupe de ses pairs. Il paraît avoir été plus à l'aise avec des gens avec lesquels il n'était pas en compétition ; quelques-uns étaient des non-conformistes comme lui, des excentriques comme le musicien Cabaner, et il y avait aussi de nombreux jeunes gens avec lesquels Renoir eut rapidement des relations détendues et sans façon.

Renoir n'a jamais possédé de maison ou d'appartement à Paris. C'est seulement en 1895 qu'Aline le persuada d'acheter dans son village natal d'Essoyes une maison qu'il ne désirait pas acquérir. Même à l'époque où il passait chaque hiver à Cagnes, sur la Côte d'Azur, et que sa mauvaise santé rendait encore plus désirable un foyer permanent, ce fut Aline qui poussa à la recherche d'une propriété ; c'est elle aussi, semble-t-il, qui insista pour faire construire une maison solide sur la propriété des Collettes qu'ils avaient achetée en 1907, au lieu de continuer à habiter la vieille ferme pittoresque qui y existait déjà[14]. Mais même devenu propriétaire, Renoir ne s'intégrait pas dans la communauté locale au sein de laquelle il vivait. A Essoyes, la maison des Renoir se trouvait dans le haut du village, parmi les vignerons et non pas avec les ouvriers agricoles ; mais pour les gens du cru, les bandes de bohèmes, aux accoutrements excentriques, qui venaient les voir en faisaient des étrangers : le village les tolérait, mais ils n'y étaient pas intégrés[15]. Cagnes

9 Duval 1961, p. 140 (journal de Wyzewa, 20 mars 1903).
10 Rivière 1921, en particulier pp. 61sqq. ; Rivière 1926, p. 925.
11 Sur la manière dont Renoir voyait Aline, J. Renoir 1962, pp. 253-6.
12 J. Renoir 1962, pp. 264-7, 276-7.
13 J. Renoir 1962, pp. 280-4 ; Jeanès 1946, pp. 29, 34.
14 Essoyes : Manet 1979, p. 74 ; Aline cherchait déjà une propriété à Cagnes avant que ne se présente l'occasion d'acheter les Collettes : Denis 1957, p. 35 (journal, février 1906) ; les Collettes : Robida 1959, p. 38 ; C. Renoir 1960.
15 J. Renoir 1962, pp. 357-8, 364-5.

et la maison qui s'y trouvait étaient encore plus éloignés des racines de Renoir. Son isolement n'était adouci que par les visiteurs, pour la plupart de jeunes artistes venus spécialement pour le voir ; dès avant la mort d'Aline, en 1915, Renoir avait loué un appartement à Nice tout proche pour échapper à cet isolement. Il écrivait à Albert André, en 1914 : « Je me plais beaucoup dans l'appartement de Nice. Je me sens moins abandonné qu'aux Collettes où je me crois dans un couvent. »[16]

L'autre aspect de la vie sociale de Renoir est plus étroitement lié à son art. Depuis 1875 environ, il s'était constitué un cercle de relations parmi les amateurs d'art riches et élégants, en grande partie grâce à ses rapports avec l'éditeur Charpentier et à sa femme (voir cat. n° 43). Les nombreuses commandes de portraits que ces relations apportèrent à Renoir furent pratiquement son seul gagne-pain entre 1876 et 1880 ; ensuite, le marchand de tableaux Durand-Ruel commença à lui acheter régulièrement des œuvres. Paul Berard, l'un des clients riches de Renoir, devint son ami pour toujours, apparemment parce qu'il préférait la vie de bohème à la compagnie des gens de son milieu[17]. Mais si les relations de Renoir avec ses clients étaient cordiales, elles n'en demeuraient pas moins, généralement, relativement distantes. Une chaude amitié pleine de bonne humeur s'était établie avec Mme Charpentier, dont il fréquentait le salon, mais en tenant compte de la différence qui existe entre une cliente et son « peintre ordinaire », comme il avait signé de façon expressive une lettre qu'il lui avait adressée peu après avoir fait son portrait, comparant pour plaisanter son rôle auprès de sa cliente bourgeoise, à celui du peintre de cour, dans son cher XVIIIe siècle[18].

Au cours des années 1890, les principales relations de Renoir avec la haute bourgeoisie artistique, sont celles qu'il a entretenues avec le cercle gravitant autour de Berthe Morisot — en particulier avec Mallarmé et Berthe Morisot elle-même —, relations dont la fille de cette dernière, Julie Manet, a fait un récit vivant et plein de sympathie dans son journal[19]. Ces amis le traitaient avec un grand respect et une camaraderie chaleureuse fort bien exprimés par la photographie de Degas montrant Renoir et Mallarmé ; mais le style de vie de Renoir a maintenu une différence entre lui et eux. Ils ont ignoré l'existence d'Aline jusqu'au jour où Renoir l'a amenée avec Pierre, alors âgé de six ans, à la campagne, chez Berthe Morisot, en 1891, un an après leur mariage. Leurs relations avec Aline devinrent cordiales, mais cette « femme très lourde », qui avait tant surpris Berthe Morisot lors de leur première rencontre, n'avait pas sa place dans ces milieux artistiques[20]. De même, dans le cercle de Mme Charpentier, le rôle de Renoir était celui de l'artiste génial et excentrique dans une cour cultivée. Renoir estimait aussi qu'un autre de ses clients et amis de ces mêmes années, Paul Gallimard était un vrai Français du XVIIIe siècle ; plus tard, quand il faisait les portraits de la famille Bernheim, de riches marchands de tableaux, il s'amusait à observer leur train de vie fastueux, mais toujours de l'extérieur[21].

Renoir ne faisait pas la moindre tentative pour rendre ses manières conformes aux normes en vigueur dans le monde élégant. Sa tenue à table sa gloutonnerie et son tic nerveux qui amusaient Berard, choquaient beaucoup la mère de Jacques-Émile Blanche. Un jour, il oublia de

16 Lettre de Renoir à André, 16 janvier 1914 (Paris, Institut Néerlandais, Fondation Custodia).
17 Blanche 1937, p. 37.
18 Lettre de Renoir à Mme Charpentier, 30 novembre 1878, in Florisoone 1938, p. 35.
19 Manet 1979.
20 Rouart 1950, pp. 160, 163.
21 Gallimard : J. Renoir 1962, p. 326 ; les Bernheim : J. Renoir 1962, pp. 442-3.

mettre son habit pour un grand dîner chez les Charpentier ; sa distraction proverbiale trouvait même place dans les échos mondains du temps[22].

Dans tous ses rôles sociaux, Renoir prenait soin d'accentuer sa différence, de souligner qu'il n'appartenait pas naturellement à ce milieu. Le récit de Jean Renoir fait penser qu'il se sentait bien plus à son aise dans le cercle de famille. Mais le fait qu'il n'ait épousé Aline que lorsque Pierre eût atteint l'âge scolaire (ce qui avait été soigneusement dissimulé à Jean), sa répugnance à acheter une maison, préférant la mobilité que lui permettait la location, suggèrent qu'il était peu disposé à s'engager dans le modèle de la famille nucléaire.

Ces paradoxes et ces contradictions reviennent dans les descriptions que les amis de Renoir ont faites de son comportement et de sa conversation. Ils parlent tous de ses manières inquiètes et agitées, de ses gestes nerveux, de sa parole volubile et saccadée. Sous cette agitation de surface, ses amis intimes trouvaient une simplicité et une cordialité foncières, bien qu'il ait paru misanthrope à d'autres observateurs[23]. Son anxiété s'exprimait d'une manière plus évidente dans le souci obsessionnel qu'il portait au bien-être de ses enfants — souci partagé par Aline[24]. Il détestait aussi l'inactivité, la solitude et le silence. Dès 1866, la sœur de Jules Le Cœur disait qu'il était « comme un corps sans âme quand il n'a rien en train ».

Jeanne Baudot se souvenait à quel point il avait le silence en horreur, toujours fredonnant, ou parlant à ses modèles ; sa maison aussi était toujours affairée et trépidante. Mais quand le bruit provenait d'un phonographe que quelqu'un avait donné à Jean, il déclarait que cet instrument « risque de détruire une grande richesse : le silence ! »[25]. Ce genre de contradictions était caractéristique de Renoir. Tout au long de sa vie, il lui fut difficile de prendre des décisions, changeant constamment ses plans, et changeant sans cesse les opinions qu'il venait d'exprimer[26]. Ainsi que Pissarro l'écrivait en 1887 : « Qui peut comprendre le plus changeant des hommes ? »[27]

C'est la versatilité de sa conversation qui a fait que ses amis furent prompts à condamner le livre de Vollard sur Renoir. Dans son compte rendu de cet ouvrage, George Besson affirmait citer les propres commentaires de Renoir sur les méthodes de Vollard : « Il transcrit nos conversations et mes opinions sur tout et sur rien... Dans une conversation entre familiers, toutes les boutades et les exagérations sont permises. Mais les reproduire telles quelles, c'est pour le public une duperie... J'ai eu dix avis différents sur le même sujet selon les jours et mon humeur. Je blague un artiste, un littérateur, un homme politique parce qu'il faut bien blaguer quelqu'un. Vollard n'a pas de tact, pas d'antennes. Il suffit que je dise une énormité pour qu'il soit ravi et se précipite aux cabinets pour la noter. » Selon Jean Renoir, son père réagit au livre de Vollard en des termes de beaucoup plus modérés[28].

Personne ne semble avoir mis en doute que Renoir ait réellement fait la plupart des remarques que Vollard lui a attribuées ; mais présenter ces remarques comme des expressions pareillement sérieuses et réfléchies de l'opinion de l'artiste peut les rendre trompeuses si on les isole du

22 Blanche 1949, pp. 443-4 (lettre de Mme Blanche au Dr Blanche, juillet 1881) ; dîner Charpentier : J. Renoir 1962, p. 139 ; distraction : Noutous 1883, p. 218, et E. Renoir 1879, in Venturi 1939, II, p. 337.

23 Renoir décrit par ses amis : Natanson 1896, p. 545 ; [Anon.], L'Eclair, 1892 ; Lecomte 1933, p. 529 ; Mallarmé, VI, 1981, pp. 191-2 (journal d'Henri de Régnier, décembre 1893) ; Renoir misanthrope : Jeanès 1946, p. 30.

24 Alexandre 1920, p. 9 ; C. Renoir 1970, p. 35 ; J. Renoir, 1962, pp. 259, 310-2.

25 [Anon.], Cahiers d'Aujourd'hui, 1921 ; Baudot 1949, p. 68 ; J. Renoir 1962, p. 325.

26 En 1866 : [Anon.], Cahiers d'Aujourd'hui, 1921 ; dans les années 1890 : Manet 1979, pp. 152, 206, 212 ; Renoir changeait souvent d'opinion suivant les personnes auxquelles il s'adressait, cf. Baudot 1949, p. 80, J. Renoir 1962, p. 142.

27 Pissarro 1950, p. 134 (lettre à Lucien, 23 février 1887).

28 Besson 1921 ; J. Renoir 1962, p. 16.

contexte dans lequel elles ont été émises. Le livre de Vollard demeure une source importante pour le lecteur d'aujourd'hui, mais son témoignage doit toujours être confronté aux informations venues d'autres sources. C'est pour éviter que l'on ne rapporte ses propos improvisés, dits en passant, que Renoir avait demandé à deux autres de ses premiers interviewers, Walter Pach et Albert André, d'éviter ce genre d'anecdotes ; le récit d'André, en particulier, reste l'expression la plus mesurée des opinions réfléchies de Renoir à la fin de sa vie[29].

Les incertitudes de Renoir n'étaient pas simplement d'ordre intime ; la pratique de la peinture le plongeait dans une perplexité perpétuelle. Les recherches ayant trait à ses problèmes techniques se sont concentrées, non sans raison, sur la période qui va de 1880 à 1890, période durant laquelle Renoir s'est délibérément mis à réapprendre le dessin et la peinture en étudiant les maîtres du passé, car il avait senti que sa technique des années 1870 avait été trop imprécise et pêchait trop par la forme[30]. Mais ses expérimentations au cours de ces années — sa recherche des moyens de réconcilier la ligne et la forme, le dessin et la couleur — ne doivent pas masquer le fait que, tout au long de sa carrière, il a eu l'impression que son habileté était insuffisante. Renoir a sans cesse poursuivi sa quête de la « vraie peinture » —, formule qu'il a employée dès 1866. Ce thème de la recherche et de la découverte revient constamment dans ses lettres, entre 1880 et 1890 ; il écrivait d'Italie à Deudon, en 1881 : « Je n'ose vous dire que j'ai trouvé puisque depuis environ vingt ans je crois avoir trouvé l'art. » Mais même vers 1895, alors que sa période d'expériences était évidemment passée, il était encore mécontent de son œuvre et affirmait qu'il ne savait ni peindre ni dessiner. Parmi ses dernières paroles il aurait affirmé, dit-on : « Je crois que je commence à y comprendre quelque chose. »[31]

La raison principale de son insatisfaction était son manque de formation technique réelle. Il répétait inlassablement que, d'abord et avant tout, un peintre devait apprendre son métier, et il attribuait la situation actuelle de l'art de peindre à l'effondrement de la tradition de l'apprentissage qui avait été remplacé par la formation mécanique dispensée par les écoles des beaux-arts, avec leur faux culte de la régularité[32]. Renoir a développé plus complètement ses attaques contre la régularité dans un brouillon rédigé vers 1884, projet pour une Société des irrégularistes, à une époque où ses incertitudes techniques avaient atteint leur apogée[33]. Par la suite, quand il parlait de son art, il mettait l'accent sur l'importance primordiale de l'expérience artisanale, valeur qui faisait écho au métier de son père et à sa première formation de peintre sur porcelaine, et il affirmait qu'il fallait dire de lui qu'il était un « peintre » ou même un « ouvrier de la peinture », plutôt qu'un artiste[34]. Il a toujours pris ses distances par rapport aux théoriciens et aux intellectuels de la peinture ; mais parfois aussi, il éprouvait le besoin de souligner que ses modestes revendications ne devaient pas être prises trop à la lettre, et que la peinture était quelque chose de plus qu'un simple artisanat : un véritable peintre avait besoin de « finesse et de charme » et aussi de « sérénité » ; son œuvre devait donner la preuve de la « suprématie de l'esprit »[35].

29 Lettre de Renoir à Pach, 28 mars 1911 (Yale University Library, copie du ms., Beinecke Rare Book and Manuscript Library) ; lettre de Renoir à André, 21 février 1918 (Paris, Institut Néerlandais, Fondation Custodia).

30 La meilleure description de la « crise » de Renoir, se trouve dans Vollard 1938, pp. 213-8, où elle est datée des « alentours de 1883 » ; les dates données par Vollard sont souvent inexactes, et celle-ci doit être tenue pour approximative.

31 1866 : formule rapportée dans une lettre de Jules Le Cœur à sa mère, 14 mai 1866, in Cooper 1959, p. 164 ; 1881 : lettre de Renoir à Durand-Ruel, datée d'Alger, mars 1881, in Venturi 1939, I, pp. 115-6 — cette lettre est antérieure au voyage de Renoir en Italie, qui est généralement considéré comme le début de sa « crise » ; lettre de Renoir à Deudon, de Naples ?, décembre 1881, in Schneider 1945, pp. 97-8 ; 1885 : lettres de Renoir à Berard et à Durand-Ruel, citées dans la notice du n° 77 ; vers 1895 : Manet 1979, p. 62 (1895) ; Natanson 1896, p. 547 ; 1919 : J. Renoir 1962, p. 457.

32 Baudot 1949, p. 12 ; J. Renoir 1962, p. 78 ; André 1928, pp. 12-4.

33 Brouillon de la proposition de Renoir, in Venturi 1939, I, pp. 127-9 ; un document du même ordre, in J. Renoir 1962, pp. 232-6, date probablement de la même époque. Pour les détails et la date du projet de Renoir, cf. Pissarro 1980, pp. 299-300 (lettres de Renoir et Lionel Nunès à Pissarro, et de Pissarro à Monet, mai 1884 ; on avait demandé à Nunès d'élaborer un texte à partir des notes de Renoir). L'idée d'un Abrégé de la grammaire des arts, titre que Renoir avait donné à ce projet de publication, répond évidemment à des manuels célèbres, comme la Grammaire des arts du dessin (1867) et la Grammaire des arts décoratifs (1882), de Charles Blanc. Bailly-Herzberg (in Pissarro 1980, p. 299) associe ce projet à la découverte par Renoir de Il Libro dell'arte, de Cennino Cennini ; Renoir écrivit une préface pour la traduction de Victor Mottez, publiée en 1911. Toutefois la date de sa découverte de ce livre demeure incertaine ; Vollard l'a située « aux alentours de 1883 », en même temps que les expériences techniques de Renoir (Vollard 1938, p. 216 ; cf. plus haut, et note 30), mais il est fort possible qu'il ait découvert ce livre deux ans trois ans plus tôt, et que cette lecture ait contribué à décider Renoir à aller en Italie, à la fin de 1881, afin d'étudier sur place les techniques de la Renaissance italienne.

34 André 1928, p. 62 ; J. Renoir 1962, p. 36.

35 Vollard 1938, pp. 221, 289-90 ; Pach 1950, p. 14.

L'inquiétude de Renoir s'est aussi reflétée dans son art, par la quantité de petites esquisses négligées. Il a parfois affirmé que c'étaient ses œuvres les plus expérimentales et les plus imaginatives[36]. Mais il a aussi avoué qu'il les faisait par paresse, lorsqu'il ne pouvait pas soutenir l'effort exigé par un tableau solidement construit[37]; d'après Alexandre, c'est pendant ses périodes d'inquiétude qu'il « multipliait les esquisses, en jetant une dizaine sur la même toile, çà et là, têtes de femmes ou d'enfants, fleurs, fruits, poissons, gibier, ce qui se trouvait à sa portée sur le moment »[38]. Il n'avait pas l'intention de les exposer[39], mais il a reconnu plus tard qu'il en avait vendues beaucoup afin de survivre, car il ne produisait pas suffisamment de tableaux substantiels. Au début de ce siècle déjà, les broutilles qu'il avait vendues avaient grandement nui à sa réputation[40]. Ce besoin continuel de peindre qui apparaît comme une sorte de tic nerveux, plutôt que comme un intérêt soutenu pour ce qu'il était en train de faire, est un symptôme supplémentaire de sa peur de l'inactivité et de son besoin d'occuper ses sens à tout prix afin de remédier à son anxiété.

Dans les conversations des dernières années de sa vie, Renoir a comparé maintes fois sa vie et sa carrière à un bouchon dans le courant d'un ruisseau, dont les mouvements sont dictés par les caprices de l'onde, et qui ne sait où il va[41]. Et certes, dans sa vie comme dans son art, nous le voyons souvent changer de cours, cherchant nerveusement, et souvent sans savoir ce qu'il cherche. Mais beaucoup de ses amis ont parlé du contraste saisissant entre ce Renoir qu'ils connaissaient si bien et les peintures qu'il produisait — peintures qui ne présentaient aucun signe de l'embarras et de l'anxiété de leur auteur, et montraient un monde paisible, que ne troublaient pas la méfiance ou les divisions sociales[42].

Renoir était intransigeant sur un point; il peignait pour le plaisir. On a souvent raconté son échange de mots avec Gleyre lorsqu'il étudiait à son atelier: « C'est sans doute pour vous amuser que vous faites de la peinture? — Mais certainement, et si ça ne m'amusait pas, je vous prie de croire que je n'en ferais pas. »[43] Dans sa vieillesse, alors que l'arthrite le rendait impotent, il était soutenu par sa faculté de pouvoir continuer à peindre; il écrivait à André, en 1910: « Heureuse peinture qui après tout donne encore des illusions et quelquefois de la joie. »[44] Chez lui, le plaisir de peindre était inséparable de la croyance que les tableaux devaient dispenser du plaisir, et que c'était cela leur but par excellence; il disait à André: « La peinture est faite, n'est-ce pas, pour décorer les murs. Il faut donc qu'elle soit le plus riche possible. Pour moi un tableau, puisque nous sommes forcés de faire des tableaux de chevalet, doit être une chose aimable, joyeuse et jolie, oui jolie! »[45] Pour Renoir, seul un sujet agréable pouvait produire un tableau agréable; toutes ses déclarations sur l'art montrent que pour lui sujet et effet étaient inséparables. Pour un Puvis de Chavannes ou un Burne-Jones, ce point de vue fournissait la justification directe d'un art idéaliste, prenant sciemment ses distances par rapport aux réalités du jour. Cependant, Renoir ne pouvait pas adopter leur solution. Et ceci, semble-t-il, pour deux raisons fondamentales. Premièrement, le processus d'abstraction et de généralisation au moyen duquel Puvis et Burne-Jones ont créé leurs mondes idéaux était en désaccord

36 Natanson 1896, p. 547; André 1928, pp. 49-50.
37 André 1928, p. 55.
38 Alexandre 1920, p. 9.
39 [Anon.], *L'Eclair*, 1892.
40 Lettres de Renoir à Durand-Ruel, 25 avril 1901 et 15 juin 1908, in Venturi 1939, I, pp. 166-7, 192. Pour les préjudices portés à sa réputation, *cf.* aussi la lettre de Durand-Ruel à Renoir, 25 novembre 1903 (Archives Durand-Ruel): « Vous avez eu bien tort de donner ou de vous laisser prendre toutes ces esquisses ou pochades que l'on fait circuler partout pour empêcher la vente de vos belles œuvres. »
41 André 1928, p. 60; Vollard 1938, p. 157; J. Renoir 1962, pp. 40, 77, etc.
42 M[ellerio] 1891; Alexandre 1892, p. 6; Jeanès 1946, p. 30.
43 Par exemple, André 1928, p. 8.
44 Lettre de Renoir à André, 12 janvier 1910 (Paris, Institut Néerlandais, Fondation Custodia).
45 André 1928, p. 30.

avec l'intensité physique avec laquelle Renoir réagissait au monde, et avec l'intensité des réactions qu'il voulait que ses peintures provoquent ; il disait à André : « Moi j'aime les tableaux qui me donnent envie de me balader dedans, lorsque c'est un paysage, ou bien de passer ma main sur un téton ou sur un dos, si c'est une figure de femme... »[46]. Deuxièmement, son expérience artistique s'était faite dans des milieux où l'on affirmait que le peintre devait peindre son propre monde, les scènes contemporaines qui l'entouraient ; ainsi que son frère Edmond l'écrivait en 1879 : « Aussi son œuvre a-t-elle, en dehors de sa valeur artistique, tout le charme *sui generis* d'un tableau fidèle de la vie moderne. Ce qu'il a peint nous le voyons tous les jours ; c'est notre existence propre qu'il a enregistrée dans des pages qui resteront à coup sûr parmi les plus vivantes et les plus harmonieuses de l'époque. »[47]

Mais pour bon nombre de ses contemporains, le monde qui les entourait n'était pas l'endroit paisible et souriant que présentait Renoir ; Manet et Degas en peinture, Maupassant et Zola en littérature, le concevaient d'une manière très différente. Comme beaucoup de ses camarades l'ont compris, l'image de Renoir était à la fois sélective et censurée car il choisissait ce qu'il voulait peindre et la manière de le peindre. Il critiquait Maupassant et Zola parce qu'ils voyaient tout en noir ; Maupassant le critiquait pour voir tout en rose ; Degas ne pouvait lui pardonner d'embellir ses modèles[48]. A la fin de sa vie il était prêt à accepter franchement ce jugement : « Il faut embellir » a-t-il dit à Bonnard[49]. Mais, dans le contexte de la peinture de la vie moderne de 1870 à 1880, sa vision du monde était une anomalie.

Il refusait carrément d'envisager une signification quelconque dans une scène, au-delà de son effet purement visuel. Son opposition déclarée à la peinture anecdotique lui permettait d'envisager hardiment de traiter une scène de bataille comme il l'aurait fait d'un bouquet de fleurs[50]. De la même manière, l'enfance le fascinait, et il cherchait à recréer dans ses peintures représentant des enfants son idée de la réaction immédiate de l'enfant à l'impression visuelle indépendante de la connaissance du bien et du mal (*voir* cat. nº 93) ; il disait à Roux-Champion que les enfants l'enchantaient parce que « leur bouche ne s'ouvre encore que pour dire les paroles que nous diraient les animaux s'ils savaient parler. »[51] Mais bien entendu, ses tableaux présentent l'image d'un monde adulte, et non pas simplement une surface optique innocente. Il est indispensable de dégager les postulats qui sont derrière cette image pour comprendre son art, en particulier, parce que Renoir avait construit une philosophie sociale naïve autour de son monde pictural souriant ; celle-ci hésitait entre la description et la prescription : entre un désir de croire que le monde « réel » était comme il le dépeignait, et des arguments visant à montrer pourquoi il devrait être comme cela, s'il ne l'était pas. Ses vues sur la société comportaient deux points décisifs : premièrement, la question de l'ordre social et de la hiérarchie, et deuxièmement, le rôle des femmes.

Renoir rêvait d'une société où chacun connaîtrait sa place, et il combinait cette idée avec une vision de la société antérieure à l'ascension de la bourgeoisie qui avait, déclarait-il, par ses ambitions et ses

46 André 1928, p. 42.
47 E. Renoir 1879, in Venturi 1939, II, p. 337.
48 Maupassant : J. Renoir 1962, p. 203 ; Zola : Manet 1979, pp. 143, 150 ; Degas : Rivière 1935, p. 24.
49 Bonnard 1941.
50 Peinture anti-anecdotique : Besson 1929, p. 4 ; J. Renoir 1962, pp. 68, 179, 392-3 ; bataille : Baudot 1949, p. 29, et *cf.* J. Renoir 1962, p. 102 ; voyant une esquisse de Delacroix pour *La Bataille de Taillebourg*, dans la collection Gallimard, Renoir « dit que c'était comme un bouquet de roses » (Meier-Graefe 1908, I, p. 148).
51 J. Renoir 1962, pp. 198, 310-1 ; Roux-Champion 1955, p. 5.
52 Natanson 1948, p. 16 ; J. Renoir 1962, pp. 12-8, 100-1, 222, 382-3, etc. ; Roux-Champion 1955, p. 6.

prétentions, fait sombrer un ordre naturel de valeurs héritées. Il se répandait plus spécialement en invectives contre le goût contemporain pour les objets trop pomponnés et trop compliqués, et contre les machines qui les avaient faits — machines qui avaient détruit le plaisir et la fierté que l'ouvrier prenait à son ouvrage[53]. En elles-mêmes, ces attitudes rappellent des vues contemporaines de William Morris et des mouvements *Arts and Crafts*. Mais pour Renoir, elles ne faisaient pas partie d'un désir de changer radicalement la société ; elles appartenaient à un courant de la pensée réactionnaire contemporaine. Les structures sociales dont il rêvait étaient une abstraction idéalisée de ses idées sur le passé qu'il avait développées en un culte pour les vestiges de la société du XVIIIe siècle ; ce qu'il souhaitait pour l'avenir n'allait guère plus loin que le désir d'inverser le cours du temps. Renoir considérait que l'ouvrier moderne était une victime prise au piège de la machine et des exigences du marché capitaliste ; mais en même temps, l'idée du socialisme le terrifiait, et aussi que les ouvriers puissent avoir eux-mêmes un pouvoir quelconque : « Du jour où les ouvriers se sont appelés des travailleurs, la France a été fichue. »[54] Les paysans du Midi devraient être heureux de leur sort, disait-il à Pach : « Vous avez de la chance — vous avez peu d'argent ; si la saison est mauvaise, vous ne souffrez pas de la faim ; vous avez de quoi manger, vous pouvez dormir, vous travaillez en plein air, au soleil. A-t-on besoin de plus ? Ils sont les plus heureux des hommes et ils ne le savent même pas. »[55]

Un journaliste qui l'interviewait en 1892, avait noté que Renoir « est attiré surtout par le côté joyeux et souriant des choses et il a horreur des côtés tourmentés, sombres et austères à l'excès de certaines époques et de certains maîtres. »[56] Parfois, il déclarait que le monde était un endroit extrêmement plaisant ; il avait dit à Julie Manet qu' « il remarquait justement autrefois lorsqu'il allait souvent au Moulin de la Galette [...] combien il y avait de sentiments délicats chez ces gens dont Zola parlait comme d'êtres atroces ». Il se souvenait que, sous le soleil éblouissant d'Alger, les guenilles crasseuses d'un mendiant en arrivaient à ressembler à une robe royale toute d'or et de pourpre ; c'est seulement quand on s'approchait de lui qu'il avait vraiment l'air de ce qu'il était[57]. Pareille métamorphose n'était pas simplement le résultat du soleil africain ; elle reflétait sa recherche d'une beauté apparente, transcendant la souffrance humaine. Dans le cas présent, l'éloignement créait l'enchantement et la proximité apportait la désillusion ; mais ses souvenirs postérieurs d'Algérie minimisaient l'importance d'une conscience des barrières de race, de culture et de pauvreté. Quand Jeanne Baudot se rendit en Algérie, en 1904, plus de vingt ans après Renoir, celui-ci lui écrivit : « J'étais content de vous voir dans cette Algérie où l'on est si loin et si près, où l'Arabe a l'air d'un copain que l'on a toujours connu. Ce roublard gentil auquel il ne faudrait pas trop se fier cependant, mais tout cela est amusant au possible. »[58] Le souvenir et une vision sélective des choses pouvaient presque parfois persuader Renoir que le monde était le lieu de ses rêves, un lieu sans discorde, sans conflits de cultures ou d'intérêts, où chacun était heureux de sa position dans la vie — et, bien sûr, un lieu où lui aussi pouvait sentir qu'il était à sa place.

53 Moore 1906, p. 38 (donne à entendre que Renoir exprimait déjà ces idées peu avant 1880) ; Manet 1979, pp. 133, 246-8 ; Alexandre 1933, p. 8 ; J. Renoir 1962, pp. 42, 341-2, 379-80.
54 Alexandre 1933, p. 8 ; *cf.* également Rivière 1921, p. 246, Baudot 1949, p. 72, et Manet 1979, pp. 133, 246-8.
55 Pach 1938, pp. 112-3 ; *cf.* Rivière 1921, p. 238, où des propos similaires sont situés à Essoyes.
56 [Anon.], *L'Eclair*, 1892.
57 Moulin de la Galette : Manet 1979, p. 150, et *cf.* J. Renoir 1962, p. 192 ; Alger : Rivière 1921, p. 190.
58 Lettre de Renoir à Jeanne Baudot, 6 mars 1904, in Baudot 1949, p. 101.

Mais il a également compris à quel point cette vision, telle qu'il la présentait dans ses tableaux, impliquait un choix impitoyable. Critiquant un jour l'œuvre de Raffaëlli, il avait fait ce commentaire : « Il n'y a pas de pauvres en peinture ! » ; en une autre occasion, il avait dit : « Pissarro, quand il faisait des vues de Paris, y mettait toujours un enterrement. Moi, j'y aurais mis une noce. »[59]

Pourtant, dans sa peinture il pouvait présenter cette vision comme la réalité. La représentation de la vie montmartroise dans le *Bal du Moulin de la Galette* (*voir* cat. n° 53) et dans *La balançoire* (*voir* cat. n° 38) évoque les « sentiments délicats » qu'il avait découverts dans ce milieu à travers des scènes où l'homme se livre à une cour bienséante ; dans *Le Déjeuner des canotiers* (*voir* cat. n° 51) les distractions du bord de l'eau, en banlieue, donnent lieu à une scène de fête paisible et ensoleillée. Ses paysannes, même lorsqu'il s'agit de laveuses au travail (*voir* cat. n°s 80, 115, 116) n'évoquent jamais le labeur pénible ni la boue ; elles semblent au contraire éprouver du plaisir à travailler au soleil. Vers 1907, Renoir a montré à Maillol une toile qui représentait deux amoureux buvant un bol de lait dans la campagne, et il expliquait à Maillol : « Ils ont marché, ils sont fatigués, ils sont arrivés dans une ferme, et on leur donne un bol de lait. »[60] Ce scénario simple, tout d'une pièce, résume la vision de la société dont Renoir rêvait et qu'il a peinte.

Cette vision était en complet désaccord avec celle des autres impressionnistes. Entre 1870 et 1880, Manet et Degas ont traité les scènes de la vie urbaine moderne dans des compositions qui sapaient l'image conventionnelle des échanges sociaux harmonieux, utilisant de grands espaces et des ruptures de champ pour suggérer que la réalité observée pourrait bien être fragmentaire et incohérente. A la même époque, Monet, dans ses études d'effets lumineux, traitait chaque élément d'un paysage au moyen de touches de couleur d'égale vigueur, détruisant ainsi la primauté traditionnellement accordée à la présence humaine. Dans des œuvres comme le *Bal du Moulin de la Galette,* Renoir tient compte avec réticence de ces deux conventions opposées, avec la séparation du premier plan et de l'arrière-plan, et l'éparpillement de taches colorées qui évoquent le jeu de la lumière à travers les arbres. Mais même ici, il n'est pas allé jusqu'au bout de leurs implications : les différents groupes de personnages, rassemblés en grappes, suggèrent l'aisance des échanges sociaux, sans trace d'ironie ou de distanciation ; sous le jeu de la lumière les figures restent des sujets dominants et distincts, au lieu d'être noyées dans l'atmosphère ambiante. Dans les compositions postérieures de Renoir, même dans celles qui dépeignent des scènes modernes comme les *Danses* de 1882-83 (*voir* cat. n°s 66-8), les compositions deviennent encore plus claires, les groupes plus harmonieusement enlacés : rien ne détourne l'attention de l'expérience humaine et de la célébration des valeurs humanistes.

Les compositions tardives de Pissarro mettant en scène des paysans présentent, comme chez Renoir, une vision idéalisée de la campagne, mais sa vision du travail évoque une société future en puissance, fondée sur ses convictions politiques anarchistes. A l'inverse, Renoir prenait ses distances vis-à-vis d'intérêts ouvertement politiques en transformant la

59 Raffaëlli : J. Renoir 1962, p. 380 ; Pissarro : Faure 1920, p. 352.
60 Frère 1956, pp. 237-8.

campagne en un lieu de visions idylliques et intemporelles d'harmonie et de sérénité (visions politiquement réactionnaires par leur recours à de telles valeurs absolues) servant de refuge contre les incertitudes de la société capitaliste des villes.

A la fin de sa vie, Renoir disait à son fils : « Peut-être ai-je peint les trois ou quatre mêmes tableaux pendant toute ma vie ! Ce qui est certain, c'est que depuis mon voyage en Italie [en 1881] je m'acharne sur les mêmes problèmes ! »[61] Un thème constant dans ses propos, était sa vision simplifiée de la construction de la société humaine ; un autre, sa vision de l'enfance ; mais le plus important, était sa conception de l'image de la femme, et en particulier du nu féminin.

A première vue, sa conception de la femme paraît contradictoire. Il dit un jour à Jean : « Chez moi je ne peux souffrir que les femmes »[62] ; mais beaucoup d'autres propos qui nous sont parvenus font penser que les fonctions qu'il permettait aux femmes d'exercer dans sa vie étaient spécifiques et limitées. Il aimait que les femmes soient simples et pratiques, occupées à des travaux physiques ; il préférait les paysannes aux femmes de la ville ; il détestait les intellectuelles et les femmes instruites, les femmes qui pensaient et celles qui aspiraient à exercer une profession[63]. Il n'admettait que les danseuses et les chanteuses car, écrivait-il en 1908 : « Dans l'Antiquité et chez les peuples simples, la femme chante et danse et n'en est pas moins femme. La grâce est de son domaine et même un devoir. »[64] Seuls les hommes pouvaient offrir une réelle camaraderie ; en 1900, il écrivait sur un ton de regret à Gallimard : « [Je] me porte à merveille mais je manque d'homme. C'est un peu monotone le soir. » Dans la société telle que Renoir la concevait la « culture » était donc la chasse gardée du mâle ; il n'admettait les femmes que dans sa catégorie de la « nature », approuvant sans réserve la structure mâle traditionnelle de discrimination sexuelle.

Il a expliqué à Jean sa conception du rôle de la femme : « J'aime les femmes... Elles ne doutent de rien. Avec elles le monde devient quelque chose de très simple. Elles ramènent tout à une juste valeur et savent fort bien que leur lessive a autant d'importance que la constitution de l'empire allemand. Auprès d'elles on se sent rassuré ! »[66] Dans bon nombre de ses conversations avec Jean, Renoir lui avait parlé de sa mère, qui ne mourut qu'en 1896. Ses récits ne donnent pas une idée nette de son caractère, mais Renoir l'admirait beaucoup ; elle représentait pour lui les qualités fondamentales qu'il cherchait chez une femme : « En vieillissant elle devenait solide comme de l'acier ». Il trouvait que sa femme Aline, mis à part son solide appétit, ressemblait à sa mère[67]. Étant donné les limites absolues que Renoir assignait au rôle légitime de la femme, Aline prenait bon nombre de décisions concernant leur vie[68]. Cependant, Renoir était convaincu que cela découlait d'une inégalité plus grande — à savoir que dans un couple c'était toujours la femme qui exerçait le pouvoir. Voyant un jour un garçon et une fille se quereller à Essoyes, il avait dit à Rivière que ce serait la fille qui l'emporterait : « Il avait du plaisir à marquer cette inéluctable victoire de la femme sur l'homme. »[69]

Cependant, Rivière doutait que Renoir aimât les femmes : « Celui-ci qui, cependant, peignait les femmes sous un aspect séduisant et, dans ses

61 J. Renoir 1962, p. 389, et cf. pp. 392-3.
62 J. Renoir 1962, p. 87.
63 J. Renoir 1962, pp. 86-9, 113, 207-210, 253-6, 392 ; Vollard 1938, pp. 245, 275.
64 Brouillon d'une lettre de Renoir à un correspondant inconnu, 8 avril 1908 (Paris, Archives Durand-Ruel) ; publié en entier par Daulte 1971, p. 53, mais daté par erreur de 1888 (en se fondant sur cette seule lettre, Daulte a affirmé que Renoir avait été à Cagnes en 1888).
65 Lettre de Renoir à Gallimard, 28 janvier 1900 (cat. vente, Paris, Hôtel Drouot, 8 décembre 1980, n° 184).
66 J. Renoir 1962, p. 86.
67 J. Renoir 1962, pp. 86, 201-2, 208.
68 Manet 1979, pp. 74, 152, 169 ; C. Renoir 1960 ; J. Renoir 1962, p. 253.
69 Rivière 1928, p. 673.

tableaux, donnait du charme à celles qui n'en avaient pas, n'éprouvait généralement aucun plaisir aux propos qu'elles tenaient. Il n'aimait les femmes, à quelques exceptions près, que si elles étaient susceptibles de devenir ses modèles. »[70] Il n'appréciait les femmes sans équivoque que dans des rôles purement passifs — en tant qu'objets pour le regard ou le pinceau du peintre ; c'était la seule façon dont il pouvait conserver l'autorité qu'il sentait menacée par l'affirmation de la volonté de la femme. Il disait qu'il voulait peindre les femmes « comme de beaux fruits », et une autre fois qu'il peignait les femmes « comme [il] peindrait des carottes. »[71] Il affirmait que ses modèles ne pensaient pas (*voir* cat. nº 42), et il répétait souvent son critère pour choisir un modèle : il fallait que sa peau « prenne bien la lumière. »[72] Comme Rivière l'a supposé, peindre un modèle était en un sens, le moyen pour Renoir de la posséder. Jeanne Samary disait : « il épouse toutes les femmes qu'il peint... avec son pinceau. » « C'est avec mon pinceau... que j'aime » avait-il l'habitude de dire[73].

Il voulait que ses peintures les plus accomplies des formes féminines évoquent la présence physique du modèle, dans l'espoir que le spectateur désire « passer sa main sur un téton ou sur un dos » ou même s'immerger dans la figure ; Denis rappelait que Renoir « se délectait à l'idée de peindre d'opulentes épaules ; on va pouvoir, disait-il, nager dans les modelés ! »[74] Mais les femmes n'ont jamais un rôle actif dans ses tableaux ; leurs beautés sont exposées au regard, mises à la disposition du spectateur masculin, mais elles ne s'adressent jamais à lui comme à un partenaire potentiel. Dès que notre regard a établi le contact, nous sommes parfois invités à partager l'expérience vécue de la femme exprimée par le tableau — avec son partenaire, dans la *Danse à la campagne* (*voir* cat. nº 68), avec son bébé dans *L'enfant au sein* (*voir* cat. nº 78) ; dans d'autres cas, comme dans *La loge* (*voir* cat. nº 25), elle nous regarde la regarder ; dans les nus tardifs, même lorsque les modèles regardent effectivement hors du tableau (*voir* cat. nᵒˢ 99, 119), ils sont distants, absorbés.

Renoir n'a jamais peint le regard de la femme comme une question ou comme un défi au spectateur, ainsi que Manet l'a fait si souvent ; son monde protégé est toujours soigneusement délimité à l'intérieur du tableau.

Le rôle des femmes dans les peintures de Renoir a revêtu un caractère de plus en plus général. Dans ses scènes de la vie moderne, jusque vers 1885, il les a représentées comme l'élément principal du défilé qu'offre à la vue le monde quotidien, soit faisant étalage de robes élégantes, soit comme objets de la cour que leur fait leur partenaire (*voir* cat. nᵒˢ 27, 51, 66-8). Ses dernières baigneuses et bon nombre de ses derniers tableaux en costume de fantaisie (*voir* cat. nᵒˢ 116, 124) n'impliquent pas ce genre de références particulières ; ces œuvres présentent les femmes dans deux rôles principaux associés soit à la parure soit à la nature. La fusion des figures féminines avec la nature était devenue la préoccupation principale de ses dernières années, et ce fut le thème de la peinture qu'il considérait comme son testament définitif, *Les baigneuses* (*voir* cat. nº 123).

Renoir voulait que ses capacités de peintre soient estimées d'après sa

70 Rivière 1935, p. 18.
71 Fruits : Vollard 1938, p. 220 ; carottes : Baudot 1949, p. 66.
72 J. Renoir 1962, p. 71 ; Vollard 1938, p. 140.
73 Samary : J. Renoir 1962, p. 186 ; pinceau : André 1928, p. 10.
74 André 1928, p. 42 ; Denis 1920, in Denis 1922, p. 114.

représentation des femmes. Peu après 1890, il disait qu' « en littérature aussi bien qu'en peinture on ne reconnaît le vrai talent qu'aux figures de femmes. »[75] L'art d'un Degas ou d'un Manet apporte un démenti à cette assertion qui ne peut être généralisée ; mais il est certain que Renoir s'est révélé complètement dans l'image de la femme qu'il a construite dans ses tableaux en laissant voir son sybaritisme et sa peur de l'engagement émotionnel ou intellectuel.

Ce fut après 1900, et en particulier à Cagnes, dans le Midi de la France, que Renoir a pu venir à bout des incertitudes qui l'avaient obsédé jusqu'alors, et qu'il a trouvé de manière plus assurée son identité personnelle et artistique. Toutefois, ce changement ne fut pas dû à une réconciliation avec le monde moderne qui l'entourait, mais à un déplacement d'ordre géographique et temporel. Il était à présent libéré de tout souci matériel ; entre 1890 et 1900 ses œuvres avaient atteint des prix élevés. En vivant dans le Midi pendant une grande partie de l'année, il s'était éloigné des mondanités parisiennes auxquelles il était toujours demeuré étranger et il s'était installé dans une région propre à favoriser les associations d'idées avec le classicisme intemporel — selon un courant remis alors en vigueur par les porte-paroles du renouveau de la littérature provençale dont Frédéric Mistral avait été le pionnier[76]. Le Midi lui offrait un site où il pouvait amalgamer concrètement la réalité observée avec une structure traditionnelle. A Cagnes, en 1907, il avait acheté une propriété appelée les Collettes avec sa vieille oliveraie sur le flanc d'une colline dominant le bourg médiéval et il eut alors en son pouvoir un monde où il pouvait imaginer que les dieux du paganisme antique pourraient revenir sur terre[77].

En même temps, les rapports de Renoir avec les traditions artistiques évoluaient. Depuis l'enfance, il avait ressenti une affinité particulière avec l'art et la société française du XVIIIe siècle ; peu avant 1890, il se tournait de nouveau vers cet art en quête d'une solution aux problèmes que lui posait le dessin ; il continua de souligner ses affinités avec cette époque ancienne dans les années qui ont suivi 1890. A la fin de sa vie, Renoir pourra encore déclarer qu'il était un artiste du XVIIIe siècle[78]. Toutefois, dans ses dernières années, il semble aussi qu'il se soit rattaché avec un sens plus large de son héritage artistique, à l'Antiquité et à la grande tradition de la peinture de figures des XVIe et XVIIe siècles et en particulier à Titien, Véronèse et Rubens[79]. Certes, on peut sentir dans les tableaux de Renoir l'exemple de l'art français du XVIIIe siècle, et plus tard celui de Titien et de Rubens, mais le rôle général que ces mentors ont joué pour lui est plus important que toute ressemblance précise. Ces traditions lui ont permis de découvrir ce qu'il lui avait été impossible de trouver dans les milieux artistiques parisiens, c'est-à-dire une foi absolue en la beauté humaine fondée sur la célébration des splendeurs du monde visible, au lieu des reconstitutions archéologiques en faveur dans les écoles des beaux-arts académiques. Le XVIIIe siècle français lui offrit une structure immédiatement apte à révéler son identité artistique ; mais avec le succès et la confiance croissants des dernières années de sa vie, il se sentit en mesure de revendiquer une place dans le courant de la tradition classique occidentale — attitude qui l'éloignait davantage encore des idées des

75 Rouart 1950, p. 166.
76 La façon dont Renoir a abordé la culture méditerranéenne peut être comparée aux idées des félibres. Nous savons peu de choses sur les rapports de Renoir avec les félibres et leurs idées, mais quelques indices montrent qu'il aurait fort bien pu les connaître. Tout au moins, vers la fin de sa vie, il a connu Joachim Gasquet (*cf.* Gasquet 1921). En 1891 il a passé quelque temps à Tamaris avec Teodor de Wyzewa qui, à l'époque, était en relations étroites avec les félibres (*cf.* son article « Réflexions sur le Félibrige », *La Revue félibréenne*, oct., nov., déc. 1892, pp. 375-9, et « Du soleil », dans son livre, *Nos maîtres*, 1895 — Renoir a fait, probablement entre 1890 et 1900, une reliure décorative pour Gallimard, destinée à un exemplaire de la *Mireio* de Mistral (*cf.* Vauxcelles, 1908, pp. 24, 32 ; cat. vente, coll. Strauss, Paris, Galerie Georges Petit, 1932, n° 79).
77 Gasquet 1921, p. 41 ; J. Renoir 1962, pp. 144, 334 ; *cf.* aussi Besson 1929, pp. 3-4 ; Georges-Michel 1954, p. 28.
78 Dans sa jeunesse : Alexandre 1892, p. 13 ; Vollard 1938, pp. 146, 162 ; J. Renoir 1962, pp. 71-2 ; peu avant 1890 : *cf.* cat. n° 81 ; 1892 : [Anon.], *L'Eclair*, 1892 ; 1918 : Gimpel 1963, p. 34 ; pour ses propos généraux sur l'école française, *cf.* André 1928, p. 24.
79 Pach 1938, pp. 110-1 ; Rewald 1973, p. 210 ; Vollard 1938. p. 222.

impressionnistes avec lesquels il avait acquis sa première notoriété entre 1870 et 1880.

Pour une certaine école de critiques, Renoir, avec son amour de la vie, « aurait pu vivre à n'importe quelle époque. Les événements du moment n'avaient pas de signification pour lui. »[80] Renoir a certainement dû rêver qu'il pourrait échapper dans sa vie et dans son art aux contingences exécrées de son époque. En effet, il avait senti que, dans le Midi, il serait à l'abri des tourments du monde ; il disait à Rivière : « Dans ce pays merveilleux, il semble que le malheur ne peut pas vous atteindre, on y vit dans une atmosphère ouatée. »[81] Mais les sentiments qui le détachaient de la société de son époque étaient conditionnés par cette société même qui lui refusait — à lui, artiste issu d'un milieu artisanal — une place sociale et culturelle clairement définie. De plus, les problèmes artistiques qui ne le quittèrent pas lorsqu'il partit pour le Midi avaient été pendant longtemps au centre de son art — problèmes solidement ancrés dans les discussions parisiennes de la fin du XIXe siècle sur l'art moderne : discussions sur la modernité et l'éternité ; sur la place de la figure humaine dans son environnement ; sur la couleur et le dessin. La vision de la nature méridionale qu'il avait recréée fut conçue en fonction des discussions sur l'art et la nature qu'on menait à Paris. La manière dont il traitait le paysage du Midi était apparentée aux discussions qui avaient cours depuis le début du XVIIIe siècle sur les exigences contradictoires de la tradition du paysage dans les pays nordiques et méridionaux ; et toute la conception que Renoir se faisait du Midi, en tant que gardien des valeurs éternelles, résultait d'un désenchantement largement partagé suscité par la modernité urbaine.

Cagnes n'était pas non plus l'oasis ou le microcosme temporel dont il rêvait. En 1900, le Midi était en plein essor touristique, et Cagnes, à l'ouest des faubourgs de Nice, croissait et se transformait rapidement[82]. Renoir y avait abandonné son premier logis, la Maison de la Poste dont il louait la moitié, parce que l'orangeraie, en face de la maison, avait été arrachée pour la mise en valeur du secteur. Il avait acheté Les Collettes parce que leurs oliviers étaient eux aussi menacés de destruction[83]. En 1914, la banlieue de Nice avait rejoint Cagnes[84]. Mais même à l'intérieur des murs de la propriété, le monde des Collettes n'était pas tel qu'il l'a représenté. Il a souvent peint la petite ferme parmi les arbres, parfois peuplée de jeunes personnes en harmonie avec leur environnement (voir cat. no 121) ; ce vieux bâtiment modeste et pittoresque est présenté comme le pivot de la vie du lieu. Cependant Renoir n'a jamais peint la massive maison en pierre qu'il avait fait construire, poussé par Aline, en 1907-08, et qui domine les immenses panoramas du paysage[85].

Les dernières œuvres de Renoir peintes aux Collettes, notamment Les baigneuses (voir cat. no 123), sont les plus radieuses de sa carrière. Mais au moment où il les a peintes, son rêve d'une vieillesse sereine était brisé. Aline était morte pendant la Première Guerre mondiale, et ses deux fils aînés avaient été blessés au combat ; lui-même était perclus d'arthrite. Néanmoins, il est parvenu à instiller son rêve de sérénité dans sa peinture, comprenant peut-être, pour finir, que le libre jeu de l'imagination du peintre était capable de créer un monde avec lequel la vie réelle ne

80 Florisoone 1937, p. 7.
81 Rivière 1921, p. 250.
82 Entre 1902 et 1914, la population de Cagnes est passée de 3 380 à 5 044 habitants (K. Baedeker, Southern France, éd. de 1902 et 1914) ; les statistiques pures ne rendent pas compte des vastes changements sociaux qui ont eu lieu entre ces dates.
83 C. Renoir 1960.
84 Blanche 1919, pp. 234-5.
85 Les Collettes, domaine et bâtiments, sont maintenant un musée dépendant de la Ville de Cagnes ; la maison neuve renferme quelques souvenirs et un très petit nombre d'œuvres de l'artiste (voir cat. no 121). L'endroit est intact, véritable oasis au milieu des lotissements qui l'entourent, très évocateur des dernières années de la vie de Renoir.

pourrait jamais rivaliser. La surface entière de ses tableaux pouvait être couverte de formes richement colorées, évitant les espaces vides qu'il détestait dans ses compositions[86]. A l'inverse, dans sa vie, les vides qu'il avait toujours redoutés étaient alors une réalité de beaucoup trop présente.

A la fin de sa vie Renoir parlait de son rêve de peindre le paradis terrestre[87]. Cette quête est des plus évidentes dans ses dernières œuvres, mais toute sa carrière reflète une préoccupation semblable. Ses jeunes montmartroises souriantes, entre 1870 et 1880, et les jeunes et jolis visages des années 1890, font tous partie de la même recherche. Il s'est efforcé de créer par son art un monde complet, non divisé, ne portant aucun des stigmates dont son voyage à travers la fin du XIXe siècle l'avait marqué. Si l'on considère l'art de Renoir comme un effort réaliste, le monde qu'il nous offre paraît insipide et souvent peu convaincant, mais si on l'envisage comme la construction d'une réalité mythique, ses beautés de même que ses limites apparaissent dans toute leur clarté.

86 André 1928, pp. 44-5 ; *cf.* également Gimpel 1963, p. 181, Schnerb 1908, p. 596.
87 Gasquet 1921, p. 41.

Anne Distel

Les amateurs de Renoir;
le prince, le prêtre et le pâtissier

Pourquoi s'interroger aujourd'hui sur les collectionneurs qui, il y a cent ans ou plus, ont possédé des tableaux de Renoir ? Marchands, experts et connaisseurs répondront que le «pedigree » attesté d'une œuvre est un des éléments qui en confirment l'authenticité et dans le cas de Renoir, bien que proche de nous dans le temps, cette information n'est pas négligeable. Nombreux sont ceux qui penseront que cette référence érudite et anecdotique, qu'on a l'habitude de trouver dans un catalogue, n'éclaire en rien la contemplation des œuvres ou, pis encore, en rappelle fâcheusement l'inévitable caractère mercantile. Pourtant, si le souvenir des quelques amateurs qui surent apprécier les œuvres de Renoir comme celles de ses amis, ne s'est jamais vraiment perdu, c'est parce qu'en écrivant l'histoire de l'impressionnisme, il fallait bien en effet évoquer le rôle insigne de ceux qui, en achetant des œuvres dont la plupart des critiques dits professionnels suivis du public en général se gaussaient, permirent aux artistes liés à ce mouvement de poursuivre leurs recherches. En rendant hommage à Renoir on doit aussi essayer de mieux connaître ceux qui ont aimé sa peinture tout au long de sa carrière. Nous nous fixerons cette borne dans le temps, car la gloire posthume de Renoir, immense, constitue un autre chapitre de l'histoire du goût qu'il serait trop long de détailler ici.

Parmi les amateurs de tous les milieux sociaux et professionnels — large éventail du pâtissier autodidacte au prince, ce qui est un fait nouveau dans l'histoire du patronage artistique — qui se succèdent au fil des années, très rapidement, il en est de riches mais aussi de fort modestes tant que les œuvres gardèrent des prix bas. La plupart d'entre eux, et cela n'a rien de surprenant, collectionnent aussi des œuvres de Manet, Degas, Monet, Cézanne, Pissarro, Sisley, Berthe Morisot, Mary Cassatt, Guillaumin, etc ... Le rôle capital de leur marchand, Paul Durand-Ruel, effectif dès le début des années soixante dix, maintient d'ailleurs cette unité d' « école » à travers la clientèle qu'il recrute lorsque cessent les expositions du groupe. Notons, toutefois, que Renoir comme portraitiste touche des milieux un peu différents de ceux des amateurs habituels des impressionnistes, allant parfois jusqu'à convertir, sans qu'ils l'aient su vraiment, ses modèles à la nouvelle peinture.

Les années soixante

Être reçu au Salon de 1864 signifiait pour Renoir que désormais il pouvait raisonnablement envisager de vivre de sa peinture. Nul doute que le jeune artiste comptait se faire portraitiste pour assurer le nécessaire. La preuve en est que son envoi au Salon de 1865 comprend un portrait, celui du père de son ami, le peintre Alfred Sisley (*voir* cat. n° 1), discret appel à des clients éventuels, et que, parmi les tableaux des années soixante qui nous sont parvenus, les portraits sont en majorité. Nous ne détaillerons pas ici la personnalité de ses différents modèles dont l'identification n'est pas toujours certaine : contentons-nous de souligner qu'il s'agit pour presque tous de personnages liés à la famille et aux plus proches amis du peintre[1]. Malgré ses envois au Salon, rendus irréguliers il est vrai par des refus répétés des jurys que l'on sait, malgré quelques tentatives d'exposition chez des marchands disposés à accueillir de jeunes peintres[2], Renoir, ignoré des critiques sauf quelques rares exceptions, demeurait dans l'obscurité.

Les ventes et les expositions impressionnistes ; la recherche d'un public

Après la guerre de 1870 et la Commune d'où l'artiste sort sans dommage, Renoir reprend ses activités et peint toujours des portraits[3].

En 1872, il vend ses deux premiers tableaux au marchand Paul Durand-Ruel[4]. Celui-ci, déjà connu pour avoir défendu Courbet et les peintres de l'École de Barbizon, était entré en relation, dès 1870 à Londres où il s'était réfugié, avec Monet et Pissarro à qui il acheta immédiatement des toiles.

A la différence de ses amis Monet, Pissarro, Sisley — ainsi que Degas et Manet — à qui Durand-Ruel achète régulièrement des séries importantes de tableaux, jusqu'en 1874, Renoir a peu vendu à Durand-Ruel au cours de ces années. On ne note qu'un achat non identifié le 30 décembre 1873 et un autre le 8 avril 1874. Ces tableaux ne paraissent pas avoir été revendus alors.

Le catalogue de la première exposition impressionniste en 1874 ne mentionne pas de nom de prêteurs et il faut recourir au procès-verbal de la vente organisée à Paris à l'Hôtel Drouot par Monet, Berthe Morisot, Renoir et Sisley le 24 mars 1875 pour connaître le nom de ceux qui prennent rang parmi les premiers collectionneurs de Renoir[5]. Dans cette vente, qui est en fait la seule manifestation impressionniste de l'année 1875, figurent vingt œuvres de Renoir. Dans le tumulte qu'il a lui-même évoqué dans ses *Mémoires,* Paul Durand-Ruel, qui était aussi l'expert de cette vente, acquit deux Renoir[6]. Renoir racheta deux œuvres ; deux autres furent achetées par le frère de Monet, Léon qui était aussi collectionneur. Un peintre suisse, fixé à Saint-Cloud, qui exposait avec les impressionnistes en 1874, Auguste de Molins (1821-1890) acheta deux Renoir[7] que sa famille revendit à Durand-Ruel à la fin du siècle (*voir* cat.

1 *Voir* cat. n°s 4, 5, 10.
2 Notamment Carpentier, *voir* cat. n° 8.
3 *Voir* Daulte 1971, n°s 69, 70, 99.
4 Le *Grand Livre* et le *Livre de Stock* de Durand-Ruel donnent la référence de ces achats : 16 mars 1872, *Vue de Paris, Pont des Arts* (n° stock 1131), 200 F et, 23 mai 1872, *Fleurs, pivoines et coquelicots* (n° stock 1470), 300 F.
5 Bodelsen 1968, pp. 333-6. Notons pour mémoire qu'il n'y avait pas d'œuvres de Renoir dans la première vente du célèbre amateur d'impressionnistes Ernest Hoschedé le 13 janvier 1874.
6 Durand-Ruel in Venturi, 1939, II, p. 201. A la vente de 1875, il acquit, suivant le procès-verbal : n° 38 *Argenteuil (bateau),* 0,50 × 0,65, 105 F et le n° 42, *Le Pont Neuf,* 0,75 × 0,92, 300 F. Curieusement nous n'avons pu retrouver trace de ces achats à cette date ni dans le *Journal* ni dans le *Brouillard* qui consignent la vie de la Galerie au jour le jour (*voir* cat. n° 20).
7 Il était également en rapport avec Camille Pissarro (*voir Vente... Archives C. Pissarro,* Paris, Hôtel Drouot, 21 novembre 1975, n° 137 (3). *Voir* aussi Monneret, II, 1979, p. 53 mais il est inexact qu'il y ait des œuvres de Molins au Musée de Neufchatel, ainsi qu'a bien voulu nous le préciser le conservateur de ce Musée, M. Pierre von Allmen. Au moment de la mise sous presse de l'édition française M. Bernard Wyder, conservateur au Musée Cantonal des Beaux-Arts de Lausanne nous a fort obligeamment signalé la notice détaillée consacrée à Auguste de Molins dans l'*Encyclopédie Illustrée du Pays de Vaux.*

n° 24). Un autre peintre, lié au groupe et particulièrement ami de Degas, Stanislas-Henri Rouart (1833-1912) fait une acquisition modeste mais qui introduit les œuvres majeures de Renoir comme la *Parisienne* de l'exposition de 1874 (*voir* cat. n° 27) et l'*Allée cavalière au Bois de Boulogne* du musée de Hambourg (fig. 25) refusée au Salon de 1873, deux immenses toiles « historiques » que Rouart accrocha dans son hôtel de la rue de Lisbonne à côté de ses Corot, des Courbet, Daumier, Delacroix, Millet, Rousseau, Boudin, Cals, Fantin, Jongkind, Lépine, Puvis de Chavannes, Cézanne, Degas, Forain, Manet, Morisot, Pissarro, Sisley, etc... qui furent dispersés au cours de la vente des 9-11 décembre 1912[8].

Polytechnicien de formation, industriel entreprenant et peintre plein de charme, Henri Rouart fut sûrement un modèle pour toute une génération de collectionneurs. Il aimait acheter directement aux artistes mais ne négligeait pas la boutique du légendaire Père Martin (1817-1891), marchand modeste et plein de flair[9] qui acheta notamment à cette époque *La loge* de Renoir (*voir* cat. n° 25).

Le banquier Ernest Balensi qui achète une *nature morte* de fleurs, était l'un des commanditaires de Durand-Ruel. A ce titre il est difficile de savoir s'il était là en tant qu'amateur ou associé d'affaires. Sans doute un peu des deux car on le verra « acheter » à la fin de 1881 le fameux *Déjeuner des canotiers* (*voir* cat. n° 51), repris par Durand-Ruel quelques mois plus tard.

Un autre acheteur, Petitdidier, patronyme d'Émile Blémont (1839-1927), avocat de formation et homme de lettres, un familier de Victor Hugo, selon Léon Daudet, fut immortalisé dans le *Coin de table* de 1872 par Fantin-Latour qu'il donna aux Musées Nationaux. André Salmon s'en souvient comme d' « un petit homme doux, à poils blonds, étroitement redingoté ... héritier d'une teinturerie à multiples succursales et à usine, ce qui permit la fondation d'un prix qui se décerne toujours, je l'espère ... »[10].

Henri Hecht († 1891) figure comme l'adjudicataire d'un *Avant le bain* mais nous croyons qu'il agissait pour son ami Théodore Duret qui posséda cette œuvre[11]. Théodore Duret (1838-1927), négociant en cognac et critique d'art, fut un des premiers à défendre Manet qui nous a laissé de lui un merveilleux portrait, daté de 1868, maintenant au Musée du Petit Palais. Il semble, toutefois, que parmi les artistes du groupe, Renoir était le peintre qui l'intéressait le moins mais, ayant pour but de constituer une collection cohérente — ainsi qu'il le précisa lui-même dans la préface de la vente de ses tableaux (vente motivée par des embarras d'argent) en 1894 — il était nécessaire qu'il en eût de bons exemples. Il a lui-même raconté dans la monographie qu'il consacra à Renoir en 1924, comment en mars ou avril 1873, au retour de son voyage au Japon où il avait accompagné Cernuschi (fondateur du musée parisien qui porte son nom), il avait rencontré Renoir chez Degas. Degas lui signala un tableau de Renoir à vendre chez un petit marchand : c'était *En été* du Salon de 1869 (*voir* cat. n° 7) et Duret l'acheta. Peu après il acquit *Lise à l'ombrelle* (fig. 6)[12]. On peut donc considérer Duret comme l'un des principaux amateurs de Renoir au cours des années soixante-dix. C'est lui d'autre

8 Le catalogue de la *Vente... Tableaux anciens et modernes composant la collection de feu M. Henri Rouart*, Paris, galerie Manzi-Joyant, 9-11 décembre 1912, comporte une préface détaillée d'Arsène Alexandre. *Voir* aussi Monneret, II, 1979, pp. 201-4.

9 Martin d'abord 20, rue Mogador s'installa ensuite 52, rue Laffitte et enfin 29, rue Saint-Georges. C'est Rouart lui-même qui écrivit l'article nécrologique que lui consacra *Le Journal des Arts* le 9 octobre 1891.

10 L. Daudet, *Souvenirs littéraires*, Paris, rééd., le Livre de poche, 1974, p. 26. *Voir* aussi A. Cerfbeer, *Les Hommes d'aujourd'hui*, n° 395 ; A. Salmon, *Souvenirs sans fin première époque 1903-1908*, Paris, NRF, 1955, pp. 44-5.

11 *Vente... collection de M. Théodore Duret*, Paris, Galerie Georges Petit, 19 mars 1894, préfacée par lui-même, n° 36, *Buste de femme* (Daulte 1971, n° 144). Sur l'amitié d'Henri et d'Albert Hecht avec Duret, *voir* A. Distel, « Albert Hecht, collectionneur (1842-1889) *Bulletin de la Société de l'Histoire de l'Art Français*, 1981 (1983), pp. 269, 274. *Voir* aussi Monneret, I, 1978, pp. 190-2.

12 *Lise* fut revendue à Durand-Ruel le 6 juin 1890 ainsi qu'une *Baigneuse* qui n'est autre que *La Source* (Daulte 1971, n° 124).

part qui fit connaître Renoir à plusieurs collectionneurs du clan « japoniste » comme Deudon et Ephrussi[13] dont nous reparlerons, contribuant ainsi à élargir le cercle des amateurs de l'artiste.

Un autre critique important favorable, dès la première heure, à Monet et Renoir figure parmi les acheteurs de la vente de 1875, c'est Arsène Houssaye (1815-1896), romancier et directeur de la revue *L'Artiste*. Il acheta une *Femme assise* de Renoir[14].

Une mention toute particulière doit être accordée à Georges Charpentier (1846-1905). Héritier en 1871 d'une maison d'édition déjà célèbre pour ses liens avec le Romantisme, Charpentier devint l'éditeur de Flaubert, des Goncourt, d'Alphonse Daudet et de Maupassant puis de Zola. Il épousa en 1872 Marguerite Lemonnier (1848-1904), issue elle-même d'un milieu cultivé. Madame Charpentier eut très vite un salon célèbre à Paris, d'abord place Saint Germain l'Auxerrois, puis 11 rue de Grenelle où les milieux littéraires côtoyaient les milieux politiques de la gauche de l'époque (de Gambetta à Clemenceau). Elle y convia Manet, Renoir qui devint « son peintre ordinaire » et commanda à ce dernier des portraits dont le plus célèbre (*voir* cat. n° 43), exposé au Salon de 1879, lança définitivement Renoir. On ne sait si Georges Charpentier connaissait déjà Renoir lorsqu'il enchérit sur trois œuvres en 1875 ou si cette vente constitue le début de leurs relations, qui ne furent interrompues que par la mort des Charpentier. La correspondance[15], échangée entre Renoir et les Charpentier, donne bien le ton des rapports entre le peintre et ses mécènes ; à Charpentier vont les demandes d'aide financière ; en revanche, dans ses lettres à Madame Charpentier, Renoir a tenté de formuler ses difficultés et ses joies de peintre, et, sous une badinerie mondaine un peu forcée, transparait une réelle confiance. Madame Charpentier fut le chaperon de Renoir dans un monde que le fils du petit tailleur de la rue d'Argenteuil n'aurait jamais connu autrement et dont il sut pénétrer, dans les portraits qu'il en fit, la quintessence. Si le succès au Salon de 1879 du *Portrait de Mme Georges Charpentier et de ses enfants* fut le signal d'une célébrité naissante, la vente Charpentier en 1907 et l'acquisition à très haut prix, gardée secrète pendant quelque temps, par le Metropolitan Museum de ce portrait de famille, convoité par tous les grands amateurs et musées de l'époque, marqua aussi, un quart de siècle plus tard, la consécration de l'artiste aux yeux du monde.

Vient ensuite Jean Dollfus (1823-1911), un alsacien originaire de Mulhouse, qui avait fui l'occupation allemande pour s'installer à Paris[16]. Collectionneur d'art ancien, puis contemporain, conseillé par un ami peintre, Faller, et un petit marchand, Moureaux, Dollfus fut un grand admirateur de Renoir. Outre la petite version de *La loge* (alors appelée *L'avant-scène*, Daulte 1971, n° 115 ; *voir* cat. n° 25) acquise justement à la vente de 1875, Dollfus posséda cinq autres Renoir dont une copie commandée d'après la *Noce juive* de Delacroix du Louvre (The Worcerster Art Museum), le portrait de *Claude Monet*, maintenant au Jeu de Paume, *Le liseur (portrait de Monet)* (Daulte 1971, n° 87)[17] ; toutes ces œuvres sont antérieures à 1880. Notons que cette collection, qui ne fut dispersée que par la mort de son auteur, ne comportait pas de Monet et seulement deux Sisley et un Pissarro.

13 Lettre de Renoir à Duret, non datée (Paris, Musée du Louvre, Cabinet des Dessins), publiée par Florisoone 1938, p. 39. Dans un autre billet, Renoir demande une invitation pour un bal chez Cernuschi.

14 On retrouve le Renoir de la vente de 1875 (n° 33, *Femme assise*, 46 × 38) à la *Vente... Galerie Arsène Houssaye*, Paris, Hôtel Drouot, 22-23 mai 1896, n° 160, *Femme assise dans un jardin*, 0,45 × 0,35, signé à gauche (Daulte 1971, n° 80). *Voir* aussi Monneret, I, 1978, p. 287.

15 Florisoone 1938 et Robida 1958. *Voir* aussi Monneret, I, 1978, pp. 130-1.

16 *Vente... collection de M. Jean Dollfus par suite de son décès*, Paris, Galerie Georges Petit, 2 mars 1912 avec une préface détaillée par André Michel.

17 Les deux autres sont un *Buste de femme*, 1876 (Daulte 1971, n° 167) et une *Baigneuse*, 1876 (Daulte 1971, n° 214). On peut s'amuser à comparer les 220 F payés par Dollfus en 1875 aux 31 200 f qu'obtient *La loge* à la vente de 1912, somme importante mais qui n'est encore rien comparée aux 150 000 F que paya le Louvre à cette même vente pour la *Femme à la perle* de Corot, bonne indication de la cote de la peinture impressionniste au début du siècle par rapport au reste de la peinture du XIXe siècle. *Voir* aussi Monneret, I, 1978, p. 182.

Le catalogue de la seconde exposition impressionniste en 1876 qui compte dix-huit œuvres de Renoir indique les noms de quelques prêteurs particuliers. Tout d'abord, Édouard Manet y est désigné comme le propriétaire du *Portrait de Frédéric Bazille* (*voir* cat. n° 5) témoignage d'amitié d'un aîné à la fois pour le peintre et son modèle. Outre Dollfus déjà cité, on y découvre que « M. Choquet » (sic) y prête six œuvres de Renoir (ainsi que plusieurs œuvres de Monet et de Pissarro). Victor Chocquet (1821-1891) dont le nom[18] et le visage, peint à plusieurs reprises par Renoir et Cézanne, furent et demeurent familiers aux amateurs d'impressionnisme était un modeste employé de l'administration des douanes, en retraite depuis 1867. Ayant sur le tard fait un héritage, il avait rempli un petit appartement de la rue de Rivoli, face aux Tuileries, de plus d'une centaine de peintures, sans compter les aquarelles et les dessins ; Delacroix y avait la plus belle place presque à égalité avec Cézanne, mais étaient aussi présents Corot, Courbet, Daumier, Dehodencq, Diaz, Manet, Berthe Morisot, Monet, Pissarro, Sisley, Tassaert et bien sûr Renoir. Ces peintures, souvent encadrées dans des bordures anciennes de bois sculpté, avoisinaient avec des collections de porcelaines de Sèvres du XVIIIe siècle, des faïences anciennes, des pendules, des bronzes, des meubles Louis XV avec quelques exemples de ce que les antiquaires appellent aujourd'hui « haute époque ». Ce goût d'un homme modeste et anticonformiste annonçait celui qui régit encore l'agencement des résidences de nos milliardaires. Ce qui est fascinant dans la personnalité de Victor Chocquet c'est que, sans moyens financiers importants qui permettent l'aventure (il est vrai que la peinture impressionniste ne coûtait pas cher à l'époque), sans mentor, cet homme modeste était allé d'emblée vers les meilleurs peintres de son époque. Son cas, en tout cas, était suffisamment typique pour que Zola aux chapitres VIII et IX de *L'Œuvre* en fasse l'un des personnages de son roman, Monsieur Hue, l'ancien chef de bureau qui achète les œuvres les plus rudes de Claude Lantier et les accroche à côté de ses Delacroix.

On ne sait d'ailleurs pas très bien comment Chocquet avait rencontré Renoir, qui fit son portrait, celui de sa femme, daté de 1875 et de sa fille[19]. Le tableau le plus important de sa collection était la version réduite du *Bal du Moulin de la Galette* (coll. Hay Whitney), datée de 1876 ; parmi les œuvres de la présente exposition, *La yole* (*voir* cat. n° 46) a appartenu à Chocquet ; parmi ses autres Renoir aucun n'est postérieur à 1880, bien que le peintre soit en rapport au-delà de cette date avec son amateur, les deux hommes demeurant liés surtout par leur commune amitié pour Cézanne[20].

Deux autres noms retiennent l'attention dans le livret de l'exposition de 1876, ceux de deux marchands, l'un, Legrand, qui après avoir travaillé chez Durand-Ruel s'était établi à son compte 22 bis rue Laffitte et s'occupait principalement de peintures impressionnistes[21] ; l'autre, Poupin, 8 rue La Fayette, est aussi une relation d'affaires de Durand-Ruel[22].

Le nombre des œuvres de Renoir en possession de Durand-Ruel, quasi nul jusqu'en 1875, s'est en effet brusquement étoffé et compte, vers 1876, une quinzaine d'œuvres dont certaines peuvent être identifiées. Ce

18 Pour une étude détaillée sur Chocquet *voir* Rewald 1969, p. 39. Les préfaces par T. Duret et L. Roger-Milès au catalogue de la vente de *Tableaux Modernes... vente par suite du décès de Mme Vve Chocquet,* Paris, Galerie Georges Petit, 1-3-4 Juillet 1899 évoquent également avec vivacité la personnalité de Chocquet.

19 Tous les tableaux de Chocquet ne figurèrent pas au catalogue de la vente de 1899 notamment le *Portrait de Mme Chocquet en blanc,* 1875 (Stuttgart, Staatsgalerie), les deux *Portrait de Victor Chocquet* (Winterthur, coll. O. Reinhart et Cambridge, Fogg Art Museum).

20 *Voir* notamment lettres de Renoir à Chocquet du 28 décembre 1881 où Renoir envoie ses vœux de Capri et du 2 mars 1882 à propos d'un séjour de Renoir à l'Estaque chez Cézanne (publiée par Joëts 1935, pp. 121-2). *Voir* aussi Monneret, I, 1978, pp. 137-8.

21 L'œuvre prêtée en 1876 était le portrait de sa fille Delphine (Daulte 1971, n° 141), qui a aussi sans doute posé pour la *Danseuse* de 1874. Legrand agira comme expert à la vente publique groupant *45 tableaux par MM. Caillebotte, Pissarro, Renoir, Sisley,* Paris, Hôtel Drouot, 28 mai 1877, qui fut loin d'être un succès, seize œuvres de Renoir ne rapportant que 2 005 F (Duret 1924, p. 45). C'est chez Legrand que Renoir demande à Duret de déposer quelque argent dans un billet non daté (Paris. Musée du Louvre, Cabinet des Dessins). Comme représentant en France de la maison londonienne Mac Lean, fabricant d'un type de ciment apte à la décoration, Legrand fit faire des essais de reliefs colorés à Pissarro et Renoir. Une lettre de Pissarro à Murer du 25 novembre 1878 fait allusion à un voyage en Amérique de Legrand à la même époque, en liaison avec une exposition de peinture impressionniste (Pissarro 1980, p. 132, note 4), qui serait donc la première du genre en Amérique. Legrand paraît avoir été lié avec le fameux Murer et Gauguin comptait sur ce petit marchand au début de sa carrière (Pissarro 1980, pp. 246-7). Noter aussi que Legrand écrivit à Chocquet (6 avril 1876), au moment de l'exposition impressionniste pour demander au collectionneur s'il souhaitait se défaire « du portrait d'homme peint par Renoir et exposé sous le n° 214 du catalogue » (*Vente... Lettres autographes de peintres impressionnistes adressées à Victor Chocquet,* Paris, Hôtel Drouot, 23 juin 1969, n° 197). *Voir* aussi Monneret, I, 1978, p. 325.

22 Il est possible que Poupin ne soit qu'un prête-nom de Durand-Ruel car la *Femme au piano* qu'il envoie en 1876 est justement le titre d'un tableau qui figure au stock de Durand-Ruel en 1876 et il n'y a guère qu'une œuvre (*voir* cat. n° 34) de ce thème et de cette époque qui nous soit parvenue. Le *Brouillard* de Durand-Ruel fait état en avril 1878 du dépôt par Durand-Ruel chez Poupin de presque deux cents peintures impressionnistes, transaction dont nous n'avons pas encore pu élucider la raison. Dans les souvenirs confiés à Vollard (Vollard 1919, p. 101) Renoir a également évoqué Poupin, marchand « d'objets de Jérusalem » qui « bricolait un peu les tableaux ».

23 Les livres commerciaux manquant à cette époque dans la série admirablement complète par ailleurs des archives Durand-Ruel rendent un peu difficile l'étude de la fin des années soixante-dix. C'est le 18 juillet 1876, semble-t-il, que Durand-Ruel vend au Comte Doria les œuvres suivantes : nos 518 Renoir *Paysage vert* 112,50 F ; 519 *Amandiers en fleurs (matin)* 112,50 F ; 520 *Bouquet de glaïeuls* 150 F. *Voir* la notice biographique par Auguste Dalligny, *Le Journal des Arts*, 29 avril 1899. *Voir* aussi Monneret, I, 1978, p. 182.

24 Notamment *Café concert* (Londres, National Gallery).

25 *Voir* l'étude détaillée sur de Bellio par Niculescu 1970, pp. 25-67 et pp. 41-85. Durand-Ruel vend à de Bellio le 4 mai 1876 une *Nature morte (melon)* qu'on retrouve dans l'inventaire de la collection publié par Niculescu, pp. 68-9 et qui dénombre huit Renoir. *Voir* aussi Monneret, I, 1978, pp. 66-8.

26 Deudon a acheté chez Durand-Ruel la *Danseuse* le 17 mai 1878 1000 F (Archives Durand-Ruel). Il acheta également un pastel le 12 décembre 1882. Renoir dit dans une lettre non datée (antérieure au 30 novembre 1878, *voir* note 30) à Duret (Paris, Musée du Louvre, Cabinet des Dessins publiée par Florisoone 1938, p. 39) : « Je me mets à votre disposition dès que vous voudrez bien me présenter à M. Deudon ». Deudon est mentionné à plusieurs reprises dans les carnets de Monet déposés au Musée Marmottan, dès novembre 1877. Dans une lettre à Duret du 24 août 1878, Camille Pissarro demande à son ami d'intervenir auprès de Deudon pour un achat (Pissarro 1980, p. 127). *Voir* aussi Monneret, I, 1978, p. 179.

27 Lettre de Renoir à Paul Berard, mardi 18 octobre (1887) publiée dans Berard 1968. Cette supposition n'a pu être vérifiée.

28 Lettre de Renoir à Paul Berard (1880) publiée dans Berard, 1968, avec la date erronée de 1879.

29 *Voir* lettres publiées dans Venturi 1939, I, pp. 152-55. Durand-Ruel, introduit par Renoir, achète notamment le 8 mars 1899 la *Danseuse* de Renoir (Archives Durand-Ruel).

30 Une étude détaillée se trouve dans Kolb et Adhémar 1984, pp. 29-41. Le samedi 30 novembre [1878] Renoir écrit à Mme Charpentier que « des amis intimes de Bonnat Mr Charles Ephrussi et Mr Deudon » avec qui il doit déjeuner lui ont demandé à voir son portrait (Florisoone 1938, p. 35). *Voir* aussi Monneret I, 1978, p. 196.

sont celles notamment que Durand-Ruel vend au Comte Armand Doria en juillet 1876 et qu'on retrouvera à la vente de ce dernier en 1899[23]. Selon son ami Degas, le Comte Doria (1824-1896) avait la figure et l'attitude d'un Tintoret, et sa silhouette devint familière aux habitués de l'Hôtel Drouot et des petits et grands marchands parisiens. Ses goûts l'ont d'emblée porté vers les indépendants, l'École de 1830 et les impressionnistes. Les catalogues de sa vente en 1899 montrent bien son orientation. On y trouve, notamment, Cals qui fut son protégé, Corot, Daumier, Jongkind, Lépine et Vignon, mais aussi Degas, Manet, Monet, Berthe Morisot, Pissarro et Sisley. Pas moins de dix Renoir figurent à cette vente[24].

Un autre client qui se présente chez Durand-Ruel et achète un Renoir est Georges de Bellio (1828-1894), médecin homéopathe, d'origine roumaine, qui n'exerçait pas mais soignait lorsqu'il en était besoin ses amis peintres et surtout refusait rarement de leur acheter une toile lorsqu'ils en avaient besoin[25]. Sa collection passée en grande partie, grâce à sa fille Madame Donop de Monchy (peinte par Renoir en 1892), au Musée Marmottan, à l'exception de tableaux, dont plusieurs Renoir, vendus par Donop de Monchy au Prince de Wagram au début de l'année 1906, brille surtout de l'éclat de ses Monet, introduits par la fameuse *Impression, soleil levant* de 1874.

C'est aussi chez Durand-Ruel en 1878 que Charles Deudon (1832-1914) acquiert la *Danseuse* de la première exposition impressionniste, maintenant à la National Gallery de Washington (fig. 26). C'est grâce à Duret que Renoir avait fait connaissance de Deudon. A la même époque ce collectionneur est déjà en rapport direct avec Monet, puis Pissarro et Manet. Renoir, écrivant à un ami commun, regrettait de ne pas avoir comme Deudon de « mines en Old England », ce qui a laissé supposer que ce docteur en droit avait des intérêts financiers dans ce grand magasin parisien[27]. Toujours est-il qu'il disposait tout de même de loisirs consacrés notamment à la peinture impressionniste puisqu'il va voir Renoir à Chatou en 1880, lorsque celui-ci peint *Le Déjeuner des canotiers*[28]. A la fin du siècle les marchands feront le siège de Deudon retiré à Nice, espérant lui acheter sa collection[29].

Inséparable de Charles Deudon est Charles Ephrussi (1849-1905). Ephrussi[30], d'abord intéressé par les estampes japonaises, achète dès avant 1880 des œuvres impressionnistes (Manet, Monet, Morisot, Sisley, Pissarro, Renoir). Homme à la mode — Renoir le représente dans son *Déjeuner des canotiers* daté de 1881, Ephrussi est en même temps un érudit qui devient propriétaire de la *Gazette des Beaux-Arts* en 1885. Sa personnalité et son goût retiennent l'attention de Proust qui s'en souvient et place son nom au détour d'une phrase, ce qui suffira à perpétuer son souvenir. Leur intimité est suffisamment établie pour que Renoir puisse écrire à Duret depuis Alger le 4 mars 1881 : « J'ai laissé Ephrussy (sic) se charger de mon Salon ! C'est un casse-tête de moins ». Comme les Charpentier, comme Duret, Ephrussi a contribué à éloigner Renoir des expositions du groupe impressionniste au profit du Salon officiel. Grâce à lui, Renoir gagne une audience auprès d'un public à la fois plus étendu et plus conventionnel.

A l'exposition de 1877 réapparaît Georges Charpentier qui a entraîné son

ami Alphonse Daudet ; dissimulé sous les transparentes initiales A.D., ce dernier a prêté le portrait de son épouse, maintenant au Jeu de Paume. C'est aussi en 1877 que se révèle un collectionneur dont le nom deviendra célèbre, à ce titre et aussi comme peintre. Modestement désigné comme « M.C. », il prête la ravissante *Balançoire* (*voir* cat. n° 38) ; il s'agit bien sûr de Gustave Caillebotte (1848-1894), qui est en même temps un des peintres exposants, ayant envoyé six toiles à cette troisième exposition du groupe. Bien qu'on ne connaisse pas les détails de l'enrôlement de Caillebotte dans les rangs impressionnistes, on constate que, simultané- ment, à partir d'avril 1876, il mène de front sa carrière d'artiste, en participant à la seconde exposition du groupe, et son action de mécène, puisqu'il achète déjà des œuvres à cette époque[31]. La confiance que Caillebotte portait à Renoir le lui firent désigner comme exécuteur testamentaire aux côtés de son frère Martial Caillebotte, l'appelant ainsi à jouer un rôle prépondérant au moment où, en 1894, se posa la question de savoir si l'État français devait recevoir et exposer la collection que lui léguait Caillebotte[32].

Un certain nombre d'autres clients de Durand-Ruel, parmi lesquels Ernest Hoschedé[33], le chanteur Jean-Baptiste Faure[34] et le banquier Ernest May, ont possédé des Renoir mais les œuvres de cet artiste ne figuraient qu'en minorité dans leurs collections dominées par les peintures de Manet, Monet, Sisley et Pissarro comme c'était également le cas du stock de ce marchand à la même époque. Il y avait aussi trois Renoir dans la collection du compositeur Emmanuel Chabrier (1841- 1894), ami de Manet, Degas et Monet[35]. Durand-Ruel les racheta lorsque la collection Chabrier fut vendue en mars 1896 ; l'un d'eux, un *Nu (Anna)* de 1876, revendu peu après à Stchoukine, est l'un des chefs-d'œuvre du Musée Pouchkine à Moscou ; les deux autres, *La sortie du Conservatoire* et *Femme faisant du crochet,* sont à la Barnes Foundation, Merion.

Toutefois, avant de clore cette revue des premiers amateurs de Renoir, il nous faut évoquer deux personnages qui, de par leur originalité, n'entraient pas dans les groupes que nous avons déjà définis, le Docteur Paul Gachet (1828-1909) et son ami Eugène Meunier dit Murer (1846- 1906). L'essentiel de ce que l'on sait de ces ceux hommes nous vient d'un essai du fils du Dr Gachet, Paul Gachet[36]. De Gachet, le père, médecin rallié à l'homéopathie, peintre sous le nom de Van Ryssel, ami de Cézanne, de Pissarro et surtout de Vincent Van Gogh, qui crut trouver asile auprès de lui parce qu'il était médecin et aimait la peinture, nous ne retiendrons qu'un épisode[37] où l'on voit Renoir appeler le Dr Gachet au chevet d'une toute jeune femme mourante, un modèle ; en souvenir le médecin ami reçut le portrait dit de *Margot,* entré au Jeu de Paume grâce au don de Paul Gachet en 1951 (*voir* cat. n° 35)[38].

Murer « ouvrier-littérateur-peintre », ainsi qu'il est gravé sur sa tombe à Auvers-sur-Oise, n'est pas moins original. Ouvrier pâtissier, par hasard et par nécessité, il écrit des romans (« ni naturalistes, ni symbo- listes, ni romantiques, ni classiques, mais on ne saurait les taxer de banalité » écrit son ami Paul Alexis en 1895), des vers ; il peint aussi. C'est par son ami d'enfance, Guillaumin, que Murer fit connaissance des impressionnistes, d'abord Pissarro, puis tous les autres. Aidé de sa

31 Entre le 23 et le 26 avril 1876, au moment de la seconde exposition impressionniste, Monet avait noté dans un carnet (Paris, Musée Marmottan, MM 5160 (1)) l'achat par « M. Caillebotte peintre » de trois de ses œuvres.

32 Le legs Caillebotte consistait en plus de soixante œuvres de Manet, Monet, Degas, Sisley, Pissarro, Cézanne et huit peintures de Renoir dont deux *La Place Saint-Georges* et la *Vue de Montmartre* furent refusées et rendues au frère de l'artiste, Martial Caillebotte. Aux huit œuvres connues par la liste du legs de 1894, il faut ajouter une version des *Jeunes filles au piano* dédicacée à *M.G. Caillebotte* (*voir* cat. n° 88) sans doute écartée pour sa similitude avec le tableau acquis par l'État en 1892 et un portrait de la compagne de Gustave Caillebotte Charlotte Berthier (Daulte 1971, n° 432).

33 Il y avait trois œuvres de Renoir dans la vente forcée de la collection Hoschedé le 6 juin 1878. *Voir* le dossier détaillé dans Adhémar 1980, pp. 168-175. *Voir* aussi Monneret, I, 1978, pp. 286-7.

34 *Voir* Callen 1974, pp. 157-177. *Voir* aussi Monneret, I, 1978, pp. 207-8.

35 La collection et les rapports de Chabrier et de ses amis peintres ont été étudiés par Delage 1963, pp. 17-22. *Voir* aussi Monneret, I, 1978, pp. 126-7.

36 Gachet 1956. *Voir* aussi Monneret, I, 1978, pp. 219-20.

37 *Voir* les lettres à propos de « Margot » publiées par Gachet 1957, pp. 82-5, 87. Renoir appela aussi de Bellio pour soigner cette jeune femme.

38 *Voir* Gachet 1957, pp. 81-5.

39 Reiley Burt 1975, pp. 57-61, 92. *Voir* aussi
    Monneret, II, 1979, pp. 96-8.

40 P. Gachet (Gachet 1956, p. 164) a publié
    une annonce où Murer se targue
    d'exposer à partir du 16 mai 1896 une
    « magnifique collection d'impressionnistes
    dont trente toiles de Renoir » dans l'hôtel
    du Dauphin et d'Espagne de Rouen dont
    il était devenu propriétaire et signale (*op.
    cit.* p. 177) que la plupart des Renoir
    passèrent dès 1897 dans la première
    collection du Dr Georges Viau, un dentiste
    parisien, dispersée le 4 mars 1907. Ce ne
    sont que de pauvres restes de la collection
    — à l'exception du *Portrait de Murer à
    trente ans* — que le fils de Murer, établi
    garagiste à Beaulieu, propose à
    Durand-Ruel peu après la Vente Viau en
    juin 1907 (Archives Durand-Ruel). De
    même Barbazanges, jeune marchand
    prospectant pour le Prince de Wagram
    en juillet 1906 ou 1907, regrette d'avoir
    fait le voyage dans le Midi pour si peu
    (Archives Nationales 173 bis AP 430).

41 Blanche 1949, p. 152. Le Docteur Blanche
    et Jacques Émile Blanche sont tous deux
    prêteurs à l'exposition particulière de
    Renoir en avril 1883 chez Durand-Ruel.
    J.E. Blanche fut longtemps possesseur
    d'un des plus importants tableaux de
    Renoir de cette période, *Les grandes
    baigneuses* (1885-86), maintenant au
    Musée de Philadelphie (fig. 37).

42 *Voir* Berard 1938 et Berard 1956; Daulte
    1974, pp. 409-10; Monneret, I, 1978,
    pp. 69-70. Le nom de Paul Berard a
    souvent été orthographié avec un accent
    aigu mais sa famille a bien voulu nous
    préciser qu'il s'agissait d'une inexactitude
    et que Paul Berard lui-même demandait
    que cet accent soit omis.

43 Pour la correspondance Renoir-Berard
    voir Berard 1968 et Ventes... Paris, Hôtel
    Drouot, 16 février 1979 et 11 juin 1980.

44 Blanche 1937, pp. 35-39.

demi-sœur Marie, Murer lance des invitations régulières à dîner, le mercredi, dans son arrière-boutique de pâtissier-restaurateur, du 95, boulevard Voltaire à Paris, à une époque où les réunions de ce genre sont légion. Dans les lettres que Renoir adresse à Murer[38], on le voit surtout s'excuser de ne pas pouvoir venir. Il n'en reste pas moins que Murer — peint lui-même par Renoir — possède un nombre considérable d'œuvres du peintre. Malgré des études récentes[39], le catalogue réel de la « collection Murer » demeure incertain. L'état bien connu, dressé par Paul Alexis alias Trublot, son « aminche », dans *Le Cri du Peuple* du 21 octobre 1887, dénombre 15 œuvres (à côté de 8 Cézanne, 25 Pissarro, 10 Monet, 28 Sisley, 22 Guillaumin, 4 Vignon, 2 Gachet (Van Ryssel), 4 dessins et aquarelles de Delacroix et 4 dessins par Constantin Guys) qu'on peut en partie identifier et qui semblent presque toutes antérieures à 1880[40]. Outre son portrait (Daulte 1971, n° 246), ceux de sa sœur Marie (Daulte 1971, n°s 248-49) et de son fils (Daulte 1971, n° 247), les tableaux les plus importants paraissent avoir été *Sous une tonnelle du Moulin de la Galette* du Musée Pouchkine, *L'homme à la chaise, portrait de Sisley,* maintenant à l'Art Institute de Chicago et *Chez Renoir* (Daulte 1971, n° 188). La postérité a parfois été dure pour Murer, ne voulant voir en lui qu'un habile calculateur qui arrivait à soutirer des toiles à vil prix des artistes en mal d'argent, ce qui n'est sans doute pas tout à fait faux. La mégalomanie évidente de Murer, agaçante, ne peut cependant pas masquer le réel intérêt de son entreprise, mue par la foi qu'il semble avoir eu dès le début que ses protégés étaient promis à de hautes destinées.

Les années 1880;
du côté de Wargemont

Jacques-Emile Blanche[41] mettait directement en relation l'évolution de la technique de Renoir au début des années quatre-vingt et la fréquentation de nouveaux milieux — et il citait les amateurs Deudon, Charles Ephrussi que nous avons déjà évoqués, et Paul Berard. Paul-Antoine Berard (1833-1905), diplomate et administrateur de sociétés issu des milieux bancaires protestants, est avec sa famille au centre de la vie de Renoir dès 1879[42]. C'est Deudon qui l'avait présenté à Renoir. Renoir le voit à Paris, dans l'hôtel particulier du collectionneur, 20, rue Pigalle, et séjourne longuement et fréquemment dans la propriété de celui-ci à Wargemont, près de Dieppe. Entre-temps, ils s'écrivent[43]. Blanche, qui était voisin des Berard en Normandie a évoqué de manière très vivante la vie à Wargemont[44]; l'absence de pose de ces grands bourgeois riches qui, comme les Charpentier, savaient apprécier le talent du peintre, avaient réussi à donner à Renoir confiance et maîtrise de soi. Parmi les portraits peints pour cette famille, celui qu'on intitule *L'après-midi des enfants à Wargemont* (*voir* cat. n° 73) est un des chefs-d'œuvre de cette période. L'amitié entre le peintre et son amateur fut durable et c'est à Berard que Renoir demande de lui remettre ses insignes de la Légion d'Honneur en 1900. L'annonce de la vente Berard en mai 1905 causera une grande surprise. Durand-Ruel, étonné, fait part de cette nouvelle à Renoir dans une lettre du 8 mars 1905; la seule raison alléguée par son propriétaire est

qu'il souhaite « quitter son hôtel qu'il trouve trop grand et trop froid ». Il est possible que, vieilli et souffrant, Berard ait souhaité, de son vivant, voir consacrer la réussite des peintres qu'il aimait, Renoir mais aussi Monet, Sisley, etc. Son attente ne fut pas déçue car le succès de la vente fut considérable.

On peut citer aussi à cette époque les Grimprel[45], associés aux affaires de Berard, Léon Clapisson également lié aux Berard[46], les Haviland (voir cat. nº 72), de la célèbre firme de porcelaine de Limoges[47], le bijoutier et japoniste Henry Vever[48]. Un amateur important est le poète, chroniqueur et critique (collaborateur du Figaro, du Gaulois et du Gil Blas), Robert de Bonnières, un wagnérien amateur de musique contemporaine[49].

Tous ces noms sont relativement familiers mais il en est un qui n'a pas eu cet honneur, celui d'un amateur qui, pourtant, posséda deux chefs-d'œuvre de Renoir, La loge du Courtauld Institute (voir cat. nº 25) et Le déjeuner du musée de Francfort : il s'agit du négociant et armateur nantais Louis Flornoy (1846-1904). C'était un notable ayant occupé les fonctions de Président du Tribunal de Commerce et d'adjoint au Maire de Nantes. Il revendit à la fin du siècle ces deux œuvres à Durand-Ruel[50] mais on peut se faire une idée du reste de sa collection par le catalogue de sa vente après décès qui eut lieu à l'Hôtel Drouot le 10 avril 1905 ; à côté d'œuvres secondaires de Courbet, Corot, Dupré, Boudin, Jongkind, Pissarro et Sisley, plusieurs petits maîtres Cals, Lépine, Delpy, Japy, Piette, Vignon, etc., mélange typique de bien des collections « éclairées » de l'époque.

On peut enfin ajouter qu'à la fin des années 1880 entrent en scène, si l'on peut dire, les premiers amateurs américains ; nommons ici Alexander Cochrane et Fitzgerald de Boston, ainsi que Horace O. Havemeyer et son épouse Louisine Waldron Elder, amie de Mary Cassatt, trop célèbres pour qu'il soit besoin d'y revenir ici[51].

C'est bien entendu à Durand-Ruel que Renoir devait ces nouveaux clients, Durand-Ruel qui, dès 1881, acheta sans interruption mais irrégulièrement des œuvres à Renoir[52]. Le ralentissement sensible, vers 1883-87, des achats consentis par Durand-Ruel sont le signe des difficultés financières du marchand durement atteint par le krach de l'Union Générale en 1882, par le biais de son commanditaire Jules Feder et qui éprouve les plus grandes difficultés à recruter de nouveaux clients. Ses tentatives désespérées vers le Nouveau Monde dès 1886, par des expositions, puis l'ouverture d'une succursale à New York, se révélèrent finalement fructueuses et l'on peut constater une nette reprise vers 1890-91. Renoir eut le mérite de rester fidèle à Durand-Ruel dans une période peu prospère, fondement de relations cordiales et confiantes pour l'avenir. Peu après, en 1892[53], Durand-Ruel, pressant Pissarro de lui réserver l'exclusivité de sa production, pouvait assurer « c'est parce que j'ai tous les tableaux de Renoir que j'ai réussi enfin à le classer d'une façon digne de lui ».

45 Voir Daulte 1971, p. 414.
46 Voir Daulte 1971, p. 411 et Daulte 1974, p. 12.
Lorsque Renoir entrepris le second portrait de Mme Clapisson (voir cat. nº 69) Clapisson venait d'acheter chez Durand-Ruel Le garçon arabe (Daulte 1971, nº 406), et la Vieille femme arabe (Daulte 1971, nº 400); le 21 avril 1892, il revendit les trois Renoir à sujet algérien à Durand-Ruel.
47 Daulte 1971, p. 414; J. et L. d'Albis, « La céramique impressionniste », L'Œil, nº 223, février 1974, p. 46; Boime 1976, pp. 156-8 et Boime 1979, pp. 67-8; Monneret, I, 1978, p. 269.
48 Monneret, III, 1980, p. 49. Ses collections impressionnistes furent dispersées en vente publique dès février 1897. Evelyne Possémé, assistante au Musée des Arts Décoratifs prépare une étude sur le bijoutier Vever englobant ses activités de collectionneur.
49 Cf. Portrait d'Henriette de Bonnières, 1889, Paris, Musée du Petit Palais. Robert de Bonnières acheta, de Durand-Ruel le 10 décembre 1888 une Baigneuse et des Fleurs que ce marchand venait d'acquérir de l'artiste. Ces œuvres seront revendues à Durand-Ruel en juillet 1894 et avril 1897, avec des œuvres de Degas, Rodin, Cézanne et Manet (Archives Durand-Ruel). Dans une lettre à Duret du 4 avril 1901, Renoir signale « Le portrait de Wagner appartient à M. Robert de Bonnières s'il ne s'en est pas défait » (Florisoone 1938, p. 40); le tableau est aujourd'hui au Jeu de Paume (R.F. 1947-11). Voir aussi Monneret, I, 1978, p. 85.
50 Durand-Ruel lui racheta une Baigneuse le 7 janvier 1899 et les deux tableaux mentionnés le 8 février 1899 (Archives Durand-Ruel).
51 Rappelons simplement qu'en 1929, à la mort de Mrs Havemeyer, le Metropolitan Museum reçut plus d'un millier d'œuvres de toutes sortes, dont une superbe série d'impressionnistes. Quelques œuvres, non comprises dans la donation Havemeyer au Metropolitan Museum, provenant de la belle-fille des Havemeyer ont établi récemment en vente publique des records de prix (Vente, New York, Sotheby's, 18 mai 1983).
52 Sans entrer dans le détail des sommes portées au crédit de Renoir par Durand-Ruel à partir de 1881 (Archives Durand-Ruel, Grand Livre et Journal) on peut toutefois souligner que les achats massifs en 1881 et surtout en 1882 (près de 30 000 F pour cette seule année), diminuent régulièrement et de manière considérable au cours des années suivantes (alors que les achats à Monet demeurent plus nombreux).
53 Lettre de Durand-Ruel à Pissarro, 28 novembre 1892 (Archives Durand-Ruel).

Les années quatre-vingt-dix ;
Renoir entre au Musée du Luxembourg

Au cours des années 1890 Renoir fait son entrée dans les collections nationales françaises. En 1892 les *Jeunes filles au piano* (*voir* cat. n° 89) sont acquises pour le Luxembourg grâce à Mallarmé et Roger Marx. Nous ne nous attarderons pas ici sur les détails de la violente polémique que souleva le legs à l'État en 1894 par Gustave Caillebotte de sa collection de peintures impressionnistes[54]. Il suffira de rappeler qu'après de longues et difficiles négociations entre les exécuteurs testamentaires de Caillebotte (son frère Martial et Renoir) d'un côté, et l'Administration des Beaux-Arts de l'autre (préoccupée par la réaction négative qui ne pouvait manquer d'accompagner l'acceptation par l'État d'œuvres que la majorité du public jugeait choquantes), un choix d'œuvres provenant du legs Caillebotte fut accepté pour le Luxembourg et finalement exposé au début de l'année 1897. Renoir était admirablement représenté par *La balançoire* (*voir* cat. n° 38), le *Bal du Moulin de la Galette* (*voir* cat. n° 39), l'*Étude* de nu (*voir* cat. n° 35), *Femme lisant, La Seine à Champrosay* et le *Pont du chemin de fer à Chatou,* maintenant au Jeu de Paume.

Nous avons vu que Durand-Ruel avait, dès le milieu des années quatre-vingt, étendu la renommée de Renoir aux États-Unis et cette action se poursuit régulièrement au cours des années suivantes : parmi ses clients figurent H. Crocker de San Francisco (1890), Crist Delmonico (1891) et Sutton (1893) de New York, Mrs Potter-Palmer (1892) et A.J. Eddy (1894) de Chicago, qui tous achètent des Renoir lors de leurs voyages à Paris — on peut y ajouter le Canadien Van Horn de Montréal et la liste des clients de la succursale de New York est encore plus considérable. Plusieurs collectionneurs allemands font également leurs premiers achats, Ressler de Berlin, Behrens de Hambourg, le Dr Linde de Lubeck[55] avant que Cassirer ne devienne le correspondant attitré de Durand-Ruel à Berlin au début de notre siècle. On relève enfin, en 1898, un premier achat du moscovite Serge Stchoukine, le *Torse d'Anna,* maintenant au Musée Pouchkine[56].

En France même, nous signalerons parmi les plus importants, deux amateurs dont l'essentiel des collections se constitue avant la fin du siècle. Citons d'abord le négociant rouennais Félix-François Depeaux (1853-1920)[57]. Sa résidence à Rouen, 35, avenue du Mont-Riboudet et ses bureaux parisiens étaient ornés de tableaux. Depeaux était un client de Durand-Ruel depuis 1892 et lorsqu'à la suite de conflits familiaux il fut contraint de mettre aux enchères sa collection les 31 mai et 1er juin 1906[58], celle-ci ne comptait pas moins de 46 Sisley, des Monet, des Pissarro (Pissarro rencontra plusieurs fois Depeaux lors de ses séjours à Rouen) mais aussi des œuvres de Gauguin et Toulouse-Lautrec. De Renoir, Depeaux possédait notamment *En été* (*voir* cat. n° 7), deux natures mortes de fleurs et surtout, vedette de cette vente, *La danse à Bougival* (*voir* cat. n° 66). Depeaux avait de longue date envisagé d'offrir au musée de Rouen une partie de ses collections et d'user de son influence pour faire acheter des tableaux à ce musée. Malgré les difficultés survenues il n'en laissa pas

54 P. Vaisse, « Le legs Caillebotte d'après les documents », communication à la *Société de l'Histoire de l'Art Français* du 3 décembre 1983, à paraître dans *Bulletin de la Société de l'Histoire de l'Art Français. Année 1983.*

55 *Voir* C. Judrin, « Acquisition par le Musée Rodin d'une peinture de Munch », *La Revue du Louvre*, 5/6, 1981, pp. 387-9.

56 *Voir* Monneret, II, 1979, p. 278.

57 *Voir* Monneret, I, 1978, pp. 176-7.

58 Il y eut une première vente Depeaux le 25 avril 1901 où il y avait déjà un Renoir. Il est fait état que la vente de juin 1906 est celle de la « collection Depeaux dépendant de la Société d'acquêts Depeaux-Decap, dont la liquidation a été ordonnée par arrêt de la Cour d'Appel de Rouen du 7 février 1906 ».

moins au musée, dès 1909, une fort belle collection d'impressionnistes[59].

Le second collectionneur important pour Renoir est le Docteur Viau (v. 1855-1939). Dentiste de profession, peintre amateur qui s'amusait à mystifier ses visiteurs par ses pastiches, Viau a eu plusieurs collections successives, dispersées à diverses reprises de son vivant et après sa mort[60]. Viau était très lié avec le Comte Doria et, tout en achetant chez les marchands, aimait aller « à la source » : c'est ce qui lui fit acheter la majeure partie des toiles ayant appartenu au pâtissier Murer, dont nous avons déjà parlé.

On doit citer aussi Paul Gallimard (1850-1929), fils de collectionneur, bibliophile, célèbre amateur de tableaux[61] et père de Gaston Gallimard, fondateur de la N.R.F. C'était un bon client de Durand-Ruel à qui il avait notamment acheté, en décembre 1889, la *Baigneuse* (*voir* cat. n° 64). Sa collection éclectique consistait essentiellement, hormis quelques tableaux anciens, en œuvres du XIXe siècle français, tous les grands noms depuis Ingres, Delacroix, Corot jusqu'à Cézanne. Renoir comme Monet connaissait bien Paul Gallimard[62] et fit un portrait de l'épouse de ce dernier, tout en peignant plusieurs fois sa belle amie, l'actrice Diéterle.

Le 6 mai 1901 était dispersée à Paris, à l'Hôtel Drouot, une petite collection de 21 œuvres par Boudin, Cézanne, Degas, Guillaumin, Monet, Pissarro, Renoir (six peintures) et Sisley.

Non seulement les œuvres étaient de qualité (*L'effet de neige* de Monet fut acheté par Camondo et entra plus tard au Jeu de Paume ; un autre Monet, *Printemps bords de rivière,* devait être acquis par le musée de Lyon) mais il n'y avait là que des impressionnistes alors que les grandes collections dispersées à cette époque se révèlent souvent plus éclectiques. Durand-Ruel et Bernheim-Jeune y agissaient comme experts. Le collectionneur y était désigné comme *M.G.,* mais l'on sut généralement qu'il s'agissait d'un certain Abbé Gaugain (son nom étant d'ailleurs orthographié Gauguin par analogie avec le peintre). C'était, comme nous le verrons, un fidèle client de Durand-Ruel qui organisa la vente, mais il avait fini par entrer directement en contact avec plusieurs artistes notamment Pissarro à qui il achèta une toile en 1892 ou 93[63] et aussi Renoir. Celui-ci écrit le 25 avril 1901 à Durand-Ruel qui venait de lui adresser le catalogue de la vente (en ajoutant : « Vous y verrez six de vos œuvres... Il a dû en avoir directement de vous »)[64] : « J'ai eu la faiblesse de vous faire quelques infidélités avec l'Abbé, quoique ce que je lui ai donné m'ait été refusé et trouvé horrible par vous, ce qui est du reste vrai. Mais si je ne vendais que de bonnes choses, je mourrais de faim, et je croyais ensuite qu'il garderait ces horreurs plus longtemps. Depuis quatre ans il me demandait une vue du midi. C'était une commande que je me suis refusé longtemps à faire. J'ai fini par bâcler un Palais des Papes, et voilà. Mais j'ai assez des amateurs et je me laisserai plus « attendrir » »[65]. Quelques jours plus tard[66] arrive la réponse du marchand : « Lundi aura lieu la vente de l'abbé Gaugain. Je crois que tout ira bien et dans tous les cas nous pousserons tout à de gros prix. Il est essentiel que dans les ventes publiques on atteigne de gros chiffres, que ce soit fictif ou non. Nous n'arriverons au

59 Le 10 février 1906, Durand-Ruel, qui vient d'inventorier la collection Depeaux en vue de sa vente, écrit à cet amateur : *«La Danse* et le *Bouquet de chrysanthèmes* qui faisaient partie de ma collection particulière n'en sont sortis que sur l'affirmation que vous désiriez les présenter au Musée de Rouen. Sans cette promesse formelle je n'aurais pas consenti à m'en dessaisir...»* (Archives Durand-Ruel). Le *Bouquet de chrysanthèmes* fit partie du legs Depeaux au Musée des Beaux-Arts de Rouen tandis que *La Danse à Bougival* qui fit sensation à la vente Depeaux de 1906 fut rachetée par le beau-frère de Depeaux, E. Decap. Le 30 juin 1921, après la mort du collectionneur, eut lieu une dernière vente où dominaient Lebourg et Guillaumin.
60 *Voir* Monneret, III, 1979, pp. 49-50.
61 *Voir* Vauxcelles 1908 et Monneret, I, 1978, p. 220.
62 Le 27 avril 1893 Renoir écrit à Gallimard depuis Beaulieu : « Je crois que je vous rapporterai un paysage » (*voir* cat. n° 90).
63 Le 26 avril 1892 Camille Pissarro écrivait à son fils Lucien (Pissarro 1950, pp. 279-80) : « J'écrirai à mon amateur, l'abbé Gaugain, de venir voir mes nouvelles choses » ; *voir* aussi p. 238 (8 mai 1892) ; p. 288 (juin 1892) ; p. 302 (3 juillet 1893 : « Il [Durand-Ruel] m'a dit avoir vu chez l'Abbé Gaugain la *Femme à la brouette* et trouve cela épatant »).
64 Lettre de Paul Durand-Ruel à Renoir, 19 avril 1901, Magagnosc (Archives Durand-Ruel)
65 Venturi 1939, I, pp. 166-7.
66 4 mai 1901 (Archives Durand-Ruel).

grand succès que par ce moyen. Vous m'avez écrit que je vous avais refusé des tableaux que vous avez vendus à l'abbé Gaugain. Où avez-vous donc pris cette idée ? Jamais de la vie je n'aurais refusé de les prendre, d'autant plus qu'ils sont très beaux. » Ainsi vont les stratégies du marché de l'art. En réalité Durand-Ruel avait acheté pour une somme globale de 101 000 F l'ensemble de la collection[67] qu'il connaissait bien puisque 13 œuvres sur 17 avaient été achetées dans sa galerie entre décembre 1887 et mars 1900[68] et réalisait la vente publique à ses risques et périls. Malgré tous ces détails, la personnalité de cet abbé, aux goûts peu conformistes, demeure encore mystérieuse. Né le 4 avril 1850 dans le petit village de Boulon près de Caen (Calvados), Paul Octave Gaugain était d'origine modeste ; son père, journalier, déclara à sa naissance ne pas savoir signer et sa mère était dentellière. Nous ne savons rien de sa carrière ecclésiastique mais les listes électorales parisiennes le déclarent professeur et l'on sait qu'il fut directeur du Cours Saint-Augustin à Paris, 95, boulevard Haussmann. Il se retira à Boulon dont il fut le maire et y mourut le 24 juin 1904. Comment en vint-il un jour à pousser la porte de la galerie Durand-Ruel, nous n'en savons rien. Après sa vente, en 1901, il fit de nouveaux quelques acquisitions notamment deux d'Espagnat, deux Albert André et un Loiseau. A sa mort, ses héritiers s'adressèrent à Durand-Ruel pour estimer ces quelques œuvres[69]. Mais Durand-Ruel ne se trompait pas lorsqu'il disait que « le bon abbé fera une bonne affaire » car ayant investi moins de 50 000 F, il avait doublé ce capital au bout d'une dizaine d'années. Ajoutons aussi que ce type d' « investissement » n'était pas à la portée de toutes les bourses si l'on songe qu'aux alentours de 1900 un instituteur, par exemple, ne gagne pas plus de 3 000 F par an et que 90 % des salaires des fonctionnaires français sont inférieurs à cette somme.

Renoir au XXe siècle

A partir de 1900, les collectionneurs, les musées désireux d'acquérir des œuvres de Renoir vont en se multipliant. Encore faut-il souligner que les rapports de Renoir avec les autorités administratives françaises qui président aux destinées des Beaux-Arts ne sont pas toujours aisées. Les célébrations de l'Exposition Universelle, auxquelles les impressionnistes se refusent d'abord à participer, voient s'élever une petite polémique, finalement apaisée grâce à la diplomatie de Roger Marx[70], et c'est à cette occasion que Renoir reçoit enfin la consécration officielle, le ruban rouge de la Légion d'Honneur. Au même moment, en janvier 1900, Renoir offre au Musée Adrien Dubouché de Limoges, sa ville natale, une de ses œuvres, un portrait de *Jean Renoir enfant*[71]. L'année suivante, c'est le musée de Lyon qui, cette fois, fait l'acquisition de la *Femme jouant de la guitare* (*voir* cat. no 94) en janvier 1901, initiant ainsi une série d'acquisitions de peintures impressionnistes dont il faut souligner l'audace et l'intelligence. Les musées nationaux français pouvaient s'enorgueillir, grâce au legs Caillebotte et à l'achat de 1892, d'un ensemble représentatif d'œuvres de l'artiste. Deux legs, d'importance absolument inégale,

67 Lettre de Paul Durand-Ruel à l'Abbé Gaugain, 7 mai 1901 (Archives Durand-Ruel).

68 Nous reviendrons dans un prochain article sur le détail des transactions qui débordent le cadre de cette étude.

69 Une vingtaine d'œuvres vraisemblablement mineures d'Albert André, d'Espagnat, Vogler, Maufra, Renoir, Valtat, Damoye, Loiseau, Faucher (Archives Durand-Ruel).

70 Le 20 janvier 1900 Durand-Ruel écrit à Roger Marx que Renoir « se refuse d'une façon absolue à ce que l'on expose ses tableaux soit à l'exposition décennale, soit à l'exposition rétrospective [la Centennale]. La même résolution a été prise par Degas, par Monet et par Pissarro ». Une autre lettre, datée du 30 mars 1900, explique que « Monet et Renoir (...) ont été très froissés, à juste titre, de la façon cavalière dont l'administration a agi à leur égard en allant chez les amateurs choisir des tableaux pour les exposer sans consulter les artistes et sans leur faire savoir de quelle façon ils seraient exposés » (Archives Durand-Ruel). *Voir* aussi les lettres adressées par les artistes à Roger Marx in cat. exp. *Donation Claude Roger Marx,* Paris, Musée du Louvre, Cabinet des Dessins, novembre 1980-avril 1981, nos 78-81.

71 Durand-Ruel s'était chargé d'expédier l'œuvre au Maire de l'époque M.E. Labussière le 23 janvier 1900 ; le 14 mars il s'étonne — comme Renoir — de n'avoir pas eu de nouvelles de son envoi (Archives Durand-Ruel).

viennent renforcer leurs collections ; le premier, émanant de l'éditeur de musique Hartmann, fait entrer au Musée du Luxembourg, en 1902, un grand *Portrait de femme*, daté de 1874 ; grâce au second, celui, magnifique, du Comte Isaac de Camondo (1851-1911) Renoir entre au Louvre[72] peu de temps avant la guerre de 1914, avec trois œuvres récentes, *La toilette*, *La fillette au chapeau de paille* et la *Jeune fille assise*, maintenant au Jeu de Paume.

Il faut souligner que ce grand collectionneur, banquier aux moyens financiers étendus qui avait aidé Durand-Ruel dès les années soixante-dix et auquel les musées nationaux français doivent quelques-uns des chefs-d'œuvre impressionnistes qu'ils possèdent, plus attiré semble-t-il par Degas et Monet, n'a acquis que très tard — en 1910 — les trois Renoir qu'il légua au musée[73]. A la même époque il achetait aussi chez Bernheim-Jeune des œuvres de Bonnard et de Matisse[74]. La célébrité de Camondo — dont Proust regretta de n'avoir pu visiter la collection, car il ne pouvait le recevoir que le matin ![75] — en font un personnage qui compte considérablement dans l'histoire du goût et dont le poids joua favorablement en faveur des impressionnistes et de la génération suivante.

Si les musées français[76] avaient déjà un nombre important de ses œuvres, de nombreuses institutions étrangères s'empressaient aussi d'acquérir des peintures de Renoir. C'est au critique anglais, Roger Fry, alors chargé des destinées du Metropolitan Museum of Art, que revient l'idée d'acquérir une œuvre majeure de Renoir[77] ; le grand musée new-yorkais, grâce à l'importance des moyens financiers mis à sa disposition, put acheter le *Portrait de Mme G. Charpentier et de ses enfants* à la vente de cette collection en 1907 (*voir* cat. n° 43). Les musées allemands se distinguent, Berlin en tête grâce à Hugo von Tschudi, directeur de la Nationalgalerie de Berlin de 1896 à 1909, qui, malgré l'hostilité personnelle de l'Empereur, fait l'acquisition d'œuvres impressionnistes dont plusieurs Renoir (*En été*, voir cat. n° 7 ; *L'après-midi des enfants à Wargemont*, voir cat. n° 73 et *Marronniers en fleurs*, acquis chez Durand-Ruel le 6 juin 1907). Brême[78], Francfort[79], Cologne (*voir* cat. n° 8) suivent sans retard le mouvement. Il est remarquable que les musées préfèrent acheter des œuvres déjà anciennes de l'artiste, profitant du fait bien naturel qu'une première génération de collectionneurs a déjà disparue et que ses trésors sont dispersés ; c'est pourquoi il faut accorder une place à part à un collectionneur qui lui, au contraire, s'attacha à la période la plus récente — et mal reçue du public qui « s'habituait » déjà aux tableaux de l'époque impressionniste. Nous voulons parler de Maurice Gangnat (1856-1924) qui, en moins de vingt ans, a acquis de plus cent cinquante toiles de Renoir peintes, à quelques exceptions près, entre 1905 et 1919. Le catalogue de sa vente, en 1925, donne la mesure de sa passion pour l'artiste et un aperçu du reste de la collection où l'on remarquait notamment de très beaux Cézanne[80]. Maurice Gangnat, ingénieur des Arts et Manufactures, avait été associé dans une entreprise industrielle avec Alfred Natanson, cousin des fondateurs de *La Revue Blanche*. S'étant retiré assez tôt des affaires, il se mit à collectionner des tableaux. Dès 1904 il achète un Vuillard chez Bernheim-Jeune dont il est

72 Pour un catalogue de l'ensemble des collections d'Isaac de Camondo léguées au Louvre, *voir Musée National du Louvre, catalogue de la collection Isaac de Camondo (sculptures et objets d'art du Moyen Age et de la Renaissance, peintures et dessins, mobilier et objets d'art des XVIIe et XVIIIe siècles, peintures, pastels, aquarelles et dessins du XIXe siècle, peintures, sculptures et objets d'art de l'Extrême-Orient)* par P. Vitry, C. Dreyfus, P. Leprieur et L. Desmonts, G. Migeon, Paris, 1922 (2e éd.). *Voir* aussi Boime 1976, pp. 151-2 et 1979, pp. 64-5.

73 Les trois œuvres ont été achetées chez Durand-Ruel ; le 29 avril 1910, *Jeune fille au chapeau de paille* (achetée à Renoir le 4 août 1908), *Jeune fille assise* (achetée à Renoir le 27 juillet 1909) et le 15 novembre 1910 *La toilette, femme se peignant* (achetée à Renoir le 5 septembre 1910). Ces acquisitions sont postérieures au testament daté de 1908 et reflètent sans doute le désir du donateur de compléter sa collection en fonction des besoins du musée. Durand-Ruel avait précédemment tenté de faire acquérir au Comte de Camondo des œuvres de Renoir, notamment « une petite toile ancienne » (Archives Durand-Ruel, lettre du 18 novembre 1897). Lorsque les tableaux entrèrent au musée en 1911 et que la presse détailla la collection, Durand-Ruel prit la peine d'écrire à Arsène Alexandre (Archives Durand-Ruel ; lettre du 19 août 1911) et à Lalo (*ibidem*, 4 août 1911), pour préciser que les trois Renoir de la collection Camondo n'étaient que le début d'une collection que Camondo aurait accrue s'il n'était pas mort. Camondo a toujours laissé entendre qu'il destinait sa collection à l'État, ainsi qu'en témoigne une lettre de Camille Pissarro à son fils Lucien du 16 avril 1896 (Pissarro 1950, p. 405). De même (lettre d'un des fils de Durand-Ruel à Paul Durand-Ruel du 12 avril 1907 (Archives Durand-Ruel) le bruit courut au moment de la vente Charpentier en 1907 que Camondo achèterait *Portrait de Mme Charpentier et de ses enfants* (*voir* cat. n° 43) pour le Luxembourg.

74 Achats des 8 mars et 11 juin 1910 (Archives Bernheim-Jeune, *Livre de vente*).

75 Lettre non datée de Proust à un correspondant non identifié à propos des artistes évoqués dans *Du côté de chez Swann*, passée en vente Paris, Hôtel Drouot, 23 juin 1969.

76 Signalons les autres enrichissements du vivant de Renoir. *La lecture du rôle*, peinture, 0,08 × 0,07 (Musée de Reims), legs Henry Vasnier, 1907.
Théodore de Banville, pastel, 0,55 × 0,46, v. 1882 (Musée du Louvre, Cabinet des Dessins, R.F. 12385), acquis par arrêté du 22 décembre 1910 de Mme Vve Catulle Mendès, 6 000 F avec une participation de 1 000 F des Amis du Musée de Luxembourg (A N F21 4443).
Jeune fille assise, dessin, sanguine rehaussée de craie blanche, 0,90 × 0,70, étude pour le tableau de même titre du legs Camondo (*ibidem*, R.F. 12832), acquis par arrêté du 18 août 1915 chez Vollard pour Renoir, 100 F (AN F21 4262).
Colonna Romano (1883-1981), peinture, 0,50 × 0,45 (Limoges, Musée Municipal), don de l'artiste (entré le 15 juin 1916).

Colonna Romano, peinture, 0,65 × 0,54 (Paris, Jeu de Paume, R.F. 2796), acquis par arrêté du 7 mai 1918 de Renoir, 100 F; il s'agit en fait d'un don déguisé : « Cette peinture nous est offerte en don, toutefois M. Renoir met une certaine coquetterie à ce qu'il y ait un semblant d'acquisition par l'État et il serait heureux qu'on lui en proposât un prix purement nominal (note de L. Bénédite, 25 avril 1918. A N F²¹ 4262; *voir* aussi lettre de Renoir, 30 mars 1918, passée en vente publique, Paris, Drouot Rive Gauche, 7 décembre 1979, où il fait part de son désir de donner ce portrait au Luxembourg). *Mme Georges Charpentier,* peinture, 0,46 × 0,38, v. 1876-77 (Paris, Jeu de Paume, R.F. 2224), don de la Société des Amis du Luxembourg avec la participation de Mme Tournon, née Georgette Charpentier, 1919. Renoir visitant le Louvre en août 1919 eut la joie de voir ce tableau accroché dans la Salle La Caze (Rivière 1921, pp. 233-4).

77 P. Durand-Ruel a refusé à R. Fry de lui vendre *Le Déjeuner des Canotiers* (*voir* cat. n° 51) et la *Danseuse* (fig. 26) mais lui suggéra de tenter l'acquisition à la vente Charpentier du *Portrait de Mme Charpentier et de ses enfants,* tout en lui faisant craindre la concurrence des musées allemands, Dresde ou Berlin (Archives Durand-Ruel, lettre de Paul Durand-Ruel à Fry du 5 avril 1907). Le 11 avril il lui annonça qu'il avait emporté l'enchère à 84 000 F « malgré Bernheim qui poussait pour le Prince de Wagram ou un musée allemand ». Sur R. Fry, *voir* Monneret, I, 1978, p. 218 et A. Bowness in *Petit Larousse de la Peinture,* Paris, 1979, p. 668.

78 Achat chez Durand-Ruel le 23 mars 1910 (Archives Durand-Ruel) du *Portrait de Mme Chocquet* (Daulte 1971, n° 173, situation actuelle inconnue).

79 Achat chez Durand-Ruel le 28 juin 1910 (Archives Durand-Ruel) du *Déjeuner* et de la *Jeune fille lisant,* pour lequel Cassirer touche une commission.

80 Paris, Drouot, *Gangnat,* 1925.

81 Gangnat achète un autre Vuillard et un Renoir le 12 février 1906; un Bonnard et un Jongkind le 17 mai 1906; trois Cézanne le 1ᵉʳ juin 1906; un Renoir le 19 janvier 1907.

82 Paris, Petit, *Berard,* 1905, n° 30.

83 *Voir* M.G. de la Coste-Messelière, « Un jeune prince amateur d'impressionnistes et chauffeur », *L'Œil,* n° 179, novembre 1969, pp. 20-6. *Voir* également E. de Gramont, *Mémoires,* t. II, *Les marronniers en fleurs,* Paris, 1929, pp. 191-6; A. Salmon, *Souvenirs sans fin,* II, Paris, 1956, p. 299; III, Paris, 1961, p. 147. C'est grâce à une indication de Marie-Josée Salmon dans cat. exp. *L'Age d'or de Maurice Denis,* Beauvais, Musée départemental de l'Oise, 1982, autour de la décoration commandée par le Prince de Wagram que nous avons pu exploiter le fonds Berthier-Wagram déposé aux Archives Nationales, 173 bis AP 429-30-31, dont proviennent nos informations.

un bon client jusqu'en 1907[81]. Le premier Renoir qu'il ait acquis semble bien être la *Fillette au tablier blanc* de la vente Berard en mai 1905[82]. C'est chez Paul Gallimard, évoqué précédemment, un ami de longue date, que Gangnat connut Renoir. Dès lors Maurice Gangnat devint un des rares familiers reçus aux Collettes à Cagnes-sur-Mer. L'année de la vente, le fils du collectionneur, Philippe Gangnat, offrit aux musées nationaux, en mémoire de son père, la *Gabrielle à la rose* (*voir* cat. n° 114).

Il y a bien longtemps déjà que Proust invoquait dans « Le côté de Guermantes » (première partie) « le jeune prince amateur de peinture impressionniste et chauffeur », c'est-à-dire Louis-Marie Philippe, Alexandre Berthier, Prince de Wagram (1883-1918) auquel nous souhaiterions consacrer ici une place de choix[83]. Il ne sera pas question pour cette fois d'évoquer l'ensemble des tableaux qu'il amassa fébrilement, essentiellement entre 1905 et 1908, de Courbet à Cézanne et Van Gogh, en passant par Puvis de Chavannes, Degas, Manet, Monet, Sisley, Pissarro, Gauguin, Gustave Moreau, etc... sans oublier Vuillard et Camoin, quelques maîtres anciens, en tout plusieurs centaines d'œuvres. Seules les œuvres de Renoir, celles qu'il réussit à obtenir et celles qu'il convoita, seront évoquées ici. On ne sait pas très bien pourquoi ce petit-fils du maréchal d'Empire, apparenté aux Rothschild par sa mère, jeune sous-lieutenant (il n'a pas vingt cinq ans), à peine sorti de Saint-Cyr où il était entré en 1903, se mit soudain au début de l'année 1905 à collectionner non seulement des tableaux, mais aussi des objets d'art et des tissus anciens. Comment, par exemple, était-il entré en relation avec Adrien Hébrard, un fondeur d'art installé 8, rue Royale, plein de projets et qui devint son mentor et son introducteur dans le monde des arts ? Dans une lettre du 12 avril 1905 celui-ci trace au jeune homme une véritable ligne de conduite : « Je pense que dans une collection moderne comme celle que vous entreprenez il est indispensable que les chefs d'école, si je puis ainsi dire, soient représentés par au moins une de leurs œuvres les plus typiques... or dans le mouvement intense de notre époque, tout s'appuie sur un petit nombre d'artistes qui à mon sens sont : Delacroix, Courbet, Corot, Moreau, Manet, Renoir, Puvis et Claude Monet. Je ne cite que ceux-là parce qu'ils sont maintenant indiscutés, mais je serais tenté d'y ajouter Degas et Gauguin. Sur le nom du premier la lutte est à peu près terminée. Sur celui du second elle bat encore son plein. Connaissez-vous la peinture de Gauguin ? Si vous ne la connaissez pas permettez-moi de vous conseiller d'en acheter. Les Gauguin les plus chers ne doivent pas coûter encore plus de 4 000 F; avant sa mort ils valaient 300 F, dans dix ans ils coûteront 20 000 F. » Des chefs-d'œuvre, certes, mais aussi d'excellents placements pour un jeune homme déjà riche à millions. Dans une lettre du 25 mai 1905, Hébrard, qui est le fils du fameux François-Marie Hébrard (1833-1914), homme politique et patron absolu du journal *Le Temps,* définit son rôle : « J'ai pour moi l'avantage de n'être ni marchand de tableaux, ni intermédiaire de profession, gens pour lesquels on augmente le prix afin de ménager leur commission... je suis un client qui leur [aux marchands] achète et qui les paie car j'ai eu souvent l'occasion de faire des acquisitions pour des collectionneurs ou des musées qui ne voulaient pas paraître. En ma qualité de commerçant

j'obtiens des conditions (...) j'ai, en outre, dans la presse des relations qui me permettent de rendre aux artistes plus de services que je n'ai à leur en demander. Je ne demande pas mieux, Monsieur, que de mettre ces petits avantages à votre service et de vous faire profiter de réductions de prix (...) mais je vous supplie de ne pas rendre ce petit travail trop difficile ». Car hélas, Alexandre de Wagram, qui en garnison à Saint-Mihiel près de Metz a besoin de correspondants dans la capitale, ne s'est pas adressé au seul Hébrard, mais, en même temps, à peu près à tous les marchands de Paris, ce qui crée des rivalités, prospectant également dans la France entière et hors des frontières jusqu'à Madrid, à Milan et à Berlin. Durand-Ruel, Vollard, Barbazanges, Druet, Petit, Tedesco, etc., mais surtout Hessel et les Bernheim reçoivent la visite du jeune amateur qui achète fréquemment et en nombre. Compte tenu de l'énormité des sommes engagées — plusieurs centaines de milliers de francs de l'époque par an — Wagram paie par fractions et de larges crédits lui sont consentis. Très souvent il demande à son marchand de conserver en dépôt les toiles qu'il a achetées. Seul un très petit nombre d'entre elles, sans doute renouvelé, vient orner l'hôtel particulier qu'il possède avenue de l'Alma, puis l'appartement au 4e étage du 27 quai d'Orsay (maintenant quai Anatole France) où il s'installe au printemps de 1908[84].

Les relations d'Hébrard et de son amateur sont extrêmement suivies en 1905 et 1906 ; Hébrard introduit Wagram auprès de Durand-Ruel (touchant une commission sur tous les achats faits par le prince) et le conseille à la fin de 1905 dans l'achat, entre autres, d'une superbe série de Renoir, *La Grenouillère* (fig. 17), *La sortie du Conservatoire* (Merion, Barnes Foundation), le *Portrait de Chocquet* (Cambridge, Fogg Art Museum), *La Source* (Merion, Barnes Foundation), *Baigneuse s'essuyant* (Daulte 1971, no 528), *Grande femme nue assise* (coll. part.), *La servante* (New York, Metropolitan Museum), *Portrait de femme* (Cambridge, Fogg Art Museum), soit un ensemble de tableaux plutôt anciens de l'artiste. C'est encore à l'occasion de ces acquisitions qu'Hébrard sermonne Wagram, le 29 janvier 1906 : « Lorsqu'on dispose des moyens dont vous disposez, on ne collectionne pas les broutilles mais seulement les pièces capitales ; quand de plus on possède comme vous un goût personnel et sain on est presque inexcusable de ne pas l'affirmer ». Hébrard le tient aussi au courant des ventes et des rumeurs notamment au moment de la Vente Charpentier et c'est grâce à lui que Wagram entre en relations avec Vollard, dont il acquiert notamment *Le Clown Price* (Otterlo, Musée Kröller-Müller) en novembre 1905, mais surtout une série de Gauguin et de Cézanne. En réalité Vollard reprit le *Clown* et d'autres tableaux dont un Derain qui ne lui avaient pas été payés et les relations du marchand et du collectionneur s'interrompirent brusquement en avril 1907.

Toutefois, en même temps qu'il charge Hébrard de négociations diverses et s'associe avec lui en 1907 dans son affaire de fonderie, le Prince de Wagram fait aussi appel à un jeune marchand débordant d'activité et d'enthousiasme, Henry Barbazanges, installé d'abord 48, boulevard Haussmann, puis à partir du printemps 1906, 109, faubourg Saint-Honoré. Barbazanges semble avoir d'abord eu pour mission de prospecter en vue de l'acquisition d'œuvres du XVIIIe siècle français, puis

84 Les factures du tapissier qui préside à l'installation laissent entrevoir le décor : une antichambre avec des rideaux de taffetas vieil or et des socles pour plantes vertes, un grand salon tendu de taffetas crème, un salon rose, un salon vert, un fumoir, la salle à manger, la chambre tendue d'étoffes anciennes avec son cabinet de toilette. D'après le nombre de tableaux manipulés pour l'accrochage en 1908 et la liste des cadres — la plupart anciens — fournis, il ne semble pas qu'il y ait eu alors plus d'une vingtaine de tableaux où l'on remarque surtout Courbet, Van Gogh, Puvis de Chavannes et Monet. Le loyer annuel de cet appartement était de 16 000 F net de charges, ce qui donne un point de comparaison intéressant pour le prix des tableaux.

de peinture espagnole — de Greco au Goya — ce qui le conduit à organiser un voyage en Espagne. Très vite pourtant il est aussi sur la piste des impressionnistes et sa plus belle négociation est l'achat d'une série d'œuvres dont une *Baigneuse* non identifiée de Renoir arrachée au gendre de de Bellio, Donop de Monchy, affaire conclue au début janvier 1905. Mais encore une fois la « collaboration » prend fin dès 1907, bien que Barbazanges ait été chargé en 1910 de négocier la revente de certains tableaux de la collection.

Les premiers achats du Prince de Wagram chez Druet remontent aussi à l'automne 1905 et Druet lui rachète plusieurs œuvres dès novembre 1908 (dont *Le chahut* de Seurat). Le 6 septembre 1909 Druet est chargé de vendre treize œuvres par Renoir appartenant au Prince Wagram, parmi lesquelles la *Vue des Champs-Élysées* de 1867.

Nous évoquerons, en dernier lieu, les rapports du Prince de Wagram avec Jos Hessel et ses cousins, les Bernheim. C'est à la fin du mois de mai 1905 que le Prince de Wagram achète un premier lot de tableaux chez Bernheim-Jeune, puis, avant la fin de l'année, il acquiert une trentaine d'autres Renoir dont *Les filles de Catulle Mendès au piano* (coll. W. Annenberg). Dès le début de 1906, il commence d'ailleurs à rendre certains Renoir qu'il échange pour d'autres œuvres. En 1906, il achète encore plusieurs Renoir dont *Les fiancés* en juin (*voir* cat. n° 8). Son interlocuteur privilégié chez Bernheim est Jos Hessel, un cousin des Bernheim, associé pour un tiers dans les bénéfices de la succursale qu'il dirige au 36, avenue de l'Opéra. La maison Bernheim-Jeune est déjà ancienne. Alexandre Bernheim (1839-1915), originaire de Besançon, avait d'abord exercé le métier de marchand de tableaux à Bruxelles. Il s'installa dès 1873 à Paris et dès la fin des années 1880, les deux fils d'Alexandre, Joseph Bernheim (1870-1941) et Gaston Bernheim (1870-1953), ainsi que leur cousin Jos Hessel († 1941), un peu plus âgé, furent associés à l'entreprise. Dès 1900, sans doute sous l'impulsion des fils Bernheim et d'Hessel, Berhneim-Jeune se consacre presque exclusivement aux impressionnistes, puis aux peintres de la génération suivante. C'est une maison prospère. Cette réussite incontestable est sans doute à l'origine du désir du Prince de Wagram de s'associer aux Bernheim-Jeune, joignant ainsi l'utile à l'agréable. Par un acte sous-seing privé du 27 janvier 1907, enregistré le 12 février suivant, était formée une société en nom collectif à l'égard de MM. Bernheim et Hessel, en commandite à l'égard du Prince de Wagram (dont le nom n'apparaissait pas). Cette association eut une vie très brève et, dès la fin du mois de mai 1907, le Prince de Wagram portait plainte contre ses associés. Le procès fut mené rondement, Poincaré agissant comme avocat du prince tandis que Millerand défendait les intérêts des Bernheim, et, avant la fin de l'année 1907, l'affaire se terminait par un non-lieu en faveur des Bernheim. En mai 1908 intervenait enfin un dernier règlement amiable.

Les conséquences financières de cette affaire furent fort lourdes pour le Prince de Wagram qui semble avoir dès cette date éprouvé quelques embarras d'argent. Il règle cependant ses comptes avec Durand-Ruel au début de l'année 1908, renonçant déjà à certains tableaux, et l'on peut considérer que dès lors il envisage de revendre la

majeure partie de ses collections. Toute l'année 1909 est occupée par des négociations — aussi maladroites, car elles sont menées de front par plusieurs marchands, que l'avaient été celles qui avaient précédé ses achats —. Des bruits de vente publique courent mais, en définitive, les tableaux sont dispersés petit à petit à l'amiable. Ce n'est qu'un ensemble relativement modeste que Durand-Ruel[85] est chargé d'estimer en avril 1914, dans l'appartement du quai d'Orsay où figurent cependant seize toiles de Renoir, dont la petite version du *Bal du Moulin de la Galette* (New York, coll. Hay Whitney), *La Source* (Merion, Barnes Foundation), *Mlle Henriot en travesti* (Colombus, Ohio, Colombus Gallery of Fine Arts), l'*Enfant à l'arrosoir* (Washington, National Gallery of Art), etc. Cette prisée restitue fidèlement le dernier état d'un rêve qui disparaît avec le prince dans les derniers mois de la guerre.

Plusieurs tableaux ayant appartenu au Prince de Wagram passèrent plus tard au fameux Alfred Barnes (1872-1951) et ce détail nous sera un prétexte pour introduire rapidement cet étonnant personnage qui employa une énorme fortune, acquise grâce à l'exploitation d'une spécialité pharmaceutique, l'argyrol, à acheter de la peinture et, surtout, des Renoir, maintenant rassemblés à la Fondation Barnes à Merion, près de Philadelphie, ouverte depuis 1924. Plusieurs Renoir furent achetés dès mai 1914 chez Durand-Ruel, mais l'essentiel semble l'avoir été au début des années vingt, mettant à profit l'abondance des œuvres offertes à la mort de l'artiste. En effet, Renoir mourut en laissant dans son atelier un ensemble extrêmement important de toiles dont on peut se faire une bonne idée en feuilletant les deux albums préfacés par Albert André et Marc Elder, et publiés par Bernheim-Jeune en 1931 ; si les pochades de la dernière période y abondent, on y remarque cependant des œuvres achevées très importantes, notamment plusieurs portraits de la famille. Ce qui est intéressant c'est que — et il semble que ce soit là un exemple qui fera école — les héritiers du peintre, ses trois fils, renoncèrent à la traditionnelle dispersion en vente publique du fonds d'atelier, comme cela venait par exemple de se faire pour Degas en 1918 et 1919. Contrairement à ce que rapporte René Gimpel[86], Renoir n'a pas laissé de directives écrites à ce sujet ; toutefois Gimpel a relaté comment Barbazanges, soutenu par le banquier Orosdi, avait offert dix millions cinq cent mille francs — somme énorme pour l'ensemble des œuvres. Barbazanges proposa une participation (et son offre fut refusée) à « Durand-Ruel, Georges Bernheim, Rosenberg, Bernheim frères et Hessel qui étaient tous sur l'affaire mais qui ne l'estimaient qu'à sept millions »[87].

En guise de conclusion nous pouvons constater qu'en un demi-siècle Renoir est passé de l'obscurité à la gloire. Il affectait de ne pas s'en soucier, écrivant à Durand-Ruel, le 11 février 1909, « Je suis heureux de savoir que les amateurs sont moins récalcitrants. Mieux vaut tard que jamais. Mais cela ne m'empêchera pas de continuer un petit train-train comme si de rien n'était. »[88]. Parmi ceux qui l'avaient soutenu à ses débuts tous ne vécurent assez longtemps pour voir son triomphe mais suffisamment pour constater qu'ils avaient vu juste. Aussi originaux que la peinture qu'ils appréciaient, ils avaient été les collectionneurs modèles que réclamait ce qu'on a appelé l'avant-garde.

85 Dans l'inventaire établi par Durand-Ruel en avril 1914, on dénombre seize peintures et une grande sanguine de Renoir, un Carrière, deux Puvis, deux Perronneau, deux Courbet, deux Van Gogh, un Sisley, soit trente œuvres. Il ne semble pas que le Prince de Wagram ait jamais accroché de toiles au Château de Grosbois qu'il possédait.

86 Gimpel 1963, p. 154. Lors d'une visite chez Claude Monet à Giverny en 1920 en compagnie du marchand Georges Bernheim, celui-ci aurait expliqué que les enfants de Renoir ne pouvaient vendre les toiles que deux ans après sa mort. Me Collet, notaire à Paris et successeur de Me Duhan qui reçut le testament de Renoir, a bien voulu nous préciser, et qu'il en soit vivement remercié ici, que Renoir n'a fait qu'un testament très bref en octobre 1908, concernant essentiellement la propriété des Collettes qu'il venait d'acquérir.

87 Gimpel 1963, pp. 199-200 (journal à la date du 29 mars 1922). Si l'on applique le coefficient de transformation proposé par l'I.N.S.E.E., il faut multiplier ces sommes par 2,97 pour obtenir la valeurs en francs 1982.
Gimpel explique que « la jeune maison Barbazanges » a acheté les cent trois premiers tableaux pour 1 500 000 F et a une option sur les six cents autres restants destinés à être divisés en six lots échelonnés sur plusieurs années. Plus tard (p. 164, 10 avril 1924) il rapporte que Barbazanges a pris les deuxième et troisième lots en association avec Georges Bernheim. On ne sait que peu de choses sur l'activité de Barbazanges après la guerre. Toutefois un détail important est fourni par une lettre de Georges Durand-Ruel à son frère Joseph du 11 mars 1921 (Archives Durand-Ruel) qui signale que la galerie du 109, Faubourg Saint-Honoré étant en liquidation « Hessel s'est rendu acquéreur de la maison avec droit au bail (...) Il y a installé Barbazanges et un M. Hodebert, tout en surveillant lui-même ». La galerie du 109 s'appela en effet Hodebert, puis Georges Bernheim. Gimpel (p. 34) cite encore Barbazanges comme vendant un Renoir en 1927. Sur Jos Hessel, *voir* T. Bernard, « Jos Hessel », *La Renaissance de l'Art Français,* 1, janvier 1930.

88 Venturi 1939, I, p. 194.

Lawrence Gowing

Le sentiment et l'esprit
de Renoir

On est toujours tenté de croire que les grands peintres — surtout ceux qui ont hérité d'une tradition réaliste commune se mesurent à un étalon commun. Mais il n'en va jamais ainsi. Le caractère et les qualités de chacun d'eux demeurent entièrement individuels et incomparables. Rares sont les peintres qui se sont donné ou se doivent mutuellement plus que les impressionnistes. Trois ou quatre d'entre eux furent indiscutablement des étoiles de première grandeur, cependant chacun d'eux a sa dimension propre qui n'appartient qu'à lui et à nul autre. L'art de Renoir ne peut prétendre être fondé sur la logique et la sensation qui rend la position d'un artiste inexpugnable comme Cézanne l'a remarqué avec raison. La vision et l'imagination de Renoir étaient plutôt au service de la sensualité et de l'impulsion. Elles sont donc sensibles à la critique. Renoir crée une sorte de sens qui n'est qu'à lui, mais les significations transmises par sa sensibilité et sa sensualité en elles-mêmes ne sont plus aussi acceptables de nos jours qu'elles l'étaient du temps de Renoir.

Cependant le désintérêt récent pour Renoir néglige des qualités qui sont indispensables au répertoire que nous offre la peinture. Nous pouvons reconnaître leur rareté et pourtant ne pouvoir guère dire en quoi elles consistent. Existe-t-il un autre peintre moderne reconnu dont l'œuvre soit aussi pleine de personnages charmants et de sentiments séduisants ? Et tout cela du meilleur goût qui soit. Pourtant, ce qui subsiste ce n'est pas une douceur écœurante, mais une fraîcheur qui n'est pas entièrement explicable. C'est comme une senteur, ou la buée sur une grappe de raisin. Le sens qu'il avait de son autonomie était irréprochablement naturel et facile, comme si Renoir s'était fié à ce qui était inné en lui. Son fils comparait cela au sens de l'orientation des oiseaux migrateurs. Mais les hypothèses qu'il considérait comme allant de soi, ne sont finalement pas entièrement convaincantes.

Dès le début, semble-t-il, Renoir eut conscience d'une chose dont les autres futurs impressionnistes n'avaient pas idée. Il avait le sens de l'image commerciale, et il a conservé ce sens pendant toute la période au cours de laquelle la peinture et le dessin se sont entièrement tranformés, changements dans le savoir-faire inhérent à ces arts, dans la formulation, changement aussi de la clientèle qu'ils servaient ; c'est aussi la période durant laquelle les artistes ont transformé la profession et perdu le métier. La nostalgie du métier manuel était, et est encore, chose courante. Degas qui demandait des tableaux peints « comme une porte », n'avait guère idée de la manière dont une porte était peinte. Un Degas n'aurait

pas pu être peint de cette manière (bien qu'un Ingres ou un Chassériau auraient pu l'être). Renoir était un artisan non seulement par son éducation, mais aussi par nature, et il ne l'oublia jamais. Bien loin d'avoir été infidèle, il conserva toujours une compréhension intelligente de ce en quoi consistait la tradition de l'image. Le XVIIIe siècle est resté très présent et, sur le plan de l'imagination, très important pour lui pendant toute sa vie. Pour Renoir, un beau cadre Louis XV mis à sa disposition par un client constituait une bonne raison de faire un portrait (et de baisser le prix demandé). Renoir était plus intensément conscient que tout autre de cette tragédie de l'époque qu'était l'absence d'un style décoratif qui lui fût propre, absence qui s'est prolongée jusqu'à l'extrême « fin de siècle ». Non seulement la tristesse mais le bien-être de sa famille, résultaient pour lui de ce manque de style qui était devenu l'obsession de sa vieillesse ; son fils l'a raconté en détail. Lorsque cette lacune fut comblée, il était trop tard pour Renoir. Avec quelques années de moins, il aurait pu adopter l'art nouveau avec autant de chaleur et plus d'aisance que Seurat.

Renoir avait l'instinct du naturel ; il n'avait jamais eu à abandonner quoi que ce fût de son caractère d'adolescent, comme Monet et Cézanne l'avaient fait. Ceux-ci avaient laissé derrière eux, ou sublimé jusqu'à le rendre méconnaissable, le moi de leur jeunesse : le caricaturiste de café pour Monet, et pour Cézanne l'adolescent frustré que le sexe et la violence mettaient sur des charbons ardents. Dans l'ensemble ce fut sans regrets. Mais Renoir a conservé toute sa vie son attachement au « métier ». Il en a conservé les tours de main ; la technique « du premier coup », avec laquelle l'apprenti avait appris à peindre des décors de style rococo sur porcelaine et sur des stores de toile, alliait la dextérité à une figuration conventionnelle obtenue à partir de taches fonctionnelles, à peine différentes, comme Sickert l'a souligné, de l'économie idéale de la nouvelle peinture. Renoir était fier de son métier, et sa facilité était appréciée ; ses employeurs le traitaient comme un membre de la famille.

A l'heure actuelle, l'opinion ne peut admettre qu'un talent soit plus naturel qu'un autre. La signification du mot lui-même a été mise en doute ; on n'avait pas compris que, lorsque Constable constatait qu'il y avait de la place pour une « peinture naturelle », il voulait simplement dire pour une manière de peindre qui serait semblable à la nature, ressemblante. Mais certains tempéraments s'adonnent à la peinture avec beaucoup plus d'élan que d'autres ; il ne fait aucun doute que Rubens était l'un de ceux-là, et une partie du naturel de Renoir lui a été transmise à travers le rubénisme du XVIIIe siècle et son habileté à créer une ligne fluide et aisée. Personne n'a possédé cette qualité de tempérament qui approche la perfection de Rubens et de Watteau, sauf Renoir. La tradition rubéniste est morte et un abîme s'est creusé entre Renoir et nous ; la part d'historicisme qui est dans sa facilité nous isole de lui. L'apparence de normalité sans tensions de l'art de Renoir est elle-même trompeuse. En fait, cette assurance naturelle est l'une des qualités les plus rares dans toute l'histoire de la peinture. Seul Rubens l'a possédée au suprême degré.

On raconte qu'un jour, quelqu'un ayant apporté à Renoir, dans son

46

atelier, une étude portant son nom, mais qui était un faux, ce dernier avait trouvé moins difficile de la repeindre plutôt que de dénoncer la supercherie. Cette anecdote rappelle comment Rubens, selon plusieurs témoignages, voulant modifier une esquisse à l'huile, abandonnait celle-ci pour en peindre une autre, plutôt que de s'ennuyer à faire des corrections. Toutefois, ces deux cas ne sont nullement parallèles, et il est symptomatique que Renoir ait recouru à l'auto-imitation. Quand des études que Renoir avait laissées dans la famille de sa femme furent retrouvées transformées en cabanes à lapins ou utilisées comme abri contre les intempéries, ses parents expliquèrent qu'ils ne croyaient pas que des choses qui lui venaient si facilement puissent avoir de la valeur. L'aspect et le sentiment des esquisses que Renoir a faites de ses enfants rappellent irrésistiblement la rondeur soyeuse avec laquelle Rubens dessinait son fils. Un portrait de famille de 1896 (fig. 44) montre les fils de Renoir, sa femme et Gabrielle, la bonne d'enfants qui était son modèle favori, donnant une impression d'abondance prolifique, toute en rondeurs, avec laquelle Rubens lui-même ne pourrait rivaliser, et une simplicité indulgente qui est mimée dans le groupe par le geste narcissique de la fille d'un voisin (qu'il aimait peindre aussi). L'étalage du sybaritisme est bien la dernière qualité qui puisse se recommander au goût dépravé qui règne quatre-vingt-dix ans après. Plus que par toute autre chose, Renoir est coupé de nous par le fait qu'à la différence des deux grands peintres qui furent ses amis, son œuvre n'offrait aucun signe avant-coureur de l'avenir à moins que certains de ses sujets et le style des dernières années de sa vie puissent être considérés comme une contribution au néo-classicisme des années 1920.

Néanmoins le traditionalisme de Renoir correspondait à une perception aiguë de la qualité qui le différenciait des autres peintres de sa génération, aux Batignolles. « C'est au musée qu'on apprend à peindre » avait-il coutume de dire. Sa nature en faisait l'héritier d'une force vive accumulée au cours des âges. Chez Renoir, comme il était normal avant lui, le langage de l'art se développe spontanément ; l'artiste ne fait que le parler. C'est en cela qu'il est exceptionnel à son époque, et qu'il est à l'opposé de n'importe quel peintre depuis lors. Il avait hérité d'un langage qu'il sentait être sa langue maternelle. « J'ai toujours cru », disait-il, « et je crois encore que je ne fais que continuer ce que d'autres avaient fait, et beaucoup mieux, avant moi ». La concession qu'il faisait à l'époque contemporaine était réduite au minimum : « On doit faire la peinture de son temps. Mais c'est [...] au musée qu'on prend le goût de la peinture que la nature ne peut pas, seule, vous donner ».

Cette insistance avait quelque chose de paradoxal dans le contexte du naturalisme analytique professé dans le milieu qu'il fréquentait entre 1860 et 1870. Mais la continuité poursuivie par Renoir n'était pas une continuité volontaire mais instinctive. Une fois ou deux seulement au cours de toute sa vie, il donna quelques signes de réflexion sur le style dans lequel persévéraient les artistes caractéristiques de sa génération et de la suivante. Nous honorons Renoir comme le dernier homme qui fut certainement et manifestement coulé dans le grand moule de la tradition de la post-Renaissance, capable de payer, sans rien perdre de lui-même,

le même tribut à Delacroix et à Boucher, comme ceux-ci l'avaient fait vis-à-vis de leurs prédécesseurs. L'essence personnelle immuable de son œuvre s'est maintenue sans effort visible. Sa seule substance et son seul poids étaient ceux des réactions intimes de ses sens, la substance de son plaisir. En plus de l'intensité et de la pénétration de ses autres talents, cette facilité sans contrainte, parfois plus semblable à une habitude, était tout ce qu'il revendiquait, bien qu'être qualifié de génie ne le dérangeât pas. Le pinceau dans sa main, tenu ou fixé à celle-ci par un bandage, pendant soixante ans ou à peu près, faisait partie de lui-même ; il participait de sa faculté de sentir. Chez Renoir c'était plus qu'héroïque, c'était naturel.

Dans sa vieillesse, Renoir a dit à Vollard que la *Diane au bain* de Boucher était le premier tableau qui ait frappé son imagination. Certaines des remarques de Renoir étaient faites presque au hasard, mais nous ne pouvons douter de la vérité de celle-ci. Semblable esprit et le thème du bain ont réapparu à plusieurs reprises dans son œuvre, tout au long de sa vie. Lorsqu'il était apprenti, Renoir allait au musée au lieu de déjeuner, et la clairvoyance qu'il y manifestait était remarquable. Il est plutôt rare que de jeunes peintres se demandent comment l'idée et l'impulsion de peindre leur sont venues. Ils tiennent pour établi que ces choses appartiennent à tout le monde. Le XVIIIe siècle à travers lequel Renoir a frayé son chemin pour définir sa tradition n'était pas simplement le style dicté par la manufacture de porcelaine. C'était le style dans lequel Renoir se reconnaissait et qui s'accordait entièrement à la sensibilité joyeuse, plutôt désinvolte, qui se mêlait à la sensualité de ses premiers portraits. Renoir n'a jamais tenté d'augmenter le sérieux ou d'assombrir le plaisir qui lui étaient naturels. Il s'est plaint par la suite que la bonne humeur n'est jamais prise au sérieux ; c'est sûrement ce qui en a fait l'avantage pour lui. Au début des années 1860, lorsque Delacroix achevait ses peintures décoratives pour Saint-Sulpice, et que Courbet atteignait l'apogée de son défi, avoir une préférence pour Boucher a dû paraître aussi provocant que cela paraîtrait de nos jours.

A vingt-et-un ans, Renoir était allé étudier à l'atelier de Gleyre ; il y avait fait la connaissance de Monet, de Sisley et de Bazille, tous de son âge à quelques mois près. Bazille, le plus accompli et le mieux doué, semblait destiné à être son ami le plus intime. Gleyre accusait Renoir, à juste titre, de peindre pour s'amuser. L'anecdote et la réplique de Renoir ont dû s'améliorer à force d'être racontées au cours des années. Peignant à Fontainebleau, Renoir avait recours, comme ses amis, au style des peintres de Barbizon mais les exemples qui comptèrent pour l'impressionnisme, Courbet, Manet, et, dans une tout autre catégorie, Delacroix, prenaient une signification particulière pour Renoir. Grâce à Courbet, l'emprise des impressionnistes sur la substance de la vie était toujours beaucoup plus vigoureuse que le programme, la réduction de la notation picturale à l'essentiel, ne l'aurait fait supposer. L'évolution de Renoir a été ponctuée pendant des années par des figures en pied grandeur nature, dont l'exemple le plus accompli, suite évidente aux *Demoiselles des bords de la Seine* de Courbet, est un nu inspiré de la Vénus Médicis (accompagnée d'un petit chien), à la fois plus élégant et plus fini que tout

ce que les autres avaient peint (*voir* cat. n° 14).

C'est Manet qui a montré le charme et l'éclat de ce que le pinceau pouvait produire grâce à l'économie absolue de la touche tonale. L'adaptation que Renoir a faite de son aimable modèle se détachant sur les taches librement brossées d'un feuillage d'été (*voir* cat. n° 7) était encore plus élégant et plus séduisant que tout ce que les autres avaient peint. Renoir s'est toujours souvenu que lorsqu'il était à l'école de Gleyre, le musée signifiait pour lui tout simplement Delacroix, et que l'usage qu'il faisait de cet exemple était plus intime et plus personnel que le reste. L'écho splendide qu'il en a donné dans un portrait de *Madame Stora* « à l'algérienne » (*voir* cat. n° 16) a exactement montré ce que signifiait pour lui l'orientalisme de Delacroix. Les touches de couleurs libérées pouvaient être animées et mises en valeur par un rythme continu. Deux ans plus tard, le trait essentiel des *Parisiennes en costume algérien* (*voir* cat. n° 19) était évidemment le déshabillé impudique du groupe. Delacroix a appuyé autant que Boucher sur l'idée du style en tant qu'abandon sensuel, et les deux exemples ont mis en évidence un hédonisme sans honte tout à fait étranger aux autres sources de Renoir et à ses camarades.

Il est significatif que tous ces styles se soient succédé l'un après l'autre sur le chevalet de Renoir au cours de ces années-là. Aucun de ses amis n'a fait des expériences aussi étendues et aussi dépourvues de liens. Aucun n'aurait voulu s'embarquer dans des voies stylistiques aussi différentes, ou les imiter de si près. Aucun ne fut inspiré par un hédonisme aussi impudent. Ce qui lui a donné au départ un avantage important, ce fut sans doute sa faculté et sa détermination, dès le début, de se faire plaisir. Ce qui n'est pas une recommandation auprès des esprits élevés. Mais sa motivation offrait certainement, malgré son traditionalisme (ou à cause de lui), un mélange puissant et original d'avidité picturale et sexuelle.

Jean Renoir a raconté que l'ordre des priorités pour son père n'avait pas changé dans la vieillesse ; le caractère d'un égotiste est plus clair pour ses enfants que pour tout autre ; « Renoir ne pouvait pas faire ce qui lui déplaisait. C'était physique. [...] Il était une merveilleuse machine à absorber la vie. Il voyait tout, comprenait tout et le faisait sien. L'idée que chacun de ses coups de pinceau restituait ces richesses au centuple ne lui vint que très tard. Et encore ! Quand il peignait, il oubliait et devait toujours oublier que son œuvre pût avoir la moindre importance. La fonction [...] qui consiste à « donner » lui semblait invraisemblable, à lui qui voulait « tout prendre ». Sa générosité lui était inconnue. »

L'idée que la peinture était une satisfaction entièrement physique a dicté à Renoir une philosophie et une stratégie cohérentes de la vie qui lui étaient entièrement personnelles. Cette idée était en elle-même une espèce d'originalité et elle était tout à fait consciente ; questionné à ce sujet, Renoir répondait avec une crudité spontanée dénuée d'affectation. Il n'était ni modeste, ni vantard quant au rôle phallique qu'il attribuait à son pinceau, pinceau qui n'avait probablement jamais été si complète-ment un organe de plaisir physique, et si peu autre chose, que dans la main de Renoir. L'extrémité sensible de son pinceau, part inséparable de lui-même, semblait positivement s'amuser. Dans les formes qu'il cares-

sait, il éveillait la vie de la sensation et il les conduisait non pas à un accomplissement orgasmique mais à un jeu prolongé et peu exigeant, sans réserve, ni contrainte particulière, ni engagement. Si le pinceau définit et rend compte, c'est pour le plaisir, et les formes qu'il crée, frémissantes dans leur voile nacré, découvrent la satisfaction et la plénitude. On ressent la matière de sa peinture comme une peau vivante : l'esthétique de Renoir était entièrement physique et sensuelle, et elle était sans nuages. Par essence, son art n'avait pas d'autre substance : l'identité et le caractère humains étaient entièrement vus en ces termes. Son éthos était idéal pour un art qui doit exprimer des choses physiques en termes physiques, et laissait peu de place pour la théorie, la pensée ou la réflexion, ni peut-être même, à sa racine, pour la générosité, aussi compatissant qu'il fût. Son amour distribuait ses faveurs au hasard, décorant la scène visible de son indifférence capricieuse. Les fruits de ses sentiments sont abondants — dans tous les sens du terme ils sont volumineux ; rares, je pense, sont ceux qui les regardent sans en être émus.

L'amour de Renoir est encore contagieux. Je ne doute pas que nous ne le retrouvions à l'occasion de cette exposition. On ne peut s'empêcher de le partager, et l'on revient pour le savourer. Il a quelque chose de curieusement désinvolte mais non dénué de sympathie dans la sociabilité nerveuse, agitée, légèrement abrupte dans laquelle Renoir peignait (en bavardant, nous dit-on, par peur du silence). Nous reconnaissons un homme à l'humeur changeante dans les photographies anciennes. Les commentaires verbaux et les discussions critiques ne nous en rapprochent pas, et il ne les encourageait pas. Renoir en souffrait plus que la plupart. Il est étrange aujourd'hui de nous souvenir que devant le *Nu au soleil* (*voir* cat. nº 35). Albert Wolff, aveugle à tout ce qui n'était pas le ton local, la couleur littérale, avait jugé hideuse cette exquise vérité visuelle parce qu'il ne parvenait pas à concevoir que la couleur vue n'était pas imputable au modèle.

S'il nous faut une introduction à la peinture, on peut, il est vrai, la chercher là où Renoir l'avait trouvée, dans les musées, mais la référence au XVIIIᵉ siècle, ou à Delacroix, ou à Courbet, bien qu'elle puisse nous préparer à admettre à quel point la vérité est nécessairement relative et métaphorique, donc finalement imaginaire, cette référence sera encore loin de rendre compte de ce bond spéculatif merveilleux que le réalisme a été capable de faire autour de 1870 et, très tôt, de rendre sa hardiesse plus manifestement véridique et naturelle que quoi que ce fût auparavant.

Entre trente et quarante ans, Renoir a développé son art en se concentrant de plus en plus sur les changements que les variations de lumière apportent au sujet. Souvent il s'agissait des tachetures de l'ombre et du soleil sous les arbres. Des éclats de lumière directe tombant sur le sujet en tons laiteux, rosés et nacrés tour à tour, étaient saisis et harmonisés, jusqu'à se perdre au loin dans des dégradés violets et indigo. La lumière réfléchie était recueillie en flaques chaudes et tranquilles où flottent des formes humaines significatives. Le pinceau a indiqué la forme comme la lumière par modulations lumineuses ; dans le *Bal du Moulin de la Galette* (*voir* cat. nº 39) elles glissent comme des civelles dans le courant.

Le médium fluide et transparent de la vision ondule sur les rondeurs de la vie et bouillonne dans les creux où l'œil plonge comme pour l'amour. Quel peintre avant Renoir a jamais regardé le flux des demi-lumières nacrées sur un corps de jeune fille s'installer dans le creux au-dessous de l'épaule, puis, par delà l'aisselle, se rassembler de nouveau juste au-dessus du sein, avant de se perdre au fond de l'ombre et du reflet, comme Renoir l'a observé dans le *Nu au soleil* ? La lumière baigne la forme, se concentre, doucement incandescente, puis ruisselle dans la fraîcheur bourbeuse, humide ou feuillue d'alentour. Renoir avait une dévotion particulière pour les décors boisés « qui font sentir qu'il y a de l'eau autour ».

Le mouvement de la lumière et de la couleur entoure la forme avec des prévenances délibérées et pourtant douces, offertes et ressenties comme une caresse. Une touche de couleur est tout simplement et intentionnellement un contact ; c'est à la fois le geste et le sens. C'est un contact avec la surface, la conscience ressentie de la douceur du toucher. Le toucher de la peau et la touche de peinture étaient sentis comme indiscernables et finalement comme identiques. Le pinceau, le bout du doigt et l'organe sexuel étaient considérés comme semblables — imaginés comme unis à la peau perçue par l'œil.

Le toucher était une obsession consciente chez Renoir. Son fils qui coupait ses ongles courts pour grimper aux arbres en était assez intrigué. Pour le peintre, les ongles participaient à des associations d'idées singulières. Il pensait qu'ils étaient faits pour protéger le bout des doigts qui est de la plus haute importance et très vulnérable, et qu'il ne fallait les couper sous aucun prétexte : « Il faut te protéger le bout de tes doigts ; en l'exposant, tu risques de diminuer ton sens du toucher, et de te priver de grands plaisirs dans la vie ». Le toucher et sa contrepartie visuelle étaient au centre des préoccupations de Renoir. Il en parlait sans détour ; « ce qui se passe dans ma tête ne m'intéresse pas ; je veux toucher... ou au moins voir ! »

Dans l'évolution commune du style impressionniste, Renoir et Monet travaillèrent souvent côte à côte : les différences qui existaient entre eux étaient significatives. En 1869, à la Grenouillère, Renoir observant les Parisiens en vacances était déjà amusé et amusant (*voir* cat. nos 11, 12). Il y avait des traces de caprice dans la vision qu'il en donna. Ce qui préoccupait Monet c'était le jeu du soleil et de l'ombre, phénomènes strictement visuels qui devaient être élucidés systématiquement par des bandes de bleu et d'or. Inconsciemment, la vision sobre de Monet était présente à la démonstration des grands théorèmes de la lumière sur l'eau qui allaient faire époque et influencer à jamais la manière dont nous voyons notre monde. Pour Renoir, l'animation et le chatoiement, les palpitements et le murmure des feuilles, l'agitation des plaisirs composent par contraste une comédie mineure du lieu et de la circonstance.

Les manières dont les contemporains de Renoir peignaient étaient toutes relativement cohérentes. Renoir décida qu'il peindrait empiriquement sinon capricieusement. La granulation uniforme de la couleur dans la lumière du soleil, avec laquelle Monet et Pissarro exploraient le paysage entre 1870 et 1880, n'étaient qu'un des styles qui s'offraient à lui. Des taches fluides ou fragmentées étaient également possibles. Le coloris

était de préférence lumineux et argenté, strié ou moucheté de détails, suivant l'impulsion première, semblait-il.

Pour lui, les formes du paysage — dans une série mémorable de tableaux représentant des sentiers qui serpentent et montent à travers les hautes herbes de prairies ensoleillées — se perdent dans une rêverie spontanée sur les rapports insaisissables entre un lieu et le miroitement de son atmosphère. Il ne s'intéressait absolument pas à la topographie consacrée d'un motif consacré comme le fit souvent Monet. D'ordinaire son motif n'était nulle part en particulier, et quand c'était à Paris, les vapeurs de la ville devenaient un condensé de pittoresque mesuré. Renoir disait que les scènes de rues de Pissarro comprenaient toujours un enterrement, là où il aurait préféré un mariage.

A la différence des impressionnistes sérieux, Renoir considérait le sujet du tableau comme un amusement. Il lui arrivait même d'associer le plaisir aux commandes dont il vivait. Aucun des autres peintres du milieu qu'il fréquentait n'avait le goût, ou peut-être la facilité, du portrait en tant que métier. Renoir a détruit peu après les avoir exécutés les tableaux d'histoire romantiques qu'il avait peints alors qu'il était étudiant, mais plusieurs compositions analogues au sujet algérien traité en 1870 et une copie de *La Noce juive* de Delacroix demeurent comme des tributs payés au maître. L'idée d'une peinture délibérément somptueuse sur le modèle de Delacroix a préoccupé Renoir pendant toute sa vie, et le rouge partout répandu grâce auquel les formes de ses derniers tableaux explosent en fleurs flamboyantes ne lui serait pas venu à l'esprit sans l'interprétation par Delacroix de l'exemple vénitien.

Mais tel qu'il s'annonçait entre 1870 et 1880, le sentiment de Renoir était d'un genre complètement différent. Il était empreint du réalisme domestique de sa propre génération ; les nus eux-mêmes avaient un parfum de vie courante. Ses sujets romantiques d'amoureux dans des jardins ont engendré des tableaux de genre joyeux, représentant des parties de plaisir au Moulin de la Galette ou au restaurant de Chatou, nettement définis et descriptifs. Aucun de ses amis n'a rien peint qui leur ressemblât, c'était des tableaux aussi ambitieux et qui ont exercé autant d'influence que tout ce que les impressionnistes ont produit. Ce sont les seules œuvres qui aient représenté les rapports réciproques entre des gens réels dans des circonstances particulières. Les sujets de ce genre étaient en dehors du domaine des autres impressionnistes jusqu'à ce que Toulouse-Lautrec commence à peindre la vie nocturne au cours de la décennie suivante.

Ces tableaux explicitement illustratifs, représentant des sujets aussi franchement agréables, n'ont pas suscité le soutien des critiques avancés au cours des cent années qui ont suivi leur exécution. Les critiques ne les ont pas pris au sérieux, sinon pour mettre en doute leur message social. Ces rapports réciproques entre gens réels qui suivent leurs élans naturels avec un plaisir bien équilibré restent les chefs-d'œuvre populaires de l'art moderne (ainsi qu'on l'appelait), et le fait qu'ils ne soient ni désolants, ni tragiques, sans la moindre agitation sociale en vue, et sans guère de traces des conflits sociaux que certains persistent à y chercher, est loin de supprimer leur droit à notre attention.

Si nous considérons Renoir comme un illustrateur des rapports entre les humains, il nous réserve des surprises satisfaisantes même dans ses peintures les plus célèbres. Tableau après tableau, par exemple, une femme (Ellen André dans *Le Déjeuner des canotiers, voir* cat. n° 51, Suzanne Valadon dans la *Danse à Bougival, voir* cat. n° 66) laisse l'admiration intense d'un jeune homme barbu, oublieux de toute autre chose ou de nous, se poser sans cesse sur elle ; cette intensité est presque palpable ; elle la reçoit ; elle s'y baigne ; elle s'en grise et en sourit un peu intérieurement. Aussitôt, un regard intérieur et quelque chose dans son maintien admettent la complicité. Les deux ne font qu'un ; leur état est béni. En fin de compte, dans la *Danse à la campagne* (*voir* cat. n° 68) elle rit avec un plaisir franc, irrésistible, tandis que la danse l'emporte dans son tourbillon vers le couronnement du thème qui a commencé quinze ans plus tôt avec les prévenances courtoises d'Alfred Sisley envers sa fiancée dans le tableau le plus important des débuts de Renoir (*voir* cat. n° 8).

Ces scènes amoureuses incarnent toujours un rapport. Elles sont l'image de ce qui est mutuel, tendre et ardent, qui renvoyait au silence de la peinture la satisfaction que l'artiste avait allègrement pillée et qu'il pillerait encore. Elles montrent que la peinture de l'amour et l'amour de la peinture sont des ressources appréciées, intimement liées, s'ajoutant durablement à la richesse de l'art. Nous nous surprenons en train de traiter comme de la grande peinture ce que nous avions pris pour un expédient visant à faire de la peinture, et nous nous apercevons qu'il n'y a pas de contradiction dans cette dimension particulière qui appartient en propre à Renoir et à nul autre.

Renoir a toujours nié être intelligent. Proclamant que ses modèles, qu'il choisissait parce que leur peau ne repoussait pas la lumière, ne pensaient pas et n'avaient pas à penser, il offrait adroitement aux femmes l'heureux état de passivité qu'il revendiquait pour lui-même. Mais il se trouve que Jean Renoir, génie d'égale envergure, a rappelé au cinquième chapitre du chef-d'œuvre qu'il a consacré à son père, l'attachement de celui-ci à l'idée dont nous pouvons suivre la trace tout au long de ce livre. Nous y lisons que l'idée qui a animé le plus profondément Renoir, c'était que la vie était « un état, pas une entreprise ».

En réfléchissant ainsi à propos de Renoir, et je ne puis y résister, nous renonçons à nous imposer le détachement ou à faire abstraction de l'essence traditionnellement illustrative de la peinture et du sérieux de l'art moderne, pour retrouver le plan sur lequel se situaient les discussions sur la peinture au XVIIIe siècle. Nous nous attachons, par exemple, au sérieux du sentiment et nous acceptons la sentimentalité qui l'accompagne. Nous acceptons pareillement les effrayantes défaillances de Renoir quant au niveau de qualité et de compétence que David avait imposé à la peinture française. Toile après toile, on peut trouver l'absence d'élévation ou de résolution de la bonne peinture.

La lutte fut sévère entre 1870 et 1880 : elle s'est terminée par un succès mondain, mais elle a laissé Renoir insatisfait et toujours aussi inquiet. Le soutien que lui avaient apporté les Charpentier et leurs amis Ephrussi et Duret, exigeait une peinture agréable, conventionnelle, et Renoir y pourvoyait. Le *Portrait de Madame Charpentier et de ses enfants* (*voir* cat.

n° 43) a enchanté de la même manière que *La loge* (*voir* cat. n° 25) quatre ans auparavant. Ce fut l'un des moments de doute que Renoir, qui n'était pas révolutionnaire, avait à l'esprit, en se remémorant dans sa vieillesse : « Je n'ai jamais eu un tempérament de lutteur et j'aurais plusieurs fois lâché la partie, si mon vieux Monet, qui, lui, l'avait, le tempérament de lutteur, ne m'eût remonté d'un coup d'épaule ». Dans ce cas, il n'avait pas déserté. Plutôt que de fonder son avenir sur des portraits mondains répétitifs, il entreprit alors de reconstruire son art sur des bases entièrement neuves et plus exigeantes.

Un voyage en Italie le convainquit qu'il n'avait jamais réellement appris à peindre ni à dessiner. Il découvrit à Rome (comme il l'a écrit à Madame Charpentier) que les fresques de Raphaël étaient pleines de la lumière du soleil bien qu'il n'ait jamais peint en plein air. Renoir peignit la *Baigneuse blonde* (*voir* cat. n° 62) sur un bateau dans la baie de Naples, en plein soleil, et quand il la retravailla conformément à sa nouvelle découverte (probablement dans la version dite actuellement seconde version, *voir* cat. n° 64) il cerna ses formes pleines et rayonnantes d'un contour sec et nerveux. Sur le chemin du retour, il fit un séjour à l'Estaque avec Cézanne ; à peu près au même moment, il avait découvert le traité de Cennino Cennini qui le convainquit de la primauté du dessin. Avant le milieu de la décennie, il avait métamorphosé son style en un classicisme des plus rigoureux. L'aversion que Renoir a éprouvée à la fin de sa vie pour sa « manière dure », quand il exécuta des versions révisées, libérées, des tableaux qu'il avait peints alors, a caché à quel point sa critique de l'impressionnisme était profondément fondée dans sa propre nature. Le sens de la continuité de la ligne a toujours été une part essentielle de la manière dont Renoir traitait la forme et la peinture, et après sa période sèche, cette continuité ne fut plus jamais dissimulée. Il a modifié *Les parapluies* (*voir* cat. n° 57), son dernier grand tableau de genre, pour le mettre en conformité avec sa nouvelle conception. La ligne claire et continue de la jeune fille au carton à chapeaux (l'une des bénéficiaires ravies de l'admiration virile imaginée par Renoir) et la suite sinueuse de changements de couleurs (pas seulement dans le feuillage) datent de cette révision.

Pour la tradition de Renoir, le point le plus proche de la pureté classique était l'œuvre d'Ingres — Ingres qu'il avait aperçu de loin, à la Bibliothèque Nationale, quand il était étudiant. C'était de l'exemple d'Ingres, et de son usage tempéré de la peinture à l'huile que Renoir s'était souvenu en contemplant les Raphaël de la Farnésine. Cet exemple est sensible dans le rythme serpentin de la midinette des *Parapluies*. Mais il connaissait son niveau naturel, et en concevant les *Baigneuses* (fig. 37), œuvre capitale de sa période ingresque, aujourd'hui à Philadelphie, et ce, non sur le désir de Renoir, l'idée lui est venue d'un formalisme plus aimable, et il fit des emprunts au *Bain des nymphes* de Girardon, à Versailles. Le mode d'expression qu'il avait choisi exigeait une observation nouvelle qui apparaît très clairement dans ses dessins pour ce tableau, qui comptent au nombre de ses œuvres les plus concentrées, aussi fraîches et dénuées de convention que quoi que ce soit qu'il ait fait. La délicatesse aiguë des cous et des mentons, la ligne des dos nerveux et

arqués sont enfin analysées dans une unité lucide et logique. Cette plénitude a fourni un thème à toute l'évolution ultérieure.

Dans les années qui ont suivi, la précision ingresque a été assimilée à la liberté naturelle de sa pensée; Renoir a peint quelques-uns de ses chefs-d'œuvre dans cette veine. Il y a l'adorable largeur de tête du portrait de Julie Manet, preuve en soi de la grandeur du peintre qui l'a imaginée. Il y a *Maternité* (*voir* cat. nᵒ 78), tableau dans lequel Renoir a étudié, avec toute la précision dont il disposait à présent, le sentiment du naturel, thème qui revient périodiquement dans toute son œuvre. L'allaitement artificiel était le plus grand de tous les crimes « pas seulement parce que le lait des femmes a été inventé pour leurs enfants, mais parce qu'il faut qu'un bébé fourre son nez dans le sein de sa mère, le renifle et le tripote de sa petite main ». Plus émouvant, il y a le portrait d'Aline Charigot (*voir* cat. nᵒ 77) qu'il épousa plus tard, peut-être la meilleure des nombreuses images respirant l'amour réciproque, actif, qui donnent un démenti à ceux qui pensent que le rôle que Renoir attribuait aux femmes les avilissait.

L'apothéose de cette évolution fut encore une fois annoncée par une rencontre avec Cézanne; il avait loué la maison de Maxime Conil à Montbriant, et les deux vieux amis peignirent ensemble une vue de la Montagne Sainte-Victoire. « Renoir ne travaille-t-il pas dehors ? » demanda un jour Vollard à Degas qui attaquait les plein-airistes. La réponse fusa : « Renoir, lui, peut faire ce qu'il veut. Vous avez déjà vu un chat qui joue avec des pelotes de soies multicolores ? » Il ne jouait pas en vain avec le paysage provençal. La lumière était doucement guidée au centre de la forme, se concentrant en mamelons rutilants sur les formes rondes. Les volumes prenaient une ampleur nouvelle, s'agençant tranquillement dans l'espace.

C'était là un avant-goût de sa destination. L'emprise de Renoir sur les particularités de son sujet ne fut jamais des plus exigeantes. « Comme c'est difficile », disait-il, « de trouver exactement le point où doit s'arrêter dans un tableau l'imitation de la nature. Il ne faut pas que la peinture pue le modèle et il faut cependant qu'on sente la nature ». Et à un peintre, « il faut embellir, Bonnard, n'est-ce pas ? ». Dans ses dernières années, ses embellissements étaient devenus une transformation totale. Une mythologie complète du naturel s'est développée à partir de Gabrielle, venue du village natal d'Aline, en Champagne, pour se joindre au ménage comme bonne d'enfants, et qui était devenue le modèle favori. Elle, et ceux dont elle avait la garde, habitaient un monde non divisé par les particularités personnelles, et où l'émotion finissait par trouver un exutoire idéal. Quelques-unes des images étaient à la fois grandioses et banales. « Renoir ! », disait Cézanne à Maurice Denis, avec dédain, « que voulez-vous ? Il a peint la femme de Paris ». Pourtant le déploiement des sentiments dicte sa propre dignité et suggère la somptueuse architecture générale. Une tête montre ses traits, ultimes emblèmes de facultés spécifiques, dénués d'expression. Nul mouvement n'agite la surface mûrissante. Le sujet tout entier est physique et sensuel, et il exhale les senteurs de la vie. A présent, Renoir n'aimait plus la sécheresse. Et il n'avait que faire du réalisme. A Vollard qui lui disait : « Il y a un mot qui

revient toujours, quand on parle de Courbet : « Comme c'est fort », Renoir répondait : « Mais moi, voyez-vous, j'aime mieux une assiette d'un sou, avec trois jolis tons dessus, que des kilomètres d'une peinture archi-forte et embêtante ». Cela devait être une de ces remarques qu'il aurait préféré ne pas avoir dites. Si les nus peints après 1910 ont quelque parallèle dans la peinture française par leur poids et leur substance, ce sont les natures mortes que Courbet a faites à Sainte-Pélagie.

Même avant que Jean Renoir nous ait appris autant de choses sur le vieil homme, nous avions pu reconnaître en lui un peintre qui avait un thème qui lui tenait à cœur. Son thème était un sentiment équivalant à l'obsession de l'état de nature, qui subsumait tout ce qu'il peignait — la chair, sa famille, la vie et la mythologie du Sud, et son sentiment pour eux tous était en un certain sens une fiction de son imagination. Pourtant, il n'était pas, et il n'est pas faux de penser que cela était précieux et menacé. L'esprit de Renoir reste exactement aussi sensible et aussi durable qu'il l'avait espéré. Dans la simplicité de l'attitude soutenue par la tradition, face à face avec la vie naturelle, totalement dénué de prétention et faillible, toujours pourtant avec la grâce vivante de ce qui est spontané et non dissimulé, Renoir demeure incomparable.

« Aujourd'hui, lorsque je regarde ma vie, derrière moi, je la compare à un de ces bouchons jetés à la rivière. Il file, puis est pris dans un remous, revient en arrière, plonge, remonte, est accroché par une herbe, fait des efforts désespérés pour se détacher et finit par aller se perdre, je ne sais où... » Il a répété souvent cette comparaison. « Lorsque je regarde les maîtres anciens, je me fais l'effet d'un bien petit bonhomme et pourtant je crois que de tous mes ouvrages il restera assez pour m'assurer une place dans l'école française, cette école que j'aime tant, qui est si gentille, si claire, de si bonne compagnie... Et pas tapageuse. » Personne ne pourra faire mieux que cet aperçu personnel de Renoir : « Chacun chante sa chanson s'il a de la voix ».

Catalogue

Notice explicative :

Le catalogue se divise en sept sections suivant l'ordre chronologique : les années 1860, 1871-80, 1880-83, 1884-87, 1888-98, 1899-1909, 1910-19. Les notices des œuvres sont classées selon un ordre chronologique approximatif à l'intérieur de chacune des sections. La partie 1864-1880 a été rédigée par Anne Distel, celle couvrant 1880-1919 par John House.

Dans tous les cas possibles c'est le titre initial qui a été retenu. Toutes les peintures sont des peintures à l'huile sur toile ; les dimensions sont données en mètres.

Sauf indication contraire, les œuvres sont exposées à Londres, Paris et Boston.

Les références bibliographiques sont données en abrégé dans les notices (nom de l'auteur et date de publication) ainsi que les références concernant les expositions (date et lieu) et les ventes publiques (lieu et date) et nous renvoyons le lecteur à la bibliographie sélective et à la liste des expositions pour la référence complète.

La rubrique bibliographique donnée en fin de notice des œuvres ne mentionne que les références à l'œuvre elle-même ; les références générales ou concernant d'autres œuvres apparaissent dans le corps du texte des notices.

Seules les expositions du *vivant de l'artiste* sont mentionnées en fin des notices des œuvres. Toutefois, lorsque les catalogues d'expositions postérieures à 1919 fournissent des indications utiles, ils sont mentionnés dans la rubrique bibliographique des notices des œuvres.

Enfin, les notices ne comprennent pas de rubrique historique visant à reconstituer dans sa totalité la provenance des œuvres ; dans bien des cas, en effet, l'historique est mal documenté pour les périodes les plus anciennes ou les plus récentes en raison du désir d'anonymat des collectionneurs et de la discrétion des marchands. Toutefois, les renseignements intéressants concernant l'historique de l'œuvre ont été inclus dans la notice elle-même.

Les années soixante:
Renoir au Salon

Le 1ᵉʳ avril 1862 Pierre-Auguste Renoir fut reçu au concours d'entrée de l'École Impériale et Spéciale des Beaux-Arts : il venait d'avoir vingt et un ans. Pour un jeune homme issu d'un milieu modeste et initialement promis à une carrière d'ouvrier peintre sur porcelaine, c'était un premier pas décisif et, sans doute, l'aboutissement de bien des espoirs.

Parmi les professeurs qui enseignaient à l'école en 1863, Ingres, Cogniet, Robert-Fleury, Flandrin, Cabanel et Signol, seul le souvenir de ce dernier paraît avoir laissé quelques traces dans la mémoire de l'artiste qui le cite plus tard dans un entretien avec Vollard. Il est possible qu'il ait, dès 1863, présenté une œuvre au Salon et que celle-ci ait été refusée mais contrairement à Manet, Whistler, Pissarro, etc., Renoir ne participa pas au fameux *Salon des Refusés*. En 1864, en revanche, son tableau, *La Esmeralda* (tableau perdu que Renoir dit avoir détruit) inspiré de *Notre-Dame de Paris* de Victor Hugo fut admis au Salon. Renoir se déclarait alors élève de Gleyre qui dirigeait un atelier privé que le jeune artiste fréquenta dès 1861. Le libéralisme relatif de Gleyre, par ailleurs républicain déclaré, son désintéressement lui avait attiré de nombreux élèves : parmi eux, Bazille, inscrit dès la fin de 1862, Monet, quelques mois plus tard, et Sisley qui ne tardèrent pas à former un petit groupe que rapprochaient des idées communes. De tous, Monet était sans doute le plus « avancé » ; il avait en effet bénéficié des conseils directs de Boudin et de Jongkind au cours des années précédentes ; il était par-là plus capable de formuler certains principes, comme la nécessité impérieuse de travailler d'après nature (éventuellement en plein air) et de préserver dans l'œuvre achevée les qualités de fraîcheur de l'esquisse, principes non retenus par l'enseignement académique.

Au Salon de 1865 Renoir envoya un portrait d'homme très sobre, celui du père de son ami Sisley (*voir* cat. nº 1) et un autre tableau intitulé *Soirée d'été* que nous n'avons pas identifié. Tandis que Monet attirait déjà l'attention des critiques avec deux paysages, la peinture de Renoir ne paraît pas avoir été remarquée. Pourtant cette année soixante-cinq constitue le véritable début de sa carrière. En 1865-66 Renoir séjourna fréquemment en forêt de Fontainebleau. Plutôt que Chailly-en-Bière, où Monet avait entrepris au cours de l'été 1865 son grand *Déjeuner sur l'herbe* et où Bazille vint le rejoindre, Renoir paraît avoir préféré Marlotte, où son ami le peintre Jules Le Cœur (*voir* cat. nº 4) achète une propriété en avril 1865, et le cabaret de la Mère Antony où il peignit son célèbre tableau daté de 1866 (*voir* cat. nº 3). Contrairement à ses amis Monet et Bazille, Renoir, malgré un plaidoyer favorable de Daubigny, fut refusé au Salon

Fig. 1
F. Bazille, *L'atelier de la rue de La Condamine*, 1870.
(Paris, Musée d'Orsay, Galerie du Jeu de Paume).

Fig. 2
F. Bazille, *L'atelier de la rue de La Condamine*,
1870 (détail fig. 1).
(Paris, Musée d'Orsay, Galerie du Jeu de Paume).

Fig. 3
Renoir, *Portrait de femme*, 1866.
(Situation actuelle inconnue).

Fig. 4
Renoir, *Diane chasseresse*, 1867.
(Washington, National Gallery of Art).

Fig. 5
Radiographie du tableau de Bazille,
L'atelier de la rue de La Condamine (fig. 1)
mettant en évidence une esquisse sous-jacente
à mettre en rapport
avec la *Diane chasseresse* (fig. 4).

de 1866 (comme Manet et Cézanne) ou plutôt, le jury ayant retenu une œuvre que l'artiste qualifiait de « pochade » et refusé le tableau auquel il tenait, Renoir décida de ne rien envoyer. Nous aimerions suggérer ici une hypothèse concernant le tableau refusé en 1866 : la sœur de Jules Le Cœur a décrit ce tableau comme un « Paysage avec deux personnages » ; or, dans la toile de Bazille représentant son *Atelier de la rue de la Condamine*, 1870 (Paris, Musée d'Orsay, Galerie du Jeu de Paume) (fig. 1) est figurée au mur une grande composition encadrée avec une femme nue debout que regarde une autre femme vêtue, assise à ses pieds (fig. 2). Jusqu'ici cette œuvre n'avait pas été identifiée de manière satisfaisante ; or il nous semble que la figure assise correspond parfaitement à une œuvre signée de Renoir et datée 1866 (fig. 3). Nous pensons donc que comme Manet, Monet ou le Lantier de Zola dans *L'Œuvre*, Renoir a découpé et préservé un fragment d'une grande composition que nous croyons être le tableau refusé en 1866 sans doute à cause de ses trop grandes affinités avec l'inspiration et la manière de Courbet dont il rappelle *Les Baigneuses* (Salon de 1853) de la collection Bruyas au Musée de Montpellier.

Renoir est de nouveau refusé en 1867, comme Monet, Sisley, Bazille et Pissarro, cette fois avec un tableau à la fois proche de Courbet mais marquant par son sujet pseudo-mythologique une certaine concession à l'art officiel, la *Diane chasseresse* datée de 1867 de la National Gallery de Washington (fig. 4). Notons à ce propos que, grâce à un examen mené au Laboratoire de la Direction des Musées de France par M. de Couessin, on a pu mettre en évidence grâce aux rayons X une peinture sous-jacente à l'*Atelier de la rue de la Condamine* de Bazille cité plus haut et qui est une étude en relation avec la *Diane chasseresse*. Cette version réduite (fig. 5) est probablement une esquisse de Renoir en vue de son grand tableau ce qui serait un exemple concret de sa manière de procéder, conforme à la tradition enseignée par l'École. Mais il peut s'agir aussi d'une étude de Bazille qui aurait profité du modèle qui posait pour Renoir. En tout cas cette découverte fortuite rappelle l'intimité des deux artistes dont on savait déjà, grâce à la correspondance de Bazille qu'ils n'avaient cessé de travailler ensemble depuis leur rencontre chez Gleyre.

Fig. 6
Renoir, *Lise à l'ombrelle,* 1867.
(Essen, Museum Folkwang).

Fig. 7, 8 et 9
Caricatures de *Lise à l'ombrelle*
par Gill, Oulevay et Chassagnol neveu.

C'est vers cette époque qu'une jeune femme brune entre dans la vie de Renoir : elle s'appelle Lise Tréhot et pose pour la *Lise à l'ombrelle* datée de 1867 du Musée d'Essen (fig. 6) qui valut au peintre un premier succès au Salon de 1868. Les dessins et caricatures qu'on fait de son tableau en sont la preuve tangible (fig. 7, 8, 9). Émile Zola écrit notamment à son propos : « Cette *Lise* me paraît être la sœur de la *Camille* de Claude Monet [Brême, Kunsthalle] [...]. C'est une de nos femmes, une de nos maîtresses plutôt, peinte avec une grande vérité et une recherche heureuse du côté moderne ». Ce petit salut rapide — Zola se trompe d'ailleurs sur le prénom de Renoir — montre bien que Renoir tient alors une place modeste dans le groupe, surtout par rapport à Monet. Plusieurs critiques soulignent la dette de Renoir envers Manet. L'un d'eux évoque aussi à propos de cette œuvre le souvenir de la *Dame blanche* de Whistler (Washington, National Gallery) exposée au *Salon des Refusés* de 1863. Pourtant ce succès teinté de scandale vaut à Renoir d'être relégué, comme le raconte Castagnary « au dépotoir, dans les combles à côté de la « Famille » de Bazille [Paris, Musée d'Orsay, Galerie du Jeu de Paume] non loin des grands « Navires » de Monet [disparu] ». Lise encore est le modèle d'*En été* (*voir* cat. nº 7), admis au Salon de 1869, et de la *Baigneuse au griffon* (*voir* cat. nº 14) du Salon de 1870. Ces figures dénotent toujours l'influence de Courbet en même temps qu'un certain esprit de conciliation vis-à-vis des instances officielles au moins par leur sujet. Si les figures sont prédominantes au cours de ces années — portraits ou tableaux de Salon — Renoir ne néglige ni la nature morte (*voir* cat. nº 13), ni le paysage. Il peint notamment plusieurs vues de Paris, à mettre en rapport avec celles peintes par Monet en 1867, soit très classiques comme *Le Pont des Arts* (The Norton Simon Foundation, fig. 10), soit offrant des solutions de compositions plus originales comme la *Vue des Champs-Élysées au moment de l'Exposition Universelle de 1867* (*voir* cat. exp. New York, Wildenstein, 1974, nº 3) évoquant Manet, ou *Les Patineurs* (*voir* cat. nº 6), une des rares évocations de l'hiver. C'est dans un même esprit de liberté que se situe une série de paysages animés de figures faits en 1869 à la « Grenouillère » (*voir* cat. nºs 11, 12) exécutés aux côtés de Monet et qui montre quelle place celui-ci prend peu à peu dans la vision de son ami. L'autorité du style de Monet, la vivacité de sa palette suscitent chez Renoir l'amorce d'une évolution qui ne trouve son plein épanouissement qu'au début des années soixante-dix.

Fig. 10
Renoir, *Le Pont des Arts,* 1867.
(Pasadena, The Norton Simon Foundation).

1
William Sisley

1864
H. 0,81 ; L. 0,65
S.D. mi-h. g. en biais : *A. Renoir. 1864*
Paris, Musée d'Orsay, Galerie du Jeu de Paume
(RF 1952-3)

Après l'avoir été une première fois en 1864, Renoir fut de nouveau admis au Salon de 1865 ; d'après le livret de ce Salon, une des œuvres exposées était un portrait d'homme « *Portrait de M.W.S.* ». Il y a tout lieu de croire qu'il s'agissait du tableau du Jeu de Paume. L'identification du modèle, William Sisley, père du peintre Alfred Sisley, a été confirmée par la publication d'une photographie de famille due à un petit cousin de l'artiste. William (ou Guillaume) Sisley, fils d'un Anglais lui-même fixé en France, était né à Dunkerque le 6 décembre 1799. On ignore la date et le lieu exact de son décès. Toutefois son nom disparaît en 1871 de l'*Annuaire commercial Didot-Bottin* où il était précédemment répertorié comme négociant résidant Passage Violet (disparu aujourd'hui mais situé dans le 10e arrondissement de Paris) et on le présume décédé à cette époque. On ne sait rien d'autre sur lui si ce n'est la tradition qui en fait un bourgeois aisé qui avait permis à son fils Alfred de se consacrer à la peinture. Or Alfred Sisley, qui fréquentait l'atelier Gleyre au moment où Bazille, Monet et Renoir y étaient inscrits, s'était rapidement lié avec Renoir. On peut facilement imaginer qu'Alfred Sisley fut l'instigateur de la commande à Renoir du portrait de son père, ayant trouvé là un moyen d'aider un camarade doué mais désargenté.

Champa a rapproché ce portrait de celui de *Monsieur Bertin* par Ingres (Paris, Musée du Louvre) et de ceux de Fantin-Latour, tout en soulignant que Renoir, malgré ses emprunts, se démarquait nettement de ses modèles — antagonistes d'ailleurs — mais parfaitement assimilés.

Ce portrait, où les chairs fermement modelées, rehaussées de rouge et ombrées de tons chauds, contrastent avec le noir dense du costume, demeure assez austère malgré le rouge adouci du fauteuil discrètement rappelé en bas à droite. Le fond, bistre, est laissé volontairement inégal ; il fait penser à celui qu'emploie Fantin-Latour dans son portrait de Delacroix inclus dans l'*Hommage à Delacroix* (Paris, Musée d'Orsay, Galerie du Jeu de Paume), exposé au Salon de 1864, au fond de certaines natures-mortes contemporaines de Manet, mais aussi aux préparations de Thomas Couture. Malgré ses qualités évidentes, cette œuvre ne paraît pas avoir retenu l'attention d'un seul critique à l'époque ; il est vrai que ni le modèle, ni le peintre n'était connu.

Ce portrait a appartenu à la sœur de Sisley, Aline-France qui épousa le Dr Leudet (qui a autrefois passé pour être le modèle de ce portrait). Il fut acquis de la famille Leudet par Bernheim-Jeune en 1910 et vendu aussitôt à Ernest May qui, toutefois, ne le garda que quelques mois. Il fut acquis par les Musées Nationaux en 1952.

Bibliographie
Sisley 1949, p. 252
Daulte 1971, no 11
Champa 1973, p. 35
Rewald 1973, p. 121

Expositions
1865, Paris, Salon (1802)
1912 (juin), Paris, Durand-Ruel
(Portraits) (6)

2
Nature-morte

1864
H. 1,30 ; L. 0,98
S.b.d. : *A. Renoir*
Hambourg, Kunsthalle
(propriété de la fondation pour l'enrichissement
des collections d'œuvres d'art de Hambourg ; 5027)
Exposé à Londres et Paris seulement

Cette nature morte doit être rapprochée d'une autre de mêmes dimensions et qui représente les mêmes éléments, sous un angle légèrement différent, signée *A. Renoir* et datée [18]64 appartenant à la collection Oskar Reinhart de Winterthur (fig. 11). Une fleur rose panachée de blanc (un pavot ou une tulipe très épanouie) représentée vers le centre, et une touffe d'herbe au premier plan ne se retrouvent pas dans le tableau de Hambourg. Toutes les fleurs représentées, pâquerettes, arum, tulipe, jacinthe, cinéraire ainsi que la branche de lilas blanc suggèrent le printemps. Ce sont des plantes en pot communes, qu'on pouvait trouver dans n'importe quel jardin bourgeois et que l'artiste a groupées sans artifice particulier pour les peindre ou plutôt, avec la volonté délibérée de suggérer qu'on ne souhaitait pas d'arrangement savant et décoratif. Le tableau de Hambourg présente une facture nettement moins achevée que celui de Winterthur mais la palette aux couleurs vives est similaire dans les deux œuvres. Le changement d'angle de vision — déplacé vers la droite — a permis à l'artiste de recentrer, dans la version de Winterthur, la tige d'arum et d'éliminer à gauche une zone un peu morte. Toute cette végétation fleurie permettait un véritable exercice de style, et Renoir a expliqué plus tard à Georges Rivière (Rivière 1921, p. 81) « Cela me repose la cervelle de peindre des fleurs. Je n'y apporte pas la même tension d'esprit que lorsque je suis en face d'un modèle. Quand je peins des fleurs, je pose des tons, j'essaye des valeurs hardiment, sous souci de perdre une toile. Je n'oserais pas le faire avec une figure, dans la crainte de tout

gâter. Et l'expérience que je retire de ces essais, je l'applique ensuite à mes tableaux ».

Il faut mettre en rapport cette nature morte avec un tableau de Monet, également daté de 1864 (fig. 12 ; Cleveland, The Cleveland Museum of Art) représentant également des fleurs printanières. Toutefois, chez Monet, l'arrangement des fleurs se veut nettement plus « artistique » et décoratif et se rapproche ainsi davantage des natures-mortes peintes par Courbet dans les années soixante.

On ignore la provenance ancienne de cette œuvre qui a appartenu au peintre Max Liebermann. Il est possible qu'il s'agisse du tableau de mesures similaires apparu en vente publique sous le nom de Claude Monet (aucune signature n'avait été lue à l'époque d'après le catalogue de vente) à Paris, Hôtel Drouot, le 29 mai 1900 (n° 17), où il était joint à un autre tableau de Monet, *Paysage de neige*, (Paris, Musée du Louvre, coll. Victor Lyon), les deux œuvres ayant appartenu à un certain M.P. La nature-morte paraît avoir été retirée de la vente peut-être justement parce qu'on s'aperçut qu'il ne s'agissait pas d'un Monet.

Le tableau fut acquis par la Kunsthalle de Hambourg en 1958.

Bibliographie
? Meier-Graefe 1912, p. 6
Meier-Graefe 1929, p. 16, note 2
New York, Duveen, 1941, n° 2
Champa 1973, p. 41

Fig. 11
Renoir, *Nature morte, arum et fleurs*, 1864.
(Winterthur, Fondation Oskar Reinhart).

Fig. 12
Monet, *Nature morte, fleurs de printemps*, 1864.
(Cleveland, The Cleveland Museum of Art).

3
Le cabaret de la Mère Antony

1866
H. 1,95 ; L. 1,30
S.D.b.d. en maj. : RE[NOIR] 1866
(sur d'anciennes photographies *cf.* Meier-Graefe
1912, p. 5 est visible une autre graphie de la signature)
Stockholm, Nationalmuseum
Exposé à Paris seulement

« *Le cabaret de la Mère Anthony* [sic] est un de mes tableaux dont j'ai gardé le souvenir le plus agréable. Ce n'est pas que je trouve cette toile particulièrement excitante, mais elle me rappelle tellement l'excellente Mère Anthony et son auberge de Marlotte, la vraie auberge de village ! J'ai pris comme sujet de mon étude la salle commune, qui servait également de salle à manger. La vieille femme coiffée d'une marmotte, c'est la mère Anthony en personne ; la superbe fille qui sert à boire était la servante Nana. Le caniche blanc c'est Toto, qui avait une patte de bois. Je fis poser autour de la table quelques-uns de mes amis, dont Sisley et Lecœur. Quant aux motifs qui constituent le fond de mon tableau, je les avais empruntés à des sujets peints à même le mur, qui étaient l'œuvre sans prétention, mais souvent très réussie, des habitués de l'endroit. Moi-même j'y avais dessiné la silhouette de Mürger, que je reproduisis dans ma toile, en haut à gauche ».* Voilà comment Renoir, interrogé par Vollard, décrivait sa première grande composition, ajoutant que les « fresques » du cabaret avaient été détruites peu après et que cette grande toile aurait été accrochée dans la salle de l'auberge pour les remplacer.

Toutefois, quelques années auparavant, Meier-Graefe identifiait Sisley, assis de profil au premier plan à droite, Le Cœur, assis de face au centre, et Renoir, lui-même, comme l'homme debout, roulant une cigarette, personnage qui n'a pourtant rien de commun avec le jeune homme au mince visage nerveux qu'a décrit Bazille dans la petite toile à peine plus tardive maintenant au Jeu de Paume.

Ajoutons tout de suite que depuis, aucune identification des personnages masculins ne paraît faire l'unanimité ; Renoir a parlé de Sisley : comme on ne le reconnaît dans aucune des deux figures de face, on estime généralement qu'il a posé pour l'homme barbu assis de profil au premier plan et ce qu'on peut voir de son visage concorde en effet avec le tableau de Cologne (*voir* cat. n° 8). Douglas Cooper en publiant une photographie de Jules Le Cœur (1832-1882), peintre et ami intime de Renoir (*voir* cat. n° 4), a, de manière plausible, identifié celui-ci dans la figure d'homme barbu debout de face.

Depuis, pourtant, on a souvent vu dans l'homme debout à la cigarette Claude Monet ce qui semble insoutenable si l'on compare ce portrait avec celui de Monet par Bazille dans *L'Ambulance improvisée* du Jeu de Paume, qui date précisément de l'été 1865, ou celui plus inattendu daté de 1867 par Carolus-Duran (Paris, Musée Marmottan). Il

paraît de plus peu probable que, Monet, tout à ses projets, ait pris la peine de poser pour son camarade à cette époque. Pour ajouter à la confusion, Jean Renoir dans ses souvenirs reconnaît « Sisley debout et Pissarro de dos. Le personnage rasé est Franc-Lamy », ce qui paraît sans grand fondement.

Nous possédons enfin un témoignage inédit du premier possesseur connu du tableau, le fondeur de bronzes d'art A.A. Hébrard, qui, dans une lettre au Prince de Wagram du 10 août 1905 évoque « une œuvre extraordinaire faite avant 70 à Marlotte et représentant l'intérieur de l'auberge de la mère Anita *(sic)* , de célèbre mémoire avec les peintres Bos Lecœur, Sysley *(sic),* , la mère Anita et la servante Nana que tous les peintres ont... connue. *Tout cela grandeur nature »*, essayant de le persuader d'en faire l'acquisition. Ce dénommé Bos, inconnu des répertoires et des livrets de Salon, a-t-il jamais existé ou n'est-il que le résultat d'un lapsus ? En tout cas son identification pourrait peut-être aider à savoir qui est l'homme assis de face. Même sans savoir qui sont les jeunes gens représentés, leurs vêtements évoquent immédiatement la bohème artiste et, le petit groupe de peintres qui fréquentaient Marlotte, en forêt de Fontainebleau, l' « annexe » de Barbizon selon les termes de Duret. Des documents confirment par ailleurs que Renoir était à Marlotte fin mars, début avril 1866, et on sait qu'il fit de fréquents séjours à cette époque dans la maison que son ami Jules Le Cœur avait justement acquise à Marlotte au printemps 1865.

Ce n'est sûrement pas par hasard que le journal étalé bien en vue soit *L'Evénement ;* c'est en effet dans ce journal que Zola, entre avril et mai 1866, prit la défense de Manet et consacra quelques lignes d'hommage à la *Camille* (Brême, Kunsthalle) de Monet ; ce serait là une manière de suggérer qu'on est en train de discuter peinture et la scène de genre prend une coloration contemporaine presque « historique ». On a souvent souligné la dette de Renoir envers Courbet dans le choix du sujet. Rappelons cependant que le tableau, qui pourrait être la source de celui de Renoir, *Une après-dînée à Ornans,* acquis par l'État au Salon de 1849, avait été envoyé au Musée de Lille et qu'il est peu probable que Renoir l'ait connu autrement que par une description ou une reproduction. Il se peut aussi que Renoir ait eu en mémoire des œuvres de thème voisin de François Bonvin. Nous préférons confronter cette composition, avec ses figures presque grandeur nature, à l'immense tableau de

plein air de Monet, *Le Déjeuner sur l'herbe* (fragment latéral gauche au Jeu de Paume et partie centrale dans une collection particulière qu'on a pu voir réunis récemment à l'occasion de l'exposition *Hommage à Claude Monet*, Paris, Grand-Palais, 1980) élaboré au cours de l'été 1865 à Chailly, mais retravaillé au cours de l'hiver 1865-66 dans l'atelier de Bazille. Mû par le même besoin de couvrir de grandes toiles mais moins hardi que son camarade, Renoir choisit de représenter dans un intérieur des figures soigneusement bornées à droite et à gauche par le bord de la toile et se détachant sur le fond insolite du mur bariolé de caricatures ; la figure de la Mère Antony de dos sert, assez maladroitement d'ailleurs, de transition entre les deux. Maître d'une palette assez sombre, faite de noirs, gris, bruns, blancs, Renoir le portraitiste s'attache surtout à la description physique des visages qui n'intéressaient que secondairement Monet. Élément amusant qui répond bien aux grimaces des charges de l'arrière-plan, le chien est le seul « personnage » à regarder le spectateur. Cette réunion de portraits d'artistes, pimentée par l'allusion à Zola, apparaît aussi un peu comme une version plus rustique des grands tableaux manifestes de Fantin-Latour (*L'Hommage à Delacroix* du Salon de 1864 et l'*Atelier des Batignolles* du Salon de 1870 maintenant au Jeu de Paume).

Notons, pour finir, que l'image pleine de bonhomie qu'offre Renoir du *Cabaret de la Mère Antony* n'est pas tout à fait celle de deux autres « réalistes », les frères Goncourt qui décrivaient dans leur *Journal* en août 1863, l'établissement d' « Antony, l'hébergeur des bas peintres » et « phalanstère ignoble du harem licencié de Murger » [l'auteur des *Scènes de la vie de Bohème*] : « La maison est salie de peintures, les appuis des fenêtres sont des palettes ; sur le plâtre, il y a comme des mains de peintres de bâtiments qui se seraient essuyés. De la salle de billard, nous mettons le nez dans la salle à manger, toute peinturlurée de caricatures de corps de garde et de charges de Murger. Là, il y a trois ou quatre hommes, entre le canotier, le coiffeur et le rapin, l'aspect de mauvais ouvriers en vareuses, déjeunant à trois heures avec des femmes vagues de la maison, qui viennent là en cheveux et en pantoufles du Quartier Latin et

s'en retournent de même. On ne sait plus trop si ce sont des peintres, ni une école de paysage ici. Il paraît que chez cet Antony, c'est tout le jour et toute la nuit une noce de barrière et de Closerie des Lilas, des musiques de guitare, des assiettes qu'on se jette à la tête, et quelquefois un coup de couteau. La forêt est usée et par conséquent désertée. Je n'ai vu que deux parapluies d'artistes à la Mare aux Fées, dans ce paysage de granit, de verdure intense, de majesté robuste, de bruyères roses, au lieu de tout cet atelier qu'il y avait là, en plein air, avec les maîtresses qui cousaient et raccommodaient à l'ombre des chevalets de campagne ». (E. et J. de Goncourt, *Journal*, t. I, 1851-63, Paris, 1956, pp. 1305-6 et 1309-10).

La première mention que nous ayions de cette œuvre est une lettre du fondeur d'art A.A. Hébrard qui annonce au Prince de Wagram le 9 août 1905 que la toile est mise en vente par son propriétaire avec lequel il a été mis en rapport par un de ses amis dont le propriétaire est « le client à la Bourse ». Hébrard s'engage vis-à-vis du vendeur au point d'être obligé d'acquérir l'œuvre pour lui-même puisque le prince hésite à payer les 45 000 F qu'on en demande et elle demeure sa propriété plusieurs années. Elle n'est vendue qu'à l'issue d'une exposition à Amsterdam en 1912 et le catalogue annoté en possession de M. Charles Durand-Ruel précise qu'elle fut vendue 55 000 florins à Mr Klas Fähraeus de Sottsjöbaden près Stockholm. Le tableau entra ensuite au Nationalmuseum grâce au don d'un groupe d'amis du musée en 1926.

Bibliographie
Meier-Graefe 1912, p. 4
Vollard 1918, I, p. 122, nº 484
Vollard 1918, *Jeunesse*, p. 23
Vollard 1919, pp. 37-9
Gasquet 1921, pp. 43-4
Drucker 1944, pp. 26-7 et p. 192, nº 4
Cooper 1959, p. 167, 325
J. Renoir 1962, pp. 119-20, 125-6
Daulte 1971, nº 20
Champa 1973, pp. 41-4, 87
Chicago, Art Institute, 1973, nº 4
Rewald 1973, p. 134.
Callen 1978, p. 26.
Gaunt et Adler 1982, p. 8
Paris, Grand-Palais, 1983, p. 293.

Expositions
1907 Bâle (514)
1910 Venise (12)
1912 Amsterdam (436)
1917 Stockholm (91)

4
Jules Le Cœur et ses chiens
se promenant en forêt
de Fontainebleau

1866
H. 1,06 ; L. 0,80
S.D.b.d. : *Renoir 1866*
São Paulo, Museu de Arte de São Paulo,
Assis Chateaubriand

Ce paysage d'arbres et de rochers familier aux habitués de la forêt de Fontainebleau et animé par la silhouette du peintre Jules Le Cœur, ami de Renoir, accompagné de ses chiens, est un intéressant exemple de l'expérimentation par Renoir d'une technique utilisant largement le couteau à palette. Par son sujet et par sa technique cette peinture évoque les figures de chasseurs peintes par Courbet. Pourtant l'esprit général de la composition et le fait qu'elle représente la forêt de Fontainebleau nous rapprochent davantage des paysages animés de Diaz, l'un des plus fameux émules de l'école de Barbizon. Renoir a reconnu lui-même l'influence considérable que ce peintre avait eu sur lui à ses débuts lorsqu'il le rencontra en forêt de Fontainebleau, sur le motif. Il est certain que les sujets aimables de Diaz, sa palette vive et sa technique brillante, aux riches effets de matière, étaient susceptibles de séduire un jeune artiste sensible à la fois au métier et à la virtuosité.

Le réalisme amusant du sujet, l'accoutrement pour le moins pittoresque de « brigand » pacifique de l'ami de Renoir qui posa aussi pour *Le cabaret de la mère Antony* (*voir* cat. n° 3) introduisent une note personnelle dans un sujet relativement banal. L'artiste surplombe son motif et la silhouette humaine qui gravit un vague sentier forestier s'élève dans la verdure. La verticalité de la composition, accentuée par le format choisi, scandée à gauche par les troncs d'arbres, est subtilement infléchie vers la droite par d'autres troncs inclinés et par une traînée de lumière qui s'accroche à la végétation et aux rochers conduisant ainsi l'œil vers la droite. Dans cette exubérante végétation la silhouette du jeune homme donne l'échelle et stabilise la composition. On ne connaît pas d'autre œuvre importante de l'artiste où ait été utilisée aussi systématiquement la technique du couteau à palette. Renoir a lui-même expliqué les difficultés qu'il y rencontrait et l'abandon rapide de ce procédé. Renoir montre ici une fois de plus son aptitude à assimiler les influences étrangères en leur imprimant un cachet personnel.

Cooper a évoqué l'amitié qui liait Jules Le Cœur (1832-1882) et Renoir, ainsi que l'aide matérielle que ce jeune homme issu d'un milieu aisé et qui avait abandonné l'architecture pour la peinture, avait pu offrir à son camarade en lui procurant des commandes de portraits de toute sa famille et même, celle d'une décoration. En effet, le frère aîné de Jules, Charles Le Cœur (1830-1906), également architecte, construisit un hôtel particulier à Paris pour le prince Georges Bibesco et demanda à Renoir d'y exécuter des plafonds en 1868. Ceux-ci nous sont connus par des aquarelles (Dumas 1924, pp. 361, 366) qui montrent qu'il s'agissait de pastiches inspirés par Fragonard et Tiepolo. Un document indique que Jules Le Cœur aurait été reçu au Salon de 1866 mais son nom n'apparaît pas au livret de ce Salon ni dans aucun autre. La seule mention comme peintre est son envoi au Salon des Refusés en 1873 (où exposait également Renoir) d'un paysage et d'un portrait.

Notons que Vollard a fait dire à Renoir que ce tableau (qu'il date de 1864) aurait été admis au Salon de 1865, hypothèse qui paraît devoir être exclue mais qui est peut-être le reflet d'un souvenir rattachant cette œuvre à un Salon. Le même motif de paysage réapparaît, sans la figure, dans une toile d'une technique différente, esquissée par des touches vigoureuses (repr. in Dumas 1924, p. 366) dont il est dit qu'elle fut exécutée près de Moret.

Le tableau de Sao Paulo n'a sans doute jamais été exposé du vivant de l'artiste et on ne sait pas exactement quand il quitta la collection Le Cœur. Il fut acquis par le musée de Sao Paulo en 1958.

Bibliographie
Vollard 1918, *Jeunesse,* p. 23
Vollard 1918, I, p. 123, n° 488
Cooper 1959, pp. 164, 325
Champa 1973, p. 40
Rewald 1973, p. 164
Callen 1978, p. 40

5
Frédéric Bazille
peignant à son chevalet

1867
H. 1,05 ; L. 0,73
S.D.b.d. : *A. Renoir 67*
Paris, Musée d'Orsay, Galerie du Jeu de Paume
(Legs Marc Bazille, 1924, RF 2448)

On a toujours su que ce portrait de Frédéric Bazille en train de peindre avait appartenu à Manet. Si l'on ajoute que Bazille y est représenté exécutant une nature morte (Montpellier, Musée Fabre ; fig. 13) que Sisley peignit en même temps (*ibidem* fig. 14) et que le tableau représenté accroché au mur de l'atelier est sans doute un paysage de neige tout récent de Monet (Wildenstein 1974, I, n° 82 repr. et fig. 15), on ne saurait nier que cette peinture constitue un symbole parfait de l'amitié qui unit autour de 1867 les membres de ce petit groupe. Cette œuvre n'est d'ailleurs pas la seule à rappeler qu'entre 1865 et 1870 Bazille et Renoir partagèrent souvent le même atelier utilisé aussi par Monet et Sisley. On pourrait aussi citer son « pendant », le *Portrait de Renoir* par Bazille (Paris, Musée d'Orsay, Galerie du Jeu de Paume) que Renoir conserva toute sa vie.

Dans ce portrait familier, Renoir s'amusa visiblement de la longue silhouette de Bazille repliée sur une petite chaise, face à son chevalet très bas, de son costume négligé et de ses pantoufles. A l'inverse de la plupart de ses portraits contemporains (*voir* cat. n°s 1 et 10) où il utilisait généralement un fond neutre, il cerne la figure de tableaux sans réel souci de structure spatiale, ce qui n'est pas sans rappeler le *Portrait d'E. Zola* par Manet (Paris, Musée d'Orsay, Galerie du Jeu de Paume ; fig. 28) exposé au Salon de 1868. La dominante de gris et de beiges fait paraître les chairs plus roses ; le gris chaud du costume joue avec le gris bleuté du fond ; une notation rouge (le lien qui retient les pantoufles) et quelques notes plus colorées (les couleurs posées sur la petite palette que tient Bazille) rehaussent l'harmonie sobre de l'ensemble.

Cette extrême économie de moyens évoque certainement l'art de Manet et l'on comprend pourquoi ce dernier apprécia cette œuvre même s'il n'était pas spécialement attiré par Renoir. A. Alexandre a raconté que le père de Bazille ayant vu avec émotion ce portrait de son fils disparu à la seconde exposition impressionniste en 1876 demanda à l'acquérir. Manet le lui offrit en échange des *Femmes au jardin* de Monet (Paris, Musée d'Orsay, Galerie du Jeu de Paume).

Bibliographie
Pothey 1876
Alexandre 1892, p. 7
Vollard 1919, p. 52
Meier-Graefe 1929, p. 26
Scheyer 1942, pp. 125, 129-30
Paris, Louvre, 1958, n° 338
Roskill (M.), *Van Gogh, Gauguin and the Impressionnist Circle,* Londres, 1971, p. 54
Daulte 1971, n° 28
Rewald 1973, pp. 182, 367
Champa 1973, p.46
Callen 1978, p. 28
Gaunt et Adler 1982, n° 3

Expositions
1876, Paris, Deuxième exposition (224 ; app. à M. Manet)
1910, Paris, Salon d'Automne, *Rétrospective Bazille*

Fig. 13
F. Bazille, *Héron et geais,* 1867.
(Montpellier, Musée Fabre).

Fig. 14
A. Sisley, *Héron aux ailes déployées,* 1867.
(Montpellier, Musée Fabre - dépôt du Musée d'Orsay).

Fig. 15
C. Monet, *La route sous la neige, Honfleur,* 1867.
(U.S.A., coll. part.).

6
Patineurs
au Bois de Boulogne

1868
H. 0,72 ; L. 0,90
S.D.b.g. : *A. Renoir 68*
U.S.A., Collection particulière

A. Vollard est à la fois le premier possesseur connu de cette œuvre et son premier commentateur indirect puisqu'il a prêté à Renoir les propos suivants décrivant cette œuvre de jeunesse : « Le Bois de Boulogne avec des patineurs et des promeneurs. Je n'ai jamais supporté le froid, aussi tout mon bagage d' « effets d'hiver » se borne-t-il à cette toile ainsi qu'à deux ou trois petites études. Et d'ailleurs, même si l'on supporte le froid pourquoi peindre la neige, cette maladie de la nature ». Cette opinion frileuse fait évidemment contraste avec ce qu'on sait de l'intérêt que d'autres peintres du groupe impressionniste, Monet en tête, ont eu pour ce genre de motif qu'avait déjà traité Gustave Courbet. C'est d'ailleurs immédiatement à Monet que l'on pense devant ces silhouettes de contemporains joyeusement animées qui rappellent certaines de ses scènes de plage et, par analogie, l'art de Boudin et de Jongkind. Le choix d'un point de vue légèrement en surplomb par rapport au motif est un procédé fréquemment employé par Monet ; Manet aussi l'avait utilisé dans sa vue de *L'Exposition Universelle de 1867* (Oslo, Nasjonalgalleriet).

En contraste avec la dominante grise et brune les quelques notations de couleurs vives s'imposent à l'œil avec force. L'organisation de l'espace, apparemment désinvolte, est finalement très lisible grâce à la réduction progressive de l'échelle des personnages. Pourtant certains éléments comme l'arbre à gauche, hors d'échelle, montrent bien qu'il s'agit de la transcription alerte d'une scène observée avec amusement.

Dans le *Paris-Guide* illustré rédigé à l'occasion de l'Exposition Universelle de 1867 Amédée Achard insiste sur les charmes de l'hiver : « A peu de frais, en hiver, et grâce au bois de Boulogne, on a des paysages de la Sibérie ; le givre change en arabesques d'argent le branchage délicat des bouleaux et la neige couvre d'un voile blanc le sombre feuillage des sapins... pendant les heures éclatantes où la surface durcie des lacs a la consistance de la pierre et le poli d'un miroir la foule des patineurs accourt des quatre coins de la ville... Rien de plus charmant que ce spectacle, c'est un décor d'opéra peint par l'hiver » et le même chroniqueur enchaîne sur l'évocation des Champs-Elysées que Renoir a justement représentés en 1867 (*voir* cat. exp. New York, Wildenstein 1974, n° 3) au moment de l'Exposition Universelle qui se tenait de l'autre côté de la Seine, au Champ de Mars.

Ces sujets modernes de la vie parisienne que traitent aussi les illustrateurs de journaux, permettent à Renoir de s'évader des formules de ses grands tableaux de Salon en diversifiant sa technique et en lui imposant des partis de composition inattendus, comme, peu après, le thème de la Grenouillère (*voir* cat. n°s 11, 12).

Bibliographie
Vollard 1918, I, p. 5, n° 18
Vollard 1919, p. 48
Meier-Graefe 1929, p. 20
Drucker 1944, p. 193, n° 11
Cooper 1959, p. 168
Champa 1973, pp. 57-8
Rewald 1973, p. 190
Cat. vente, Londres, Sotheby's,
26-27 juin 1978, n° 717

7
En été ; étude
(dit Lise ou La bohémienne)

1868
H. 0,85 ; L. 0,59
S.b.g. : *A. Renoir*
Berlin, Nationalgalerie
Staatliche Museen, Preussischer Kulturbesitz
Exposé à Londres et Paris seulement

Au Salon de 1869, Renoir — qui se réclame toujours de Gleyre — n'expose que cette œuvre, alors intitulée *En été ; étude*. Le modèle est Lise Tréhot (1848-1922) qui avait posé pour *Lise* (communément appelée *Lise à l'ombrelle* ; fig. 6), premier succès de Renoir au Salon de 1868. Cette jeune femme qui partage la vie de Renoir entre 1866 et 1871 et dont l'image, répétée avec complaisance par le peintre, s'est identifiée à ces années de genèse artistique, a fait l'objet d'un long article de Cooper, détaillant notamment les œuvres pour lesquelles elle a posé et dont plusieurs sont exposées ici (*voir* cat. nos 9, 14, 19). De format relativement modeste, cette peinture rappelle par son sujet des œuvres analogues de Courbet (comme *La fille aux mouettes, Trouville*, 1865, New York, coll. Deeley ou *Jo, la belle Irlandaise*, New York, The Metropolitan Museum of Art) à mi-chemin entre la figure de genre « moderne » et le portrait individualisé et qui se rattachent elles-mêmes à la longue tradition de la « figure de fantaisie ». La mise en page, bien équilibrée, n'a rien de particulièrement audacieux. Malgré l'indication de feuillage très stylisé qui sert de fond à la figure et qui suggère le plein air, la lumière égale, la pose du modèle, le négligé « artistique » de ses vêtements et de ses cheveux répandus sur les épaules sentent la convention d'atelier. La comparaison de cette œuvre avec par exemple les *Femmes au jardin* de Monet peintes en 1866-67 acquises par Bazille et la *Réunion de famille* du même Bazille exposée au Salon de 1868 (ces deux œuvres sont maintenant au Jeu de Paume), montre combien Renoir demeure prudent. C'est sans doute cependant pour faire admettre au Jury le traitement vigoureux et volontairement inachevé des feuilles vert vif (qui rappelle *Femmes au jardin*) ou celui des cheveux tordus en mèches sombres que Renoir qualifiait son tableau d'« étude » dans le livret du Salon. En revanche, le modelé des chairs aux tons froids et d'aspect lisse et uni, était susceptible de ne pas choquer le jury le plus traditionnel. Pourtant, malgré un formalisme certain de composition et même de facture, cette œuvre traduit avec force la présence charnelle de son modèle. Théodore Duret a lui-même raconté comment, « saisi par le charme de la jeune fille et les qualités d'exécution », il avait acquis ce tableau, la première œuvre qu'il ait jamais vue de l'artiste en 1873, 400 F, chez un petit marchand parisien de la rue La Bruyère demeuré anonyme. On le retrouve ensuite à la vente du collectionneur de Rouen, François Depeaux où il est acquis conjointement 4 500 F par les marchands Bernheim-Jeune, Durand-Ruel et Rosenberg (?). C'est un don de Mme Mathilde Kappel qui fait entrer le tableau au musée de Berlin dès 1907.

Bibliographie
Paris, Galerie Georges Petit,
cat. vente *Collection Depeaux*,
1er juin 1906, no 40
Meier-Graefe 1912, p. 30
Duret 1924, p. 14
Rey 1931, pp. 47-8
Barnes et de Mazia 1935,
p. 380, no 11
Drucker 1944, pp. 30, 193 no 10
Cooper 1959, p. 168
Daulte 1971, no 33
Champa 1973, p. 54

Rewald 1973, pp. 217, 230
Berlin, Nationalgalerie *Verzeichnis der Gemälde und Skulpturen des 19. Jahrhunderts*, 1976, p. 319.
Callen 1978, p. 33.

Expositions
1869, Paris, Salon (2021)
? 1900 Paris, Centennale
(555 ; *Jeune fille* à M. Rosenberg)

8
Les fiancés
(*dit* Lise *ou* La bohémienne)

Vers 1868
H. 1,06 ; L. 0,74
S.b.g. : *Renoir*
Cologne, Wallraf-Richartz Museum
Exposé à Paris seulement

Entré très tôt, dès 1912, au musée de Cologne, ce tableau ne tarda pas à devenir une des images les plus célèbres qu'ait formulée Renoir ; hommage lui fut rendu dès 1919 par Picasso par plusieurs dessins (fig. 16).

Toutes les comparaisons déjà faites de cette œuvre avec d'autres œuvres de thème analogue appartenant à d'autres époques et d'autres milieux (celles du peintre anglais Lawrence [1769-1830] par exemple, celles dérivant de la tradition courtoise médiévale ou celles de Rubens) ne font que souligner à notre avis la saveur très XIXe siècle du tableau de Renoir. La jeune femme, dans un geste un rien comédien, s'accroche tendrement au bras du jeune homme muni d'un haut de forme incongru à la campagne et qui s'incline vers elle ; elle paraît guetter le signe du photographe, impression accentuée par le traitement un peu coton-neux du décor de verdure sur lequel se détachent les figures et qui évoque justement la toile de fond employée parfois à cette époque.

Sans vouloir à tout prix « lire » cette œuvre comme un roman naturaliste, ce que firent souvent les critiques de l'époque, Zola, Astruc et Castagnary à propos d'autres tableaux de Renoir ou de Monet, nous imaginons mieux cette jeune personne en compagnie des *Demoiselles des bords de la Seine* de Courbet ou des amies de Monet qui posaient pour son *Déjeuner sur l'herbe,* plutôt qu'aux côtés des héroïnes bourgeoises de Degas ou des modèles pro-fessionnels un peu moroses de Manet.

Traditionnellement cette œuvre passe pour être le double portrait de l'ami de Renoir, le peintre Alfred Sisley (Paris, 30 octobre 1839 - Moret-sur-Loing [Seine-et-Marne] 29 janvier 1899) et de sa compagne, Marie-Louise Adélaïde Eugénie Lescouezec (Toul [Meurthe-et-Moselle] 17 octobre 1834 - Moret-sur-Loing [Seine-et-Marne] 8 octobre 1898). On sait que Sisley, né à Paris de parents anglais et qui conserva toute sa vie la nationalité britannique, avait fait connaissance de Renoir dans l'atelier de Gleyre à une date qu'il est difficile de préciser mais évidemment avant 1864, date du portrait par Renoir du père de Sisley (*voir* cat. n° 1). C'est sans doute à cette époque que Renoir fit un premier portrait de Sisley (Zurich, Fondation E. Bührle), générale-ment daté vers 1868, mais qui, pour des raisons stylistiques pourrait être plus précoce. On sait qu'Alfred fut le compa-gnon de travail de Renoir à Marlotte (*voir* cat. n° 3). Beaucoup plus tard Renoir a évoqué pour son fils Jean le souvenir qu'il avait de la compagne de Sisley, devenue

modèle après que sa famille eût été ruinée. Pour l'état-civil elle était fille d'un officier d'infanterie tué en duel lorsqu'elle n'était encore qu'une enfant et fleuriste, lorsqu'elle donna le jour en 1867 à un fils Pierre, reconnu par son père, Alfred Sisley. Elle eut ensuite une fille Jeanne, née en 1869 (plus tard Mme Dietsh) puis un autre fils Jacques né en 1871 qui mourut en bas âge. Le couple habitait 27, Cité des Fleurs aux Batignolles, mais au livret du Salon de 1868, Sisley donne pour adresse le 9, rue de la Paix, qui était justement celle de l'atelier de Bazille que partageait Renoir.

Pourtant la lecture d'une lettre de Renoir à Bazille publiée par Poulain nous incite à reconsidérer l'identifica-tion des portraits de Cologne. Renoir y précise en effet : « J'ai exposé Lise et Sisley chez Carpentier [un marchand de fournitures pour artistes parisien devenu marchand de tableaux]. Je vais tâcher de lui coller pour une centaine de francs, et ma femme blanche, je vais la mettre à l'hôtel des ventes, je la vendrai ce que je la vendrai, ça m'est égal ». La fin de ce passage se rapporte très vraisemblablement à la *Lise à l'ombrelle* (fig. 6) exposée au Salon de 1868, alors qu'il nous semble que le début concerne le tableau que nous étudions, « Lise et Sisley ». Ainsi ce serait Lise Tréhot, le modèle habituel de Renoir qui aurait aussi posé pour la jeune femme brune du tableau de Cologne, proche à nos yeux, du modèle d'*En été* de Berlin (*voir* cat. n° 7). Précisons tout de suite que nous ne connaissons pas par ailleurs de portrait d'Eugénie Lescouzec suffisamment caractérisé qui

Fig. 16
P. Picasso, *Le ménage Sisley, d'après Renoir,* 1919.
(Paris, Musée Picasso).

puisse permettre une comparaison, ni de témoignages la décrivant. Si Lise a bien posé pour le tableau de Cologne, celui-ci n'est plus alors le portrait intime d'un couple d'amis, mais une œuvre convenue, un tableau de genre. Cette suggestion paraît soutenue par le fait que Renoir le propose justement à un marchand dont une étude récente de Nancy Davenport a souligné l'orientation vers ce type de peinture de genre. Précisons par ailleurs que la lettre citée, généralement datée de l'automne 1868, doit en réalité se situer en septembre 1869; Renoir y dit en effet ironiquement à Bazille, qui se trouvait en vacances chez ses parents, de ne plus « venir exprès à Paris pour vider une bouteille d'encre sur le groupe Carpeaux », incident qui eut lieu à la fin du mois d'août 1869.

La date, traditionnellement admise de 1868 pour l'œuvre paraît devoir être conservée si l'on considère la parenté de ce tableau avec celui de Berlin. Il paraît nettement plus audacieux que la *Lise à l'ombrelle* de 1867, mais il est certain que pour cette dernière œuvre, destinée au Salon, Renoir avait tenté dans le sillage de la *Camille* de Monet (Brême, Kunsthalle) du Salon de 1866 un exercice de style, un peu châtié, même s'il y formulait quelques nouveautés comme l'ombre qui assombrit naturellement le visage de la jeune femme.

Les fiancés, pour reprendre le titre sous lequel le tableau est apparu au début du siècle, sont un peu l'équivalent par Renoir des *Femmes au jardin* de Monet (Paris, Musée d'Orsay, Galerie du Jeu de Paume), peintes en 1866-67. Pourtant, autant le tableau de Monet accordait une large place au décor végétal et aux découpages des ombres et de la lumière, autant Renoir privilégie la figure avec une sorte « d'horreur du vide » qui ne laisse qu'un rôle accessoire aux éléments évoquant le jardin. Le plein air, condition première de la création pour Monet, n'est encore pour Renoir qu'un accessoire. Renoir dans le tableau de Cologne — comme dans un autre tableau daté de 1868, *Le clown* (Otterlo, Kröller-Müller Museum) — montre également son admiration pour les figures en pied de Manet comme *Le Fifre* (dont il fit un dessin beaucoup plus tard, *voir* Duret 1924, fig. 5), encore que Renoir ait soigneusement marqué le sol sur lequel sont campées les figures, ce que Manet évitait en modulant subtilement un fond neutre.

La comparaison, par ailleurs, du tableau de Cologne avec le chef-d'œuvre de Bazille, la *Réunion de famille* de 1867 exposée au Salon de 1868 (Paris, Musée d'Orsay, Galerie du Jeu de Paume), en particulier du couple qui se donne le bras au second plan, montre à quel point ces artistes pouvaient, tout en travaillant dans des directions similaires, formuler des solutions différentes, Renoir se montrant plus conservateur alors que la virtuosité de son style et la sûreté de sa technique l'emportent sur celles de son camarade.

C'est le marchand berlinois Cassirer qui vendit l'œuvre en avril 1906 à Bernheim-Jeune qui céda ce tableau au fameux prince de Wagram le 19 juin 1906, pour 22 500 F. Au début de 1909, il est déjà question de vendre cette œuvre par l'intermédiaire du marchand Hébrard mais c'est finalement un autre marchand, Henry Barbazanges qui négocie la vente au musée de Cologne en 1912.

Bibliographie
Meier-Graefe 1912, p. 8, 32
Jamot 1923, p. 268
Duret 1924, p. 73
Poulain 1932, pp. 156-7
Paris, Orangerie, 1933, n° 4
Barnes et de Mazia 1935, pp. 378-80 n° 10
Drucker 1944, pp. 29-30, 193 n° 9
Zervos (C.), *Pablo Picasso, œuvres de 1917 à 1919*, III, Paris, 1949, n°s 428, 429, 430
J. Renoir 1962, pp. 118-9
Cologne, Wallraf-Richartz Museum, *Gemälde der 19. Jahrunderts,* 1964, pp. 103-4 avec bibliographie
Daulte 1971, n° 34

Rewald 1973, p. 180
Champa 1973, pp. 54-5
Callen 1978, p. 32
Wallrath (R.), *Zur Kunst des 19. Jahrunderts im Wallraf-Richartz Museum,* Cologne, 1980, pp. 60-3
Gaunt et Adler 1982, n° 5
Davenport (N.), «Armand-Auguste Deforge, an art dealer in nineteenth century painting and «La peinture de fantaisie », *Gazette des Beaux-Arts,* février 1983, pp. 79-88

Exposition
? 1904, Berlin, Cassirer
(51 *Das Brautpaar*)

9
Femme dans un jardin
(*dit* La femme à la mouette)

Vers 1868
H. 1,06 ; L. 0,73
S.b.g. : *Renoir.*
Collection particulière, en dépôt à Bâle, Kunstmuseum
Exposé à Londres et Paris seulement

C'est encore Lise Tréhot (*voir* cat. n° 7) que nous reconnaissons dans cette figure de jeune femme vêtue de bleu très vif auprès duquel le jaune moutarde de ses gants et le blanc de son col paraissent encore plus éclatants. Elle est coiffée d'un étonnant chapeau orné d'une plume aux reflets gris-bleu et beiges d'un rendu éblouissant et qui justifie pleinement que le titre traditionnel de l'œuvre y fasse référence. Encore une fois il ne s'agit pas d'un simple portrait de Lise. La mise en page choisie par l'artiste, l'attitude de la figure qui fixe un objet que nous ne voyons pas, soulignent le fait que le modèle pose pour le peintre. Renoir insiste sur l'aspect moderne de son sujet, le costume — que ses contemporains jugeaient incompatible avec le grand art — la chaise rustique. Aucune allusion immédiate ne vient raconter l'histoire de cette jeune femme sans expression marquée.

Meier-Graefe avait daté cette œuvre de 1872, ce qui paraît évidemment trop tardif pour des raisons stylistiques ; cette figure aux contours précis, très imprégnée du souvenir de Courbet, se rapproche par le traitement du fond de feuillage d'*En été* de Berlin (*voir* cat. n° 7). Cooper a également souligné que Lise portait ici les mêmes boucles d'oreilles en corail et or que dans *Lise à l'ombrelle* datée de 1867 (fig. 6). Tous ces arguments nous conduisent à proposer une date approximative vers 1867-68.

Le tableau apparut en 1912 à la vente d'un des premiers collectionneurs de Renoir, Henri Rouart et passa dans la collection Thea Sternheim où il demeura jusqu'en 1919.

Bibliographie
Paris, Galerie Manzi-Joyant,
cat. vente *Collection Rouart,*
9-11 décembre 1912, n° 270
Meier-Graefe 1929, p. 58
Cooper 1959, p. 167
Daulte 1971, n° 83

9

10
Léonard Renoir, père de l'artiste

1869
H. 0,61 ; L. 0,46
S.D.m.d. : *Renoir. 69.*
Saint Louis (Missouri), The Saint Louis Art Museum
(37 : 1933)

Pour ce portrait intime, de format réduit, Renoir a choisi un cadrage qui concentre l'attention sur le visage et exclut presque entièrement les mains, dont une seule est à demi visible. De manière très subtile, l'axe du corps est légèrement oblique et décentré ; une ombre portée à gauche accentue vigoureusement le relief de l'œuvre. La comparaison avec le portrait de commande plus ancien de *William Sisley* (*voir* cat. nº 1) montre déjà une nette évolution : la touche est ici beaucoup plus animée ; voir le traitement des cheveux et de la barbe, ainsi que du fond pourtant volontairement simplifié. Il est évident que la personnalité du modèle autorisait l'artiste à un moindre respect des conventions.

Selon les recherches d'Henri Hugon, Léonard Renoir était né à Limoges le 7 juillet 1799 et il mourut à Louveciennes le 22 décembre 1874. Tailleur d'habits, il avait épousé à la mairie de Saintes, le 17 novembre 1828, Marguerite Merlet, ouvrière en robes. Le jeune couple s'installa à Limoges où naquirent leurs enfants, à l'exception du dernier-né, le critique et écrivain Edmond Renoir,

né à Paris le 12 mai 1849. Les parents de Renoir se retirèrent à Louveciennes en 1868 et la mère de Renoir survécut de nombreuses années à son mari puisqu'elle ne mourut qu'en 1896. Quelques rares allusions montrent que Renoir conserva des liens très étroits avec sa famille et que justement, à l'époque où fut peint ce portrait, il habitait de nouveau chez ses parents (*voir* cat. nᵒˢ 11, 12).

Comme beaucoup d'autres portraits anciens de la famille Renoir ce tableau appartint à Ambroise Vollard, puis fut acquis dès 1933 par le Saint Louis Art Museum chez Knoedler, New York.

Bibliographie
Vollard 1919, repr. face p. 10
Hugon 1935, pp. 454-5
Cooper 1959, p. 327
New York, Wildenstein, 1969, nº 1
Daulte 1971, nº 44
Chicago, Art Institute, 1973, nº 7
New York, Wildenstein, 1974, nº 2

11
La Grenouillère

1869
H. 0,59 ; L. 0,80
S.b.g. : *A. Renoir*
Moscou, Musée des Beaux-Arts Pouchkine
Exposé à Londres et Paris seulement

12
La Grenouillère

1869
H. 0,66 ; L. 0,86
S.b.g. : *A. Renoir*
Stockholm, Nationalmuseum
Exposé à Paris seulement

Le 25 septembre 1869 Monet écrivait à Bazille en évoquant ses projets pour le prochain Salon : « J'ai bien un rêve, un tableau, les bains de la Grenouillère, pour lequel j'ai fait quelques mauvaises pochades, mais c'est un rêve. Renoir, qui vient de passer deux mois ici, veut faire aussi ce tableau. »

La « Grenouillère », qu'il ne faut pas confondre avec le restaurant Fournaise (*voir* cat. n° 51), à la fois guinguette et établissement de bains, se trouvait sur la rive de l'Ile de Croissy, sur la Seine, non loin de Bougival ; c'était un endroit à la mode, ce qui nous vaut une description précise d'un chroniqueur de *L'Événement illustré*, Raoul de Presles, qui écrivait le 20 juin 1868 : « La Grenouillère est le Trouville des bords de Seine, le rendez-vous de cette bruyante et coquette émigration parisienne qui vient, l'été durant, planter sa tente à Croissy, à Chatou, à Bougival... Sur une vieille péniche bien goudronnée, solidement amarrée, on a construit un baraquement en bois peint de couleur verte et blanche ; sur le devant de la péniche se trouve un balcon de bois [...]. Dans une vaste salle on offre des rafraîchissements de toutes sortes ; à gauche est l'atelier de constructeur de bateaux ; à droite se trouvent des cabines de baigneurs. On arrive à la maison flottante au moyen d'une série de ponts fort pittoresques mais tout à fait primitifs ; l'un part de l'île et s'appuie sur un petit îlot qui n'a guère plus d'une dizaine de mètres de superficie et au milieu duquel se dresse un arbre, un arbre unique qui semble, à dire vrai, fort étonné de se trouver là. C'est sur cet îlot que se pressent en grande partie les curieux et les curieuses désireux de contempler l'espèce humaine réduite à sa plus simple expression [...]. De l'îlot, un autre pont conduit à l'établissement. A gauche de l'îlot se trouve un petit bain, entouré d'une corde, où tout le monde peut trouver pied sur un lit de sable fin... Les bords de l'île sont garnis de canots amarrés et canotiers et canotières dorment étendus sur l'herbe à l'ombre des grands arbres... Toute cette foule, élégante, choisie, artistique et aristocratique, se compose d'habitants, ou de propriétaires du pays. » Et en tête des habitués, le journaliste énumère les artistes Gérôme, Willems, Lambinet, Vibert, Frémiet, puis les habitants des opulentes propriétés des alentours, etc. Cette évocation, qui rend plausible l'allusion de Jean Renoir selon laquelle le peintre fut amené pour la première fois à la Grenouillère par le prince Bibesco, diffère beaucoup de celle que nous a laissé Guy de Maupassant quelques années plus tard dans

La femme de Paul (1881) (et dans *Yvette*, 1885) où est dépeinte la « cohue furieuse et hurlante », « mélange de calicots, de cabotins, d'infimes journalistes, de gentilhommes en curatelle, de boursicotiers véreux, de noceurs tarés, de vieux viveurs pourris » qui hantent ce lieu « qui sue la bêtise, pue la canaillerie et la galanterie de bazar ». La vérité est probablement à mi-chemin. Joël Isaacson a souligné que, justement en 1869, chroniqueurs et dessinateurs de journaux illustrés décrivent à plusieurs reprises la Grenouillère (le dessin de Riou qui illustre l'article de *L'Événement illustré*, que nous avons cité, est d'ailleurs reproduit à nouveau dans *La chronique illustrée* du 1ᵉʳ août 1869 citée par J. Isaacson). Une visite de Napoléon III et Eugénie, qui date de juillet 1869, pouvait enfin passer pour la consécration ultime de l'établissement. C'est dire que le sujet était d'actualité lorsque Monet et Renoir qui habitaient non loin de là, le premier à Saint-Michel près Bougival, le second à Voisins-Louveciennes, entreprirent de le peindre.

Nous présentons ici deux versions fort différentes, à la fois par la composition et le style, du thème traité par Renoir. Il existe un troisième tableau, appartenant à la

Fig. 17
Renoir,
La Grenouillère, 1869.
(Winterthur, Fondation Oskar Reinhart).

Fig. 18
Renoir,
La Grenouillère, 1869.
(Coll. part.).

Fig. 19
C. Monet, *La Grenouillère*, 1869.
(Londres, National Gallery).

Fig. 20
C. Monet, *La Grenouillère*, 1869.
(New York, The Metropolitan Museum of Art).

Fig. 21
F. Heilbuth, *Au bord de l'eau*
d'après une gravure (album Boetzel, Paris, 1870).

Fondation Oskar Reinhart de Winterthur (fig. 17). Ces différentes versions montrent que Renoir a peint les promeneurs sur la berge (Moscou), la passerelle qui relie la berge de l'île au petit îlot — le Pot-à-fleurs, ainsi que le dénommait Maupassant (Winterthur) — et enfin l'îlot et la passerelle qui le relie à l'établissement proprement dit (Stockholm). Un autre tableau (fig. 18) se rattache également à cette série.

Monet, de son côté, a négligé la rive de l'île pour peindre la passerelle qui conduit à l'îlot sous deux angles différents (fig. 19 ; et Wildenstein 1974, I, nº 136) et l'îlot lui-même (fig. 20), composition qu'il est particulièrement intéressant de comparer au tableau de Stockholm par Renoir. Renoir adopte un point de vue plus rapproché qui lui permet de donner une plus grande importance aux figures ; il laisse librement aller son pinceau pour noter rapidement à droite la silhouette de la jeune femme qui se dirige, par la petite passerelle, vers l'établissement principal ou à gauche les baigneurs, presque confondus avec le miroitement de l'eau. Ces figures semblent faire partie intégrante d'un décor sans profondeur où le plan d'eau et la végétation du fond, qui suggère la berge de la rive opposée, sont traités de manière presque continue. Plusieurs repentirs, au premier plan, suggèrent que Renoir a cherché à articuler ce premier plan de diverses manières. En revanche, le tableau de Monet, peint dans une gamme restreinte, est infiniment plus structuré : l'îlot constitue comme le centre de lignes convergentes, l'échelle des personnages par rapport au paysage est soigneusement marquée ainsi que la progression depuis les barques tronquées du premier plan jusqu'à l'arrière-plan d'arbres qui se détachent sur le ciel.

Il est frappant de voir, si l'on compare en revanche le tableau de Moscou, version moderne du *Pèlerinage à l'Ile de Cythère* de Watteau et qui, à nos yeux, paraît être le premier de la série, à celui de Winterthur (proche à s'y méprendre sur l'auteur de la vue similaire de Monet) combien Renoir paraît, dans ce dernier tableau, tenter d'assimiler la technique et l'esprit de Monet.

En définitive ni Monet, ni Renoir n'exposèrent de « tableau » de la « Grenouillère », sujet moderne par excel-lence, au Salon de 1870. Et pourtant il y eut bien un tableau de ce sujet à ce Salon : c'était *Au bord de l'eau* (nº 1346) de Heilbuth (fig. 21). Son succès fut immédiat et A. Baignières pouvait écrire dans sa revue du Salon, parue dans *La Revue contemporaine* du 15 juin 1870 : « On m'avait dit que c'était un coin de Bougival vulgairement appelé La Grenouillère que M. Heilbuth s'était avisé de peindre. Le site est fort beau ; mais la population ? Des hommes de mauvaise compagnie, des femmes déjà peintes. Que faire ? [...] le charmant paysage sert de fond. Et les personnages ? Voici le tour de force ; ils sont élégants, pittoresques et naturels : des jeunes femmes bien vêtues, des hommes bien tournés et des canots aux peintures harmonieuses. » L'honneur et la peinture sont saufs !

Les tableaux de Stockholm et de Moscou ont sans doute une provenance commune, Edmond Renoir, frère de l'artiste. En effet, interrogé à propos des « Grenouillère » de Monet et de Renoir, Paul Durand-Ruel (lettre du 13 juillet 1903, archives Durand-Ruel) écrivait : « Renoir également a traité ce sujet plusieurs fois. Deux études de ce motif appartenaient à son frère qui les a vendues », ajoutant que lui-même en possédait une troisième, celle passée depuis dans la collection O. Reinhart. Le tableau de Stockholm fut donné au musée anonymement en 1923, alors que celui de Moscou a été acheté chez Vollard en 1908 par le collection-neur Ivan Morosov.

Bibliographie
(pour les deux versions)
Meier-Graefe 1912, p. 11
Vollard 1919, p. 45
Duret 1924, pp. 80-1
Poulain 1932, pp. 160-2
Drucker 1944, pp. 27, 193 nº 12
J. Renoir 1962, pp. 200-1
Champa 1973, pp. 56-66
Rewald 1973, pp. 226, 228, 230, 232
Paris, Grand Palais, 1974, nº 35

Callen 1978, pp. 12, 40, 42-3
Isaacson (J.), *Claude Monet,*
observation et réflexion,
Neufchâtel, 1978, pp. 16, 81-2
Gaunt et Adler 1982, nº 6
Isaacson 1982, pp. 100-2
Marly-le-Roi, — Louveciennes,
Musée Promenade, cat. exp. *De*
Renoir à Vuillard, Marly-le-Roi,
Louveciennes, leurs environs,
mai-juin 1984, pp. 33-7

12

13
Fleurs dans un vase

vers 1869
H. 0,65 ; L. 0,54
S.b.d. : *Renoir.*
Boston, Museum of Fine Arts
(Legs John T. Spaulding, 1948 ; 48.592)

Cette nature morte de fleurs et de fruits, qui suggère la fin de l'été en Ile-de-France, a été généralement datée des années soixante-dix. J. Rewald et D. Wildenstein, en revanche, étudiant cette œuvre en même temps que celle de Monet (situation actuelle inconnue) qui représente les mêmes fleurs dans un vase identique et les mêmes fruits (Monet a ajouté des grappes de raisins et un panier de poires) les situent toutes deux en 1869 à l'époque où Renoir et Monet travaillèrent fréquemment ensemble puisqu'ils étaient voisins à Bougival. Cette date semble en effet mieux convenir à cette magnifique démonstration de peinture qui montre combien Renoir, traitant d'un sujet analogue, se démarque à la fois de Courbet et de Fantin-Latour, mais aussi de Monet. Monet, en effet, tentait de situer le vase de fleurs subtilement décentré dans un espace construit où le plan de la table sur lequel est posé le vase, couvert de divers fruits, jouait un grand rôle. Renoir choisit une mise en page directe où le motif central occupe presque la totalité de la toile ; l'opposition très nette des parties éclairées et de celles qui sont dans l'ombre confère une force incontestable à l'ensemble.

Cette nature morte prolonge parfaitement une série de bouquets peints pour la famille Le Cœur en 1866 (voir notamment Cambridge, Fogg Art Museum), mais témoigne d'une liberté plus grande ; la touche, fougueuse, fortement empâtée, se fait déjà plus allusive dans la description des fleurs.

Ce tableau fut acquis en 1891 d'un certain Duze par Durand-Ruel qui le céda en janvier 1925 à J.T. Spaulding. Celui-ci le légua avec le reste de sa collection au Museum of Fine Arts de Boston en 1948.

Bibliographie
Meier-Graefe 1929, p. 94
Chicago, Art Institute, 1973, n° 12
Rewald 1973, p. 230
Wildenstein 1974, I, n° 139

14
La baigneuse au griffon

1870
H. 1,84 ; L. 1,15
S.D.b.d. : *A. Renoir. 70*
São Paulo, Museu de Arte de São Paulo,
Assis Chateaubriand

Il est certain qu'en comparaison d'œuvres comme *En été* ou *Les fiancés* (voir cat. nᵒˢ 7, 8) cette *Baigneuse au griffon* que Renoir choisit d'envoyer au Salon de 1870 apparaît comme une sorte de retour en arrière. Cette peinture est un hommage évident à Courbet, associant un thème classique à des notations réalistes, comme la robe froissée du modèle, le petit chien à la mode. L'esprit de Courbet — celui des *Baigneuses* (Montpellier, Musée Fabre) et des *Demoiselles des bords de la Seine* (Paris, Musée du Petit Palais) — se retrouve jusque dans la morphologie des modèles. Les curieux rapports (ou plutôt l'absence de rapports) entre la grande figure sculpturale (dès 1870 un critique, Marius Chaumelin, la voyait comme une « charge de la Vénus de Médicis » encore que le modèle ait sans doute été Lise Tréhot) et le fond de verdure sur lequel elle se détache, ainsi que l'incongruité du buste de la jeune femme dans une position inexplicable qui apparaît au second plan, ne paraissent pas avoir choqué le public contemporain. Ceux-ci critiquèrent plutôt l'aspect jaune des chairs (Duranty, Goujon) et l'incorrection du dessin (Mézin). En réalité, malgré une caricature (fig. 22) consacrée à la *Baigneuse,* c'est surtout la *Femme d'Alger* (fig. 23) dont on soulignait la parenté avec Delacroix, qui retint l'attention des critiques (dont Arsène Houssaye) au Salon de 1870.

Le premier propriétaire connu de l'œuvre est l'amateur néerlandais Hoogendijk. En attendant l'étude que doit lui consacrer M. Henkels, on peut déjà détruire la légende répétée par René Gimpel selon laquelle ce collectionneur, pionnier en son pays pour son goût non conformiste, aurait été tenu pour fou par sa famille, pour avoir acheté des Cézanne.

Pressé de donner son avis par Durand-Ruel au moment de la vente en 1912 de ce collectionneur, Renoir dit à son marchand de ne pas s'« emballer sur ces croûtes » (Venturi 1939, I, p. 202, lettre du 23 mars 1912). L'œuvre fut acquise par Bernheim-Jeune qui la céda au fameux collectionneur de Cézanne et de Manet, Auguste Pellerin. Le musée de São Paulo a acquis ce tableau en 1958.

Bibliographie
Chaumelin 1870
Duranty 1870
Goujon [1870], pp. 94-5
Mézin [1870], p. 37
Amsterdam, Frederik Muller & Cie, cat. vente. *Collection C. Hoogendijk,* 22 mai 1912, nᵒ 56
Reinach 1913, pp. 371-5
Paris, Orangerie 1933, nᵒ 7
Barnes et de Mazia 1935, p. 233
Drucker 1944, pp. 29, 74, 193, nᵒ 13

Cooper 1959, p. 168
Gimpel 1963, p. 165
Daulte 1971, nᵒ 54
Champa 1973, p. 40
Rewald 1973, p. 240
Gaunt et Adler 1982, nᵒ 7

Expositions
1870, Paris, Salon (2405 ; *Baigneuse*)
1913, Paris, Bernheim-Jeune (4 ; *La Baigneuse au griffon*)

Fig. 22
Bertall, caricature de
la *Baigneuse au griffon*
(*Le Journal amusant,* 18 juin 1870).

Fig. 23
Renoir, *Femme d'Alger,* 1870.
(Washington, National Gallery of Art).

15
La promenade

1870
H. 0,80 ; L. 0,64
S.D.b.g. : *A. Renoir. 70*
Londres, British Rail Pension Fund

Ce tableau daté 1870 (et non 1874, comme il a parfois été écrit) se situe clairement par son sujet dans la lignée des *Fiancés* de Cologne (*voir* cat. n° 8) mais cette analogie de sujet souligne la différence de style qui intervient dans un laps de temps aussi bref. L'intégration des figures au paysage est résolue ici avec bonheur : un détail comme la branche feuillue à gauche suggère un plan entre le spectateur et la figure de la jeune femme en robe blanche et rappelle un procédé identique employé par Monet dans son *Déjeuner sur l'herbe* (esquisse partielle : Washington, National Gallery). Le jeu des ombres et des lumières est uniformément réglé et le traitement des étoffes répond à la virtuosité du rendu du feuillage et du sol, dans une gamme de couleurs limitée.

Il est amusant de constater que Renoir reprit un thème identique mais en inversant la position de l'homme et de la jeune femme dans un dessin publié dans *La Vie Moderne* le 29 décembre 1883 (fig. 24).

Le tableau est apparu à la vente de la collection d'un certain Gustave Gouspy, ou Goupy (Paris, Hôtel Drouot, 30 mars 1898, n° 33), où il fut adjugé à Durand-Ruel, qui le vendit à Cassirer en 1908. Il passa ensuite dans la collection B. Köhler de Berlin.

Bibliographie
Meier-Graefe 1912, p. 37
Jamot 1923, p. 270
Paris, Orangerie, 1933, n° 8a
New York, Duveen, 1941, n° 8
Daulte 1971, n° 55

Expositions
1901, Londres, International Exhibition (93)
1904, Berlin, Cassirer (65)
1912, Francfort (104)

Fig. 24
Renoir, *Couple en promenade*.
(*La Vie moderne*, 29 décembre 1883).

16
Mme Clémentine Stora
en costume algérien (*dit* L'Algérienne)

1870
H. 0,84 ; L. 0,60
S.D.b.d. : *A. Renoir. 70.*
San Francisco, The Fine Arts Museums of San Francisco
(Don de M. et Mme Prentice Cobb Hale
en l'honneur de Thomas Carr Howe Jr. ; 1966-47)

C'est bien du portrait de Clémentine Valensi-Stora (1845/7-1917), épouse d'un marchand de tapis et antiquaire parisien, qu'il s'agit et non d'une figure de genre comme la *Femme d'Alger* (fig. 23) posée par Lise Tréhot et exposée au Salon de 1870 (ou plus tard les *Parisiennes habillées en algériennes* (*voir* cat. nº 19). Ainsi que l'ont noté les critiques contemporains qui remarquèrent la *Femme d'Alger* au Salon de 1870, Renoir proclamait ainsi son admiration croissante pour Delacroix. Plus tard, vers 1875, il copiera pour un amateur, Jean Dollfus, *La Noce juive* de Delacroix du Musée du Louvre (Worcester, The Worcester Art Museum). Il est amusant de noter que l'exotisme pour Renoir, c'est l'Afrique du Nord, un courant déjà ancien et non le Japon, à peine entrevu (*voir* cat. nº 17).

Gimpel a raconté comment le peintre Helleu retrouva ce tableau dans la famille du modèle. En 1906 il appartenait déjà à Claude Monet qui le conserva sa vie durant.

Bibliographie
Vollard 1918, I, p. 94, nº 378
Vollard 1919, p. 49
Alazard (J.), « L'exotisme dans la peinture française au XIXe siècle »
Gazette des Beaux-Arts, 1931, p. 253
Londres, Tate Gallery, 1953, nº 3
Gimpel 1963, p. 70
Daulte 1971, nº 47
Chicago, Art Institute, 1973, nº 8

Exposition
1906, Marseille (52 ; repr. app. à Claude Monet)

1871-1880

Après la guerre, Renoir se remit rapidement au travail (*voir* cat. n° 18) et, sans doute encouragé par ses succès précédents, décida d'envoyer de nouveau au Salon mais, après un premier échec en 1872 (*voir* cat. n° 19), il fut de nouveau refusé en 1873 avec une très grande toile intitulée *Allée cavalière au Bois de Boulogne*, montrant une amazone (posée par Mme Darras) accompagnée d'un jeune garçon sur un poney (Joseph Le Cœur, fils de Charles Le Cœur) (fig. 25 ; 2,61 × 2,26) et un *Portrait* non identifié qui furent exposés à un Salon des Refusés organisé en 1873. Ces deux œuvres, par leur style et leurs aspirations, sont clairement l'aboutissement de la période précédente. Une évolution très sensible se manifeste dès 1873 et s'accentue au cours des années suivantes. La palette s'éclaircit, la touche est plus légère, plus animée. Sans doute faut-il y voir l'influence renouvelée de Claude Monet que Renoir fréquente assidument à Argenteuil (*voir* cat. n°s 21, 29). Pourtant Renoir demeure fidèle aux mêmes types de sujets que par le passé, portraits et scènes de la « vie moderne » à la limite du tableau de genre, tout en peignant des paysages.

Fig. 25
Renoir, *Allée cavalière au Bois de Boulogne*, 1873. (Hambourg, Kunsthalle).

Le refus subit en 1873 et les relations continues avec Monet, Pissarro et Sisley contribuèrent sans aucun doute à inciter Renoir à participer activement à l'organisation de la première exposition du groupe au printemps 1874 à Paris, boulevard des Capucines, de ceux qu'on allait appeler les « Impressionnistes » (du nom d'un tableau de Monet intitulé *Impression, soleil levant*), parmi lesquels, outre Monet et Renoir, se trouvaient Degas, Pissarro, Sisley, Cézanne, Berthe Morisot, Guillaumin, etc. Manet, de son côté, préféra exposer au Salon officiel. En 1874, Renoir était représenté par un envoi important de toiles récentes qu'on pouvait voir pour la première fois, la *Danseuse* (fig. 26), *La loge* (*voir* cat. n° 25), la *Parisienne* (*voir* cat. n° 27), *Moissonneurs* (Zurich, coll. Bürhle), une nature morte de *Fleurs,* une *Tête de femme* et un *croquis* non identifiés. Comme l'a remarqué Jacques Lethève, plusieurs grands journaux parisiens s'abstinrent de parler de cette exposition et ce sont plutôt des critiques acquis par avance aux artistes (même s'ils se montraient parfois réticents) qui furent les auteurs des articles parus. Les œuvres de Renoir furent particulièrement bien accueillies, échappant même en partie à l'ironie venimeuse de Louis Leroy du *Charivari* (qui attribue la *Danseuse* à Guillaumin), auteur du fameux article qui cherchait à déconsidérer le groupe et qui est à l'origine du terme d'« impressionniste ». Renoir fut aussi l'un des principaux responsables de la vente publique de 1875,

Fig. 26
Renoir,*Danseuse,* 1874.
(Washington, National Gallery of Art).

organisée par les artistes et dont nous avons tenté de mesurer la portée en introduction.

L'expérience d'une exposition indépendante fut renouvelée en 1876. Le livret mentionne cette fois dix-huit œuvres de Renoir avec, dans certains cas, le nom de leurs propriétaires. Ces collectionneurs intrépides durent ressentir presqu'aussi vivement que l'artiste l'âpreté des critiques (dont Albert Wolff du *Figaro*) à pourfendre une peinture « à faire cabrer les chevaux d'omnibus » (Maillard). Mais, à nouveau, Renoir est relativement épargné — à l'exception de son *Étude de nu* (*voir* cat. n° 35) et de *La Promenade* qui est probablement le tableau de la Frick Collection de New York « une jeune femme à la promenade poussant devant elle ses deux petites filles » (Blémont) à propos duquel Arthur Baignières écrit : « De loin on aperçoit un brouillard bleuâtre, sur lequel se détachent vigoureusement six pastilles de chocolat. Qu'est-ce donc ? on s'approche, les pastilles sont les yeux de trois personnes et le brouillard une mère et ses jeunes filles. J'aime mieux le portrait de M. Bertin l'aîné par Mr Ingres ». Parmi les autres tableaux identifiables figurent ceux des collections Chocquet et Dollfus, ainsi que le *Portrait de jeune fille* (Philadelphie, coll. McIlhenny), la *Femme au piano* (*voir* cat. n° 34) et le *Frédéric Bazille* (*voir* n° 5).

A la troisième exposition du groupe en 1877, Renoir n'envoie pas moins de vingt et une œuvres, fruits de son travail récent dont le *Bal du Moulin de la Galette* (*voir* cat. n° 39), *La balançoire* (*voir* cat. n° 38), le petit portrait de *Mme G. Charpentier* (Paris, Musée d'Orsay, Galerie du Jeu de Paume), et de *Mme Alphonse Daudet (ibid.), La Seine à Champrosay (ibid.).* On parle beaucoup du portrait du Député *Spuller* (Pasadena, Norton Simon Foundation) et de celui de l'actrice *Jeanne Samary* (Moscou, Musée Pouchkine) à cause de la personnalité des modèles.

Il ne s'agit toutefois que d'un succès très relatif : les vraies louanges viennent de critiques amis, Georges Rivière en tête — et si les autres paraissent vouloir faire un effort de compréhension (comme Paul Mantz ou Roger Ballu), c'est pour mieux stigmatiser la vanité des efforts de Renoir. Renoir accepte mal d'être traité d'« intransigeant » et, tente de nouveau d'exposer au Salon. En 1878, il est reçu, reprenant humblement la qualité d'« élève de Gleyre », avec *Le café* (Daulte 1971, n° 272).

Est-ce parce qu'il sent qu'il est mieux accueilli des connaisseurs (le marchand Paul Durand-Ruel, assez réticent, semble-t-il, au début des années soixante alors qu'il commence à soutenir Manet, Monet, Pissarro, Sisley, Degas, a entrepris de lui acheter régulièrement des œuvres) et des critiques ; est-ce aussi surtout parce qu'il bénéficie de l'appui illimité du célèbre éditeur Georges Charpentier et de celui de sa femme dont le salon est extrêmement influent que Renoir décide de renoncer à participer à la quatrième exposition du groupe au printemps 1879 et d'exposer au Salon officiel de 1879 deux grands tableaux, le *Portrait de Mme Charpentier et de ses enfants* (*voir* cat. n° 43) et celui, en pied, de *Melle Jeanne Samary* (fig. 27) ? En tout cas cette stratégie lui porte chance et Renoir accède enfin à la vraie notoriété, tout au moins dans un milieu restreint d'amateurs et de critiques car les réticences restent nombreuses à son endroit.

Fig. 27
Renoir, *Jeanne Samary,* 1878.
(Léningrad, Musée de l'Ermitage).

17
Nature morte au bouquet

1871
H. 0,74 ; L. 0,59
S.D.b.d. : *A. Renoir. 71.*
Houston, The Museum of Fine Arts
(Don de Mme Sarah Campbell Blaffer, Robert Lee Blaffer
Memorial Collection ; 57-1)

Au Salon de 1870 Fantin-Latour avait exposé *Un atelier aux Batignolles* (Paris, Musée d'Orsay, Galerie du Jeu de Paume), hommage explicite à Edouard Manet représenté lui-même entouré de ses amis et notamment de Renoir. Un an plus tard, Renoir composa cette nature morte où chaque objet, ainsi que l'a récemment montré S. Lane Faison Jr., fait référence à Manet. Commençons par le plus évident, c'est-à-dire la gravure aux tons de sépia accrochée par un lien rouge en manière de trompe-l'œil. Il s'agit en effet d'une épreuve de la gravure intitulée *Les petits cavaliers* signée « éd. Manet d'après Velasquez », une interprétation à l'eau-forte de la copie à l'huile que Manet avait faite d'après un tableau du musée du Louvre alors attribué à Velasquez. Manet semble avoir attaché une grande importance à cette gravure ; il l'exposa une première fois au *Salon des Refusés* en 1863, puis à son exposition de 1867 et enfin au Salon de 1869 (*voir* Paris, Grand-Palais, 1983, n° 37). En la choisissant parmi d'autres, Renoir rendait à la fois hommage à Manet et à Velasquez qu'il admirait lui-même. Faison a souligné l'analogie du bouquet de roses rouges et jaunes entourées de lilas et serré dans un papier blanc éclatant avec celui de l'*Olympia* de Manet. Enfin, le groupe d'objets à droite, les deux livres, l'éventail japonais et la graminée touffue plantés dans un petit vase sans doute chinois répondent aux brochures, à la plume fichée dans un encrier et à l'estampe japonaise qu'on trouve dans le *Portrait de Zola* par Manet (Paris, Musée d'Orsay, Galerie du Jeu de Paume, fig. 28). La composition même de la nature morte de Renoir évoque d'ailleurs celle du *Portrait de Zola* où un guéridon chargé d'objets est associé à des gravures représentées sur un mur. Bien que Renoir adopte un parti cher à Manet ou à Degas, en coupant notamment le cadre de la gravure à gauche, il maintient toutefois un certain sens de la profondeur (les ombres portées du bouquet ou du cadre ménagent cette illusion) alors que Manet tendait au contraire à situer les éléments de sa composition dans un unique plan vertical. Techniquement, Renoir conserve des délicatesses d'effets, notamment dans le traitement des plantes ou des franges de l'étoffe qui recouvre le support des objets, qui accusent la différence de tempérament des deux artistes.

Renoir aimait les bouquets de boutons de roses très serrés : on en retrouve un dans *La loge* de 1880 (*voir* cat. n° 50). Un autre bouquet seul appartient à la Collection Walter-Guillaume (Paris, Musée de l'Orangerie). La présence de l'éventail japonais du type le plus commun est un rappel discret de la vague japonisante qui, à l'époque où fut peinte cette nature morte, occupait artistes et amateurs depuis plusieurs années. Renoir est celui qui, de tous ses camarades, semble avoir été le moins attiré par les solutions esthétiques suggérées par l'Extrême-Orient et le bibelot japonais n'apparaît dans son œuvre que comme un accessoire à la mode aux mains des coquettes parisiennes (voir *Camille Monet lisant,* et la *Femme à l'éventail,* Williamstown, Sterling et Francine Clark Art Institute). On ignore la provenance ancienne de l'œuvre. Toutefois, le 10 mars 1906 Ambroise Vollard adressa au Prince de Wagram une facture pour un « Renoir nature morte, au premier plan une table avec un tapis, des livres, un vase japonais, éventail, fleurs ; au fond, au mur, la reproduction d'un tableau ancien — 8 000 F. » (A.N. 173 bis AP 430). Cette œuvre fut sans doute reprise par Vollard un peu plus tard avec d'autres qui ne lui avaient pas été payées.

Fig. 28
E. Manet, *Émile Zola,* 1868.
(Paris, Musée d'Orsay, Galerie du Jeu de Paume).

Bibliographie
Vollard 1918, I, p. 122 n° 487
Chicago, Art Institute 1973, n° 9
Faison 1973, pp. 571-8
Callen 1978, p. 47

18
Portrait de femme, Rapha

1871
H. 1,30 ; L. 0,83
S.D.b.d. : *A. Renoir. avril. 71.*
Collection particulière

Cette figure dans un intérieur passe pour être le portrait de Rapha, la compagne d'Edmond Maître, un ami intime de Bazille et qui, plus tard, devint le mentor de Jacques-Émile Blanche. Modeste employé de la Ville de Paris, Maître consacrait les loisirs qu'il s'était réservés à faire de la musique, à lire et à fréquenter les peintres. Maître était à Paris durant le siège et c'est sans doute dans son appartement rue Taranne, près de Saint-Germain-des-Prés, que fut peint ce tableau daté d'avril 1871, c'est-à-dire au début de la Commune.

Cette image élégante d'une jeune femme, en toilette élaborée, tenant un éventail japonais dans un intérieur contemporain, — noter le papier de tenture évoquant un treillage qui répond à la nature morte proche de celle de Hambourg (*voir* cat. nº 2) — est résolument moderne. En revanche, la présence de la cage à oiseaux suggère que Renoir, reprenant un thème cher au XVIIIᵉ siècle français qu'il a tant admiré, peint une scène de genre sans la mièvrerie qu'aurait pu susciter un tel sujet.

Cette œuvre, aux tonalités claires, plus intimiste, malgré l'anecdote, que d'autres figures de la même époque, est peinte avec une franchise rarement égalée dans des œuvres contemporaines.

Ce tableau fut acquis d'une Madame Maitre (Edmond cependant ne semble pas avoir été marié) le 11 octobre 1898 par Durand-Ruel qui le revendit au collectionneur russe vivant à Paris, Poznansky, en 1909. Il appartint plus tard à Auguste Pellerin.

Bibliographie
Meier-Graefe 1912, p. 35
Duret 1924, p. 52
Drucker 1944, pp. 33, 194-5 nº 16
Cooper 1959, pp. 163, 168
Daulte 1971, nº 66
Daulte(F.), « Une grande amitié

Edmond Maitre et Frédéric Bazille », *L'Œil*, avril 1978, p. 40

Expositions
1900, Berlin, Secession (244)
1906, Bâle (517)

19
Parisiennes
habillées en algériennes (*dit*
Intérieur de harem à Montmartre)

1872
H. 1,56 ; L. 1,29
S.D.b.g. : *A. Renoir. 1872*
Tokyo, The National Museum of Western Art
(P. 1959-182)

Datée de 1872 et refusée, selon Duret, au Salon de 1872, cette grande composition est évidemment la reprise d'un thème déjà abordé avec la *Femme d'Alger* (fig. 23) et exposée avec un relatif succès au Salon de 1870. Il s'agit en fait d'une libre transposition des *Femmes d'Alger* de Delacroix (fig. 29) du Musée du Louvre. Renoir admirait profondément ce tableau ; il dit plus tard en 1897 à la fille de Berthe Morisot, Julie Manet, lors d'une visite au Louvre, après s'y être longuement arrêté : « Quand on a fait cela, on peut dormir tranquille » (Manet 1979, p. 143). Renoir ne cherche pas dans ce tableau à dissimuler l'artifice : ce sont des modèles (sans doute Lise Tréhot — *voir* cat. no 7 —, comme l'a suggéré Cooper, et nous aurions là une des dernières œuvres pour lesquelles elle ait posé avant sa rupture avec Renoir et son mariage avec l'architecte Georges Brière de l'Isle en avril 1872), qui ont posé à l'atelier et la référence à Delacroix est transparente pour tous. Meier-Graefe, qui juge sévèrement ce tableau, y voit d'ailleurs l'expression d'un combat entre l'influence de Courbet et celle de Delacroix. Tout en jouant d'effets somptueux que lui offrent la peinture des mousselines brodées, des velours, des tapis bariolés (comme dans le portrait de *Mme Stora ; voir* cat. no 16), Renoir paraît vouloir restreindre les accents de sa palette ; les chairs, en particulier, demeurent peu colorées et les tons gris et beiges du fond et du sol atténuent l'éclat de l'ensemble. Cette composition à plusieurs figures audacieusement organisée suivant la diagonale apparaît en fait comme l'aboutissement des recherches antérieures au même titre que le tableau soumis et refusé au Salon de 1873, l'*Allée cavalière au Bois de Boulogne* (fig. 25).

Essentiellement ces *Parisiennes habillées en algériennes* étaient un tableau de Salon. Callen souligne, avec humour, que Renoir, le refusé, se rapproche finalement de très près de la *Salomé* de Regnault, un des « clous » du Salon de 1870 et dernière manifestation d'un jeune artiste choyé du public et des critiques qui devait disparaître comme Bazille au cours de la guerre franco-prussienne. En s'inspirant de l'orientalisme de Delacroix, Renoir semblait résister au courant plus moderne venu du Japon. Il est donc amusant de noter que cette œuvre, qui a appartenu au fameux pâtissier Murer, fut dès 1921 acquise par Kogiro Matsukata qui compte parmi les premiers amateurs japonais de peinture occidentale moderne.

Paul Signac, qui admirait pourtant profondément Renoir qu'il connaissait personnellement et qui posséda au moins une œuvre de lui, a émis à propos de ce tableau une appréciation sévère après l'avoir vu chez un marchand de la rue Laffitte, Camentron, en janvier 1898 : « Un Renoir de 1872, *Femmes d'Alger à leur toilette*, peint évidemment sous l'impression du tableau de Delacroix. C'est un mélange de parties ratées absolument, et de jolis morceaux. Tout le charme un peu nerveux des femmes de Renoir se manifeste déjà. On sent qu'il aime les fesses et les tétons, et les chairs qui apparaissent à travers la gaze. Scène plutôt de bordel que de harem — ce qui manque à Renoir est déjà absent de cette œuvre : l'équilibre ». Ce jugement n'a en fait rien de surprenant venant d'un peintre attiré par la rigueur mathématique et qui ne cachait pas son désappointement en apprenant que Renoir détestait les *Poseuses* de Seurat (Merion, Barnes Foundation) que lui-même mettait au plus haut.

Fig. 29
E. Delacroix, *Femmes d'Alger dans leur appartement*, 1834.
(Paris, Musée du Louvre).

Bibliographie
Duret 1906, pp. 131-2
Meier-Graefe 1912, pp. 21-4
Vollard 1918, I, p. 94 no 376
Rivière 1921, p. 13
Jamot 1923, pp. 264-5
Duret 1924, pp. 25, 33
Vollard 1938, pp. 166-7
Drucker 1944, pp. 36, 195 no 20
Rewald 1952, p. 275
Gachet 1956, pp. 171-2
Cooper 1959, pp. 168-9
Daulte 1971, no 84
Rewald 1973, p. 272
Callen 1978, no 17
Pickvance 1980, p. 159

Expositions
1913, Paris, Bernheim-Jeune (5)
1914, Londres, Grosvenor House (7)

20
Le Pont-Neuf

1872
H. 0,75 ; L. 0,94
S.D.b.g. : *A. Renoir. 72.*
Washington, National Gallery of Art
(Collection Ailsa Mellon Bruce, 1970 ; 2430)

Lorsqu'en 1872 Renoir achève cette vue du Pont-Neuf, ce n'est pas la première fois qu'il choisit pour motif un site parisien connu. En 1867, il avait notamment peint une vue du *Pont des Arts* (fig. 10) et l'on peut aussi inscrire dans cette série de vues urbaines *Les patineurs au Bois de Boulogne* de 1868 (*voir* cat. n° 6) et *Les Champs Élysées au moment de l'Exposition Universelle de 1867* (New York, Wildenstein, 1974, n° 3). Il est probable que ce choix fut directement influencé par Monet qui, au printemps 1867, avait justement peint depuis une fenêtre de la Colonnade du Louvre, plusieurs vues de Saint-Germain l'Auxerrois, du quai du Louvre et du Jardin de l'Infante. Toutefois, il s'agissait d'un genre pratiqué par de nombreux artistes, des peintres, — notamment Jongkind ou Lépine, — comme des simples illustrateurs de revues.

Renoir domine depuis la rive droite le Pont-Neuf, l'un des plus anciens ponts de Paris qui enjambe successivement les deux bras de la Seine. A sa gauche, les immeubles du quai de l'Horloge sur l'île de la Cité ont moins changé de nos jours que ceux que l'on aperçoit à l'arrière-plan, flanquant l'entrée de la rue Dauphine et qui ont été remplacés par d'autres. A droite, la statue d'Henri IV sur son terre-plein et au premier plan, en contrebas du quai, l'un de ces établissements de bains, nombreux à l'époque.

John Rewald a interrogé le frère de Renoir, Edmond, à propos de ce tableau et Edmond évoqua ses souvenirs : « Nous avions établi notre quartier général dans l'entresol d'un petit café au coin du quai du Louvre qui se trouvait plus près de la Seine que ne le sont les immeubles d'aujourd'hui. Pour le prix de nos deux cafés, à 10 centimes pièce, nous pouvions rester là des heures. Auguste dominait le pont et s'amusa, après avoir peint le sol, les parapets, les immeubles au second plan, la place Dauphine et la statue d'Henri IV, à croquer les silhouettes des passants, des voitures et des petits groupes. Pendant ce temps j'écrivais (Edmond était journaliste) sauf lorsque mon frère me demandait d'aller sur le pont et de parler aux passants pour les faire s'arrêter un instant », en leur demandant l'heure par exemple. Même sans ce témoignage la vivacité des notations laisse supposer l'observation directe et l'intérêt que Renoir porte à ses contemporains au point d'en faire le sujet de sa composition. Pourtant, en choisissant un format relativement grand, Renoir manifestait clairement son désir d'en faire un tableau et non une simple étude et c'est en cela que l'attitude de Renoir est novatrice. Monet a également peint le même sujet, d'un point de vue légèrement différent et par temps de pluie à peu près à la même époque (Wildenstein, 1974, I, n° 193). Après 1900, Pissarro peignit également des vues du Pont-Neuf mais prises du point de vue opposé. L'harmonie claire, bleu et or, de l'ensemble est soutenue avec insistance par les courtes ombres portées grises.

Cette peinture est selon toute vraisemblance le *Pont-Neuf* qui fut, d'après le procès-verbal de la vente, adjugée à Durand-Ruel lors de la célèbre vente publique à l'Hôtel Drouot à Paris d'œuvres de Monet, Berthe Morisot, Renoir et Sisley, organisée par les artistes le 24 mars 1875. Elle fut payée 300 F. En fait Durand-Ruel n'agissait sans doute là que comme intermédiaire car cet achat n'apparaît nulle part dans sa comptabilité et plusieurs témoignages précisent qu'Hazard avait acquis ce tableau à la vente de 1875. A la vente Hazard, qui eut lieu les 1, 2, 3 décembre 1919, quelques jours avant la mort de Renoir, le tableau obtint un prix record pour l'époque, plus de 100 000 F, revanche éclatante sur le prix ridicule péniblement atteint en 1875.

Bibliographie
Duret 1924, p. 102
Vollard 1938, p. 183
Rewald 1945, p. 181
Gimpel 1963, pp. 139, 141
Bodelsen 1968, p. 335
Rewald 1973, pp. 280-1, 285, 354
Callen 1978, p. 47

Stuckey (C.F.) « What's wrong with this picture ? », *Art in America,* septembre 1981, p. 98
Washington, National Gallery, cat. exp. *Manet and Modern Paris,* déc. 1982-mars 1983, n° 5

21
Claude Monet lisant

1872
H. 0,61 ; L. 0,50
S.b.d. : *A. Renoir.*
Paris, Musée Marmottan (Legs Michel Monet, 1966)

Monet et Renoir s'étaient liés chez Gleyre ; leur amitié et l'estime réciproque des deux artistes dura autant que leur vie, Monet ayant survécu de quelques années à Renoir. Le portrait de *Monet lisant* qu'on peut situer vers 1872 à l'époque où Monet habite déjà Argenteuil, possède un pendant, celui de *Camille Monet,* femme de l'artiste appartenant aussi au Musée Marmottan. En peignant ce portrait intime d'un ami fixé dans une attitude familière, Renoir conservait toute faculté de s'exprimer librement. La touche est très apparente, les couleurs intenses et des notations comme l'orangé qui ponctue la barbe du modèle ou la fumée bleue de la pipe étaient de celles qui indisposaient le plus les critiques professionnels. Ce n'est d'ailleurs pas ce portrait (que Monet avait conservé pour lui-même et que son fils offrit en 1966 au Musée Marmottan), mais proba-blement un autre portrait de Monet, qui appartint au collectionneur J. Dollfus, daté 1875, et maintenant au Jeu de Paume, qui fut exposé en 1876 à la seconde exposition impressionniste. Monet y apparaissait cette fois en peintre, la palette à la main, concession certaine à la tradition. Bien que son nom ait été dissimulé sous les initiales *M.M.,* quelques rares critiques favorables avaient su le reconnaître et l'apprécier.

Bibliographie
Daulte 1971, n° 85
Paris, Musée Marmottan,
Monet et ses amis, 1971, n° 98
Gaunt et Adler 1982, n° 10

22
Monet peignant dans son jardin
à Argenteuil

1873
H. 0,46; L. 0,60
S.b.g.: *A. Renoir*
Hartford (Connecticut), Wadsworth Atheneum
(Legs Anne Parrish Titzell, 1957)

Cette toile qu'on peut dater de 1873 évoque mieux que tout commentaire l'amitié et l'identité des recherches de Renoir et de Monet au début des années soixante-dix. Renoir a représenté Monet en train de peindre en plein air une haie de dahlias multicolores, très vraisemblablement dans le jardin de la maison de celui-ci à Argenteuil (le tableau peint par Monet daté 1873 est aujourd'hui dans une collection privée américaine, *voir* Wildenstein, 1974, I, n° 286). Cela supposait que Renoir fût lui aussi sorti de l'atelier pour esquisser vivement une scène pour lui familière. En dépit de l'absence volontaire de détails dans les traits du modèle, on reconnaît bien Monet avec son inséparable chapeau rond (comme dans le portrait de *Monet lisant, voir* cat. n° 21 ou le portrait de *Monet peignant,* Paris, Musée d'Orsay, Galerie du Jeu de Paume). Cette image nous fait connaître les habitudes de Monet qui utilisait un matériel léger susceptible d'être aisément transporté sur le motif. En contraste avec d'autres paysages sensiblement contemporains (*voir* cat. n°s 23, 24) le sujet suggérait ici à Renoir une organisation plus stricte de la composition : l'arrière-plan avec les maisons surmontées de leurs toits gris bleutés se profilant sur un ciel opaque met en valeur la profusion exubérante du buisson de dahlias à peine contenu par la palissade qui ménage une sorte de petite scène où prend place la figure. La ligne générale, oblique, correspondant au sommet de cette haie, conduit d'ailleurs l'œil à la silhouette du peintre devant son chevalet. Cette toile de texture complexe montre bien comment Renoir joue de l'accumulation de nombreuses petites touches nerveuses pour conférer à la matière picturale une richesse scintillante. Des toiles comme celle-ci sont extrêmement proches de Monet et de Pissarro.

Ce tableau fut acquis en vente publique 800 F (Paris, Hôtel Drouot, 17 avril 1896, n° 87) par Durand-Ruel pour Decap, le beau-frère de F. Depeaux. Le tableau réapparut dans une vente anonyme (en fait une partie de la collection du célèbre auteur de pièces de théâtre, Georges Feydeau) le 14 juin 1902, n° 17 où il fut acquis 4 700 F de nouveau par Durand-Ruel.

Cette œuvre est entrée au Wadsworth Atheneum, grâce au legs d'Anne Parrish Titzell, en 1957.

Bibliographie
Vollard 1918, I, p. 88 n° 351
Vollard 1919, p. 307
Daulte 1971, n° 131
Chicago, Art Institute, 1973, n° 17
Rewald 1973, pp. 284-5 (avec la reproduction du tableau de Monet)
Callen 1978, p. 57

Expositions
1905 Londres, Grafton Galleries (258)
1910 Paris, Durand-Ruel (36)
1912 (juin) Paris, Durand-Ruel *(Portraits)* (29)

23
Printemps à Chatou

Vers 1872-75
H. 0,59 ; L. 0,74
S.b.d. : *Renoir.*
Collection particulière
Exposé à Londres seulement

Ce tableau, qu'on peut situer entre 1872 et 1875, est un exemple parfait de recherche impressionniste. Renoir a choisi pour sujet une étendue d'herbe, motif sans structure, subtilement ponctué par des troncs d'arbres esquissés en lignes souples et une vague ligne d'horizon volontairement oblique et brouillée. La petite silhouette humaine, grise, blanche et jaune suffit à équilibrer l'ensemble. Renoir emploie en même temps un système de touches minces, comme frottées sur la toile et une multitude de touches multicolores fortement empâtées et suggérant des fleurs blanches, violettes, roses au premier plan. Les feuillages sont indiqués par des coups de pinceaux irréguliers, qui animent la partie supérieure de la toile.

Ce tableau faisait partie de l'inventaire du stock Durand-Ruel en 1891 et fut vendu à Cassirer le 13 juin 1910.

Bibliographie
Cooper 1954, p. 110, n° 53
Londres, Royal Academy, 1974,
n° 97

24
Grand vent
(*dit* Le coup de vent)

Vers 1872
H. 0,52 ; L. 0,82
S.b.d. : *A. Renoir.*
Cambridge, The Syndics of the Fitzwilliam Museum
(2403)
Exposé à Paris et Boston seulement

Renoir n'a pas très souvent employé ce format allongé qui s'adapte parfaitement au motif choisi, un paysage banal, atypique de l'Ile-de-France vu sous un ciel nuageux, par un grand vent qui brouille le profil de la végétation. Aucune figure ne détourne l'attention du spectateur du thème principal, l'impression de vent. Renoir emploie ici une grande variété d'effets : empâtements ou touches frottées sans épaisseur laissant voir la préparation de la toile se juxtaposant.

Ce tableau est à coup sûr le paysage intitulé *Grand vent* que Renoir mit aux enchères le 24 mars 1875 avec d'autres toiles de lui-même et de ses camarades. Notons que par le biais de cette vente aux enchères Renoir présentait au public une œuvre opposée à la conception classique du tableau « fini » comme le paysage avec des *Moissonneurs* qui avait fait scandale à l'exposition de 1874.

Le tableau de Cambridge fut acquis 55 F en 1875 par le peintre Auguste de Molins. La famille de Molins le vendit à Durand-Ruel en 1899. C'est de ce marchand qu'Alphonse Kann — un grand amateur de Cézanne — l'acquit en 1908 (*voir* ensuite cat. Fitzwilliam Museum 1960).

Bibliographie
Bodelsen 1968, p. 335
Cambridge, The Fitzwilliam
Museum, *Catalogue of Paintings,*
I, 1960, I, p. 192, n° 2403

Londres, Royal Academy, 1974,
n° 95
Callen 1978, p. 50

Exposition
1917 Zurich, Kunsthaus (165)

25
La loge

1874
H. 0,80 ; L. 0,63
S.D.b.g. : *A. Renoir. 74.*
Londres, Courtauld Institute Galleries
(Collection Samuel Courtauld ; H.H. 210)
Exposé à Londres et Paris seulement

Ce tableau, qui est devenu un des symboles de l'Impressionnisme, fut exposé à la première exposition du groupe en avril 1874. D'après Meier-Graefe, Edmond Renoir, le frère de l'artiste et un modèle, Nini dite Gueule-de-Raie, horrible surnom qui s'accorde mal à la figure charmante que nous voyons dans *La loge,* avaient posé pour ce tableau qu'on appela aussi *L'avant-scène.* Renoir y traitait pour la première fois un thème plusieurs fois répété au cours de sa carrière. L'idée rappelle immédiatement Degas mais il ne faut pas oublier que le théâtre, qui tenait une grande place dans la vie contemporaine, était une source d'inspiration fréquente pour les artistes — Daumier a dessiné plusieurs « loges » — et que ce sujet moderne était de ceux qui tentaient les artistes du groupe. Les critiques qui évoquèrent ce tableau à l'occasion de l'exposition de 1874, ne manquèrent pas de s'attarder sur le sujet lui-même et d'en souligner la nouveauté. Prouvaire y voit l'image de la « cocotte », de ces femmes « les joues blanchies de blanc de perle, les yeux allumés d'un regard banalement passionné... attrayantes, nulles, délicieuses, et stupides » tandis que Montifaud en fait une « figure empruntée au monde élégant » ce qui n'est pas forcément contradictoire. Le plaisir évident que procure le sujet ne fait pourtant pas négliger les qualités proprement picturales du tableau auxquelles Burty, Chesneau, et surtout Montifaud rendent justice. Il est à noter que parmi les détracteurs de l'exposition, aucun n'attaqua directement *La loge.* Comme les contemporains, nous demeurons sensibles au sujet : la jeune femme se laisse admirer tandis que son compagnon, levant la tête, lorgne sans doute le public des loges voisines et non le spectacle. Pourtant l'anecdote s'efface rapidement devant la peinture elle-même : le modelé jusqu'ici un peu terne des chairs se colore ici par contraste avec le rendu des étoffes et des fleurs ; chaque touche note un détail et pourtant se subordonne aisément à l'ensemble. Paul Jamot a raison de citer ce tableau comme un de ceux dont Renoir disait à Albert André à la fin de sa vie qu'il aimait qu'ils fussent pleins « à en craquer », et cela en surface comme en profondeur. « La loge », disait-il encore, « chef-d'œuvre des chefs-d'œuvre de Renoir, n'est-elle pas un de ces rares tableaux où tout nous enchante par la surprise, la nouveauté, et l'inattendu, en même temps que tout y appelle la comparaison avec les plus grands maîtres de l'art ? ».

Il existe une petite version du même sujet (Daulte 1971, n° 115,0 27 × 0,22, coll. part.) peinte par petites touches adaptées au format. Ce n'est sans doute pas une esquisse mais plutôt, comme dans le cas des deux versions du *Bal du Moulin de la Galette,* (*voir* cat. n° 39) une répétition pour un amateur, en l'occurrence Jean Dollfus.

Durand-Ruel, qui avait exposé *La loge* à Londres la rendit à Renoir le 12 mars 1875. Vendue, selon le témoignage de Renoir cité par Vollard, 425 francs au fameux Père Martin, un petit marchand parisien, qui « suivit » toute la génération des impressionnistes, elle fut acquise, à une date indéterminée par le collectionneur nantais Louis Flornoy. Il vendit en février 1899 les deux Renoir cités, ainsi qu'une *Baigneuse* du même artiste et plusieurs Jongkind à Durand-Ruel. Le prix de *La loge* était 7 500 francs. *La loge* devint le joyau de la collection personnelle de Paul Durand-Ruel. Le tableau fut vendu en 1925 à Percy Moore Turner qui le céda aussitôt à Samuel Courtauld.

Bibliographie
Burty 1874
Castagnary 1874
Chesneau 1874
Hervilly 1874
Montifaud 1874, p. 208
Prouvaire 1874
Malte (C. de) [Villiers de l'Isle Adam ?], « Exposition de la Société anonyme ... » in Thomson (R.), « A neglected review of the first impressionnist exhibition », *Gazette des Beaux-Arts,* septembre 1982, p. 91.
Meier-Graefe 1912, pp. 44-5, 56
Vollard 1918, I, p. 82, n° 325
Vollard 1919, pp. 63-4, 185
Rivière 1921, pp. 16, 18, 20
Jamot 1923, pp. 265-9
Duret 1924, p. 42
Paris, Orangerie, 1933, p. XXIV et n° 17
Barnes et de Mazia 1935, pp. 237, 385-8 n° 34
Drucker 1944, pp. 36-7, 194, n° 15
Cooper 1954, pp. 108-9 n° 51
Rewald 1973, pp. 316, 334
Lévy (L.), « Daumier, le japonisme et la nouvelle peinture », *Gazette des Beaux-Arts,* mars 1984, p. 104
Callen 1978, p. 54
Gaunt et Adler 1982, n° 16

Expositions
1874, Paris, Première exposition (142, *La loge*)
1874, Londres, Society of French artists (12 ; *At the theatre*)
1886, Nantes (893 ; *La loge* à M. Louis Flornoy)
1892, Paris, Durand-Ruel (63 ; *La loge* appartient à M. Fleurnois [sic])
1899, Paris, Durand-Ruel (74 ; *La loge 1874*)
1900, Paris, Centennale (562 ; *La loge* à Mme A.F. Aude)
1903, Budapest, Musée (42)
1904, Bruxelles (128)
1905, Londres, Grafton Galleries (251 ; *At the Theatre - In the Box 1874*)

26
Dans la loge

Vers 1874
H. 0,27 ; L. 0,22
S.b.g. : *Renoir.*
Paris, Durand-Ruel

Ce ravissant petit tableau rappelle le goût de Renoir pour le petit format. La comparaison entre ce tableau et *La loge* du Courtauld Institute (*voir* cat. n° 25) contemporaine montre comment Renoir adapte sa technique — ici de menues touches nerveuses — au format choisi. Si ce tableau a bien appartenu à Édouard Lainé (1841-1888), un ami de Rouart, de Degas, de Jeantaud et de Lepic, dirigeant une importante affaire de fonderie de cuivre spécialisée dans les robinets, ce n'est pas lui qui a posé pour ce tableau.

L'homme représenté ne présente aucune ressemblance avec Édouard Lainé dont les traits ont été fixés par Degas dans un portrait de ses amis *Jeantaud, Linet et Lainé* (Paris, Musée d'Orsay, Galerie du Jeu de Paume).

Bibliographie
Daulte 1971, n° 92

27
Parisienne

1874
H. 1,60 ; L. 1,06
S.D.b.g. : *A. Renoir. 74.*
Cardiff, National Museum of Wales

Le 16 février 1898 le peintre Paul Signac consignait dans son Journal : « Vuillard a eu la gentillesse de m'emmener visiter la collection Rouart [...] J'en ai tant vu que j'en sors ahuri, les plus clairs souvenirs que j'ai gardé sont ceux d'une esquisse de Delacroix [...] et d'un grand portrait de femme en bleu de Renoir, de 1874. La robe est bleue, d'un bleu intense et pur, qui, par constraste, rend les chairs jaunâtres et, par reflet les verdit. Les jeux de couleurs sont admirablement notés. Et c'est simple et c'est beau et c'est frais. On dirait que ce tableau fait il y a vingt ans, sort aujourd'hui de l'atelier ... ». Vingt ans avant, ou plus exactement au printemps 1874, cette œuvre avait figuré à la première exposition du groupe de ceux qu'on allait appeler les « Impressionnistes ». Si quelques uns des critiques qui tentèrent de comprendre quelle voie suivait la nouvelle peinture ne firent que mentionner l'œuvre comme Montifaud, Burty, Lora ou Chesneau (celui-ci trouve le tableau « manqué »), Jean Prouvaire du *Rappel*, qui apprécie Renoir, voit à travers trois œuvres du peintre *La danseuse* (fig. 26), la *Parisienne* et *La loge* (voir cat. n° 25) « les trois étapes par où passent communément les petites dames de Paris », de l'adolescente à la « cocotte ». Il reconnaît pourtant que ce n'était sans doute pas là le propos de l'artiste mais il ne peut s'empêcher d'imaginer la trame d'un roman : « C'est à peine si l'on entrevoit le bout de sa bottine, pareil à une petite souris noire. Le chapeau, presque sur l'oreille, est d'une coquetterie téméraire ; la robe est trop close. Rien de plus irritant que les portes fermées. Est-ce un portrait, ce tableau ? Cela est à craindre. Le visage bizarrement vieillot et puéril aussi, sourit d'un faux sourire.

L'ensemble pourtant, conserve quelque chose de naïf. On dirait que cette petite personne fait exprès d'être chaste. La robe, fort bien peinte, est d'un bleu céleste. ».

Cette figure fut sans doute posée par Madame Henriot, une jeune actrice que Renoir a souvent prise pour modèle à cette époque mais en l'intitulant *Parisienne*, il en faisait un type. Le costume contemporain, détaillé comme une gravure de mode, se prêtait avec ses plis, ses bouillonnés à une magnifique démonstration de peinture.

Henri Rouart, qui posséda très tôt cette œuvre, comptait parmi les premiers collectionneurs importants de Renoir. A sa vente en 1912 le tableau fut adjugé au marchand Knoedler en association avec Durand-Ruel qui céda sa part à Knoedler le 6 juin 1913. Le tableau est entré au National Museum of Wales grâce au legs de Miss Gwendoline E. Davies en 1952.

Bibliographie
Burty 1874
Chesneau 1874
Lora 1874
Montifaud 1874, p. 308
Prouvaire 1874
Alexandre 1892, p. 16
Paris, Galerie Manzi-Joyant, cat. vente *Collection Henri Rouart*, 9-11 décembre 1912, n° 268
Rewald 1952, p. 276
Ingamells (J.), *The Davies Collection of French art*, Cardiff, 1967, pp. 69-71
Daulte 1971, n° 102
Chicago, Art Institute, 1973, n° 14
Callen 1978, p. 53
Gaunt et Adler 1982, n° 14

Expositions
1874, Paris, Première exposition (143 ; *Parisienne*)
1892, Paris, Durand-Ruel (106 ; *La dame en bleu* appartient à M. Rouart)

28
La Seine à Argenteuil

1874
H. 0,51 ; L. 0,65
S.b.d. : *Renoir*
Portland (Oregon), Portland Art Museum
(Legs Winslow B. Ayer ; 35.26)

Nous avions déjà observé Monet et Renoir travaillant côte à côte à la Grenouillère en 1869 (*voir* cat. nᵒˢ 11, 12) ou peignant une nature morte identique (*voir* cat. nᵒ 13). Avec *La Seine à Argenteuil*, nous voyons de nouveau en 1874 les deux artistes traiter un sujet presque identique (fig. 30). Plusieurs détails différencient les deux œuvres, mais l'idée de représenter l'évolution des yachts de régates et des périssoires sur la Seine à Argenteuil a été traité de manière similaire par Renoir et Monet. Tous deux ont planté leur chevalet sur la rive du Petit-Gennevilliers, non loin du pont d'Argenteuil dont on voit à l'extrême droite une arche ainsi que le pavillon de péage sur la rive d'Argenteuil. Renoir paraît d'ailleurs se rapprocher de Monet plutôt que l'inverse, en fragmentant plus qu'à l'ordinaire les touches destinées à rendre les reflets colorés sur l'eau. Pourtant sa facture plus floue rend certaines ombres plus chatoyantes (celle du ponton au premier plan notamment) alors que Monet joue d'effets d'oppositions plus tranchées. Au cours de cette période où Monet réside à Argenteuil, Renoir est souvent venu peindre à ses côtés (*voir* cat. nᵒ 22) ; un autre cas de deux tableaux pratiquement jumeaux est fourni par une *Mare aux canards,* datée de 1873 (Monet, Paris, coll. part. et Renoir, ex-coll. Emery Reves).

Le tableau qui figure au stock de Durand-Ruel en 1891 est entré au Portland Art Museum grâce à Winslow B. Ayer qui l'avait acquis de Durand-Ruel en novembre 1926.

Bibliographie
Rewald 1973, p. 352
Callen 1978, p. 48

Exposition
1908 (mai-juin), Paris, Durand-Ruel
(*Paysages*)

Fig. 30
C. Monet, *Canotiers à Argenteuil,* 1874.
(Coll. part.).

29
Camille Monet et
son fils Jean
dans le jardin à Argenteuil

1874
H. 0,51 ; L. 0,68
Washington, National Gallery of Art
(Collection Ailsa Mellon Bruce, 1970 ; 2432)

A la fin de sa vie Claude Monet a raconté l'histoire du tableau dans une interview publiée par Marc Elder : « Ce délicieux tableau de Renoir, que je suis si heureux de posséder aujourd'hui, est un portrait de ma première femme. Il a été peint dans notre jardin d'Argenteuil, un jour que Manet, séduit par la couleur, la lumière, avait entrepris de faire un tableau en plein air avec des personnages sous les arbres. Pendant la séance arrive Renoir. A son tour le charme de l'heure l'emballe. Il me demande ma palette, une brosse, une toile et le voilà peignant aux côtés de Manet. Celui-ci le surveillait du coin de l'œil et, de temps à autre, s'approchait de la toile. Alors il esquissait une grimace, passait discrètement près de moi pour me souffler dans l'oreille en désignant Renoir : « Il n'a aucun talent, ce garçon-là ! Vous qui êtes son ami, dites-lui donc de renoncer à la peinture !... C'est drôle, hein, de la part de Manet ? » Cette anecdote également rapportée par Vollard et d'autres ensuite, rappelle qu'en effet Manet peignit aussi Camille Monet et son fils Jean, né en 1867, dans l'attitude où Renoir a peint ses modèles, sous un angle à peine différent, mais dans un plus grand format et en incluant à gauche la silhouette de Monet occupé à jardiner (fig. 31) lors d'une visite chez Monet au cours de l'été 1874. Vraie ou fausse (Tabarant s'en indigne et ne veut pas y croire), la boutade de Manet révèle peut-être un fond de vérité. A l'époque, en effet, où Manet et Renoir exécutèrent leurs deux tableaux jumeaux, Manet était en possession du *Bazille peignant* de Renoir (*voir* cat. n° 5), une toile déjà ancienne. Or, Renoir a

aussi raconté que Manet disait ensuite devant ses toiles plus récentes : « Non ! ce n'est plus le portrait de Bazille ! », montrant ainsi sa réticence devant la nouvelle manière de Renoir. Pourtant c'est à cette époque que Manet, travaillant à Argenteuil, se montre le plus perméable à l'influence de ses jeunes camarades et s'essaie systématiquement au travail en plein air. La spontanéité pleine de vie de Renoir ne se retrouve pas d'ailleurs dans le tableau plus concerté de Manet. Rarement, en effet, Renoir a mieux su fixer en quelques coups de brosse une scène éphémère. La désinvolture avec laquelle est peint le fond de la toile comme le tronc grêle et irréel au pied duquel Camille est assise (on pressent ici l'espace des jardins de Bonnard) ne font que mieux ressortir la virtuosité du traitement des figures. Le visage de Camille que nous connaissons bien (Renoir, comme Monet, l'a souvent prise comme modèle) est précisément caractérisé en quelques touches, alors que Manet demeurait très allusif.

Bibliographie
Vollard 1919, pp. 52, 67
Elder (M.), *Chez Claude Monet à Giverny*, Paris, 1924, p. 70
Paris, Orangerie, 1933, n° 20
Tabarant (A.), *Manet et ses œuvres*, Paris, 1947, pp. 252-7

Gimpel 1963, p. 155
Daulte 1971, n° 104
Rewald 1973, pp. 341-2
Paris, Grand Palais, 1983, n° 141

Exposition
1913, Paris, Bernheim-Jeune (6)

Fig. 31
E. Manet, *La famille Monet au jardin*, 1874.
(New York, The Metropolitan Museum of Art).

30
Femme à l'ombrelle
et enfant

Vers 1874-76
H. 0,47 ; L. 0,56
S.b.g. : *Renoir.*
Boston, Museum of Fine Arts
(Legs John T. Spaulding, 1948 ; 48.593)

Le sujet de cette petite toile rapidement esquissée, une jeune femme à demi-couchée dans l'herbe qu'on a parfois identifiée comme étant Camille Monet, un enfant blond qui semble s'échapper, est de ceux que Renoir a le plus aimé et dont le charme opère immédiatement sur qui s'y attarde.

Peinte en longues touches soyeuses et ondoyantes, cette œuvre montre la diversité des techniques que Renoir mettait en pratique. La virtuosité de l'exécution aussi bien que des détails comme les ombres bleutées de la robe blanche ou les petits souliers noirs qui dépassent, rappellent Manet. Le visage de la jeune femme, isolé sur le rose de l'ombrelle, s'ombre de vert comme pour refléter le ton dominant de l'herbe — transformée en jaune pur là où filtre la lumière.

Il paraît raisonnable de dater cette œuvre vers 1874-76.

Le tableau est entré au Museum of Fine Arts grâce au legs de J.T. Spaulding en 1948.

Bibliographie
Meier-Graefe 1929, p. 61
Daulte 1971, n° 260
Atlanta, High Museum of Art,
cat. exp. *Corot to Braque French Paintings from the Museum of Fine Arts, Boston,* 1979, n° 57

31
Femme au chien noir

1874
H. 0,61 ; L. 0,49
S.b.d. : *Renoir.*
Succession de Sir Charles Clore
Exposé à Paris et Boston seulement

Renoir traite encore une fois ici, dans cette œuvre qu'on peut dater de 1874, le thème de la figure humaine dans un paysage ou, plutôt, dans la végétation.

L'attitude de la jeune femme qui pose, un peu maniérée (mais Renoir a souvent fait poser ses modèles ainsi), la simplicité de sa toilette, le petit chien noir, tache sombre vers laquelle l'œil est invariablement attiré, suggèrent qu'il s'agit là d'une note prise sur le vif. La technique souple et fluide se prête aux notations rapides. Déjà, cette jeune femme en robe rayée annonce les figures du *Bal du Moulin de la Galette* (*voir* cat. nº 39).

Il semble tout à fait probable qu'il s'agisse là de la *Femme au chien noir* que Renoir livra aux enchères publiques lors de la fameuse vente impressionniste du 24 mars 1875. Le tableau fut adjugé à un M. de la Salle (ou Delasalle). Plus tard ce tableau fut racheté par Durand-Ruel à un certain Picq (en juin 1892) qui possédait douze tableaux de Renoir ainsi que de nombreux Sisley et Pissarro mais dont on ne sait rien. Durand-Ruel vendit l'œuvre au marchand berlinois Cassirer en juin 1901.

Bibliographie
W. Grohmann, C. Müller,
I. Kiepenheuer, *Die Sammlung Ida Bienert,* Postdam, s.d., p. 24
Bodelsen 1968, p. 335
Daulte 1971, nº 105
Londres, Royal Academy, 1974, nº 99

32
Paysage de neige

Vers 1875
H. 0,51 ; L. 0,66
S.b.d. : *Renoir.*
Paris, Musée de l'Orangerie
(Collection Walter-Guillaume ; RF 1960-21)

Comme nous l'avions rappelé à propos des *Patineurs* (*voir* cat. n° 6), Renoir a dit lui-même ne pas aimer la neige. John Rewald a rapporté les remarques que Renoir fit en 1910 à propos d'un paysage de neige que lui soumettait un jeune artiste : « Le blanc n'existe pas dans la nature. Vous admettrez qu'il y a un ciel au-dessus de la neige. Votre ciel est bleu. Ce bleu doit apparaître sur la neige. Le matin il y a du vert et du jaune dans le ciel. Ces couleurs devraient également apparaître sur la neige si vous avez peint votre tableau le matin. Si vous l'aviez fait le soir, il aurait fallu mettre du rouge et du jaune... » (Rewald 1973, pp. 210, 236 note 28).

Ce paysage de neige est un peu la démonstration de cette théorie, mais rappelle également la prédilection de ses amis, Sisley, Monet et même Pissarro pour ce genre de sujet. Le style et la technique le rendent très proche des paysages de neige peints par Monet à Argenteuil vers 1875, mais aussi de *La Seine à Champrosay* (Paris, Musée d'Orsay, Galerie du Jeu de Paume), que Renoir exposa sans doute en 1876.

Bibliographie
Vollard 1918, II, p. 104
Drucker 1944, p. 193 n° 11
Paris, Orangerie, 1966, n° 19
Paris, Orangerie, 1984, pp. 174-5

33
Les amoureux

Vers 1875
H. 1,75 ; L. 1,30
S.b.g. : *A. Renoir.*
Prague, Národní Galerii
Exposé à Londres et Paris seulement

Il faut bien sûr rapprocher cette œuvre de *La promenade* ou des *Fiancés,* tableaux plus anciens (cat. nᵒˢ 15, 8) pour souligner combien Renoir était attaché à ce thème, mais aussi le confronter au *Bal du Moulin de la Galette* (cat. nᵒ 39) postérieur, pour mettre en évidence l'évolution du style. Paul Jamot a justement remarqué comment Renoir — dans un grand format qui n'est pas celui du tableau de genre — « sut frôler sans dommage l'écueil de la sentimentalité ». Dans cette toile, Renoir — bien que situant sa scène en plein air — conserve une certaine modération dans la représentation du jeu de la lumière sur les figures, c'est pourquoi elle ne saurait être plus tardive que 1875, date qui lui est généralement attribuée. Jamot croyait reconnaître Edmond Renoir, frère de l'artiste, dans le jeune homme ; il est probable qu'il s'agisse du peintre Franc-Lamy qui a posé pour le *Bal du Moulin de la Galette,* tandis que la jeune femme est sans doute l'actrice Henriette Henriot qui a très souvent posé pour Renoir à cette époque (*voir* nᵒ 27).

Déposée chez Durand-Ruel par le collectionneur Conrad Pineus (*voir* cat. nᵒ 44) en janvier 1921, cette œuvre fut remise au marchand Jos Hessel en 1923.

Bibliographie
Vollard 1918, I, p. 74 nᵒ 294
Jamot 1923, pp. 270-1
Daulte 1971, nᵒ 127
Gaunt et Adler 1982, nᵒ 24

Exposition
? 1912, (juin) Paris, Durand-Ruel
(*Portraits*) (24 ; *M. Rivière et Mlle M.*)

34
Femme au piano

Vers 1875
H. 0,93 ; L. 0,74
S.b.g. : *Renoir.*
Chicago, The Art Institute of Chicago
(Collection M. et Mme Martin A. Ryerson ; 1937-1025)

En peignant la robe aux tons bleutés dans un intérieur feutré et sombre éclairci par la note orangée des bougeoirs de cette *Femme au piano,* Renoir se montrait vraiment peintre impressionniste. Traitant pour la première fois un sujet classique, mais qu'il a souvent repris ensuite (*voir* cat. nᵒˢ 83, 87-9, 95), Renoir choisit une composition assez originale qui suppose que le peintre domine légèrement son modèle ; l'espace pictural est entièrement occupé par la figure et le piano ; le vase contenant une plante dans la partie supérieure à gauche et reposant sur le sol est la seule référence qui suggère l'espace réel de la pièce où est située la scène. Scène de la vie bourgeoise contemporaine, ce tableau est volontairement dépouillé de toute allusion anecdotique. Le modèle n'est pas positivement identifié mais on y reconnaît déjà un des types qu'affectionnait l'artiste.

Ce tableau est sans doute celui qui figura à la seconde exposition du groupe impressionniste en 1876. Son pro-priétaire était un certain Poupin avec lequel Durand-Ruel était en affaires. Au stock de ce dernier figure aussi en 1876 une *Femme au piano,* qui est remise en dépôt à un certain M. Cottineau, rue Rambuteau, le 3 juillet 1880 et dont la trace se perd ensuite. En tout cas c'est Durand-Ruel qui vend l'œuvre en 1911 à Martin Ryerson. Ce tableau est entré à l'Art Institute de Chicago en 1937 avec le reste de la prestigieuse collection Ryerson.

Bibliographie
Barnes et de Mazia 1935, pp. 261, 401 nᵒ 97, 451
Chicago, Art Institute, Catalogue *Paintings in the Art Institute of Chicago,* 1961, p. 394
Daulte 1971, nᵒ 187
Chicago, Art Institute, 1973, nᵒ 20
Chicago, Art Institute, cat. exp.

Toulouse Lautrec, octobre-décembre 1979, pp. 158-9

Expositions
1876, Paris, Deuxième exposition (219 ; *Femme au piano* appartient à M. Poupin)
? 1908, New York, Durand-Ruel (5)

35
Étude;
Torse, effet de soleil

1875
H. 0,81 ; L. 0,65
S.b.d. : *Renoir.*
Paris, Musée d'Orsay, Galerie du Jeu de Paume
(Legs G. Caillebotte, 1894 ; RF 2740)

En 1876, à la seconde exposition du groupe, Renoir envoya cette étude que quelques rares critiques favorables qualifièrent d'« étude de nu d'une superbe couleur » (Pothey) ou d'« étude de jeune femme nue bien posée et éclairée » (Blémont) ; l'un d'eux, Armand Silvestre, s'y attarde : « M. Renoir peint les chairs dans une gamme de rose tout à fait aimable. J'aime infiniment son ébauche de femme nue... C'est un morceau de coloriste. » Malheureusement, la seule critique vraiment percutante, celle que retint le public contemporain, se trouvait dans l'article d'Albert Wolff, tout puissant journaliste du *Figaro* qui écrivait : « Essayez donc d'expliquer à M. Renoir que le torse d'une femme n'est pas un amas de chairs en décomposition avec des taches vertes, violacées, qui dénotent l'état de complète putréfaction dans un cadavre... ». Louis Enault, peu après, renchérit en signalant aux lecteurs du *Constitutionnel* : « Une grande étude de femme nue et à laquelle certes on aurait mieux fait de passer une robe nous attriste par ses tons violacés de chair faisandée. »

Il faut noter qu'en exposant une étude, Renoir, à qui la critique en 1874 avait déjà reproché son manque de fini, allait volontairement au devant des critiques, lui toujours si prudent.

L'audace du cadrage (subtilement décentré) de la figure, sur un fond très peu couvert par endroits et tout à fait abstrait, évoquant une végétation violemment éclairée, ne faisait que souligner l'incroyable liberté du rendu des taches de lumière, filtrant à travers une frondaison, sur la peau nue du modèle. Le visage aux traits flous, dissous par la lumière, accentuait d'une certaine manière la déshumanisation du modèle traité comme un objet. Pourtant l'œuvre est chargée de la sensualité immédiate et joyeuse particulière à Renoir.

Vollard et Jamot suggèrent pour ce tableau le nom d'un jeune modèle de Renoir, Anna, qui, selon Rivière, aurait posé pour le *Torse d'Anna,* maintenant au Musée Pouch-kine de Moscou. Le modèle du tableau du Jeu de Paume, pourtant, ne ressemble guère, avec ses cheveux à reflets roux, à celui de Moscou.

L'arrière petit-fils d'Anna-Alma Henriette Lebœuf pour l'état-civil — M. Jean-Charles Lebœuf, qui se souvient des œuvres de Renoir qui étaient encore dans sa famille dans l'entre-deux-guerres, nous a précisé qu'elle était née à Chenoise (Seine-et-Marne), le 11 janvier 1856 et morte à Paris le 18 février 1879, chez ses parents, 47 rue La Fayette ; or, dans les lettres bien connues de Renoir au Dr Gachet, publiées par son fils, Renoir dit : « Je vous en prie, allez-donc demain matin chez Mlle L... rue Lafayette 47 », en le priant de se rendre au chevet de ce jeune modèle, malade. Renoir lui annonce sa mort le 25 février 1879. Renoir et P. Gachet appelaient cette jeune femme Margot (son nom aurait été Marguerite Legrand), mais il semble bien que ce soit Anna Lebœuf, morte à vingt trois ans, dont il est question dans ces lettres.

Ce tableau fut acquis par le peintre Gustave Caillebotte, sans doute peu après l'exposition de 1876 et entra dans les collections nationales françaises avec le reste du legs Caillebotte du vivant de Renoir.

Bibliographie
Blémont 1876
Enault 1876
Pothey 1876
Silvestre 1876
Wolff 1876
Vollard 1918, I, p. 95, n° 381
Vollard 1919, p. 72
Rivière 1921, p. 29
Jamot 1923, p. 276
Drucker 1944, p. 212 n° 134
Gachet 1956, pp. 82-3, 87
Gachet 1957, pp. 85, 89-90
Paris, Louvre 1958, n° 345
Daulte 1971, n° 201
Rewald 1973, p. 386
Paris, Grand Palais, 1974, n° 37
Callen 1978, p. 61

Expositions
1876, Paris, Deuxième exposition
(212 ; *étude*)
1892, Paris, Durand-Ruel,
(11 ; *Torse; effet de soleil.*
Appartient à M. Caillebotte)

36
Petite baigneuse

Vers 1876
H. 0,11 ; L. 0,07
S.b.d. *Renoir.*
New York, Collection M. et Mme Alexander Lewyt

Ce petit tableau, réduction en miniature du tableau du Jeu de Paume (*voir* cat. n° 35), rappelle le goût de l'artiste pour les tout petits formats dont on connaît plusieurs autres exemples à cette époque.

Ce tableau a été photographié par le marchand Bignou qui devait en être le possesseur dans l'entre-deux-guerres, mais sa provenance ancienne est inconnue.

37
Le jardin de la rue Cortot
à Montmartre

1876
H. 1,51 ; L. 0,97
S.b.d. : *Renoir.*
Pittsburgh, Carnegie Institute, Museum of Art
(Acquis grâce
à Mme Alan M. Scaife et à sa famille, 1965)

Georges Rivière a raconté la joie de Renoir lorsqu'en mai 1876 (voir aussi chronologie : 1875) il découvrit un local à louer dans les communs d'une ancienne « folie » sur la Butte Montmartre, rue Cortot, non loin du Moulin de la Galette, dont il voulait faire une grande toile (*voir* cat. n° 39). Renoir avait été particulièrement séduit par le grand jardin abandonné et c'est sans doute ce jardin qui est représenté ici. Renoir a choisi un grand format en hauteur qui se prête au jeu de l'opposition d'un premier plan de fleurs et de plantes au second plan, où sont situées les deux silhouettes d'hommes en conversation (parfois identifiés comme étant Sisley et Monet, mais aucun d'eux n'habitait Paris à l'époque). Cette composition insolite suppose que Renoir surplombe son motif et dénote en tout cas la volonté marquée de décoration qui semble régir l'œuvre. Celle-ci apparaît d'ailleurs comme une sorte de répertoire de techniques diverses avec des parties extrêmement travaillées et de texture complexe.

Il est intéressant de rapprocher cette toile des panneaux décoratifs que Monet exécuta pour Ernest Hos-chedé, au cours de l'été 1876, et destinés au Château de Rottembourg à Montgeron (*voir* cat. exp. Paris, Grand-Palais, *Hommage à Monet,* 1980, n°s 61-4).

Ce tableau a peut-être appartenu à Murer car une œuvre intitulée « Son jardin, sur la Butte Montmartre » apparaît dans le catalogue de la collection Murer dressé par Paul Alexis, alias Trublot dans *Le Cri du Peuple,* en octobre 1887 (repris par P. Gachet). Ce qu'il y a de sûr c'est que, sans doute dès avril 1890, le tableau figure au stock de Durand-Ruel qui le cède à sa succursale de New York en 1917.

Le tableau est entré au Carnegie Institute en 1965, grâce à la générosité de Mrs Alan M. Scaife et de sa famille.

Bibliographie
Rivière 1921, pp. 129-31
Meier-Graefe 1929, p. 133
P. Gachet 1956, p. 171
New York, Wildenstein, 1969, n° 18
Daulte 1971, n° 193
Chicago, Art Institute, 1973, n° 21
Gaunt et Adler 1982, n° 25

Expositions
1912, Munich, Thannhauser (2)
1912 (février-mars), Berlin, Cassirer (2)
1918, New York, Durand-Ruel (9)

38
La balançoire

1876
H. 0,92 ; L. 0,73
S.D.b.d. : *Renoir. 76.*
Paris, Musée d'Orsay, Galerie du Jeu de Paume
(Legs G. Gaillebotte, 1894 ; RF 2738)

Ce tableau passe pour avoir été exécuté dans le jardin de la rue Cortot (*voir* cat. n° 37) avec Jeanne, une jeune montmartroise et peut-être le peintre Norbert Goeneutte pour modèles. Bien évidemment ce tableau témoigne des mêmes préoccupations que le grand *Bal du Moulin de la Galette (voir* cat. n° 39). Le jeu des taches claires et sombres qui ponctuent le sol et les figures y est toutefois un peu plus systématique et ceci choqua particulièrement le critique de *L'Evénement* qui fit la revue de l'exposition de 1877 où cette toile était exposée. Il prétend que « les effets de soleil sont combinés d'une façon si bizarre qu'ils produisent exactement l'effet de taches de graisse sur les habits des personnages ». Leroy, lui, s'offusque du « bleu féroce ». *La balançoire* recueillit par ailleurs les mêmes éloges des critiques amis que le *Bal*. Rivière, notamment, évoque le jardin de la rue Cortot et ajoute : « Les personnages n'ont pas l'entrain furieux et bruyant des danseurs du Moulin : on sent qu'ils vivent loin de toutes les préoccupations ordinaires de la vie, dans le calme de la campagne. Il faut remonter jusqu'à Watteau pour retrouver un charme analogue à celui dont la *Balançoire* est empreinte ». Un des numéros suivants de *L'Impressionniste* où fut publié ce commentaire, reproduisait en couverture un croquis de Renoir d'après sa *Balançoire*.

Si les peintres se sont souvent inspirés d'œuvres littéraires dans le sujet de leurs œuvres, l'inverse est tout aussi fréquent : Newton a mis en évidence les rapports étroits qui lient *La balançoire* de Renoir à un passage d'un roman de Zola, *Une page d'amour,* paru en 1878 où l'auteur décrit ainsi son héroïne : « Montée debout sur la planchette, les bras élargis et se tenant aux cordes... elle portait une robe grise, garnie de nœuds mauves... Ce jour-là dans le ciel pâle, le soleil mettait une poussière blonde. C'était entre les branches sans feuilles, une pluie lente de rayons » et plus loin sa fille Jeanne « jouait à regarder le soleil qui la gagnait petit à petit... Ce qui l'amusait surtout, c'étaient des taches rondes, d'un beau jaune d'or qui dansaient sur son châle. On aurait dit des bêtes... ».

Ce tableau est entré dans les collections nationales grâce au legs de Gustave Caillebotte auquel il appartenait déjà au printemps 1877.

Bibliographie
L'Impressionniste, 21 avril 1877, croquis d'après *La Balançoire* reproduit en couverture
Leroy 1877
P[othey] 1877
Rivière *Exposition,* 1877, p. 4
Rivière *Intransigeants,* 1877 pp. 298-9,
Roger-Ballu 1877
Sébillot 1877
Vassy 1877
Alexandre 1892, pp. 28-9
Geffroy 1894, p. 122
Meier-Graefe 1912, p. 62
Vollard 1918, I, p. 95 n° 380
Vollard 1919, p. 72
Rivière 1921, pp. 136, 264
Duret 1924, p. 43

Barnes et de Mazia 1935, pp. 395-6 n° 63
Drucker 1944, pp. 111, 152-3, 184
Paris, Louvre, 1958, n° 352
Newton (J.), « Zola impressionniste I, II », *Les Cahiers naturalistes,* n° 33-4, 1967, p. 137
Rewald 1973, pp. 385, 388, 392
Callen 1978, p. 62
Gaunt et Adler 1982, n° 25

Expositions:
1877, Paris, Troisième exposition, (185 ; *La Balançoire,* appartient à M.C...)
1883, Paris, Durand-Ruel (28)
1892, Paris, Durand-Ruel (23)
1917, Barcelone (823)

39
Bal du Moulin de la Galette

1876
H. 1,31 ; L. 1,75
S.D.b.d. : *Renoir. 76.*
Paris, Musée d'Orsay, Galerie du Jeu de Paume
(Legs G. Caillebotte, 1894 ; RF 2739)
Exposé à Paris seulement

Un des premiers critiques favorables à rendre compte de la troisième exposition du groupe impressionniste en 1877 sous le pseudonyme fleuri de Flor O'Squarr écrivait, à propos du *Bal du Moulin de la Galette* qui y était exposé : « Le peintre a très exactement rendu l'ensemble tapageur et légèrement débraillé de cette guinguette, la dernière peut-être qui existe encore dans Paris. On danse dans le petit jardin maigre qui tient au Moulin. Une grande lumière brutale tombe du ciel à travers les transparences vertes du feuillage, dore les cheveux blonds et les joues roses, met des étincelles aux rubans des petites filles, illumine toute la profondeur du tableau d'une flamme joyeuse dont les ombres mêmes prennent un reflet, et au milieu de laquelle se tord une foule de danseurs dans les attitudes variées d'une chorégraphie éperdue. C'est comme un miroitement d'arc-en-ciel et l'on songe devant ce tableau à cette mignonne princesse chinoise dont parle Henri Heine, laquelle n'avait pas de plus grand plaisir que de déchirer avec ses ongles polis comme du jade des étoffes de satin et de soie dont elle regardait ensuite les lambeaux jaunes, bleus, roses, s'envoler en tournoyant dans les airs comme des papillons ».

Ce tableau avait été peint selon le témoignage de l'ami et biographe du peintre, Georges Rivière « entièrement sur place » dans cette guinguette au sommet de la Butte Montmartre, installée au pied du moulin qui lui avait donné son nom et qui seul subsiste de nos jours. Les baraquements et treillis de bois de la salle de bal, peints en vert vif, subsistaient encore aux alentours de 1900 dans un terrain vague comme on peut le voir sur d'anciennes cartes postales. Renoir habitait alors à proximité, ayant trouvé à dessein un atelier rue Cortot (*voir* cat. n° 37). Rivière nous dit aussi les noms de ceux qui, amis et modèles d'occasion, ont posé pour cette vaste composition : « Estelle, la sœur de Jeanne qu'on voit au premier plan, sur le banc du jardin ; Lamy, Goeneutte et moi, qui sommes assis à une table chargée de verres de sirop : la traditionnelle grenadine. Il y avait encore Gervex, Cordey, Lestringuez, Lhote et d'autres qui figuraient des danseurs, enfin un peintre d'origine espagnole, nommé don Pedro Vidal de Solares y Cardenas, qui venait de Cuba, au milieu du tableau en pantalon « Merd'Oye », dansant avec Margot » ; Franc-Lamy (1855-1919), Goeneutte (1854-1894), Gervex (1852-1929), Cordey (1854-1911) étaient des peintres — leur peinture respective n'a d'ailleurs rien de commun avec celle de Renoir —.

Pierre-Eugène Lestringuez était un fonctionnaire passionné de sciences occultes et ami de Chabrier, selon les souvenirs de Jean Renoir et Lhote un journaliste. Renoir, d'ailleurs, resta fidèle à la plupart de ces amis de jeunesse.

Lorsqu'il entreprit de peindre cette scène de bal, arrangement de nombreuses figures en mouvement dans une lumière complexe, celle du plein air, à laquelle s'ajoutait l'effet de globes suspendus au treillage, tamisée par le feuillage des acacias qui ombrageaient l'endroit, Renoir n'avait encore peint que des figures isolées, même si parfois leur format important supposait déjà une grande maîtrise. Observation d'une foule populaire, le sujet présentait quelque similitude avec celui des bains de la *Grenouillère* (voir cat. n°s 11, 12) ainsi qu'une lointaine parenté avec *La musique aux Tuileries* de Manet (Londres, National Gallery). Bien que Rivière insiste sur le fait que le tableau fut peint sur place, ce qui n'allait pas sans difficulté à cause du format, Renoir a du s'aider d'esquisses. Vollard le confirmerait d'ailleurs puisqu'il fait dire à Renoir que « Franc-Lamy avait, un jour, découvert dans mon atelier en retournant les châssis, une esquisse que j'avais faite, de souvenir du *Moulin de la Galette*. Il faut absolument exécuter ce tableau me dit-il ». Une étude de petite dimension, maintenant au Musée d'Ordrupgaard près de Copenhague (Daulte 1971, n° 207 ; 0,64 × 0,85), peinte en menues touches très animées, présente des différences notables avec le tableau du Jeu de Paume, mais est peut-être justement une première pensée de l'ensemble. Signalons aussi une petite étude extrêmement sommaire, jadis dans la collection von Hirsch de Bâle (Daulte 1971, n° 205 ; 0,46 × 0,28) pour le couple en train de danser au second plan à gauche. En revanche, le problème se pose de savoir si le tableau de composition identique à celui du Jeu de Paume mais de plus petit format de la collection Hay Whitney (Daulte 1971, n° 208 ; 0,78 × 1,14, également daté de 1876) est bien une première version — celle que Renoir aurait peinte sur place, de facture plus légère — ou une répétition du grand tableau exécuté pour Victor Chocquet qui en fut, semble-t-il, le premier propriétaire.

Le tableau du Jeu de Paume est évidemment l'œuvre la plus ambitieuse de cette période et il est normal que Renoir ait voulu la présenter au public et l'exposer en 1877 ; elle montre comment Renoir a transposé à grande échelle la technique spontanée expérimentée autour de 1874 dans

Fig. 32
Dessin par M.E. Vernier, gravé par M. Yon-Perrichon,
Les moulins de Montmartre,
illustration de « *Paris-guide,* 1867 ».

des formats plus modestes. La composition même offre des suggestions originales : on peut constater que les figures du premier plan, à droite, comme à gauche, sont abruptement coupées, suggérant ainsi le prolongement d'une réalité au-delà du cadre ; la diminution rapide de l'échelle des personnages, par rapport à ces mêmes figures du premier plan, tout en mimant le mouvement de la danse, conduit l'œil jusqu'à un arrière-plan où en quelques touches de couleurs vives, (très différentes de la manière plus sinueuse du premier plan) sont campées une multitude de silhouettes expressives. La lumière se concentre de manière étrange en taches rondes qui moirent la veste sombre de l'homme assis de dos au premier plan et la robe à rayures de sa voisine. C'est cette dissolution des formes, cette vibration colorée qui heurtaient le plus les critiques de l'époque comme Sébillot, Ballu, Mantz. Celui du *Moniteur Universel* trouve risible que « les personnages dansent sur un sol pareil à ces nuages violacés qui obscurcissent le ciel un jour d'orage » et pourtant il admire la composition savante. Burty voudrait aussi davantage de rigueur. Pourtant certains critiques, à la suite de Georges Rivière, Maillard pourtant hostile au groupe, Jacques, Zola, Montifaud sont nettement admiratifs. La défense de Rivière se fonde en réalité essentiellement sur le fait qu'il s'agit à ses yeux d'« une page d'histoire, un monument précieux de la vie parisienne, d'une exactitude rigoureuse... ». Mais il poursuit : « Traiter un sujet pour les tons et non pour le sujet lui-même, voilà ce qui distingue les impressionnistes des autres peintres... M. Renoir a cherché et trouvé une note contemporaine ».

En 1893, quelques mois avant la mort de Gustave Caillebotte, qui, en léguant cette œuvre avec le reste de sa collection, allait susciter un dernier sursaut de la critique officielle, le critique Gustave Geffroy évoqua ainsi le tableau : « Le *Moulin de la Galette* est l'un de ces complets résumés d'observation vitale et d'ambiance lumineuse : griserie de la danse, du bruit, du soleil, de la poussière d'une fête en plein air, — excitation des visages, laisser-aller des poses — un rythme où tournent et s'immobilisent les robes, roses, bleu clair, bleu sombre, noires, — un mouvement de passion, une ombre qui gagne, un feu qui court, le plaisir et la fatigue, — toutes les pauvres héroïnes de romances aux fins visages, aux mains expressives, aux attitudes légères envolées, ou lasses, qui expriment l'espoir, l'ivresse, l'abandon, le farouche ennui. ».

Au sommaire du numéro de juillet 1879 de *L'Artiste*, l'année où Renoir remporte un succès au Salon avec le *Portrait de Mme Charpentier et de ses enfants* (*voir* cat. nº 43), était annoncée une gravure du *Moulin de la Galette* par Guillemet d'après Renoir avec le commentaire suivant : « Ce tableau charmant... une des œuvres les meilleures de Renoir a été acheté par M. Caillebotte qui ne voudrait pas l'échanger contre la *Vénus* de Bouguereau ». Gustave Caillebotte avait sans doute acquis l'œuvre à l'issue de l'exposition de 1877 et il la représenta d'ailleurs à l'arrière-plan d'un de ses autoportraits ; comme nous l'avons signalé plus haut, l'œuvre fut léguée à l'État en 1894. Pissarro la revit lorsque la collection Caillebotte fut enfin présentée au public en 1897 et y reconnut « un chef-d'œuvre ».

Bibliographie
[Anon.], *Moniteur Universel,* 1877
Burty 1877
Flor O'Squarr 1877
Jacques 1877
Maillard 1877
Mantz 1877
Montifaud 1877, p. 339
P[othey] 1877
Rivière, *Intransigeants* 1877, pp. 298-9
Rivière, *Rédacteur,* 1877
Roger-Ballu 1877
Sébillot 1877
Zola 1877 in Zola 1970, p. 282
L'Artiste, juillet 1879
E.Renoir 1879, in Venturi 1939, II, p. 336
Darzens (R.), *Nuits à Paris,* Paris, 1889, chap. VI
Alexandre 1892, p. 28
Geffroy 1893
Geffroy 1897
Montorgueil (G.), *La vie à Montmartre,* Paris, 1899, p. 122
Bénédite (L.), *Exposition universelle de 1900; rapports du Jury international,* I, 2e partie *Beaux-Arts,* Paris 1904, p. 424
Meier-Graefe 1912, p. 56
Vollard 1918, I, p. 91 nº 361
Vollard 1919, pp. 72, 74, 144

Rivière 1921, pp. 131-140
Jamot 1923, pp. 277-9
Duret 1924, p. 83
Paris, Orangerie, 1933, p. xxx et nº 29
Barnes et de Mazia 1935, pp. 247, 394-5 nº 62
Drucker 1944, pp. 48 sqq, 122-3, 201 nº 41
Pissarro 1950, p. 433
Paris, Louvre, 1958 nº 351
Londres, Tate Gallery, cat. exp. *The John Hay Whithey Collection,* déc. 1960-janvier 1961, nº 47
J. Renoir 1962, pp. 192-3, 212, 215, 218, 290
Daulte 1971, nº 209
Hautecœur (L.), « L'artiste et son œuvre », *Gazette des Beaux-Arts,* mai-juin 1975, p. 339
Rewald 1973, p. 385-6, 388, 392
Paris, Grand-Palais, 1974, nº 36
Callen 1978, p. 63
Gaunt et Adler 1982, nº 26

Expositions
1877, Paris, Troisième exposition (186; *Bal du Moulin de la Galette*)
1883, Paris, Durand-Ruel (35)
1892, Paris, Durand-Ruel (10)
1917, Barcelone (824)

40
Au café

Vers 1877
H. 0,35 ; L. 0,28
S.b.d. : *Renoir*
Otterlo, Rijksmuseum Kröller-Müller

Ce petit tableau, généralement daté vers 1876-77, rapidement esquissé mais repris avec brio en pleine pâte, est aussi un charmant exemple du goût de Renoir pour le petit format. Traditionnellement on identifie l'homme en haut-de-forme comme étant Georges Rivière, ami de jeunesse et biographe de l'artiste, tandis que les deux jeunes femmes seraient des modèles habituels de Renoir. Renoir a daté, par ailleurs, de 1877 un petit portrait de profil de Georges Rivière (Washington, National Gallery).

Cette évocation de la vie de café, si présente dans le milieu des peintres, du Café Guerbois à celui de la Nouvelle-Athènes, est traitée par Renoir avec sa spontanéité habituelle empruntant ici un sujet cher à Manet et à Degas. Le choix par Renoir de tels sujets lui a peut-être été suggéré, comme le souligne Isaacson, par les illustrations de journaux contemporains ; toutefois ce type de sujet correspond profondément au désir de Renoir d'« enregistrer », comme le disait Edmond Renoir dans un article de 1879, « un tableau fidèle de la vie moderne » ce à quoi tendaient d'ailleurs tous les artistes du groupe impressionniste.

On ne connait pas la provenance ancienne de ce petit tableau qui est précisément décrit dans plusieurs listes d'œuvres appartenant au Prince de Wagram entre 1907 et 1909. On ignore par l'entremise de quel marchand ce tableau fut vendu avant de parvenir dans la collection Kröller-Müller.

Bibliographie
Meier-Graefe 1929, p. 130
Gaunt et Adler 1982, n° 29
Isaacson 1982, p. 105

41
La chevelure

1876
H. 0,56 ; L. 0,46
S.D.b.g. : *Renoir 76*
Washington, The National Gallery of Art
(Collection Ailsa Mellon Bruce, 1970 ; 2435)

La tradition veut que cette œuvre soit un portrait de Mlle Muller, une jeune parisienne, mais on ne sait rien de plus sur la personnalité de ce modèle. Ce tableau en tout cas, plus qu'un portrait, est une figure de genre comme Renoir en fit beaucoup, demi-figure charmante, d'un genre relativement commercial. Il suffit de comparer ce tableau au modelé des chairs délicatement ombré, aux cheveux soyeux jouant sur un fond sombre indéterminé à l'audace de l'*Etude* de torse (cat. n° 35), qui figura à l'exposition de 1876 pour mesurer la distance qui les sépare. Cette comparaison souligne combien Renoir peut volontairement assagir et travailler sa vision première et parvenir à des œuvres comme *La chevelure,* ou certains portraits contemporains.

Le tableau est entré à la National Gallery grâce à la donation Ailsa Mellon Bruce.

Bibliographie
Paris, Bernheim-Jeune, 1919, II, pl. 105
Paris, Orangerie 1933, n° 30
Daulte 1971, n° 172

Exposition
1913, Paris, Bernheim-Jeune (11 ; *La chevelure, 1876)*

42
La Pensée

Vers 1876-77
H. 0,66 ; L. 0,55
S.b.g. : *Renoir.*
Acquis par le Gouvernement britannique
à titre de dation en paiement de l'impôt

Ce tableau appartient à la même série de demi-figures que
La chevelure (cat. nº 39) mais, tout en étant sans doute à peu
près contemporain (vers 1876-77), témoigne d'une plus
grande liberté.

Renoir a joliment dit à Albert André : « On m'a fait
prendre en horreur une de mes toiles en la baptisant ' La
Pensée ' » et cette boutade s'applique sûrement à ce tableau
qui figura sous ce titre à la vente d'un des premiers
collectionneurs de Renoir, le Comte Armand Doria en 1899,
puis à celle de Jules Strauss, en 1902, un autre collectionneur qui eut de nombreux Renoir, acquis chez Durand-Ruel
et Bernheim-Jeune au début du siècle.

Bibliographie
Paris, Galerie Georges Petit, cat.
vente, *Collection Comte Armand
Doria,* 4-5 mai 1899, nº 202 *(La
Pensée)*
Paris, Hôtel Drouot, cat. vente,
Collection Jules Strauss, 3 mai
1902, nº 49
Meier-Graefe 1912, p. 93
Vollard 1918, I, p. 86, nº 343
André 1923, p. 27
Jamot 1923, pp. 272-3
Londres, Sotheby's, cat. vente,
Seven paintings of the estate of
*the late Jakob Goldschmidt of
New York City,* 15 octobre 1958,
nº 7
J. Renoir 1962, p. 71
Daulte 1971, nº 27

Expositions
1900, Paris, Centennale (557 ;
Portrait à M. Strauss)
Berlin 1901, Secession (205 ; *Der
Gedanke*)
1914, Londres, Grosvenor House
(62)

43
Portrait de Madame Charpentier
et de ses enfants

1878
H. 1,54 ; L. 1,90
S.D.b.d. : *Renoir. 78.*
New York, The Metropolitan Museum of Art
(Fonds Wolfe, 1907,
collection Catherine Lorillard Wolfe ; 07-122)
Exposé à Boston seulement

A Murer, Camille Pissarro écrit le 27 mai 1879 que Renoir « a un grand succès au Salon. Je crois qu'il est lancé, tant mieux, c'est si dur la misère ! » Ce succès au Salon, Renoir le doit au *Portrait de Mme Charpentier et de ses enfants* et à celui de *Jeanne Samary* (fig. 27) qui y sont exposés. Mme Charpentier est très connue et, grâce à ses relations de parisienne en vue tenant un salon littéraire et politique et à celles de son mari, l'éditeur de Flaubert, de Zola et des Goncourt, Georges Charpentier, le tableau a été bien placé. Pourtant les critiques ne désarment pas vraiment. On sent qu'ils cherchent à ménager le modèle principal tout en saluant le retour de l'enfant prodigue au Salon : « Ne cherchons point chicane à M. Renoir, il est rentré dans le giron de l'Église : saluons sa bienvenue, oublions la forme et ne parlons que de coloration » dit Baignières. On accorde en effet à peu près généralement à Renoir des dons de coloriste en critiquant le dessin. Ce portrait, est selon Bertall, « une esquisse des plus incomplètes faite à l'aide de tons exacts... une esquisse molle et transparente qui semble faite avec des ouates de différentes couleurs... Quant au dessin bien le bonsoir ! La perspective est absente » et ce critique, qui fait allusion au fameux Wolff, suggère à Renoir de prendre des leçons auprès de Bastien-Lepage ! Le moins réticent est un jeune critique, publié d'ailleurs par Charpentier, Huysmans, qui écrit : « M. Renoir a pensé que mieux valait représenter Mme C. dans son intérieur avec ses enfants, au milieu de ses occupations, plutôt que de la mettre droite, dans une pose convenue, sur un rideau violet ou rouge... C'est là une tentative intéressante et qui mérite qu'on la loue. Il y a dans ce portrait, d'exquis tons de chair et un ingénieux groupement. C'est d'un faire un peu mince et tricoté, papillotant dans les accessoires ; mais c'est habilement exécuté et puis c'est osé ! En somme, c'est l'œuvre d'un artiste qui a du talent et qui, bien que figurant au Salon officiel, est un indépendant. »

A coup sûr, ce portrait d'une jeune femme et de ses enfants « peint chez elle, sans que les meubles aient été dérangés de la place qu'ils occupent tous les jours, sans que rien ait été préparé pour faire valoir une partie ou l'autre du tableau » nous dit aussi Edmond Renoir, ne ressemblait guère aux portraits mondains des artistes en vogue comme Bonnat ou Carolus-Duran dont on souligne surtout le fait qu'ils sont la continuation d'une tradition de grand style. Pourtant, en peignant en 1878 Mme Charpentier (1848-1904), sa fillette Georgette (née en 1872), son fils Paul (né en 1875 dont Zola était le parrain) que ses boucles blondes et sa robe ont parfois fait prendre pour une petite fille, Renoir voulait avant tout faire un tableau : grand format, composition savante — malgré les dires d'Edmond — costume somptueux. Renoir connaissait bien ses modèles qu'il avait déjà peints, ainsi la petite *Georgette Charpentier,* en 1876 (Daulte 1971, n° 178), assise dans une pose espiègle, un peu à la manière de la petite Bellelli du *Portrait de famille* de Degas (Paris, Musée d'Orsay, Galerie du Jeu de Paume), et Mme Charpentier elle-même, en buste, tableau qui figura à l'exposition impressionniste de 1877 avec un succès certain (Paris, Musée d'Orsay, Galerie du Jeu de Paume). Là où Renoir s'éloigne le plus des convenances, c'est dans l'évocation du charme sans faste du décor d'un salon intime ; on a dit que c'était un salon japonais mais rien n'y est défini à la manière d'un Alfred Stevens ; y a-t-il un paravent ou seulement une étoffe brodée de paons ? le sofa à ramages sur lequel sont assis les modèles, le tapis genre sparterie, le mobilier de bambou indiquent simplement le goût personnel de la maîtresse des lieux. Pourtant la somptuosité de la facture, le rendu de la fameuse robe noire de Mme Charpentier ou la chevelure des enfants accaparent l'attention du spectateur au-delà du sujet lui-même.

Proust, qui évoque longuement le tableau dans *Le temps retrouvé* (première partie, chapitre I), sévère pour le modèle qu'il a connu, une « petite bourgeoise ridicule » à ses yeux, s'émerveille de ce « morceau de peinture comparable aux plus beaux du Titien ». Malgré ses préventions de « snob », il reconnaît pourtant le rôle prépondérant de gens

comme les Charpentier, découvreurs de génies méconnus, et conclut : « La poésie d'un élégant foyer et des belles toilettes de notre temps ne se trouvera-t-elle pas plutôt, pour la postérité, dans le salon de l'éditeur Charpentier par Renoir que dans le portrait de la Princesse de Sagan ou de la comtesse de la Rochefoucauld par Cot ou Chaplin ? »

Pour l'historique de l'œuvre et son achat par le Metropolitan Museum of Art à la Vente Charpentier en 1907.

Bibliographie
Baignières 1879, p. 51
Banville 1879
Bertall 1879. pp. 86-7
Burty 1879
Castagnary 1879, in Castagnary 1892, II, p. 384
Champier 1879, pp. 107-8 (cite Chesneau et Castagnary)
Chesneau 1879
E. Renoir 1879, in Venturi 1939, II, p. 336
Roger-Ballu 1879, p. 1155
Syène 1879, p. 11
Huysmans 1883 pp. 58-9
Alexandre 1892, p. 34
Bénédite 1907, pp. 130-5
Meier-Graefe 1912, p. 62
Vollard 1918, I, p. 91, n° 362
Vollard 1919, pp. 91-102
Gervex, in Fénéon (F.) «Souvenirs sur Manet », *Bulletin de la vie artistique,* 15 octobre 1920, p. 610
Rivière 1921, pp. 77, 167-176

Jamot 1923, pp. 274-5, 336
Duret 1924, pp. 54-8, 66
Barnes et de Mazia 1935, pp. 398-9 n° 79
Florisoone 1938, p. 31
Drucker 1944, pp. 128-9, 201 n° 51
Rewald 1945, p. 136
Robida, *Grandes heures,* 1958, pp. 55-9, 81, 135
J. Renoir 1962, p. 138
Daulte 1971, n° 266
Rewald 1973, pp. 419-20, 424, 430
Callen 1978, p. 67
Pissarro 1980, p. 133
Gaunt et Adler 1982, n° 31

Expositions
1878, Paris, Salon (2527 ; *Portraits de Mme G... C. et de ses enfants)*
1886, Paris, Petit (124)
1886, Bruxelles, les XX (2)
1892, Paris, Durand-Ruel (110)
1900, Paris, Bernheim-Jeune (19)
1904, Bruxelles (129)

44
Paysage à Wargemont

1879
H. 0,80 ; L. 1,00
S.D.b.d. : *Renoir. 79.*
Toledo, Ohio, The Toledo Museum of Art
(Don Edward Drummond Libbey ; 57.33)

Ce paysage fut peint à Wargemont alors que Renoir était l'hôte des Berard. Blanche a évoqué le plaisir que Renoir prenait à ces séjours sur la côte normande. Cet étonnant paysage sinueux, brossé rapidement (la couche picturale est très mince), rappelle un peu par son thème le *Grand vent* (cat. n° 24) mais cette comparaison souligne d'autant plus l'évolution de la technique. Cette vision panoramique d'un paysage où aucun élément saillant ne vient accrocher l'œil est pourtant subtilement structurée par quelques touches ponctuant la composition. Elle correspond tout à fait au choix habituel des motifs de Renoir.

Durand-Ruel a vendu ce paysage à un certain Steinbart le 30 mai 1908. Il le lui racheta le 14 octobre 1910 et le revendit le 10 décembre 1917 à Conrad N. Pineus de Göteborg.

Le tableau est entré au Toledo Museum of Art grâce au don d'Edward Drummond Libbey en 1957.

Bibliographie
Meier-Graefe 1929, p. 121
Paris, Orangerie, 1933, n° 48
Chicago, Art Institute, 1973, n° 26
Toledo, Museum of Art, *European paintings,* 1976, pp. 135-6

Exposition
1914, Copenhague (179)

45
Petite bohémienne

1879
H. 0,73 ; L. 0,54
S.D.b.d. : *Renoir./Wargemont 79.*
Canada, collection particulière

C'est au cours d'un de ses premiers séjours à Wargemont (*voir* n° 44) près de Dieppe où les Berard possédaient une propriété que Renoir peignit cette *Petite bohémienne.* Il prit de nouveau cette enfant pour modèle des *Pêcheuses de moules à Berneval, côte normande* exposé au Salon de 1880 (fig. 45). Le pittoresque de la petite pauvresse en guenilles était un poncif des sujets de Salon, lorsque Renoir entreprend de le peindre à son tour. Concentrant son attention sur le visage extrêmement attachant (les mains, le fond sont à peine esquissés) Renoir évite de justesse le sentimentalisme creux.

Daulte a signalé un dessin en rapport avec cette peinture.

Le tableau est sans doute l'un des premiers qu'ait acquis Charles Ephrussi dont on a déjà souligné le rôle parmi les premiers amateurs de Renoir. On ne sait pas à quel moment ce tableau quitta la collection d'Ephrussi, mort en 1905. Il appartint ensuite à Bernheim-Jeune puis au marchand Paul Rosenberg dans l'entre-deux-guerres.

Bibliographie
Vollard 1918, I, p. 94, n° 377
Paris, Bernheim-Jeune, 1919, II, pl. 108
Barnes et de Mazia 1935, pp. 76 n° 90, 259
Daulte 1971, n° 291
Daulte 1974, p. 11

Expositions
1883, Paris, Durand-Ruel (I; *Petite bohémienne* à M. Ch. Ephrussi)
1913, Paris, Bernheim-Jeune (14)

46
La Seine à Asnières
(*dit* La yole)

Vers 1879
H. 0,71 ; L. 0,92
S.b.g. : *Renoir.*
Londres, The Trustees of the National Gallery (6478)
Exposé à Londres et Boston seulement

On ne peut affirmer que cette toile fut bien peinte à Asnières, comme le suggère son titre traditionnel ; toutefois Asnières était devenu au milieu du XIXe siècle, comme Chatou, un lieu de rendez-vous des canotiers parisiens, alors qu'Argenteuil accueillait plutôt les amateurs de voile. Ici Renoir peint non pas des canotiers sur leur périssoire — comme le fit son ami Caillebotte vers 1880 — mais deux jeunes femmes en chapeau qui, ramant doucement, ne s'éloignent guère de la rive, annonçant les *Barques* que peignit Monet à Giverny à la fin du siècle. L'opposition frappante de l'orangé de la barque qui vient envahir, par le jeu des reflets, le bleu vif de l'eau, domine l'ensemble de cette étude où, par touches successives Renoir parvient à une densité de couleur rarement égalée.

Cet accord violent se retrouve d'ailleurs dans d'autres toiles de thème voisin (*voir* l'arrière-plan du *Déjeuner au bord de la rivière* cat. n° 47). On a déjà noté la présence du train qui surgit sur le pont à droite, discrète citation évoquant Monet auquel il est impossible de ne pas penser ici tant la toile de Renoir évoque celles que son ami peignit à Argenteuil. La toile de Renoir se rattache à une série d'œuvres autour du thème des canotiers qu'on date généralement vers 1879-80.

Le tableau apparaît en 1899 à la vente Chocquet, l'un des premiers amateurs de Renoir. Il fut acquis conjointement à cette vente par Berheim-Jeune et Durand-Ruel qui revendit ultérieurement sa part au premier.

Bibliographie
Paris, Galerie Georges Petit, cat. vente, *Tableaux modernes... succession de Mme Vve Chocquet,* 1. 3, 4 juillet 1899, n° 93 (*La Seine à Asnières*)
Paris, Bernheim Jeune, 1919, II, pl. 115
Gaunt et Adler 1982, n° 33
Exposition
1913, Paris, Bernheim-Jeune (16 ; *La Yole 1880*)

47
Les canotiers
(dit Le déjeuner
au bord de la rivière)

Vers 1879
H. 0,55 ; L. 0,66
S.b.g. : *Renoir ;*
Chicago, The Art Institute (Collection Potter Palmer ;
1922-437)

Ce tableau peut passer pour une première pensée du grand tableau inspiré par le thème des *Canotiers* que peignit Renoir au cours de l'été 1880 (*voir* cat. n° 51). Il fut probablement peint à Chatou ; pourtant une lettre de Renoir à Murer fait allusion à un séjour à Nogent-sur-Marne où cette scène pourrait aussi avoir été peinte. De format plus modeste, il apparait comme une étude poussée inspirée par la réalité contemporaine comme les bains de la Grenouillère (*voir* cat. n°s 11, 12) peints une dizaine d'années plus tôt, puisqu'il semble bien qu'on doive dater ces *Canotiers* vers 1879-80. Issacson a souligné à juste titre l'analogie du motif de Renoir et d'une illustration de journal un peu plus ancienne ; cette comparaison montre surtout combien Renoir, en traitant de tels sujets, s'éloigne délibérément des sujets convenus du Salon. Renoir a plusieurs fois utilisé dans ses tableaux le motif du treillage qui lui permet ici d'unir l'espace du premier plan à la petite scène secondaire que constituent canots et canotiers sur le fleuve.

Daulte identifie dans le personnage à gauche un ami de Renoir, M. de Lauradour qui posa à plusieurs reprises pour l'artiste.

Les registres de la galerie Boussod et Valadon, datant de l'époque où le frère de Van Gogh, Théo, travaillait pour cette firme, conservent la trace de l'achat par Boussod et Valadon de ce tableau à Legrand (sans doute le marchand lié à Durand-Ruel au cours des années 1870) 200 francs, le 21 novembre 1887. Le tableau fut revendu à un autre marchand Guyotin, 350 F, le lendemain. Ce dernier le vendit à son tour 1 300 F, le 21 mars 1892, à Durand-Ruel qui le céda enfin à Mrs Potter Palmer par l'entremise de la succursale de New York où il avait été expédié le 22 mars 1892. Le tableau est entré à l'Art Institute en 1922 avec le reste de la collection Potter Palmer.

Bibliographie
Meier-Graefe 1929, p. 124
Maxon (J.), *The Art Institute of Chicago,* New York, 1970, p. 86
Daulte 1971, n° 305
Chicago, Art Institute, 1973, n° 28
Rewald (J.) «Théo Van Gogh, Goupil and the Impressionnists »,
Gazette des Beaux-Arts, janvier 1973, p. 14 et février 1973, appendix I
Isaacson 1982, p. 105

Exposition
1910, Chicago (51)

48
La Place Clichy

Vers 1880
H. 0,65 ; L. 0,54
S.b.g. : *A. Renoir.*
Cambridge, Fitzwilliam Museum (prêt anonyme)
Exposé à Paris et Boston seulement

On a souvent remarqué dans ce tableau l'étonnant découpage de la figure de la jeune femme au premier plan détaillée avec précision, précision soulignée par l'espace vide à gauche, utilisant l'effet lumineux de la préparation blanche de la toile, et le flou coloré qui évoque la foule des passants au second plan.

C'était là un type de mise en page cher à Degas et inspiré à la fois par les estampes japonaises et certaines pratiques des photographes. Dans le cas de Renoir il est peu probable que l'idée première de la composition, déjà fixée dans une petite esquisse publiée par Denys Sutton, ait eu de semblables origines encore que ce tableau évoque irrésistiblement des procédés photographiques ou même cinématographiques. Peut-être, aussi, faut-il y voir le souvenir d'illustrations de journaux déjà évoquées à propos d'autres œuvres (*voir* cat. nos 40, 47). Ce qu'il faut noter c'est que cette œuvre, qui est la spontanéité même, semble pourtant avoir été préparée par plusieurs études, celle que nous citions plus haut ainsi qu'une étude précise de la jeune femme au chapeau au premier plan (Zurich, Fondation Bührle, peut-être s'agit-il d'ailleurs d'une répétition) et une autre, très allusive, liée à l'homme de dos en haut de forme et au personnage féminin qui se trouve à ses côtés du second plan.

L'extrême précision des détails de la figure du premier plan — la plume du chapeau, la texture du manteau traité en stries comme des traits de pastel, technique souvent employée par Renoir à cette époque, s'oppose au chatoiement coloré des petites figures qui font penser aux figures secondaires du *Bal du Moulin de la Galette* (cat. n° 39). Peu importe qu'il s'agisse de la Place Pigalle ou de la Place Clichy car aucun repère topographique ne nous est fourni. Peut-être les contemporains y reconnaissaient-ils, en une

géographie humaine subtile, l'atmosphère de l'une plutôt que de l'autre, mais cela nous échappe maintenant. Jamot observait à juste titre dans cette œuvre qu'on peut dater autour de 1880 l'apparition d'un nouveau type de modèle, au visage de poupée, qu'on trouvera dans *Le Déjeuner des canotiers* ou *Danse à la ville* (cat. nos 51, 67). Il faut aussi noter que cette œuvre est dénuée de toute allusion explicite à ce que pourrait faire cette jolie grisette, alerte dans une rue de Paris, alors que, dans un dessin pour l'illustration du numéro de *La Vie moderne* du 8 décembre 1883 (*voir* reproduction in Rewald 1945), Renoir montre un homme en haut-de-forme s'adressant à une jeune femme qui traverse la rue.

Le tableau a appartenu au critique Adolphe Tavernier, qui était lié avec les impressionnistes, notamment avec Sisley. Il fut acquis à la vente de celui-ci, en 1900, par la Marquise Arconati-Visconti. Entre 1907 et 1909, ce tableau précisément décrit apparait dans diverses listes d'œuvres appartenant au fameux Prince de Wagram, mais nous ne savons de qui il l'avait acquis, ni à qui il l'a vendu. En tout cas il fut acquis par Samuel Courtauld du marchand londonien Reid and Lefevre, dès juin 1924. L'œuvre est actuellement prêté par un collectionneur anonyme au Fitzwilliam Museum.

Bibliographie
Paris, Galerie G. Petit, cat. vente,
Collection Adolphe Tavernier,
6 mars 1900, n° 64 (*Place Clichy*)
Meier-Graefe 1912, p. 64
Jamot 1923, p. 280
Drucker 1944, pp. 55, 203 n° 66
Cooper 1954, p. 111 n° 55
Sutton 1963, pp. 392-4
Daulte 1971, n° 326
Londres, Royal Academy, 1974,
n° 100
Callen 1978, p. 69
Isaacson 1982, p. 107

49
Jeune fille endormie
(*dit* Jeune fille au chat)

1880
H. 1,20 ; L. 0,94
S.D.b.g. : *Renoir. 80*
Williamstown, Massachusetts,
Sterling and Francine Clark Art Institute (598)

Avec les *Pêcheuses de moules, à Berneval-côte normande* peintes lors d'un séjour à Wargemont (*voir* cat. n° 45 et fig. 45) Renoir envoya au Salon de 1880 la *Jeune fille endormie*. Ce qui frappe avant tout est le bleu vif de la robe de cette jeune femme rendu plus intense encore par le rouge du fauteuil sur lequel le modèle est assis, isolé dans un espace indéterminé. Georges Rivière en évoquant le modèle de ce tableau, Angèle, insiste sur le fait qu'il s'agissait d'une gamine de Montmartre délurée, parlant argot et ayant, comme on dit, de mauvaises fréquentations, en somme un personnage fait pour Zola ou Maupassant. Tout cela transparaît peu dans la peinture ; on est plutôt surpris par le chapeau incongru qui coiffe la dormeuse et ses bas rayés de paysanne qui jurent avec le fauteuil crapaud très bourgeois. Cet envoi au Salon d'un tableau au sujet d'inspiration nettement naturaliste ne fut guère remarqué par la critique. Zola nous dit que l'envoi de Renoir — comme celui de Monet qui faisait aussi retour au Salon — était mal placé, « dans la galerie circulaire qui règne autour du jardin » où « les reflets du soleil leur font le plus grand tort », mais là se borne à peu près son compte rendu. Cet article avait d'ailleurs été sollicité par l'intermédiaire de Cézanne des artistes eux-mêmes mais ils furent sans doute déçus du texte sans passion que rédigea Zola.

Angèle a aussi posé pour un tableau qui est peut-être une étude pour celui de Williamstown, où le jeune modèle endormi est vu en buste, le bras droit replié (Daulte 1971, n° 328).

Le 6 janvier 1881 Durand-Ruel acheta 2 500 F à Renoir une *Jeune fille au chat* qu'il vendit le 29 mai 1883 à de Kuyper. Celui-ci l'échangea le 23 mai 1891 (ainsi qu'un Degas) chez Durand-Ruel pour un Schreyer. Le tableau était encore chez Durand-Ruel en janvier 1923, quand Gimpel l'y vit.

Bibliographie
Zola 1880, in Zola 1970, p. 341
Meier-Graefe 1912, pp. 67-8
Vollard 1918, I, p. 86 n° 342
Rivière 1921, pp. 137-8
Drucker 1944, pp. 43-4, 86, 197 n° 28
Gimpel 1963, p. 226
Daulte 1971, n° 330
Rewald 1973, p. 443

Expositions
1880, Paris, Salon (3196, *Jeune fille endormie, 1,20 × 0,92)*
1882, Paris, Septième exposition (137, *Jeune fille au chat*)
1883, Paris, Durand-Ruel (48 *Jeune fille endormie,* appartenant à M. Durand-Ruel)
1892, Paris, Durand-Ruel (87, *La femme au chat,* appartient à M. J.D.)
1899, Paris, Durand-Ruel (? 77 ou 79 *Jeune fille dormant 1880* ou *La femme au chat 1880*)
1905, Londres, Grafton Galleries (223)

50
Une loge à l'Opéra
(*dit* Dans la loge)

1880
H. 0,99 ; L. 0,80
S.D.h.g. : *Renoir. 80.* (et vers le milieu à gauche :
Renoir.) Williamstown, Massachusetts
Sterling and Francine Clark Art Institute (594)
Exposé à Boston seulement

En reprenant en 1880 le sujet d'un tableau de 1874 (*voir* cat. n°25) Renoir fait curieusement écho au tableau de l'élève de Manet, Eva Gonzalès, qui expose *Une loge aux Italiens* au Salon de 1879, ainsi qu'aux envois de Mary Cassatt à l'exposition du groupe impressionniste en 1879 à laquelle Renoir n'avait pas voulu participer. A la différence de *La loge* du Courtauld Institute, celle que nous étudions ici implique un certain decorum. La tradition veut que les modèles soient la femme et la fille de M. Turquet, Sous-Secrétaire d'État aux Beaux-Arts, qui ne parait pas avoir particulièrement favorisé les « indépendants » ; une figure d'homme devait initialement compléter ce groupe. Bien qu'elle n'ait figuré à aucun Salon, cette composition s'inscrit par son sujet et par son style dans la série des œuvres que Renoir pouvait envisager de soumettre au Jury officiel. Nous avions déjà signalé à propos de la *Nature morte* de Houston (cat. n° 17) l'introduction d'un bouquet frais et naïf parmi les velours de théâtre et les toilettes élégantes.

Notons que parmi les tableaux remarqués au Salon de 1880 figurait un *Portrait de Melle Turquet* par Jean-Paul Laurens.

Le tableau est sans doute *Une loge au théâtre* que Durand-Ruel achète au marchand Dubourg, le 30 novembre 1880 pour 1 500 francs. Durand-Ruel vend le tableau à M. Clark le 23 juin 1928.

Bibliographie
[Anon.], « Salon d'Automne », *L'Illustration,* 15 octobre 1904, p. 265
Roger-Marx (C.), « Le Salon d'Automne », *Gazette des Beaux-Arts,* décembre 1904, p. 160
Vollard 1918, I, p. 84, n° 333
Rivière 1921, p. 69
Meier-Graefe 1929, p. 127
Paris, Orangerie, 1933, n° 53
Drucker 1944, pp. 185, 203 n° 64
Williamstown, Clark Art Institute, 1956, n° 104
Gimpel 1963, p. 181
Daulte 1971, n° 329
Chicago, Art Institute, 1973, n° 30
Callen 1978, p. 71

Expositions
1882, Paris, Septième exposition (139; *Une loge à l'Opéra*)
1883, Paris, Durand-Ruel (45; *La loge* appartenant à M. Durand-Ruel)
? 1892 Paris, Durand-Ruel (93; *La loge,* appartient à M. J.D.)
1904 Paris, Salon d'Automne (13; *La loge,* appartient à M. Durand-Ruel et fils)
1904, Berlin, Cassirer (60)
1905, Londres, Grafton Galleries (224; *At the Theatre - in the Box 1880*)
1912, Paris, Manzi-Joyant (179; *Dans la loge*)

1880-1883

Au cours de cette période, Renoir parvint pour la première fois à une aisance matérielle certaine grâce au marchand Durand-Ruel qui commença à lui acheter des tableaux en grand nombre, au début de 1881 ; il ne connaîtra plus jamais de véritable insécurité pécuniaire. Il put enfin voyager, et il ne s'en privera pas pendant les vingt années suivantes.

Mais ce ne fut pas seulement sa prospérité relative qui l'incita à quitter Paris et à abandonner les sujets urbains et suburbains qui avaient été le fondement de son art durant la décennie précédente. Ses deux premières expéditions, en 1881, suivaient les deux routes classiques des artistes français du XIXe siècle : vers l'Afrique du Nord dans les pas de Delacroix à la recherche de la lumière, de la couleur et de la vie exotique ; et vers l'Italie, sur les traces d'Ingres, afin d'étudier dans les musées l'art du monde antique et des grands maîtres de la Renaissance. Il éprouva tout à la fois le besoin d'explorer l'héritage des deux traditions françaises opposées, celle du dessin et celle de la couleur.

Les buts antinomiques de ces deux voyages reflètent directement les problèmes auxquels Renoir devait faire face. Vers 1875, il avait adopté un style qui remplaçait largement le dessin et le traditionnel modelé des valeurs par des taches de couleurs juxtaposées ; plus tard, au cours de la même décennie, pourtant, il commença à fréquenter des milieux plus mondains et obtint des commandes de portraits. Les exigences du genre et de ses modèles le forcèrent parfois à adopter des méthodes plus traditionnelles, alors même qu'il exécutait aussi certains de ses tableaux les plus audacieux par leur touche fragmentée. Aux alentours de 1880, les incertitudes personnelles de Renoir ont coïncidé avec une période de désenchantement du groupe impressionniste tout entier. La stratégie d'expositions d'un groupe organisé indépendant n'avait apporté que peu de succès réel, et même les défenseurs de naguère comme Zola, encourageaient les impressionnistes à dépasser le stade de l'ébauche, et à produire des peintures ambitieuses et résolues de la vie moderne. *Le Déjeuner des canotiers* (*voir* cat. no 51) entrepris juste après les articles de Zola sur le Salon de 1880, reflète à la fois l'insatisfaction de Renoir et le défi lancé par le romancier : ce tableau fut conçu à grande échelle, selon une composition d'ensemble et des formes individuelles soigneusement structurées et clairement articulées.

Le traitement plus incisif des formes reflète des expériences techniques que Renoir avait entreprises antérieurement à son départ pour l'Italie, au cours de l'automne 1881. Avant ce voyage il avait déjà étudié la

technique de la peinture à l'huile utilisée par Ingres, montrant ainsi qu'il reconsidérait le rôle de la ligne dans son art. Dans quelques tableaux de 1879-80, également, il travaillait sur un épais apprêt blanc par glacis colorés translucides — méthode qui exige une grande sûreté de main, car elle interdit tout repeint (*voir* cat. nº 44) ; mais dans d'autres tableaux de cette période, il a décrit les formes au moyen de couleurs plus opaques, avec parfois une délicatesse de miniaturiste (*voir* cat. nº 59).

Il se peut qu'à cette date Renoir ait déjà connu *Il Libro dell' Arte* de Cennino Cennini, manuel de peinture florentin du début du XVe siècle. Vollard a situé cette découverte « aux alentours de 1883 », c'est-à-dire, après le voyage en Italie, mais les dates de Vollard sont souvent inexactes ; ce livre, avec ses discussions sur la technique de la fresque, peut fort bien avoir contribué à décider Renoir à visiter l'Italie en 1881.

L'Algérie semble avoir largement répondu à son attente lorsqu'il s'agissait de mettre à profit ses techniques hardies et souples pour décrire la végétation luxuriante du pays et les types locaux hauts en couleur. Cependant, il en vint rétrospectivement à considérer son voyage en Italie comme la ligne de partage de sa carrière. En Italie, deux découvertes surtout l'ont aidé à donner forme à ses réponses aux problèmes auxquels il s'attaquait : à Rome, les décorations de Raphaël pour la Farnésine (plutôt que les *Stanze* du Vatican) ; à Naples, les peintures murales antiques de Pompéï. L'étude de ces œuvres, écrivait-il, lui ont permis de comprendre « cette grandeur et cette simplicité des peintres anciens » ; cette leçon apparaît à la fois dans sa technique et dans la façon dont il traite ses sujets. Il commença à chercher les « grandes harmonies » plutôt que les « petits détails qui éteignent le soleil » et il reconnut qu'on pouvait obtenir les effets les plus riches avec la palette la plus simple ; en même temps, pour le sujet, il fit la découverte des thèmes mythologiques traités avec l'aisance informelle de scènes de la vie quotidienne, à l'opposé des compositions ampoulées, érudites et archéologisantes propres au néoclassicisme habituel des tableaux du Salon. Lorsqu'à son retour d'Italie, au début de 1882, Renoir rendit visite à Cézanne, il vit probablement les tentatives de son camarade pour trouver une structure picturale plus serrée, tant pour la couleur que pour la facture, lui permettant de traduire son expérience de la nature.

Ces rencontres ont aidé Renoir à pressentir la possibilité de concilier le contingent et le permanent en peinture c'est-à-dire que dans les nus et le paysage, l'étude de la lumière et de la couleur du plein air peut être

greffée sur une structure formelle claire sans la désorganiser, que ces scènes familières de la vie de tous les jours pouvaient être recréées dans des formes plus permanentes et plus traditionnelles, et qu'on pouvait redonner vie à des thèmes éternels par l'observation directe. Cette synthèse devint le but principal de sa quête de peintre, mais il ne trouva pas de solution aisément : il avait devant lui plus d'une décennie d'expériences techniques et de méthodes durant laquelle les exigences rivales de l'observation directe et des formes traditionnelles, de la peinture en plein air et du travail à l'atelier, semblaient parfois inconciliables.

Les formules générales de son art ont peu changé dans la suite immédiate de son voyage en Italie. Il continua à peindre des portraits de commande, et il vendit un grand nombre de paysages et de natures mortes à Durand-Ruel, ainsi que des tableaux à figures comprenant à la fois des nus et des sujets en costume moderne ; pendant ses voyages, il exécutait surtout des paysages en vue de les vendre à son marchand. Ces tableaux de « série » pour ainsi dire , étaient mêlés de quelques œuvres plus ambitieuses. Ses trois toiles de *Danses* de 1882-83 (*voir* cat. nos 66-8), plus simples et d'une structure plus claire que *Le Déjeuner des canotiers*, comptent au nombre de ses tableaux majeurs inspirés par le spectacle des amusements de la ville et de la banlieue. Cependant, durant ces mêmes années, il s'intéressa au thème des figures nues au bord de la mer ; il avait projeté un tableau de ce sujet en 1881, avant son départ pour l'Italie, et il y retravailla lors de son séjour dans l'île de Guernesey, en 1883 ; mais dans ce dernier cas, ses études en plein air n'étaient conçues que comme des « documents pour faire des tableaux à Paris », retour explicite à la pratique traditionnelle qui l'a amené à exécuter la *Baigneuse assise* (*voir* cat. nº 71) dans son atelier parisien.

Comme en 1879 et 1880, Renoir avait refusé de présenter des œuvres à l'exposition du groupe impressionniste de 1881 ; répugnant aussi à figurer à l'exposition du groupe en 1882, exposition organisée par Durand-Ruel, il n'avait pas pu empêcher le marchand d'y montrer une série de peintures que celui-ci possédait déjà . Toutefois, il s'associa pleinement, en avril 1883, à l'organisation de son exposition particulière chez Durand-Ruel, exposition ambitieuse qui comprenait soixante-dix œuvres, récentes pour la plupart. Renoir continua à présenter des tableaux, surtout des portraits, au Salon jusqu'en 1883 (*voir* cat. nº 69), bien qu'il fût désormais sans illusion quant à ses chances de succès dans

ce forum, car ses œuvres étaient accrochées dans de mauvaises conditions et peu remarquées, malgré le succès du *Portrait de Madame
Charpentier et de ses enfants* (*voir* cat. nº 43), en 1879. C'est seulement en
1884 qu'il cessa d'envoyer au Salon, au moment où ses expériences
techniques le préoccupaient davantage.

La vie sociale de Renoir se partageait, comme avant 1880, entre le
cercle de ses amis bohèmes qui venaient le voir assidûment dans son
atelier de la rue Saint-Georges, et le réseau de relations qui lui procurait
des commandes de portraits. Aux alentours de 1880, il fit la connaissance
d'une jeune couturière, Aline Charigot, qui travaillait non loin de son
atelier. Elle devint l'un de ses modèles, et l'accompagna pendant une
partie de son voyage en Italie (*voir* cat. nº 62) ; mais elle ne fut peut-être
pas sa compagne avant 1884 environ, lorsqu'elle fut enceinte et qu'il
abandonna la rue Saint-Georges. Parmi ses amateurs appartenant à la
bourgeoisie, il resta en étroites relations avec Madame Charpentier et
son milieu, et il entretint des relations particulièrement amicales avec
Paul Berard (*voir* cat. nº 59) qui l'accueillait régulièrement dans sa
propriété, près de Dieppe.

51

Le Déjeuner des canotiers

1880-81
H. 1,30 ; L. 1,73
S.D.b.d. : *Renoir. / 1881.*
Washington, The Phillips Collection
Exposé à Paris seulement

Le Déjeuner des canotiers est le second grand tableau à nombreuses figures, représentant des gens s'amusant sans façons, une suite pour ainsi dire au *Bal du Moulin de la Galette* de 1876 (*voir* cat. n° 39), exécuté sur une toile de même format. Bien qu'il soit daté « 1881 », Renoir vendit ce tableau à Durand-Ruel à la mi-février 1881 ; le travail en plein air date donc de l'été 1880 et le tableau fut remanié et achevé au cours de l'hiver suivant. Renoir écrivit à Berard, vraisemblablement en août ou septembre 1880, pour lui annoncer cette entreprise : « J'espère vous voir à Paris au 1er octobre car je suis à Chatou. Je n'ai pu résister d'envoyer promener toutes décorations lointaines et je fais un tableau de Canotiers qui me démangeait depuis longtemps. Je me fais un peu vieux et je n'ai pas voulu retarder cette petite fête dont je ne serai plus capable de faire les frais plus tard. Je ne sais pas si je le terminerai, mais j'ai conté mes malheurs à Deudon qui m'a approuvé quand même les frais énormes que je fais ne me feraient pas finir mon tableau. C'est toujours un progrès : il faut de temps en temps tenter des choses au-dessus de ses forces. »

Un peu plus tard, au cours de l'automne, il écrivait de nouveau à Berard : « Je suis obligé de travailler encore à ce maudit tableau à cause d'une cocotte de la haute qui a eu l'imprudence de venir à Chatou et de vouloir poser ; ça m'a coûté quinze jours de retard et bref, aujourd'hui je l'ai effacé et... je ne sais plus où j'en suis, sinon de plus en plus agacé. » (Berard, 1968)

Entre 1870 et 1880, Renoir a peint de temps en temps de grands tableaux ; tout récemment, il avait exposé sans succès les *Pêcheuses de moules à Berneval* au Salon de 1880. Toutefois, *Le Déjeuner des canotiers* avec ses nombreux personnages et son organisation complexe de l'espace, était un projet plus ambitieux qu'aucune de ces toiles, à l'exception du *Bal du Moulin de la Galette.* Renoir fut peut-être encouragé à reprendre ce sujet au cours de l'été de 1880 à la suite du défi que Zola avait lancé aux Impressionnistes, leur enjoignant de peindre des sujets ambitieux tirés de la vie moderne, des morceaux longuement étudiés, plutôt que de se contenter d'esquisses rudimentaires (*voir* Zola 1970, pp. 335-8, 341). Durant les quatre années qui séparent le *Bal du Moulin de la Galette* du *Déjeuner des canotiers,* Renoir en était venu à voir les limitations qu'entraîne le fait de se consacrer exclusivement aux effets de plein air. Les commandes de portraits l'avaient forcé à individualiser ses figures avec plus de précision (*voir* cat. n°s 52, 59), et il avait expérimenté d'autres techniques que le système de couches de couleurs superposées, librement brossées du *Bal du Moulin de la Galette* (*voir* cat. n°s 44, 48).

Le Déjeuner des canotiers reflète ces changements. La touche et les couleurs sont plus variées, elles servent à différencier les personnages et à individualiser leurs traits, au lieu de tout noyer dans l'harmonie d'une atmosphère colorée dominant l'ensemble. Tout en étant complexe, la structure générale de la composition est beaucoup plus claire ; elle est encadrée de chaque côté par les figures du premier plan, et exprime la profondeur grâce à une diagonale légère. Si Renoir suggère toujours les effets de lumière en plein air diffusés par le vélum qui abrite les convives, ces jeux de lumière colorée se limitent à présent aux formes individuelles. Tandis que la nappe blanche et les maillots des deux hommes du premier plan montrent une abondance de nuances délicatement colorées, ils restent distincts et assurent par leurs valeurs claires la solidité de l'ensemble de la composition, en se détachant sur les valeurs foncées et les accents de couleurs lumineuses qui les entourent. On a supposé que le rôle capital dévolu au blanc, dans ce tableau, reflète l'expérience que Renoir fit de la lumière d'Algérie, au printemps de 1881 (Londres, Royal Academy, 1984). Mais Renoir ayant vendu cette toile avant

de partir pour Alger, les blancs lumineux de peintures algériennes telles que *la Fête arabe (voir* cat. nº 55) n'étaient donc que le développement d'expériences faites avec des tableaux comme *Le Déjeuner des canotiers* avant son voyage dans le Sud. Renoir a décrit plus tard les changements de sa technique intervenus après le *Bal du Moulin de la Galette* et Rivière a précisé : « Depuis que cette toile avait été peinte, il avait profondément modifié sa facture, sa palette s'était enrichie, il savait mieux qu'alors, disait-il, composer ses personnages. » (Rivière 1921, p. 140)

La surface définitive du tableau est dominée par des contrastes tranchés. Des parties relativement lisses, aux tons doucement modulés, sont juxtaposées à des empâtements de couleurs vives ; on trouve côte à côte des tonalités chaudes et froides, des valeurs claires et foncées. Par endroits, la pâte est très épaisse, notamment dans les accents lumineux de la nature morte, sur la table ; mais à côté de ceux-ci apparaît par endroits la préparation gris clair de la toile pratiquement intacte. En maints endroits, des accents vermillon ont été ajoutés au cours de la phase finale de l'exécution pour animer la surface définitive — par exemple, sur la robe de la jeune fille accoudée à la balustrade, autour de la collerette de celle qui est assise, en bas à droite, et en bon nombre d'autres endroits. Ces accents soulignent l'unité des couleurs étroitement coordonnées dans l'ensemble du tableau, ainsi que la succession ordonnée des valeurs. Ces deux méthodes d'organisation de la surface, par la couleur et par les valeurs, ont été traditionnellement utilisées séparément, ou bien l'une a été subordonnée à l'autre. C'est ainsi que Renoir les avait employées dans des tableaux antérieurs : ainsi dans *Le cabaret de la Mère Antony,* de 1866 *(voir* cat. nº 3) les accents de couleurs sont subordonnés à la structure des valeurs, tandis que dans le *Bal du Moulin de la Galette,* de 1876, ce sont les valeurs qui sont subordonnées à la couleur. Ici, cependant, Renoir a trouvé le moyen de combiner les deux méthodes pour peindre un tableau dans lequel l'architecture des valeurs et l'action réciproque des couleurs somptueuses peuvent coexister et se compléter sur un pied d'égalité.

L'exécution de ce tableau fut compliquée et traîna en longueur. Aucune étude préparatoire ne subsiste ; quelques-unes ont pu être perdues, mais le tableau lui-même donne à penser que Renoir a beaucoup inventé au cours de l'exécution de la toile définitive. Certains contours ont été modifiés, notamment dans la figure du premier plan à droite. Ailleurs, des couleurs effacées transparaissent sous les couches qui les recouvrent ; plus particulièrement, en plusieurs endroits, des rouges vifs semblent avoir été recouverts par des tons plus sourds ; des rouges transparaissent dans le pantalon de l'homme du premier plan à droite, et le long du dos et autour du chapeau de la jeune fille, à gauche, ainsi que sous certaines parties des figures de l'arrière-plan. Tout cela donne à penser qu'au premier stade du tableau, ces couleurs vives occupaient de plus grandes surfaces, et qu'en cours d'exécution Renoir s'est livré à une révision d'ensemble en accentuant les contrastes de valeurs de ces grandes surfaces, et qu'il a réservé sa couleur la plus vive pour les accents d'un rouge vibrant qu'il a ajoutés à plusieurs endroits de la toile après avoir éliminé ces grandes zones rouges.

En l'absence de preuves fournies par la radiographie, il est difficile de dire exactement dans quelle mesure Renoir a modifié sa toile. Des couches de peinture sèche visibles sous les contours de plusieurs figures, en contradiction avec la position finale de celles-ci, peuvent suggérer que ces figures ont été ajoutées, ou que leur position a été modifiée en cours d'exécution. En particulier, des configurations très différentes se trouvent sous l'homme en haut-de-forme, à l'arrière-plan. Ce personnage a généralement été identifié comme étant Charles Ephrussi, banquier et historien d'art amateur ; la seconde lettre de Renoir à Berard au sujet de ce tableau explique peut-être l'arrivée d'Ephrussi sur la toile : « Je ne sais pas si Effrussy (sic) est de retour, je sacrifie encore cette semaine puisque j'ai tout fait. »

Ce détail suggère de manière assez compréhensible que le tableau a été peint par additions successives, les différents modèles de Renoir posant lorsqu'ils avaient la possibilité d'aller à Chatou ; c'est ce que confirme le passage cité plus haut de la même lettre, où Renoir parlait de la cocotte qui voulait jouer un rôle dans le tableau.

L'identité des modèles a suscité quelques discussions ; les diverses identifications proposées ont été récapitulées par Carey (1981). Les plus plausibles ont été données par Meier-Graefe en 1912, elles correspondent exactement aux indications portées sur une photographie ancienne du tableau appartenant aux archives de Durand-Ruel ; cette photographie note qu'on ignore l'identité de certains personnages que Meier-Graefe ne mentionne pas, on peut

donc supposer qu'elle est probablement la source dont il s'est servi. Aline Charigot, que Renoir épousa par la suite (*voir* cat. nᵒˢ 77, 78), est assise au premier plan à gauche ; debout derrière elle, Alphonse Fournaise junior, fils du propriétaire du restaurant où la scène est située ; la jeune femme accoudée à la balustrade, un modèle anonyme selon les archives de Durand-Ruel, est en conversation avec le baron Barbier, ex-officier de cavalerie, un bohème ami de Renoir et intime de Maupassant ; plus loin un inconnu (Archives Durand-Ruel) parle avec Ephrussi en chapeau haut-de-forme ; au-dessous d'eux, Angèle, un modèle, est en train de boire ; en haut à droite, deux amis de Renoir, Lestringuez et Lhote (ce dernier est coiffé d'un canotier, il a posé également pour les *Danses* de 1882-83, *voir* cat. nᵒˢ 66-8 ; tous deux figuraient déjà dans le *Bal du Moulin de la Galette* bavardent avec une jeune femme. Jean Renoir a identifié celle-ci comme étant l'actrice Jeanne Samary, mais les sources anciennes ne la citent pas. A droite, le journaliste Maggiolo se penche sur Angèle (qui apparaît une seconde fois), et en bas à droite, est représenté Gustave Caillebotte« très rajeuni » (Archives Durand-Ruel). Les identifications alternatives ou supplémentaires suggérées par Jean Renoir, faites bien des années après, n'emportent pas la conviction, sauf peut-être en ce qui concerne son hypothèse selon laquelle la jeune femme, en bas à droite, ne serait pas Angèle (qui était brune, comme le montrent la jeune femme buvant, et cat. nᵒ 49), mais plutôt l'actrice Ellen André, jeune femme blonde aux cheveux dorés qui a posé pour beaucoup d'autres tableaux, dont *L'Absinthe* de Degas.

La scène se déroule sur la terrasse en haut de l'escalier du restaurant Fournaise, sur une île de la Seine, à Chatou ; on voit au fond, en aval du fleuve, le pont de chemin de fer. Le bâtiment, tel que Renoir l'a peint, apparaît sur une photographie contemporaine (Catinat, p. 45 ; Carey, p. 3) ; il existe encore, très délabré, et des projets ont été faits pour le restaurer. Renoir avait déjà peint auparavant les membres de la famille Fournaise, et il avait aussi utilisé cette terrasse comme scène pour d'autres tableaux, notamment pour celui intitulé *A la Grenouillère*, de 1879 (Paris, Musée d'Orsay, Galerie du Jeu de Paume ; Daulte, 1971, nᵒ 301) — en réalité la Grenouillère était un peu plus bas, en aval — et pour *Sur la terrasse*, de 1881 (Art Institute of Chicago ; Daulte 1971, nᵒ 378). A cette époque, le restaurant Fournaise était le lieu de rencontre en vogue parmi les canotiers

fréquentant la Seine à l'ouest de Paris. En 1879, le journaliste Gustave Goetschy avait décrit dans *La Vie moderne*, à laquelle Renoir a souvent collaboré, un déjeuner chez Fournaise en tout point semblable à celui que l'artiste a composé en 1880-81 : « Le repas est tumultueux ; les verres s'emplissent et se vident avec une rapidité qui tient du vertige ; les propos se croisent, — entrecoupés par la rumeur des couteaux et des fourchettes, qui exécutent sur les assiettes une terrible danse. Déjà l'ivresse hurlante et chaude monte des tables, toutes emplies des débris du repas, — et sur lesquelles les bouteilles trébuchent. » (« Les Canotiers : poème naturaliste traduit du javanais », *La Vie moderne,* 23 août 1879, p. 318).

Bon nombre des premiers commentateurs du tableau de Renoir l'ont décrit dans des termes qui sont bien dans l'esprit de ce genre de journalisme ; mais en le composant, Renoir s'était appliqué à éviter que son tableau, ou quelque partie de celui-ci, soient interprétés en termes anecdotiques. Les gestes et les expressions des personnages sont uniformément amicaux et pourtant uniformément imprécis : on ne nous souffle ni le contenu des paroles qu'ils échangent, ni la nature de leurs rapports ; la jeune femme, en haut à droite, dont on a souvent dit qu'elle se couvrait pudiquement les oreilles pour ne pas entendre les compliments de l'homme qui lui fait face, peut fort bien rajuster simplement son chapeau avant de partir. Renoir a créé un milieu, et il a cherché à rendre les gestes rituels les plus caractéristiques de ce milieu ; il les a unis dans des rapports de couleurs, de valeurs, de formes et de motifs étroitement entrelacés, mais leurs interrelations sont picturales plus que psychologiques ou anecdotiques. Renoir a toujours rejeté les codes de lecture si largement utilisés dans la peinture de genre contemporaine, et il s'est servi de son sujet pour évoquer une atmosphère, un état d'esprit, plutôt que pour raconter une histoire (*voir aussi* cat. nᵒˢ 66-8).

Le Déjeuner des canotiers est peut-être une espèce d'hommage rendu à un tableau d'un maître ancien que Renoir a étudié tout au long de sa carrière : *Les Noces de Cana* de Véronèse, qui sont au Musée du Louvre (fig. 33). Le groupe que l'on voit, en bas à gauche, dans l'immense composition de Véronèse présente par son thème une similitude générique avec le tableau de Renoir ; c'est une image de la festivité contemporaine ; de même, Renoir se rapproche de Véronèse par l'opulence de ses couleurs et de sa facture et par la composition ; comme Véronèse, Renoir

aimait les compositions complexes, il détestait les espaces ouverts dans les tableaux, contraste frappant avec les intervalles et les vides inattendus que Degas introduisait toujours dans ses peintures.

Durand-Ruel acheta ce tableau pour un prix élevé, en février 1881, il le vendit en décembre de la même année au banquier Balensi qui, semble-t-il, ne le paya pas. Durand-Ruel le reprit en avril 1882, et ce tableau devint alors une des pièces majeures de sa collection personnelle jusqu'en 1923, date à laquelle ses fils le vendirent à Duncan Phillips, afin de financer de nouveaux locaux pour la galerie Durand-Ruel (*voir* New York, Wildenstein, 1969).

Bibliographie
Silvestre 1882, p. 151
Morel 1883, p. 2
Lecomte *Art impressionniste* 1892, pp. 201-4
Mauclair 1902, pp. 221-2
Mauclair *Impressionists* 1903, p. 123
Lecomte 1907, p. 250
Meier-Graefe 1908, I, p. 292
Duret 1910, pp. 178-9
Meier-Graefe 1912, pp. 105-6
Rivière 1921, pp. 138, 184-7
Duret 1922, pp. 101-2
Jamot 1923, pp. 321-4
Duret 1924, pp. 81-2
Meier-Graefe 1929, pp. 152-4
Barnes et de Mazia 1935, pp. 404-5 n° 116
Drucker 1944, pp. 62-3, 204-5, n° 74
Pach 1950, p. 74
Rouart 1950, p. 104
Catinat 1952, pp.37-51
Rouart 1954, pp. 53-7
J. Renoir 1962, pp. 200-4
Gimpel 1963, pp. 181, 225
Berard 1968, pp. 3-5

New York, Wildenstein, 1969, Avant-propos
Daulte 1971, n° 379
Adhémar (H.), préface cat. exp. «Regard sur Châtou», Hôtel de Ville de Châtou, décembre 1980, pp. 11-2
Carey (M.), *Pierre-Auguste Renoir, The Luncheon of the Boating Party,* Washington, 1981
Gaunt et Adler 1982, n° 36
Londres, Royal Academy, 1984, p. 222

Expositions
1882, Paris, Septième exposition (140)
1883, Paris, Durand-Ruel (37)
1883, Boston (26)
1886, New York, American Art Association (185)
1892, Paris, Durand-Ruel (5)
1898, Paris, Durand-Ruel
1899, Paris, Durand-Ruel (83)
1904, Paris, Salon d'Automne (11)
1905, Londres, Grafton Galleries (244)
1917, Zurich (167)

Fig. 33
P. Véronèse, *Les Noces de Cana.*
(Paris, Musée du Louvre)

52
Les demoiselles Cahen d'Anvers

1881
H. 1,19 ; L. 0,74
S.D.b.d. : *Renoir. 81.*
São Paulo, Museu de Arte de São Paulo
Assis Chateaubriand

L'histoire de cette commande est un bon exemple de la manière dont Renoir se constitua un réseau de clients pour ses portraits, et aussi des relations quelquefois difficiles entre les clients et leur peintre. Duret, critique d'art et défenseur des impressionnistes, avait emmené Renoir aux réceptions que donnait Cernuschi (un orientaliste avec lequel Duret était allé au Japon) ; c'est là que Renoir fit la connaissance de Charles Ephrussi (financier devenu directeur de *la Gazette des Beaux-Arts*) qui, à son tour, l'introduisit auprès de Mme Cahen d'Anvers, femme d'un banquier (*voir* Duret 1912). Elle lui commanda d'abord le portrait d'Irène, sa fille ainée (Zurich, Fondation Bührle), puis ce double portrait de ses deux filles cadettes, Élisabeth (née en décembre 1874) et Alice (née en février 1876.)

Renoir acheva ce tableau juste avant de partir pour Alger, à la fin février 1881 ; comme il l'écrivait à Duret, il était incapable de dire si le tableau était bon ou mauvais (lettre du 4 mars 1881 ; Paris, Braun, 1932). Le payement semble avoir beaucoup tardé, car Renoir, qui se remettait d'une pneumonie à L'Estaque, écrivait le 19 février 1882 à Charles Deudon (lui aussi un des familiers du cercle de Cernuschi), en manifestant sa mauvaise humeur : « Quant aux quinze cents francs des Cahen, je me permettrai de vous dire que je la trouve raide. On n'est pas plus pingre. Décidément je lâche les Juifs. » (Schneider 1915). De son côté, la famille Cahen n'était pas satisfaite non plus : personne ne voulait avoir ce tableau dans sa chambre, et il fut relégué à l'étage des domestiques. C'est là que les Bernheim l'ont découvert vers 1900, d'après une indication de Renoir (Dauberville 1967, p. 219). Mme Cahen prêta le tableau pour l'exposition qui eut lieu chez Bernheim en 1900, mais peu après les Bernheim l'achetèrent pour leur collection particulière (Dauberville 1967, p. 552).

Ce tableau exposé en 1900 sous le titre *Rose et bleu* est une variation brillante sur le thème des robes d'une élégance recherchée des deux petites filles, la blonde vêtue de bleu, la brune de rose, dans un salon richement décoré. Renoir avait choisi un format comparable à celui des portraits de cour du XVIIᵉ siècle, en particulier aux portraits d'enfants en pied de Van Dyck, dans lequel la petite taille des enfants exige, comme dans le tableau de Renoir, un point de vue plus rapproché et plus intime associé aux atours du portrait d'apparat. C'est vers cette date que Renoir a parlé à Jacques-Émile Blanche des problèmes qu'il rencontrait pour satisfaire les clients de ses portraits ; « Si je reprends la tête demain, je suis foutu — mais c'est un portrait, il faut que la maman reconnaisse sa fille » (Blanche 1933, p. 292). La plus jeune de ces fillettes, devenue plus tard Lady Townsend of Kut, se rappelait dans son grand âge que seul le plaisir de porter une robe en dentelle l'avait consolée de l'ennui de poser pour Renoir (Jullian 1962).

Renoir avait eu l'intention d'exposer ce portrait au Salon de 1881 (Florisoone 1938). On a supposé (White 1969) que le tableau y avait été effectivement exposé ; cependant cela semble improbable, à moins que le catalogue du Salon n'ait enregistré inexactement les envois de Renoir, car les deux toiles exposées (nᵒˢ 1986-1987) étaient l'une et l'autre désignées sous le titre de *Portrait de Mlle****.

Bibliographie
Wright 1915, p. 120
Duret 1924, p. 62
Paris, Braun, *L'Impressionnisme*, 1932, p. 11
Florisoone 1938, p. 40
Schneider 1945, p. 99
Londres, Arts Council, 1954, nᵒ 54
Jullian (P.), « Rose » de Renoir

retrouvé par Phillipe Jullian », *Le Figaro littéraire*, 22 décembre 1962
Dauberville 1967, pp. 219, 552
White 1969, pp. 335, 338
Daulte 1971, nᵒ 361 et pp. 45, 410

Expositions
1900, Paris, Bernheim-Jeune (15)
1913, Paris, Bernheim-Jeune (20)

53
Jeune femme
lisant un journal illustré

vers 1880-81
H. 0,46 ; L. 0,56
S.h.d. : *Renoir.*
Providence, Rhode Island,
Museum of Art, Rhode Island School of Design
(Museum Appropriation, 22.125)

Aux alentours de 1880, Renoir a exécuté un grand nombre de petits tableaux d'inspiration familière et moderne comme celui-ci. Ce tableau est complètement achevé en lui-même, mais il est peint librement, par touches souples et douces dans des tons opaques et somptueux. Le volume des formes est seulement suggéré par des nuances de couleurs, sans recourir au modelé conventionnel par valeurs ; les nuances chaudes et variées employées pour peindre la chevelure du modèle visent surtout à saisir la manière dont celle-ci accroche la lumière et ne donnent guère d'indications sur sa couleur réelle. Ce tableau est probablement à peu près contemporain du *Déjeuner des canotiers* (*voir* cat. nº 51) : tous deux sont animés par des rehauts rouges et oranges — ici, en particulier, là où les cheveux voilent légèrement l'œil et la joue. Il se peut que le modèle soit ici Aline Charigot, la future épouse de Renoir, car elle ressemble à la jeune femme du premier plan à gauche, dans *Le Déjeuner des canotiers,* qui passe généralement pour être la jeune couturière.

Malgré la désinvolture apparente du tableau, Renoir n'en a pas moins considéré avec soin les rapports internes — par exemple, dans la manière dont les rayures verticales, en haut à droite, font ressortir les touches libres et souples de la chevelure.

Les jeunes femmes lisant sont un sujet courant, au moins depuis le XVIIIe siècle (*voir* Fragonard, *L'Étude,* fig. 39) mais ici Renoir le renouvelle avec esprit en cachant les yeux de la liseuse, en déplaçant le centre du tableau, et en concentrant les lumières principales sur son cou, son poignet et l'image qu'elle regarde. La double page illustrée du magazine est très caractéristique des hebdomadaires illustrés de l'époque, tels que *La Vie parisienne* ou *La Vie moderne* de Georges Charpentier.

Durand-Ruel a acheté ce tableau à la vente Morten I. Lawrence (New York, 29 janvier 1919), mais il semble qu'il ait été dans son stock dans les années 1880 ; c'est peut-être la même œuvre que la *Femme regardant des images,* qu'il avait achetée à Renoir en décembre 1885 et expédiée à New York en février 1886, où cette toile fut probablement exposée ce printemps-là à l'American Art Association. D'après les archives de la Rhode Island School of Design, Erwin David a acheté ce tableau à Durand-Ruel peu après son arrivée aux États-Unis.

Bibliographie
L.E.R., « Renoir in the Museum »,
Bulletin of the Rhode Island School of Design, avril 1923, pp. 18-20
Daulte 1971, nº 300

Exposition
? 1886, New York, American Art Association (259 ?)

54
Paysage d'Algérie :
Le Ravin de la Femme Sauvage

1881
H. 0,65 ; L. 0,81
S.b.g. : *Renoir.*
Paris, Musée d'Orsay, Galerie du Jeu de Paume
(RF 1943-62)

Fatigué après l'achèvement du portrait des *Demoiselles Cahen d'Anvers (voir* cat. nº 52), Renoir partit pour Alger à la fin de février 1881, à la recherche du soleil et de l'exotisme, quête traditionnelle chez les peintres français du XIXᵉ siècle. Les lettres écrites au cours de son voyage témoignent de son enthousiasme pour le pays — la fertilité de la terre, la douceur du climat, l'opulence de la végétation (*voir* en particulier la lettre à Mme Berard, mars 1881, Archives Durand-Ruel ; extraits, cat. vente Paris, Hôtel Drouot, 11 juin 1980, nº 92). Durant son premier séjour, Renoir s'est surtout intéressé aux paysages des environs immédiats d'Alger, en particulier ceux des alentours du Champ de manœuvres à Mustapha inférieur où il résidait, juste au sud de la ville. Quelques-uns de ses tableaux représentent la mer vue des collines, mais *Le Ravin de la Femme Sauvage* nous montre un motif plus clos. Le motif sans personnage semble isolé et étrange, mais il était en fait d'accès facile : c'est une étroite vallée qui conduit vers la mer à partir de Birmandrais (Bir Mourad Rais), à près de deux kilomètres dans les terres depuis la résidence de Renoir. En réalité, le nom de ce ravin, loin d'évoquer un passé bizarre, rappelle, semble-t-il « une jeune dame, nullement timide, qui tenait un café restaurant dans ce ravin, peu après la conquête française » (R.L. Playfair, *Murray's Handbook for Travellers in Algeria and Tunis,* éd. 1895, p. 108). Évidemment, cette vallée fut envahie par des constructions et un tramway l'année même qui suivit celle où Renoir peignit ce tableau (Bazin 1946).

La végétation exotique constitue le sujet principal de cette peinture — vraisemblablement le « mélange des figuiers de Barbarie et des aloès » dont Renoir parle dans sa lettre à Mme Berard. Les feuillages et la lumière sont rendus par des touches de couleurs librement disséminées ; tantôt ce sont de délicates taches de couleurs, tantôt des petites touches nerveuses ; des bleus profonds suggèrent les ombres, avec des éclats de rouge et d'orange dans les lumières. Mais cette animation de la matière est étayée par une structure picturale tout à fait orthodoxe, encadrée par le feuillage, en haut à gauche, et la colline, à droite, tandis que l'effet de profondeur est donné par un arc amorcé par les aloès audacieusement esquissés.

Durand-Ruel possédait ce tableau lorsqu'il a réorganisé son stock en 1891, mais ses archives ne disent pas clairement à quelle date il fut acheté. En 1909, il le vendit à Bernstein — vraisemblablement l'auteur dramatique Henry Bernstein, dont Renoir fit le portrait en 1910.

Bibliographie
Bazin 1946, pp. 6-10
Callen 1978, p. 79

55
La mosquée (*dite* Fête arabe)

1881
H. 0,73 ; L. 0,92
S.D.b.d. : *Renoir 81.*
Paris, Musée d'Orsay, Galerie du Jeu de Paume
(Don de la Fondation Biddle, 1957,
en souvenir de Mrs. Margaret Biddle ; RF 1957-8)

La *Fête arabe* constitue une exception parmi les tableaux que Renoir a rapportés d'Algérie ; c'est le seul qui représente une scène de la vie locale, au lieu tout simplement de paysages, de vues ou de personnages typiques. Toutefois le sujet n'a pas été identifié avec précision. Ce tableau a été intitulé *La mosquée, fête arabe* dans les registres de Durand-Ruel, lorsque celui-ci l'a acheté en 1892, et on a supposé (Londres, Royal Academy, 1984) qu'il représentait une cérémonie religieuse. Cependant, c'est le seul qui corresponde à la description que Gustave Kahn a faite d'une toile exposée chez Durand-Ruel, en 1888 : « Une ébauche d'un grouillement d'Arabes à Alger ne rend qu'insuffisamment le mouvement polychrome de ces foules orientales. » La seule peinture du catalogue de l'exposition à laquelle cette description puisse se référer était intitulée *Saltimbanques à Alger*, ce qui permet de supposer que l'attention de la foule est attirée par une troupe d'acteurs ambulants plutôt que par des fanatiques religieux. Ce tableau fut exposé en 1906 sous le titre *Fête au camp* ; par la suite il a été généralement connu sous celui de *La Casbah*.

Le point de vue élevé d'où le regard plonge sur des groupes de citadins est un cliché de la composition picturale impressionniste transposé dans un milieu exotique. Mais ici, la foule est composée de spectateurs au lieu de passants. Les acteurs se trouvent au centre de la composition, mais le spectateur du tableau est si éloigné et si séparé d'eux que le sujet principal devient les rangs tourbillonnants de l'auditoire, une mer de couleurs éblouissantes dans laquelle se noie le spectacle.

A pareille distance de son sujet, Renoir n'avait guère besoin, ni guère de chance de trouver une forme picturale distincte pour exprimer les mouvements de cette danse locale.

En se souvenant de l'Algérie, Renoir n'avait pas oublié à quel point la lumière du soleil transformait les mendiants les plus humbles en êtres de légende (Vollard 1938, p. 267 ; Rivière 1921, p. 190), et il parlait de l'effet du soleil : « En Algérie j'ai découvert le blanc. Tout est blanc, les burnous, les murs, les minarets, la route » (J. Renoir 1962, p. 228). Plus que les autres tableaux de son premier voyage, la *Fête arabe* utilise le blanc pour créer une structure picturale dans laquelle, en peignant la foule, il pouvait mettre en œuvre toute la virtuosité de sa technique consistant à esquisser en pleine pâte.

Toutefois, cela n'était pas simplement le résultat de la rencontre de Renoir avec la lumière de l'Afrique du Nord : *Le Déjeuner des canotiers* (*voir* cat. n° 51), achevé et vendu juste avant son départ pour Alger montrait déjà un sens nouveau de la structure et de la possibilité d'utiliser les zones de lumière et d'ombre pour ancrer une composition. Le soleil d'Algérie a peut-être exigé de lui une nouvelle luminosité de sa palette, mais cela ne faisait que confirmer la direction que son art prenait déjà.

Bien des années plus tard, au cours d'une conversation avec Vollard, Renoir décrivait à celui-ci l'un de ses tableaux algériens, une *Fantasia* : « Lorsque je livrai cette dernière toile à Durand-Ruel, elle avait l'air d'un tas de plâtras. Durand-Ruel me fit confiance et, quelques années après, le travail de la couleur s'étant fait, le sujet sortit de la toile tel que je l'avais conçu. » Bien que Vollard ait daté ce tableau du second voyage de Renoir, en 1882, la *Fête arabe* est très vraisemblablement la toile en question, car Renoir n'a jamais peint de fantasia (qui est une sorte de divertissement équestre). Cette anecdote montre que, tôt dans sa carrière, Renoir avait songé à compenser ce qu'il craignait le plus en peinture, la modification que subissent les couleurs à l'huile.

Bien que Renoir soit arrivé à Alger en 1881 avec un grand désir de peindre des figures, ce ne fut qu'à son second voyage, au printemps de 1882, qu'il réussit à trouver plusieurs modèles arabes de bonne volonté d'après lesquels il fit quelques tableaux et un certain nombre de croquis minuscules dans un carnet (ce carnet, publié en fac-similé, en 1955, porte l'étiquette d'un fournisseur vénitien ; les dessins algériens qu'il renferme doivent donc dater du second voyage, et non de celui de 1881 comme le suppose White 1969, p. 342). Pourtant, Renoir n'a rapporté d'aucun de ses deux séjours en Algérie de compositions à figures en costume oriental, aussi ambitieuses que celles qu'il avait peintes sans quitter la France (*voir* cat. n°s 16, 19).

Durand-Ruel a acheté la *Fête arabe* à Renoir, en février 1892, cependant elle était en dépôt dans sa galerie depuis décembre 1888 (le temps pour la couleur de se stabiliser ?) ; il la vendit en janvier 1900 à Claude Monet, qui l'a conservée jusqu'à sa mort.

Bibliographie
? Kahn 1888, pp. 544-6
Rey 1931, p. 53
? Vollard 1938, p. 207
Gaunt et Adler 1982, n° 37
Londres, Royal Academy, 1984, n° 109

Expositions
? 1888, Paris, Durand-Ruel (19)
1906, Marseille (53)

56
La Seine à Chatou

vers 1881
H. 0,74 ; L.0,93
S.b.d. : *Renoir.*
Boston, Museum of Fine Arts
(Don Arthur B. Emmons, 1919 ; 19.771)

Renoir avait travaillé à Chatou à la fin de l'été 1880, concentrant toute son attention sur *Le Déjeuner des canotiers*, puis de nouveau au printemps de 1881, après son retour d'Alger, quand *Le Déjeuner des canotiers* étant terminé et vendu, il fut en mesure de travailler sans être soumis à la tension causée par un projet important. A Pâques 1881, il écrivait à Duret pour lui dire les raisons qui le poussaient à ajourner le projet d'un voyage à Londres ; « Je suis en lutte avec des arbres en fleurs, avec femmes et enfants, et je ne veux rien voir au delà » (Florisoone 1938). *La Seine à Chatou* est très probablement l'un de ces tableaux d'« arbres en fleurs », avec deux toiles de marronniers en fleurs (tous deux datés « 81 » ; Paris, Musée d'Orsay, Galerie du Jeu de Paume, et Berlin, Nationalgalerie).

La Seine à Chatou est l'un des paysages les plus exubérants de Renoir, vibrant, chatoyant et varié de technique. La toile est dominée par la diversité des verts des feuillages et des bleus de l'eau, du ciel et des ombres, mais de chaudes nuances, rouge orangé, rose et carmin éteint apparaissent ici et là et animent le paysage de bout en bout. La facture n'obéit pas à une règle absolue : les hachures du ciel sont comparables à celles de Pissarro, tandis que les touches en virgules et les taches dans l'herbe sont semblables à celles des tableaux contemporains de Monet, à Vétheuil. Mais l'arbre en fleurs décrit plus nerveusement, plus littéralement, et les touches délicates et duveteuses du lointain créent une diversité totalement différente des textures picturales plus homogènes que Monet et Pissarro recherchaient déjà. Au cours de l'année suivante, Renoir se

mettra lui aussi à travailler dans une manière plus clairement structurée (*voir* cat. nº 63).

La jeune fille à droite du tableau, et son bouquet de fleurs, sont aussi traités au moyen de touches très libres ; elle est absorbée par la texture du reste de la toile plus qu'elle n'est différenciée en tant qu'élément humain. Mais sa présence, ainsi que les canots à voile et les maisons suggérées sur l'autre rive, montrent que nous sommes en présence d'un paysage de banlieue, plutôt que devant un paysage campagnard, évoquant par la fraîcheur de sa technique et de sa couleur une journée de fin de printemps, dans l'un des plus célèbres lieux de divertissement des environs de Paris (*voir* cat. nº 51).

Durand-Ruel était en possession de ce tableau lorsqu'il a réorganisé son stock en 1891 ; c'est vraisemblablement l'un des paysages représentant la Seine à Chatou qu'il avait acheté à Renoir en 1881, et c'est aussi, très probablement, l'un des tableaux de Renoir que le marchand a fait figurer dans la septième exposition du groupe impressionniste, en 1882. Durand-Ruel vendit cette toile en vente publique le 19 décembre 1894, à New York.

Bibliographie
? Florisoone 1938, p. 40

Exposition
? 1882, Paris, Septième exposition

57
Les parapluies

vers 1881 et vers 1885
H. 1,80 ; L. 1,15
S.b.d. : *Renoir.*
Londres, The Trustees of The National Gallery (3268)
Exposé à Londres et Paris seulement

Bien qu'ils soient très populaires et aient été largement reproduits depuis leur entrée dans les collections nationales anglaises avec le legs Lane en 1917, *Les parapluies* n'en restent pas moins un tableau troublant en raison de la contradiction qui existe entre ses deux moitiés, tant pour la facture et la couleur que pour la mode féminine. Cette toile appartient à la longue série des ambitieuses compositions en hauteur de Renoir représentant des scènes de la vie moderne — la plupart d'entre elles ont pratiquement la même hauteur —, série qui a commencé en 1867 avec *Lise à l'ombrelle* (fig. 6); *La sortie du Conservatoire* vers 1877 (Merion, Barnes Foundation ; Daulte 1971, nº 245) est la toile qui se rapproche le plus des *Parapluies*; elle représente des groupes en pied d'hommes et de femmes élégamment vêtus, dans la rue, et la structure de sa composition est tout aussi libre et décousue. *Les parapluies* rappellent aussi la manière dont les figures sont groupées dans *le Bal du Moulin de la Galette,* de 1876 (*voir* cat. nº 39).

Il paraît quasiment certain que ce tableau, sous sa forme actuelle, a été exécuté à deux dates différentes, et que quatre ans environ se sont écoulés entre l'exécution du groupe de droite (l'enfant au cerceau et la femme derrière lui, ainsi que certaines parties de la jeune fille, tout à fait à droite, et peut-être la femme de profil, au centre), et celle du reste du tableau. Les parapluies et le fond appartiennent à la seconde phase de l'exécution, ainsi que le couple de gauche, dont l'aspect contraste si nettement avec les figures de droite. Trois sortes de preuves appuient cette conclusion : la lecture du tableau, les modes féminines représentées et l'examen radiographique.

Les figures de droite sont traitées par touches délicates et duveteuses ; leurs traits ne sont pas modelés clairement ou cernés avec netteté et leurs couleurs sont vives et variées.

En revanche, celles de gauche sont peintes plus sèchement ; leurs formes offrent une silhouette plus nette et leurs traits, comme les yeux, sont dessinés avec plus de précision. La couleur est plus terne et, dans la robe de la femme de gauche, elle est traitée par morceaux relativement distincts qui en suivent le modelé et les plis, au lieu de se dissoudre en une surface kaléidoscopique. Ces éléments peuvent suggérer des dates approximatives, mais on peut espérer que la présente exposition rendra ces arguments plus décisifs en présentant ce tableau aux côtés des exemples comparables les plus pertinents. La partie la plus ancienne montre la technique délicate et souple que Renoir a utilisée de temps à autre depuis 1875 environ jusqu'en 1881 ; elle apparaît en 1880-81 dans *Le Déjeuner des canotiers* (*voir* cat. nº 51), en 1881 dans *Sur la terrasse* (Art Institute of Chicago ; Daulte 1971, nº 378). Dans l'ensemble, la tonalité des *Parapluies* est froide, mais les rehauts oranges de la chevelure de la jeune fille de droite, ainsi que la façon dont est traité son profil perdu, rappellent la *Jeune femme lisant un journal illustré,* vers 1881 (*voir* cat. nº 53) ; des tons chauds pareillement accentués apparaissent dans *Le Déjeuner des canotiers.* A gauche, le dessin des visages est comparable à celui de *L'enfant au fouet,* de 1885 (*voir* cat. nº 75), tandis que le modelé de la robe est en rapport avec la manière dont est traitée la jaquette du portrait d'*Aline Charigot,* vers 1885 (*voir* cat. nº 77) ; l'arbre, en haut à gauche, ressemble au feuillage que l'on voit dans *La Roche-Guyon,* aux réminiscences cézaniennes, également vers 1885 (*voir* cat. nº 76).

Les toilettes féminines fournissent les preuves les plus précieuses pour dater cette toile (*voir* Londres, National Gallery, 1970 et le détail des discussions réunies par Stella M. Pearce dans les archives de la National Gallery). Les

figures de droite portent des vêtements coûteux du genre de ceux qui étaient à la mode en 1881, et étaient encore élégants en 1882 ; une date antérieure à 1881 paraît impossible. A gauche, la robe de la femme — de coupe différente et beaucoup plus sévère de ligne — n'a été à la mode qu'en 1885, et elle aurait été démodée en 1887. Dans ses tableaux où les figures portent le costume contemporain, Renoir a toujours représenté ses modèles vêtus à la dernière mode ; d'ailleurs, une lithographie en couleurs d'après *Sur la terrasse* a servi d'illustration dans la revue de mode *L'Art et la mode,* en 1882. Par conséquent, outre les preuves apportées par la technique, il paraît peu plausible que Renoir ait peint la femme et l'enfant de droite en même temps que la femme que l'on voit à gauche, car ses vêtements auraient été manifestement démodés en 1885, qui est la date la plus précoce pour la figure de gauche.

D'après le catalogue de la National Gallery, à l'origine, la toile était plus grande sur le côté gauche et en bas : les lisières de la toile actuellement clouées sur le châssis sont peintes. Mais les radiographies donnent à penser que l'arrangement des figures n'en a pas été beaucoup modifié, et la toile peut fort bien n'avoir été que légèrement recoupée. Les radiographies ne confirment pas non plus l'hypothèse du catalogue de la National Gallery selon laquelle une bande transversale en haut de la toile n'aurait pas été peinte à l'origine : elles ne montrent pas de changement de traitement visible à cet endroit. Toutefois les radiographies montrent bien des dessous d'un genre complètement différent au-dessous des deux groupes principaux ; leurs surfaces peintes étaient nettement construites dans des manières totalement différentes. Celui de droite n'était que vaguement indiqué, et les formes épurées graduellement, ce qui suggère que Renoir n'a commencé à travailler à sa toile qu'aux alentours de 1881 ; mais sous le groupe de gauche, les formes sont très clairement définies. A l'origine, le visage et le bras de l'homme étaient un peu plus hauts, et les traits de la femme quelque peu différents : elle avait la bouche plus grande, peut-être esquissant un sourire, et les cheveux plus frisés. Sa robe a été beaucoup modifiée : à l'origine, elle avait un col et des manchettes froncées et en dentelle, et on ne trouve pas trace d'une ceinture horizontale ou d'une taille, juste à gauche de la courroie de son carton à chapeaux ; toutefois, il paraît probable que Renoir a gratté une grande partie de la peinture originale de la robe avant de l'exécuter

dans son état présent. Mais une chose reste obscure : sous leur forme originale, les figures de gauche ont-elles été peintes en même temps que celles de droite, ou bien les radiographies révèlent-elles un stade intermédiaire entre 1881 et 1885 ? Il subsiste un certain nombre de dessins de sujets apparentés (Drucker 1944, pl. VIII ; Daulte 1959, pls. 1 et 4), mais ils ne nous aident pas à dater l'exécution des *Parapluies,* car aucun d'eux ne semble avoir directement servi d'études pour ce tableau.

Cependant, arrivé au stade final, Renoir a clairement décidé qu'il ne pouvait pas, ou ne voulait pas remanier la partie droite de la toile pour la mettre en conformité avec la partie gauche. Comme le montrent les débuts de l'histoire de ce tableau (*voir* plus bas), la vente en fut rendue moins facile : pour le regard d'un contemporain, la différence des modes était beaucoup plus flagrante qu'elle ne l'est de nos jours — en termes du XXᵉ siècle, elle est comparable au contraste entre une minijupe et un caftan. On ne peut que faire des conjectures sur les raisons qui ont empêché Renoir de continuer à travailler à cette toile : il est fort possible que chacun des groupes lui a paru être une réussite en lui-même ; mais il est également possible qu'au moment où il achevait les figures de gauche, il n'avait plus envie de remanier le reste d'un groupe de figures d'une structure aussi lâche et compliquée. Au début des années 1880, il tendait de plus en plus à composer des groupes aux figures nettement dessinées, comme par exemple dans les trois grandes toiles de la *Danse,* de 1882-83 (*voir* cat. nᵒˢ 66-8) — exactement de la même hauteur que *Les parapluies,* qu'il a peintes dans l'intervalle qui sépare les deux phases de ceux-ci. Après ces toiles, *Les parapluies* auraient fait l'effet d'un retour aux types de composition habituels de l'artiste avant son voyage en Italie, en 1881-82. Les deux figures de gauche sont en fait des réminiscences des *Danses* : un couple étroitement juxtaposé et entrelacé en termes picturaux, dont les relations personnelles restent indéfinies — au vrai, nous ne savons même pas s'il existe des relations entre eux. Cette sorte de présentation sans limites définies de personnages modernes qui paradent dans les rues ou dans les lieux de divertissement fut l'une des spécialités de Renoir jusqu'à cette date (*voir* cat. nᵒˢ 25, 39, 47). Après 1885, Renoir n'a plus peint de compositions monumentales inspirées par la vie moderne. L'état dans lequel il a laissé *Les parapluies* témoigne des raisons qui le conduisirent à ce changement capital dans sa carrière, et

aux *Baigneuses* (fig. 37), le tableau-manifeste de cette phase d'expériences.

Le début de l'histoire de ce tableau confirme qu'il faisait problème. Renoir l'avait mis en dépôt chez Durand-Ruel en avril 1890, et celui-ci le lui acheta en 1892, à un prix fort modeste pour une toile de cette taille. C'est la seule peinture majeure de Renoir qui n'ait pas été exposée très rapidement à Paris — notamment, elle n'a pas figuré à l'importante rétrospective de l'œuvre de Renoir que Durand-Ruel avait organisée en mai 1892, peu de temps après avoir acheté le tableau ; on peut supposer que la différence des modes représentées était encore trop apparente pour que cette peinture emporte la conviction. Il est probable que cela a dû moins gêner Sir Hugh Lane quand il a acheté ce tableau à Durand-Ruel, en 1907, et le public irlandais, lorsque cette toile fut exposée à la Municipal Gallery de Dublin, en 1908.

Bibliographie
Fry 1917, pp. 148-9
André 1928, pp. 20-1
Drucker 1944, p. 205 n° 76
Bell 1945
Demus (O.), «The Litterature of Art, Auguste Renoir, Les Parapluies», *Burlington Magazine,* oct. 1945, pp. 258-9
Gowing 1947, p. 6
Pach 1950, pp. 68

Londres, National Gallery, *French School, Early 19th Century, Impressionists, Post-Impressionists, etc.,* catalogue par M. Davies et C. Gould, 1970, pp. 119-20
Daulte 1971, n° 298
Gaunt et Adler 1982, n° 39
Informations dans les archives de la National Gallery, Londres

58
Géraniums et chats

1881
H. 0,91 ; L. 0,73
S.D.b.d. ; *Renoir. 81.*
New York, Collection particulière
Exposé à Boston seulement

Aux alentours de 1880, Renoir peignit un certain nombre de natures mortes ambitieuses et très élaborées. Il semble qu'à cette époque Renoir et Monet se soient rendu compte qu'il existait un marché plus assuré pour les natures mortes que pour leurs autres œuvres. Ici, Renoir a choisi une composition exceptionnellement complexe. La moitié supérieure de la toile est pratiquement comblée par des fleurs placées devant un rideau ; mais au-dessous, les angles obliques de la table sur laquelle dorment les chats contrastent avec le vide du plancher, à gauche. L'énorme vasque contenant les fleurs est posée sur une sellette compliquée, juste derrière la table. A cette époque, Renoir introduisait dans ses compositions des éléments coupés par le bord de la toile (*voir* également cat. n° 48), mais à la différence de Degas, il équilibrait toujours ses compositions pour que le sujet principal en soit, sans équivoque, le centre. La couleur riche, vive et lumineuse complète ici la somptuosité du sujet et de son arrangement.

Ce tableau est l'un des premiers vendus aux États-Unis par Durand-Ruel qui le céda à A.W. Kingman, lors de l'exposition organisée à New York, en 1886. Il est vraisemblable qu'il s'agit bien des *Géraniums,* qu'il avait achetés à Renoir, en octobre 1881, et qui avaient figuré à l'exposition du groupe impressionniste, en 1882 ; Durand-Ruel avait envoyé cette toile à Londres, en avril 1883, pour l'exposition de la Dowdeswell Gallery, mais il ne figure pas dans le catalogue de cette exposition.

Bibliographie
New York, Wildenstein, 1969,
n° 41

Expositions
? 1882, Paris, Septième exposition (156)
? 1883, Londres, Dowdeswell
1886, New York, American Art Association (284)

59
Croquis de têtes
(Les enfants Berard)

1881
H. 0,62 ; L. 0,83
S.D.b.d. : *Renoir. 81.*
Williamstown, Massachusetts,
Sterling and Francine Clark Art Institute (590)

Entre 1879 et 1884, Renoir a peint toute une série de tableaux pour Paul Berard, diplomate et banquier. Renoir avait fait la connaissance de Berard grâce à Charles Deudon qui, comme lui, allait souvent chez Cernuschi (*voir* cat. n° 52). Pour la première commande de Berard, le portrait de Marthe, sa fille aînée (Daulte 1971, n° 279 ; Museu de Arte, São Paulo), Renoir avait délibérément choisi une gamme de couleurs restreinte (Duret 1924, p. 63), mais la famille avait aimé ce tableau. Renoir devint bientôt l'ami intime de Paul Berard, et un hôte habituel de la maison de campagne des Berard, le château de Wargemont, aux environs de Dieppe. Ses tableaux postérieurs représentant les enfants Berard comprennent quelques-uns de ses portraits les plus vivants et les plus insolites (*voir* également cat. n° 73). Pendant ses séjours à Wargemont, Renoir se mêlait aussi avec enthousiasme à la vie de la famille, nouant des relations cordiales avec le domestique principal, et trouvant plaisir à l'accompagner à Dieppe, au marché du samedi, où on le rencontrait coiffé d'un chapeau de canotier pointu (Blanche 1937, pp. 35-8).

Renoir a souvent juxtaposé des séries de têtes sur une seule toile ou sur une feuille de papier (*voir* fig. 38), mais il s'agissait généralement d'études qui n'étaient pas desti-nées au public ; il en montra quelques-unes à un journaliste venu l'interviewer en 1892, lui faisant remarquer la liberté que lui permettait ce genre de petits croquis, tout en soulignant qu'il ne les exposerait pas, car il ne les considé-rait pas comme des « pièces achevées » ([Anon.], *L'Éclair,* 1892). Cependant, il tenait le présent tableau comme une œuvre achevée en elle-même, et l'a exposé en 1883, sous le titre *Croquis de têtes* ; ici, les têtes sont plus achevées que dans la plupart des œuvres de ce genre.

La toile montre les quatre enfants de Berard : André (né en 1868), en bas à gauche ; Marthe (née en 1870), en bas au centre et à droite ; Marguerite (née en 1874), en haut à droite, et de profil, en haut au centre ; et Lucie (née en 1880) représentée deux fois, dans le haut à gauche, et probable-ment aussi dans la troisième tête à partir de la gauche en haut de la toile. Cet arrangement lui permettait d'observer les enfants sans contrainte, sous des angles divers, et sans qu'il soit besoin de construire toute une composition sur une pose unique. Peut-être, la juxtaposition de toutes ces têtes donne-t-elle aussi quelque idée de la maisonnée ; Blanche se souvenait des « petites Berard, des sauvageon-nes qui refusaient d'apprendre à lire ou à écrire, les cheveux au vent et qui s'échappaient pour aller traire les vaches dans les champs » (1937, pp. 35-8).

Les visages sont traités avec une grande délicatesse, tandis que les touches floues qui les séparent permettent au regard de passer aisément de l'un à l'autre ; néanmoins, l'ensemble est discrètement structuré — affermi par la figure au livre rouge de face, en bas au centre et maintenu en haut par le bleu sur lequel se détache le profil de Marguerite. Les ombres des chairs sont modelées avec des bleus, et aussi avec des jaunes adoucis et même des rouges ; les cheveux sont traités dans une large gamme de couleurs — bleus, violets, rouges et jaunes —, si bien que le spectateur n'a pas une idée très claire de la couleur réelle des chevelures. Mais à côté de ces jeux de couleurs, certains traits des visages, les yeux en particulier, sont mis en valeur avec l'habileté d'un miniaturiste.

Ce tableau fut acheté par Albert Pra à la vente Paul Berard, en 1905.

Bibliographie
Duret 1922, p. 100.
Berard 1939, p. 12
Daulte 1971, n° 365
Daulte 1972, p. 91

Exposition
1883, Paris, Durand-Ruel (11)

60
La Place Saint-Marc

1881
H. 0,65 ; L. 0,81
S.b.d. : *Renoir.*
Minneapolis, Minnesota,
The Minneapolis Institute of Arts
(Fonds John R. Van Derlip ; 51.19)

Au cours de son voyage en Italie, Renoir fit une première halte importante à Venise, à la fin octobre et au début novembre 1881. Ses toiles vénitiennes évoquent essentiellement les endroits célèbres, sujets faciles à vendre. Mais à la différence des toiles de ce groupe que Renoir avait exécutées en vue d'une vente immédiate, *La Place Saint-Marc* est restée à l'état d'esquisse, vraisemblablement sans remaniement à l'atelier. Au retour de Renoir, Durand-Ruel acheta deux des tableaux de Venise les plus achevés, dont *Le Grand Canal* (fig. 34), et il les fit figurer à la septième exposition du groupe impressionniste, en 1882 ; toutefois *La Place Saint-Marc* ne semble pas être passée dans le commerce avant son acquisition (antérieure à 1892) par le romancier et journaliste Robert de Bonnières. Comme bon nombre des esquisses les plus audacieuses des impressionnistes, elle paraissait mieux convenir à un amateur éclairé qu'au stock d'un marchand de tableaux (*voir* également cat. n° 35) ; lors de sa présentation en 1892, Alexandre la définissait comme une ébauche, dans sa préface au catalogue de l'exposition. Renoir n'a que rarement expérimenté l'esquisse virtuose en plein air, genre qui avait fait la réputation du groupe impressionniste lorsque Monet avait montré *Impression, soleil levant* à la première exposition du groupe, en 1874.

Le Grand Canal et son pendant, *Le Palais des Doges* (Williamstown, Clark Art Institute) sont d'une exécution serrée et trop recherchée ; lorsqu'ils furent exposés en 1882, Eugène Manet, le frère d'Édouard, les trouva « détestables et de véritables tricots » (Rouart 1950, p. 104), et Armand Silvestre (1882, p. 151) les qualifia de « compromis tout à fait malheureux entre Ziem et Monticelli ». Par contraste, *La Place Saint-Marc,* bien qu'elle traite un sujet tout aussi rebattu, n'est pas encombrée de détails superflus et suggère à peine les figures et les pigeons sur la place. L'église, avec ses ors et ses mosaïques rutilants sous la lumière directe ou reflétée du soleil, en constitue tout le sujet ; de rapides touches de couleurs, des contrastes audacieux d'oranges et de jaunes avec des bleus retiennent l'essentiel de ses formes. Il s'agit peut-être de la toile dont Renoir, dans une lettre de Venise disait à Berard que c'était « une étude où j'ai empilé jaune de chrome sur jaune brillant. Vous verrez comme c'est mauvais. » (cat. vente, Paris, Hôtel Drouot, 16 février 1979, n° 69).

Dans d'autres lettres de Venise, Renoir plaisantait de sa réaction très conventionnelle au site (*voir* White 1969, pp. 346-7) ; il n'éprouvait pas d'intérêt à explorer les possibilités picturales des ruelles écartées à la différence de Whistler, avec qui Renoir avait passé une partie de son temps, lorsqu'au même printemps l'Américain était revenu de Venise (lettre à Duret, Florisoone 1938, p. 40). Toutefois, Renoir avait de magnifiques souvenirs de Saint-Marc : devant Vollard (1938, p. 202), il évoquait la douceur de sa lumière et les mosaïques de l'intérieur, et dans des notes préparées aux alentours de 1884 pour son projet de Société des Irrégularistes (*voir* p. 234), il citait Saint-Marc comme exemple parfait de son principe de l'irrégularité dans la régularité — « régulier dans son ensemble ; pas un détail pareil » (J. Renoir 1962, p. 234).

Vollard a acheté le tableau à Bonnières ; en 1912, un amateur d'art en fit don à la Staatsgalerie de Munich, en mémoire de H. von Tschudi ; par la suite la Staatsgalerie l'a vendu.

Fig. 34
Renoir, *Le Grand Canal,* 1881.
(Boston, Museum of Fine Arts).

Bibliogaphie
Alexandre 1892, p. 35
Munich Staatsgalerie, *Katalog,*
1925, n° 8645
Meier-Graefe 1929, p. 156
Drucker 1944, pp. 61, 204 n° 72
*Minneapolis Institute of Arts
Bulletin,* avril 1952, pp. 70-5
New York, Wildenstein, 1969,
n° 43
White, 1969, p. 345

Minneapolis Institute of Arts,
European Paintings, 1971, n° 151
Chicago, Art Institute, 1973, n° 35
Ann Arbor, Museum of Art,
1979-80, p. 182 n° 49

Expositions
1892, Paris, Durand-Ruel (47)
1910, Berlin (printemps), Secession
(212)

61
Oignons

1881
H. 0,39 ; L. 0,60
S.D.b.g., avec inscription : *Renoir. Naples. 1881.*
Williamstown, Massachusetts,
Sterling and Francine Clark Art Institute (588)
Exposé à Boston seulement

Cette nature morte a été exécutée pendant le séjour de Renoir à Naples, à la fin de 1881. Il venait de peindre un certain nombre de natures mortes d'une composition très élaborée (*voir* cat. n° 58), susceptibles de s'harmoniser avec les intérieurs somptueux dans lesquels il espérait qu'elles seraient accrochées. Ici, par contraste, Renoir a traité les oignons et l'ail avec une liberté exubérante, à la fois dans l'arrangement des formes et dans la facture. La touche, délicate en certaines parties, est dans tout le tableau animée par des rythmes obliques doux et variés qui répondent aux différentes positions des oignons ; l'énergie qui se dégage de toute la composition est encore accrue par la bordure rouge et bleue qui court en courbes serpentines vibrantes autour du linge sur lequel reposent les oignons.

La simplicité du décor, la composition sans apprêts des *Oignons* s'accordent fort bien avec l'humble produit local que Renoir a peint. Mais la manière dont il a traité son sujet peut également être le reflet d'un sentiment de libération personnelle. En effet, pendant les trois dernières années, il avait largement dépendu du mécénat de clients fortunés et mondains, mais à présent, il était son propre maître au cours de ce long voyage en Italie, en compagnie d'Aline Charigot. Les *Oignons* ont été peints à peu près en même temps que la *Baigneuse* pour laquelle Aline a posé, dans la baie de Naples (*voir* cat. n° 62).

Durand-Ruel a acheté ce tableau au docteur Soubies, en 1921. Cependant, il s'agit probablement du tableau intitulé *Oignons*, qu'il avait acheté à Renoir, en mai 1882, et qui a figuré à l'exposition particulière de Renoir, en 1883 ; Durand-Ruel le prit en dépôt avec bon nombre d'autres tableaux impressionnistes, en 1883-84, mais ne le possédait plus quand il a réorganisé son stock, en 1891. Haviland (*voir* cat. n° 72) aurait été l'un des premiers propriétaires des *Oignons* (Williamstown, 1956), mais ceci n'est pas solidement établi. C'était en tout cas le tableau que Sterling Clark préférait parmi les nombreux Renoir qu'il a donnés au Sterling and Francine Clark Art Institute de Williamstown.

Bibliographie
Williamstown, Clark Art Institute,
1956, n° 150
Callen 1978, p. 73

Exposition
? 1883, Paris, Durand-Ruel (29)

62
Baigneuse
(*dite* Baigneuse blonde I)

1881
H. 0,82 ; L. 0,66
S.D.h.d., avec inscription : à *Monsieur H. Vever/Renoir.*
81. (en partie surpeint)/Renoir. 81.
Williamstown, Massachusetts,
Sterling and Francine Clark Art Institute (609)

Renoir rapporta cette *Baigneuse* d'Italie, où il avait fait un voyage durant l'automne et l'hiver de 1881, disant fièrement à ses amis qu'il l'avait peinte sur un bateau, dans la baie de Naples, en plein soleil (Blanche 1921 ; *voir* Blanche 1931, Vollard 1938). Il est à peu près certain que le modèle est Aline Charigot, qui avait accompagné Renoir en Italie, au moins pendant une partie du voyage (*voir* Manet 1979, p. 66) ; Aline avait probablement commencé à poser pour Renoir au cours de l'année 1880 (*voir* cat. n° 51).

Lorsque Renoir montra pour la première fois la *Baigneuse* à ses amis, ceux-ci comprirent immédiatement qu'elle était le signe d'une nouvelle orientation de son art. Bien des années plus tard, Renoir évoquait ses souvenirs devant Jacques-Émile Blanche (1949, p. 435) : « Souviens-toi de Paul Berard, Deudon, Charles Ephrussi, quand je rapportai à Wargemont ma baigneuse de Capri ! Ce qu'ils craignaient que je ne fasse plus des *Nini* ! ».

Au cours de la même conversation il rappelait aussi la forte impression que les fresques de Raphaël à la Farnésine lui avaient faite à Rome : « Raphaël rompt avec les écoles de son temps, se voue à l'Antiquité, la grandeur, la beauté éternelle ».

La *Baigneuse* suggère une comparaison à l'*Etude* de nu en plein air que Renoir a peint en 1875 (*voir* cat. n° 35 ; le modèle s'appelait Anna, ou Nana ; Nini, pense-t-on, aurait posé pour *La loge, voir* cat. n° 25). Au lieu des audacieuses taches de couleurs de l'*Etude* qui fondent la figure dans son environnement et en font un élément du paysage, le modèle de la *Baigneuse* se détache nettement du fond. Le modelé de la figure est toujours obtenu au moyen de la couleur : des bleus délicats et des rouges foncés suggèrent les ombres des chairs, et des bleus purs indiquent les plis de la serviette ; mais ces nuances sont subordonnées à la blancheur éblouissante des chairs éclairées par le soleil, nettes de formes et de contours. L'ensemble de la figure possède une présence physique puissante. Les contours ne sont ni durs, ni linéaires, mais les formes sont clairement délimitées par leur contraste avec les tons plus froids et plus sombres sur lesquels elles se détachent.

La pose de la figure marque également un changement par rapport à l'*Etude*. La position des mains est semblable dans les deux tableaux ainsi que dans *La jeune fille au chat* (*voir* cat. n° 49). Mais dans les deux tableaux plus anciens la femme nous fait face, détendue et accessible à notre regard, tandis que dans la *Baigneuse* elle est tournée sur le côté et

regarde au-delà de nous, prenant en quelque sorte ses distances par rapport au spectateur. La diagonale formée par son bras droit donne à la figure une forme pyramidale simple qui confère à l'ensemble un aspect plus monumental et éternel.

Les fresques de Raphaël à la Farnésine ont contribué à ces changements, ainsi d'ailleurs que les peintures murales de Pompéi que Renoir avait admirées au Musée de Naples (la majeure partie des peintures de Pompéi découvertes avant 1881 avaient été transférées au Musée de Naples). Renoir avait décrit sa réaction immédiate devant ces découvertes en des termes qui font penser à la *Baigneuse*, dans une lettre du début de 1882 à Mme Charpentier, il parlait de sa recherche de « cette grandeur et cette simplicité des anciens. Raphaël, qui ne travaillait pas dehors, avait cependant étudié le soleil, car ses fresques en sont pleines. Ainsi, à force de voir le dehors, j'ai fini par ne plus voir que les grandes harmonies sans plus me préoccuper des petits détails qui éteignent le soleil au lieu de l'enflammer ». (Florisoone 1938, p. 36). Cependant, l'exemple d'Ingres joua également un rôle dans la clarification des formes de ses peintures. Dans une lettre de Naples, de novembre 1881, il faisait à Durand-Ruel l'éloge de la « simplicité et de la grandeur » des fresques de Raphaël, mais il ajoutait : « J'aime mieux Ingres dans les peintures à l'huile » (Venturi 1939, I, pp. 116-7) ; il avait donc regardé Ingres attentivement avant de partir pour l'Italie.

Le Déjeuner des canotiers (*voir* cat. n° 51) prouve que Renoir avait déjà commencé à définir plus clairement formes et compositions avant son voyage en Italie. L'été précédent, également, il avait projeté une composition ambitieuse représentant des enfants nus sur une plage de Normandie (Blanche 1949, p. 443) — un sujet sans attributs spécifiques de la vie moderne. Mais les découvertes faites en Italie et la facture de la *Baigneuse* marquent une étape importante de son évolution vers une conception plus classique de l'art fondée sur la primauté de la forme humaine libérée de la contingence des détails de la vie moderne et des efforts pour saisir des effets éphémères.

Il est évident que dans son état actuel, ce tableau n'est pas une vue prise d'un bateau dans la baie de Naples ; la figure paraît assise sur la plage, mais il n'y a pas de relation claire entre elle et la mer ou les falaises du lointain.

Sous la peinture des falaises dans leur état présent, on trouve des indices très nets d'un travail dense décrivant des

formes totalement différentes, et quelques couleurs inexpliquées transparaissent à travers la dernière couche de pigment, ce qui donne à penser que tout le fond a dû être repeint, peut-être après le retour de Renoir en France.

Par la suite, Renoir et Aline ont dit qu'ils avaient visité l'Italie après leur mariage (J. Renoir 1962, p. 232 ; Manet 1979, p. 66), car ils avaient caché à leur famille qu'ils ne s'étaient mariés qu'en 1890. Dans *Baigneuse,* Aline porte une alliance, mais il serait imprudent d'y voir une signification personnelle, car plusieurs de ses nus antérieurs portent un anneau au même doigt (*voir* par exemple cat. nos 14, 35). On a supposé que ces alliances avaient été ajoutées pour des raisons de convenance en tenant compte d'« acheteurs conservateurs » (White 1969 ; Callen 1978), mais cela ne semble pas avoir été une convention nécessaire pour la représentation de nus de la vie moderne ; ainsi leur rôle exact reste-t-il énigmatique.

Aline se rappelait que lors de leur voyage en Italie — elle avait vingt-deux ans à l'époque — elle était encore très mince, mais Julie Manet n'arrivait pas à la croire (Manet 1979, p. 66). Les formes opulantes de la *Baigneuse* pourraient confirmer les doutes de Julie (*voir* également cat. n° 68), mais il se pourrait aussi que ce soit un exemple précoce de la tendance de Renoir, si marquée dans ses nus postérieurs à 1900, à amplifier les figures féminines. Cette tendance apparaît comme le reflet de son désir de dépasser son expérience directe du modèle pour atteindre une vision de la beauté féminine en tant qu'idéal de l'ampleur physique. Dans ce contexte, la *Baigneuse* nous invite à la comparer à des tableaux tels que la *Bethsabée* de Rembrandt (Paris, Musée du Louvre) ou la *Toilette de Vénus* de Titien (plusieurs versions), et aussi aux formes robustes que Renoir admirait dans les déesses de Raphaël des écoinçons de la Farnésine (*voir* Vollard 1938, p. 140).

A son retour d'Italie. Renoir vendit le tableau (Vollard), ou bien le donna (Meier-Graefe), à Henri Vever, joaillier et collectionneur d'art japonais et d'art moderne. Il est vraisemblable que c'est à ce moment-là qu'il effaça la signature originale, aujourd'hui partiellement visible, afin de laisser plus d'espace pour la dédicace à Vever. Durand-Ruel acheta le tableau à la vente Vever, en février 1897.

Bibliographie
Meier-Graefe 1912, pp. 106-9
Blanche 1921, p. 37
Fosca 1921, p. 102
Bell 1922, p. 69
Fosca 1923, p. 27
Jamot 1923, pp. 330-1
Meier-Graefe 1929, pp. 164-8
Blanche 1931, p. 73
Rey 1931, p. 55
Vollard 1938, p. 203
Blanche 1949, p. 435

Williamstown, Clark Art Institute, 1956, n° 155
Perruchot 1964, pp. 176-7
White 1969, pp. 340, 342-4, 346
Daulte 1971, n° 387
Callen 1978, p. 74

Expositions
1905, Londres, Grafton Galleries (260)
1917, Zurich (172)

63
Rochers à l'Estaque

1882
H. 0,66 ; L. 0,82
S.D.b.g. : *Renoir 82.*
Boston, Museum of Fine Arts,
(Collection Juliana Cheney Edwards,
Legs Hannah Marcy Edwards,
en mémoire de sa mère, 1939 ; 39.678)

A son retour d'Italie, Renoir fit une halte à l'Estaque, sur la côte, à l'ouest de Marseille, à la fin de janvier 1882. Il y retrouva Cézanne et ils travaillèrent ensemble. Bien que Renoir soit tombé gravement malade, victime d'une pneumonie, il put quand même peindre quelques paysages. Dans une lettre à Berard, il lui parlait avec joie de l'Estaque : « Que c'est beau ! C'est certainement le plus beau pays du monde et pas encore habité... Il n'y a que les pêcheurs et les montagnes... donc pas de murs de propriétés ou peu [J'ai] ici la campagne, la vraie à ma porte ». (Cat. vente, Paris, Hôtel Drouot, 16 février 1979, n° 77).

C'est à l'Estaque qu'il est parvenu à faire la synthèse de ce que lui avait appris son étude de Raphaël en Italie (*voir* cat. n° 62) et de l'exemple des recherches contemporaines de Cézanne. Les rehauts de lumière, en blanc rompu, sur les rochers qui se découpent sur le ciel bleu et plat, sont traités plus hardiment que le reste du flanc de la colline ; ils donnent une structure claire à la composition, avec les sommets vus de front et presque symétriques pour le spectateur. Mais à l'intérieur de cette ossature, la couleur est abondamment nuancée, la facture est moelleuse et variée. Avec les différents verts des feuillages, des bleus servent à suggérer les ombres portées ; l'ensemble est ponctué par des notations de tons chauds — quelques rouges plus foncés sur les troncs d'arbres et des taches rouge orange sur les lumières du terrain, placés parfois sans justification naturaliste évidente. La touche est délicate dans les zones de feuillages, mais en certains endroits, notamment sur la pente herbeuse à gauche et sur l'arbre,

au-dessous de celle-ci, les coups de brosse obliques et parallèles font, d'une certaine manière, écho à la « touche constructive », de beaucoup plus rigoureuse, que Cézanne utilisait à cette époque, par exemple dans sa toile des rochers qui surplombent l'Estaque, peut-être exécutée en même temps que cette peinture de Renoir (*voir* repr. dans Rewald 1973, p. 465). Néanmoins, c'est par l'ordre et la simplicité d'une structure plus large du tableau, par la recherche d'une ossature claire dans le paysage naturel, que Renoir a réussi à unir les leçons de Raphaël et de Cézanne.

Nous n'avons pas de documents concernant le début de l'histoire de ce tableau, mais il est fort possible qu'il ait été chez Durand-Ruel dans les années 1880. Il s'agit peut-être de *La Montagne (l'Estaque)* que Renoir a déposée chez le marchand en mars 1883, avant son exposition particulière ; la seule toile de l'Estaque figurant dans le catalogue de l'exposition est intitulée *Campagne de l'Estaque,* ce qui est peut-être une transcription erronée de *Montagne*.

Bibliographie
Londres, Royal Academy, 1979-80,
n° 171
Callen 1982, pp. 118-21

Exposition
? 1883, Paris, Durand-Ruel (58)

64
Baigneuse
(*dite* Baigneuse blonde II)

vers 1882
H. 0,90 ; L. 0,63
S.b.g. : *Renoir.*
Collection particulière
Ne figure pas à l'exposition

Cette *Baigneuse* est une seconde version, avec des variantes, du nº 62 que Renoir avait exécuté en Italie, à la fin de 1881, en prenant Aline Charigot pour modèle. Cette seconde version fut probablement demandée à Renoir par Durand-Ruel, parce que le peintre avait promis la première à Vever. Elle marque un développement des tendances qui avaient fait leur apparition dans l'art de Renoir avec la première version. Dans la seconde, le fond se réduit à une étendue de mer bleue, avec seulement une étroite ligne de falaises dans le lointain qui sert à souligner de façon encore plus marquée les contours de la figure. Le sol sur lequel celle-ci est assise est pratiquement indéterminé, et le tableau ne prétend pas à une structure spatiale lisible, construite. Les contours de la figure sont aussi définis avec plus de précision, et le modelé de la chair est plus plat et moins nuancé ; la chevelure est blonde, au lieu d'être d'un or roux comme dans le tableau précédent. Toutes ces modifications font que la figure se détache d'une manière encore plus monumentale, et elles éliminent pratiquement les contingences du lieu et les effets de lumière particuliers ; ainsi, Renoir souligne davantage les « grandes harmonies », démarche suggérée, comme il l'écrivait à Mme Charpentier, par « cette grandeur et cette simplicité des anciens » (*voir* cat. nº 62). La confrontation des deux versions dans la présente exposition — pour la première fois semble-t-il — mettra en lumière la manière dont les idées de Renoir ont évolué entre les deux.

La découpe précise des formes sur fond de mer peut se comparer à la manière dont Raphaël a traité la figure de Galatée dans *Le Triomphe de Galatée* que Renoir avait tellement admiré à Rome, à la Farnésine. Les fresques de Raphaël ont été pendant longtemps des modèles pour la peinture académique ; Bouguereau avait exposé au Salon de 1879 une *Naissance de Vénus* (Paris, Musée d'Orsay) qui se réclamait de la *Galatée*. Le fait que Renoir connaissait le tableau de Bouguereau peut fort bien expliquer sa surprise et sa joie lorsqu'il vit l'original de Raphaël ; il comprit à quel point la solidité des formes et la vigueur de la composition étaient éloignées de la pose artificielle de la Vénus de Bouguereau et de son exécution léchée. La simplicité et le caractère intemporel des *Baigneuses blondes* de Renoir, en particulier de la seconde version, sont en un sens sa réponse au faux classicisme de la peinture académique, la détermination de leur beauté résultant délibérément de l'observation soutenue des formes naturelles.

Le début de l'histoire de ce tableau est assez confus. Vollard rapporte que Renoir disait que c'était « une copie que je fis à Paris pour Gallimard ». Cependant, d'après Meier-Graefe et des sources postérieures, Renoir l'avait peint pour Durand-Ruel, au printemps de 1882, et ce dernier le vendit par la suite à Gallimard. Ce tableau est pour la première fois solidement documenté en 1892, quand Gallimard le prêta pour l'exposition rétrospective de Renoir, chez Durand-Ruel. Avant cela, son histoire ne peut pas être documentée avec précision à partir des archives de Durand-Ruel. Cependant c'est probablement le tableau intitulé *Torse de femme* que Gallimard avait acheté au marchand en décembre 1889 ; cette toile venait juste d'être renvoyée à Paris par la filiale de Durand-Ruel à New York, où il semble qu'elle ait été expédiée en janvier 1888. On ne peut établir la date à laquelle Durand-Ruel l'a achetée à Renoir, mais il est fort probable que ce soit le même tableau que celui que l'artiste avait mis en dépôt chez le marchand, en mars 1883, juste avant sa première exposition particulière, où il a vraisemblablement figuré ; celui-ci fut acheté par Durand-Ruel en août 1883, sous le titre de *Baigneuse*, et envoyé par lui à la galerie Gurlitt, à Berlin en septembre. La probabilité pour qu'il s'agisse du présent tableau est considérablement accrue par la description que Jules Laforgue fait d'un nu de Renoir exposé chez Gurlitt à la fin de 1883 : « solide, savant et curieux, mais je n'aime pas ce porcelainé lisse » (lettre de Laforgue à Ephrussi, in Laforgue 1903, avec la date erronée de 1882). Lors du retour du tableau à Paris, Durand-Ruel le mit dans sa collection personnelle ; il l'expédia probablement à New York au début de 1886, avec la majeure partie de son stock, mais les exportations d'œuvres lui appartenant personnellement n'étaient jamais notées dans les registres de la maison Durand-Ruel.

Bibliographie
? Laforgue 1903, p. 218
Vauxcelles 1908, pp. 26-7
Meier-Graefe 1912, p. 108
Barnes et de Mazia 1935, pp. 406-7
nº 131
Vollard 1938, p. 203
Drucker 1944, pp. 61, 204 nº 71
White 1969, p. 344
Daulte 1971, nº 393

Expositions
? 1883, Paris, Durand-Ruel
? 1883, Berlin, Gurlitt
? 1886, New York, American Art
Association
1892, Paris, Durand-Ruel (52)
1914, Copenhague (176)

65
Charles et George Durand-Ruel

1882
H. 0,65 ; L. 0,81
S.D.h.d. : *Renoir. 82.*
Paris, Durand-Ruel

En 1882, le marchand de tableaux Paul Durand-Ruel passa commande à Renoir des portraits de ses cinq enfants ; le présent tableau représente son second et son troisième fils, Charles (né en 1865) et George (né en 1866). Ce tableau, et les autres de la série, furent peints durant l'été, dans le jardin de la maison de campagne que Durand-Ruel louait à Dieppe. Jacques-Émile Blanche a décrit la scène : « Les enfants Durand-Ruel posaient pour lui dans un jardin de la côte de Rouen, sous des marronniers aux feuilles mouvantes ; le soleil tachetait leurs joues de reflets incompatibles avec le beau « modelé plat » des éclairages d'atelier » (Blanche 1927). Cette lumière tachetée du plein-air avait été, on le sait, l'une des spécialités de Renoir, vers 1875 (*voir* cat. nos 35, 38 et 39), mais en 1882, il commençait à sentir qu'elle était incompatible avec une description adéquate des formes (*voir* cat. no 62). Ici les contours nets et la définition claire des traits des visages font nettement ressortir les figures de leur environnement ; la virtuosité du modelé par la couleur des cheveux, des figures et du vêtement de celle de gauche est subordonnée à un sens très sûr de la structure de l'ensemble.

Dans une lettre de l'automne de 1882, Renoir disait à Berard que Durand-Ruel n'était pas très satisfait des portraits, et il ajoutait plaisamment : « Je suis maintenant enchanté de ce qui m'arrive. Je vais rentrer dans la bonne voie et je vais aller dans l'atelier de Bonnat [un des portraitistes académiques les plus célèbres à cette époque]. Dans un an ou deux je serai capable de gagner 30 000 000 000 000 par an. Ne me parlez plus de portrait au soleil, le joli fond noir, voilà le vrai. » (Archives Durand-Ruel ; extraits, cat. vente, Paris, Hôtel Drouot, 16 février 1979, no 68). Durand-Ruel regrettait que Renoir ait changé de style, et ces regrets allaient se développer au cours des quelques années suivantes (*voir* p. 235 et cat. no 76).

Ce double portrait à mi-corps est à mettre en rapport avec la tradition du portrait de cour baroque (*voir* par exemple le portrait des *Prince Charles-Louis et Prince Rupert* de Van Dyck, 1637, Paris, Musée du Louvre). L'idée de traiter les fils de Durand-Ruel comme des princes peints en plein-air a fort bien pu plaire au peintre comme au marchand. Durand-Ruel acheta le tableau personnellement, vraisemblablement en 1882.

Bibliographie
Blanche 1927, p. 64
Blanche 1933, p. 292
Pach 1950, p. 80
Daulte 1971, no 410
Chicago, Art Institute, 1973, no 40

Expositions
1912, Munich, Thannhauser (11)
1912 (février-mars), Berlin, Cassirer (11)
1912 (juin), Paris, Durand-Ruel *portraits* (44)

66
La danse à Bougival

1882-83
H. 1,82 ; L. 0,98
S.D.b.d. : *Renoir. 83.*
Boston, Museum of Fine Arts
(Achat, Picture Fund, 1937 ; 37.375)

Au cours de l'été ou de l'automne de 1882, Renoir aborda le thème du couple en train de danser ; au printemps de 1883, il avait achevé trois toiles ambitieuses, aux figures pratiquement de grandeur naturelle, le tableau qui fait l'objet de cette notice et une paire de pendants (*voir* cat. n°s 67-8). Ces trois tableaux n'ont jamais été envisagés comme formant un ensemble ; *La danse à Bougival* est un peu plus large et accorde plus d'importance aux figures de l'arrière-plan. Bien qu'on ait dit qu'ils avaient été « conçus comme des panneaux décoratifs » (Jamot), ils n'ont pas été exécutés à l'intention d'un client particulier, et ils n'ont pas trouvé immédiatement d'acheteur. Mais ils se présentaient évidemment comme la suite des grandes compositions ayant pour sujet les divertissements de la ville et de la banlieue entreprises par Renoir (*voir* cat. n°s 39 et 51). En tout cas, ce sont ses dernières recherches de grande envergure sur ce thème.

Les sujets de ces peintures ont provoqué une confusion considérable à cause des titres qu'on leur donne généralement de *La danse à Bougival* et de *Danse à la campagne* (*voir* cat. n° 68). Les titres traditionnels ont été conservés ici par commodité, mais tous les documents donnent à penser que Renoir lui-même ne faisait pas de distinction nette entre leurs sujets, et qu'il ne considérait pas l'un comme banlieusard et l'autre comme campagnard. Lorsqu'elle fut exposée pour la première fois chez Durand-Ruel, en avril 1883, la *Danse à la campagne* était intitulée *Danseurs (Bougival)*, tandis que chez Dowdeswell's, à Londres, à la fin du même mois, *La danse à Bougival* également exposée pour la première fois était appelée *Danseurs à Bougival*. La situation est encore compliquée par les registres de Durand-Ruel : la *Danse à la campagne* avait été mise en dépôt chez le marchand en mars 1883 sous le titre *Danse à Chatou,* alors que *La Danse à Bougival* était mise en dépôt le mois suivant sous le titre de *Danse à la campagne.* Quand ces tableaux furent portés sur les listes de stock de Durand-Ruel, à la fin de 1886, tous deux s'appelaient *Valse à la campagne ;* mais lorsqu'ils furent réenregistrés en août et septembre 1891, ils étaient intitulés *Danse à la campagne.* Le fait que ces titres soient interchangeables souligne davantage le fait que le présent tableau est indépendant des deux autres, car cela n'aurait aucun sens de donner le même titre à deux des tableaux d'un trio.

Par contraste avec l'indifférence apparente de Renoir pour faire la distinction dans ses titres entre Bougival et la

« campagne », les journalistes et les auteurs de guides de voyage de l'époque attibuaient des nuances sociales très particulières aux différents lieux de divertissement de Paris et des environs. Dans le présent contexte, l'exemple le plus pertinent de ces écrits est une série d'articles d'Edmond Renoir, frère du peintre, « Un tour aux environs de Paris » publiés dans *La Vie moderne* peu après que Renoir eût achevé ces tableaux. Un article (1er septembre 1883, pp. 556-7) oppose les divertissements de Bougival à ceux de La Grenouillère voisine : Bougival est très sélect et cher, et les jeunes filles s'y rendent sans rien espérer de particulier, tandis que La Grenouillère est le repaire de la vieille garde des professionnelles ; dans un autre article (15 septembre 1883, p. 590), il décrit les filles du pays (par opposition aux Parisiennes) qui fréquentaient ces lieux d'amusement pour une unique raison — juste le temps de trouver un mari et de devenir « madame ». On ne saurait décoder ainsi littéralement les tableaux de Renoir ; la méthode documentaire du journaliste est tout à fait étrangère aux suggestions sans limites d'images comme celles-ci. Renoir a souvent réitéré son opposition à toute peinture littéraire ou anecdotique, et il a logiquement évité d'employer un langage de signes précis dans ses œuvres qui puisse guider le spectateur vers une quelconque lecture « correcte ».

Au cours de ce même automne, Renoir fit de nouveau preuve de son insouciance pour les détails significatifs d'un milieu donné, en utilisant un dessin fondé sur *La danse à Bougival* pour illustrer une brève nouvelle de son ami Paul Lhote (qui avait posé pour l'homme du tableau), intitulée « Mademoiselle Zélia », publiée par *La Vie moderne* (3 novembre 1883, pp. 107-8). Le bal décrit dans la nouvelle a lieu à Montmartre, au Moulin de la Galette (*voir* cat. n° 39) et non pas à Bougival. Un dessin pour cette composition porte une inscription de la main de Renoir : « Elle valsait délicieusement abandonnée entre les bras d'un blond aux allures de canotier. » Cela, néanmoins, n'a rien à voir avec la conception de *La danse à Bougival ;* il s'agit du passage de la nouvelle de Lhote qu'il a illustré ensuite avec cette image. La nouvelle elle-même se réfère clairement aux jours où Renoir vivait à Montmartre car elle décrit un peintre nommé Resmer, qui travaillait dans un jardin rue Cortot (*voir* cat. n°s 37, 38), cherchant à persuader une belle fille de poser pour lui.

La danse à Bougival crée une atmosphère plus qu'elle ne raconte une anecdote. La jeune femme, qui porte une

alliance à l'annulaire, semble se détourner momentanément des galanteries de son cavalier, mais nous ne savons rien de plus sur leurs relations. Le groupe de gauche, une jeune fille et deux hommes (l'un négligemment vêtu, l'autre coiffé d'un haut-de-forme), ne peut être facilement interprété, tandis que les rapports entre les figures coupées, en haut à droite, sont complètement illisibles. Les allumettes et le bouquet jetés sur le sol ajoutent une note de négligé à l'ensemble de la toile. A cet égard, *La danse à Bougival* est fort semblable au *Bal du Moulin de la Galette* (*voir* cat. nº 39) et, dans son illustration des rapports sociaux, au *Déjeuner des canotiers* (*voir* cat. nº 51). Mais du fait que ce tableau se concentre sur un seul couple, il est entièrement différent des peintures précédentes. Avec ses figures encore importantes à l'arrière-plan, c'est une œuvre de transition qui se situe entre les compositions à multiples centres d'intérêt comme le *Bal du Moulin de la Galette* et le *Déjeuner des canotiers* et un arrangement concentrant l'attention sur le couple comme dans les deux autres *Danses*. Les formes principales de *La danse à Bougival*, le visage de la femme en particulier, sont nettement définies, mais les figures secondaires sont plus floues, plus semblables à la manière de Renoir de la fin des années 1870. Toutefois, des rappels de couleurs relient les figures du premier plan à celles du fond — depuis les rouges du chapeau de la danseuse jusqu'aux rubans, en haut à droite, et depuis l'or de sa ceinture jusqu'à la boisson dans les verres. Il y a ici un léger conflit entre le désir d'évoquer une ambiance comme dans les précédents sujets tirés de la vie moderne, et celui de se concentrer sur un thème unique et simple, caractéristique de l'œuvre de Renoir après son voyage en Italie, pendant l'hiver de 1881-82 (*voir* cat. nº 62). La couleur est toujours utilisée avec

une grande liberté pour modeler les formes à l'intérieur des contours nettement dessinés des figures principales ; les touches en diagonale des arbres du fond reflètent peut-être la « touche constructive » de Cézanne (*voir* cat. nºs 63 et 76), mais la facture est plus proche de celle d'une esquisse que dans les arbres du fond des *Parapluies* (*voir* cat. nº 57), peints environ deux ans plus tard.

Il semble que *La danse à Bougival* et *Danse à la ville* (*voir* cat. nº 67) soient les deux premiers tableaux pour lesquels Renoir ait fait poser un modèle de dix-sept ans, Marie-Clémentine Valadon — devenue célèbre par la suite comme peintre sous le nom de Suzanne Valadon. En décembre 1883, elle donna le jour à Maurice Utrillo, dont le père, a-t-elle dit parfois, aurait pu être Renoir, entre autres.

Renoir a mis *La danse à Bougival* en dépôt chez Durand-Ruel, en avril 1883 ; Durand-Ruel en était possesseur à la fin de 1886, mais on ne sait pas clairement s'il l'acheta avant ou après avoir envoyé ce tableau à New York, en février 1886. Il le réengistra dans son stock en septembre 1891 et le vendit à François Depeaux en 1894 ; il fut ensuite acheté par Decap à la vente Depeaux, en 1906.

Bibliographie
Meier-Graefe 1912, p. 110
Jamot 1923, p. 321
Drucker 1944, pp. 64, 205 nº 75
Pach 1950, p. 84
Perruchot 1964, p. 190
Daulte 1971, nº 438
Gaunt et Adler 1982, nº 38

Expositions
1883, Londres, Dowdeswell (66)
1886, New York, American Art Association (204)
1892, Paris, Durand-Ruel (83)

67
Danse à la ville

1882-83
H. 1,80 ; L. 0,90
S.D.b.d. : *Renoir. 83.*
Paris, Musée d'Orsay, Galerie du Jeu de Paume
(RF 1978-13)

68
Danse à la campagne

1882-83
H. 1,80 ; L. 0,90
S.D.b.g. : *Renoir. 83.*
Paris, Musée d'Orsay, Galerie du Jeu de Paume
(RF 1979-64)

Danse à la ville et *Danse à la campagne* ont été conçues pour former une paire, et elles ont presque toujours été exposées ensemble, depuis le jour où elles ont été montrées pour la première fois à la galerie Durand-Ruel, en avril 1883. Durand-Ruel ne les avait pas achetées immédiatement, mais elles étaient sa propriété à la fin de 1886 (*voir* cat. nº 66) ; en 1892, les deux tableaux étaient accrochés dans son salon (Lecomte 1892), où ils sont restés jusqu'après la mort de Renoir.

Ces deux peintures portent leur titre actuel depuis 1892, mais elles étaient différemment intitulées lors de leur première exposition. Elles furent exposées en 1883 sous les titres de *Danseurs (Paris)* et de *Danseurs (Bougival)*, ce qui montre, comme *La danse à Bougival* (*voir* cat. nº 66) que Renoir ne faisait pas une distinction nette entre Bougival et la « campagne ». En 1886, elles furent exposées aux « XX », à Bruxelles, et ce sur les instructions formelles de Renoir, comme *Panneaux de la Danse, I. L'Hiver* et *II. L'Été* (Venturi 1939, II, pp. 227-8), seul cas où l'opposition ville-campagne des titres a été remplacée par l'opposition de l'été et de l'hiver.

Depuis la première apparition de ces tableaux, les critiques en avaient interprété les figures et leur environnement. Pour Marthold, en 1883, ils représentaient une « danse de demi-monde en une guinguette et danse du vrai monde en un salon ». En 1892, Lecomte ne voyait pas le premier aussi explicitement demi-mondain, mais il opposait la passion impulsive qui avait poussé le couple de la campagne à danser sans terminer son repas, à l'indifférence banale du couple de la ville, réuni seulement pour accomplir un rite social, puis aller bientôt chacun de son côté. Pourtant ces tableaux ne donnent pas par eux-mêmes des informations aussi précises sur les couples. Burty disait, en 1883 : « On peut y joindre le commentaire littéraire si cher aux imaginations françaises ; je n'y vois qu'un art accompli de peindre des visages que rougit le fard du plaisir, qu'assouplit la fatigue délicieuse, qui rend élégants et distingués des vêtements bien coupés et bien portés. »

La jeune fille de la *Danse à la campagne* peut tout aussi bien être vue comme une demi-mondaine venue de Paris, que comme une jeune fille de la campagne environnante, car ces deux types de femmes fréquentaient les guinguettes des environs de Paris (*voir* cat. nº 66). L'indifférence que Lecomte voyait dans le couple de la *Danse à la ville* n'est pas

explicite non plus. En effet, les couples des deux tableaux ont des poses pratiquement identiques, mais vues sous des angles différents. C'est la différence des points de vue qui influe le plus sur la relation que le spectateur entretient avec chacun des tableaux : nous éprouvons une complicité active avec la jeune fille qui nous regarde en souriant dans la *Danse à la campagne,* tandis que celle de la *Danse à la ville* est totalement inconsciente de notre existence ; nous ne pouvons qu'admirer son profil et le tombant de sa robe du soir. Ces différences reflètent la nature de chaque situation — le sans façon par rapport au cérémonieux —, plutôt qu'elles ne nous informent sur la nature des relations personnelles dépeintes ; nous sommes libres de supposer celle-ci, et de compléter comme nous l'entendons.

Le fait que le même modèle masculin (Paul Lhote) ait posé pour les deux tableaux, mais avec des femmes différentes, nous suggère à quel point les rites de la saison mondaine et les divertissements de l'été étaient séparés pour un bourgeois élégant. Il y a aussi une différence marquée entre les deux types de femmes dépeints, l'élégance d'une Suzanne Valadon de dix-sept ans de la *Danse à la ville* contraste avec les formes déjà volumineuses d'Aline Charigot dans la *Danse à la campagne* (*voir* cat. nᵒˢ 62, 77) ; en 1892, Lecomte insistait sur son poids. L'intention, ici, semble avoir été de montrer le contraste entre le chic de la ville et la robustesse de la campagne ; ce que complète d'ailleurs l'arrière-plan des deux tableaux — l'artificiel des plantes de serre en pots à la ville, les marronniers naturels à la campagne. Le fait que Valadon ait également posé pour l'autre scène de campagne, *La danse à Bougival* importe peu ici car cette toile n'était pas conçue pour aller avec les deux autres : ce qui est significatif, c'est le contraste entre les modèles des deux tableaux conçus pour former une paire.

Dans ces deux peintures, l'œil peut se concentrer sur chaque couple sans en être distrait — c'est-à-dire, sur un groupe nettement dessiné, par opposition aux multiples centres d'intérêt des grands tableaux que Renoir avait tirés de la vie moderne (*voir* cat. nᵒˢ 39 et 51), et sans l'arrière-plan incident de *La danse à Bougival* (*voir* cat. nº 66). La simplicité de la structure et la clarté des contours des figures sont le reflet des leçons que Renoir avait tirées de son voyage en Italie, et de son intérêt subséquent pour la recherche de grandes harmonies, plutôt que de s'absorber dans les détails (*voir* cat. nº 62). Toutefois, la couleur joue

encore librement à l'intérieur de ces formes nettes, comme dans la robe du soir de la *Danse à la ville,* dont les plis sont modelés par des bleus, mais où viennent s'ajouter aussi des nuances de jaune, de rouge et de vert, afin de créer un opulent effet de couleurs avec les autres tons répartis sur la toile. Le vêtement de son cavalier est également modelé par la couleur ; à cette époque Renoir n'utilisait pas de noir, même pour traiter quelque chose d'un noir aussi absolu qu'un habit à queue de pie.

Bibliographie
Burty 1883
Marthold 1883
Morel 1883, pp. 1-2
Alexandre 1892, pp. 33-5
Lecomte, *Art impressionniste,* 1892, pp. 147-152
Lecomte 1907, pp. 244, 250-1
Meier-Graefe 1912, p. 110
Jamot 1923, p. 321
Coquiot 1925, p. 97
Meier-Graefe 1929, pp. 170-5
Paris, Orangerie, 1933, nos 68-9
Barnes et de Mazia 1935, p. 408 nos 135-6
Vollard 1938, pp. 182-3
Drucker 1944, pp. 63-4
Daulte 1959, pl. 5
Gimpel 1963, p. 181
Daulte 1971, nos 440-1
Chicago, Art Institute, 1973, nos 43-4
Paris, Grand Palais, 1974, nos 39-40
Adhémar (H.), « La danse à la ville de Renoir », *Revue du Louvre,* 1978, 3, pp. 201-4
Manet 1979, p. 167
« La Danse à la campagne par Auguste Renoir », *Revue du Louvre,* 1980, 2, p. 123

Expositions
1883, Paris, Durand-Ruel (25-6)
1886, Bruxelles (Renoir, I, I et II)
1892, Paris, Durand-Ruel (81-2)
1898, Paris, Durand-Ruel
1904, Bruxelles (131-2)
1905, Londres, Grafton Galleries (242-3)
1912, Paris, Société Nationale (105 - seulement *Danse à la ville)*

68

69
Madame Clapisson

1883
H. 0,82 ; L. 0,65
S.D.h.g. : *Renoir 83.*
Chicago, The Art Institute of Chicago
(Collection M. et Mme Martin A. Ryerson ; 1933. 1174)

En mai 1882, Léon Clapisson avait acheté à Durand-Ruel trois tableaux d'Algérie que Renoir venait d'achever, et il commanda à celui-ci le portrait de sa femme. Renoir exécuta d'abord *Parmi les roses* (fig. 35) montrant Mme Clapisson dans un jardin, sur un banc « exécuté dans des tons très clairs et avec des fleurs de couleurs vives mises autour du modèle ». Ce portrait fut trouvé trop audacieux, et Renoir dut en faire un second, « de tons plus sobres qui fut accepté » (Duret 1924). Renoir écrivait à Berard, à l'automne de 1882 : « Il faut que je recommence le portrait de Madame Clapisson. J'ai fait un fort four. » (Archives Durand-Ruel ; extraits, cat. vente, Paris, Hôtel Drouot, 16 février 1979, n° 68). Le second portrait, présenté ici, fut exposé au Salon de 1883, dernier envoi de Renoir au Salon durant cette décennie. La brève mention que fait Vollard de ces commandes en citant les propos de Renoir disant « Cette charmante Mme Clapisson dont je fis deux portraits, avec quel plaisir ! » donne à penser que Mme Clapisson avait dû être un modèle sympathique, quels qu'aient été par ailleurs les problèmes posés par cette commande.

Ce second tableau est une remarquable synthèse des conventions du portrait néo-classique et d'une palette de coloriste. La pose est très comparable à celle de bon nombre de portraits de femmes d'Ingres, et la structure du personnage est claire ; l'agencement des couleurs repose sur des zones distinctes de rouge, de bleu et de jaune. Mais le mur derrière le modèle, loin de fournir le fond noir uni que Renoir avait défini plaisamment à Berard comme la recette du succès (*voir* cat. n° 65), est une combinaison kaléidoscopique de ces trois couleurs ; ainsi que l'a montré l'analyse technique (Chicago, Art Institute 1973), des verts et des blancs animent et modèlent la robe bleue ; et les moindres détails du personnage présentent aussi de délicates nuances de couleurs, Certaines parties du tableau sont également traitées dans une facture très libre, mais sans jamais troubler l'équilibre de l'ensemble.

Durand-Ruel acheta ce portrait à Clapisson en 1908, et le vendit à Ryerson de Chicago, en 1913. Par ailleurs, l'histoire du premier portrait de Mme Clapisson (fig. 35 ; rapportée inexactement par Daulte 1971, n° 428) est un exemple parlant des divers débouchés des tableaux en fonction de leurs différents genres. Ainsi que Duret (1924) le relate, le portrait refusé — la pose du modèle ne le rendant pas trop identifiable — fut vendu comme un tableau et fut une des premières œuvres de Renoir à aller en Amérique. Étant donné que le modèle appartenait à la bourgeoisie, son identité devait être dissimulée pour que le portrait puisse être vendu dans le commerce, comme un tableau ordinaire. Renoir l'avait mis en dépôt chez Durand-Ruel, en avril 1883 ; celui-ci l'envoya à Londres, à l'exposition de 1883 chez Dowdeswell's ; Renoir le reprit à Durand-Ruel en 1884, et il en était encore propriétaire lorsqu'il l'envoya, sous le titre de *Sur le banc,* aux « XX », à Bruxelles au début de 1886 ; Durand-Ruel l'expédia à New York où il fut exposé fin 1886, mais il ne l'acheta à Renoir que lorsqu'un acheteur, Albert Spencer, se fût manifesté à New York. Spencer le prêta à la World's Columbian Exhibition de Chicago, en 1983, où il était le seul Renoir exposé (dans la collection de prêts et non dans la section française officielle).

Bibliographie :
Duret 1924, pp. 70-1
Vollard 1938, p. 193
Chicago, Art Institute, 1973, n° 45
et pp. 209-14
New York, Wildenstein, 1974,
n° 26

Expositions :
1883, Paris, Salon (2031)
1910, Paris, Durand-Ruel (43)

Fig. 35
Renoir, *Parmi les roses,* 1882.
(Situation actuelle inconnue).

70
Paysage près de Menton

1883
H. 0,66 ; L. 0,81
S.D.b.d. : *Renoir 83.*
Boston, Museum of Fine Arts
(Legs John T. Spaulding, 1948 ; 48.596)
Exposé à Boston seulement

En décembre 1883, Renoir et Monet firent un voyage sur la côte de la Méditerranée, entre Marseille et Gênes. Ils furent enthousiasmés par ce qu'ils voyaient ; Renoir écrivit à Berard : « Que de jolis paysages, avec des horizons éloignés et des couleurs les plus belles... Malheureusement notre pauvre palette ne répond pas. Les beaux tons mordorés de la mer deviennent bien lourds sur la toile malgré tout le mal qu'on se donne. » (extraits, cat. vente, Paris, Hôtel Drouot, 16 février 1979, n° 76). Bien qu'ils ne fussent partis que pour moins de quinze jours, tous deux firent des peintures ; ce *Paysage près de Menton* est l'un des quelques tableaux que Renoir a rapportés de ce voyage. Cependant, c'est une œuvre très élaborée, et sa surface montre des modifications, mineures certes mais étendues, faites en cours d'exécution ; étant donné la brièveté du voyage, le tableau a très probablement été entièrement retravaillé en atelier, au retour de Renoir à Paris.

Renoir a choisi dans la nature un motif qui lui donnait une composition ordonnée assez conventionnelle ; les arbres fournissent des axes structuraux vigoureux et créent une progression sans heurts dans l'espace, totalement différente des contrastes dramatiques et des brusques changements de plan que Monet avait adoptés dans bon nombre de ses paysages de falaises contemporains. La facture varie selon la texture naturelle des éléments dépeints — tantôt ce sont de petites taches, tantôt des touches largement peintes —, mais elle anime toute la surface en créant un mouvement onduleux qui parcourt l'herbe, les troncs et les feuillages. Bien qu'abondamment variée dans ses nuances, la couleur est soumise à un certain ordre interne. Une série d'oranges et de rouges accentués court à travers la toile, depuis le terrain et les troncs du premier plan jusqu'au littoral lointain ; les bleus de la mer et du ciel sont repris dans les ombres du premier plan. Ces couleurs font valoir et structurent le libre jeu des jaunes et des verts somptueux qui captent les effets des herbes et des feuillages sous le soleil méditerranéen.

Durand-Ruel a probablement acheté ce paysage à Renoir, en décembre 1884. Il figurait toujours au stock en 1886 et en 1891, et fut transféré à sa filiale de New York en 1897, où il semble être resté jusqu'après la mort de Renoir.

71
Baigneuse assise

vers 1883-84
H. 1,21 ; L. 0,91
S.b.g. : *Renoir.*
Cambridge, Massachussetts, Fogg Art Museum,
Harvard University
(Legs Maurice Wertheim ; classe 1906)
Exposé à Boston seulement

Bien qu'on la date généralement de 1885, la *Baigneuse assise* est beaucoup plus proche, ainsi que Barnes l'a fait remarquer, des œuvres de Renoir de 1883. La figure se détache clairement sur le fond, dans un rapport incertain avec l'espace qui est au-delà d'elle, comme les *Baigneuses* de 1881-82 (voir cat. nᵒˢ 62, 64) ; mais la facture est plus souple et les contours moins durs qu'ils ne le seront en 1885 (*voir* cat. nᵒ 74). La facture est comparable à celle des *Danses* de 1882-83 (voir cat. nᵒˢ 66-8). Le fond suggère plutôt de dater cette toile vers 1883-84, car les rochers dans l'eau correspondent étroitement à ceux des études en plein air que Renoir a faites à Guernesey, en automne 1883 (en particulier à la toile repr. in Fosca 1961, p. 165).

Le 27 septembre 1883, Renoir écrivait de Guernesey à Durand-Ruel : « J'espère rentrer bientôt... avec quelques toiles et documents pour faire des tableaux à Paris... J'aurai donc une source de motifs réels, gracieux, dont je pourrai me servir. » (Venturi 1939, I, pp. 125-6). Ces « documents », ce sont vraisemblablement les petits croquis de plage (par ex. fig. 36) et le présent tableau est très probablement l'une des toiles que Renoir fit d'après eux à Paris. En effet, le désaccord entre la figure et le fond suggère avec force que le tableau fut exécuté de manière composite. L'effet produit par l'espace derrière la *Baigneuse assise* est totalement différent de celui des études de plages, parce que Renoir a supprimé le ciel dans le grand tableau. Au début de 1884, il écrivait à Monet : « Je suis cloué à Paris où je m'ennuie fort, et je cours après le modèle introuvable. Mais je suis peintre

de figure. Hélas, c'est bien agréable quelquefois, mais pas quand on ne trouve que des figures pas à son goût. » (Geffroy 1924, II, pp. 24-5). Le tableau exposé ici appartient très probablement à la série de figures peintes au cours de l'hiver de 1883-84, et donne à penser que la recherche du modèle parfait ne fut pas vaine ; il en est résulté l'un des tableaux qui, de toute sa carrière, allie le mieux la forme monumentale et la simplicité familière des gestes et de l'expression. L'expérience de Renoir à Guernesey a probablement contribué aussi à l'atmosphère de la *Baigneuse assise*. Dans sa lettre à Durand-Ruel précédemment citée, Renoir disait encore : « Ici l'on se baigne dans les roches qui servent de cabine, puisqu'il n'y a rien autre chose ; rien de joli comme ce mélange de femmes et d'hommes serrés sur ces rochers. On se croirait beaucoup plus dans un paysage de Watteau que dans la réalité... comme à Athènes les femmes ne craignent nullement le voisinage d'hommes sur les rochers voisins. Rien de plus amusant, en circulant dans ces rochers, que de surprendre des jeunes filles en train de s'apprêter pour le bain, et qui, quoique anglaises, ne s'effarouchent pas autrement ». Bien des années plus tard, Renoir se souvenait encore du manque de pudeur des baigneuses de Guernesey (Vollard 1938, p. 201). Évidemment, la *Baigneuse assise* n'est pas un compte rendu direct de ces promenades dans les rochers ; mais ce qu'il avait vu à Guernesey peut fort bien l'avoir encouragé à situer le thème éternel de la femme nue, assise au bord de la mer, dans un décor naturel particulier fondé sur des études en

Fig. 36
Renoir, *Marine, Guernesey*, 1883.
(Paris, Musée d'Orsay, Galerie du Jeu de Paume).

plein air, afin de recréer un sujet classique à partir d'une expérience vécue.

La facture du tableau reflète la manière dont il a été exécuté. Les coups de brosse fluides de l'arrière-plan fondent l'eau et les rochers en une toile de fond colorée et animée, tandis que la figure est traitée d'une manière plus lisse. Si la draperie qui enveloppe les jambes de la baigneuse est modelée par des touches nerveuses de bleu clair, ses chairs ne le sont pas par de vigoureuses variations de couleurs, mais surtout par des jaunes et des roses doux et plus ternes. Les chairs se différencient fortement du reste de la toile à la fois par leur facture et par leurs couleurs d'une gamme plus limitée. Dans les années 1880, Renoir a délibéremment exploré de pareils désaccords entre les figures et le fond, alors qu'il s'efforçait de rétablir la figure humaine dans sa fonction de centre sans équivoque de son art, tout en conservant la faîcheur et la mobilité de la vision impressionniste du paysage et de la nature.

Renoir avait mis cette toile en dépôt chez Durand-Ruel, en janvier 1886, mais il ne semble pas qu'elle ait fait partie des tableaux que le marchand expédia à New York en février 1886 ; il l'acheta finalement à Renoir en février 1892 et la vendit à Mme Potter Palmer en avril 1892 ; celle-ci revendit le tableau à Durand-Ruel, à New York, en novembre 1894. Ce dernier le conserva jusqu'au moment où sa galerie le vendit à Jacques Balsan, en 1930.

Bibliographie:
Paris, Orangerie, 1933, n° 78
Barnes et de Mazia 1935, pp. 408-9
n° 142
Daulte 1971, n° 490

Expositions:
1913, Boston, Saint Botolph Club (5)
1914, New York, Durand-Ruel (19)
1917, New York, Durand-Ruel (12)

1884-1887

En décembre 1883, Renoir et Monet firent ensemble un voyage le long de la côte de la Méditerranée, et les couleurs de la mer, de la végétation et des montagnes les enchantèrent. La réaction immédiate de Monet fut de retourner dans le Midi où il séjourna plusieurs mois afin de se rendre maître de ces effets naturels. A l'inverse, Renoir, comme il le dit avec regret à Monet, restait à Paris, à la recherche du « modèle introuvable » ; car, insistait-il, « je suis peintre de figure ». C'était le prélude à trois années d'expérimentations techniques qui culminent avec l'exposition des *Baigneuses* (fig. 37), au printemps de 1887.

Pendant cette période, Renoir a peu voyagé, travaillant surtout à Paris avec de temps en temps, des séjours dans la vallée de la Seine, sur la côte de la Manche, ou à Essoyes, village natal d'Aline Charigot, au sud de la Champagne. Le stimulant apporté par de nouveaux sites et de nouveaux effets, resta pour le moment sans effet sur les problèmes picturaux qu'il explorait. Dans ses tableaux importants, aussi, il rejetait les caprices d'un temps changeant sans cesse, en faveur des effets contrôlés qu'il pouvait obtenir dans son atelier. Dans les *Baigneuses,* les figures et le fond ont été incontestablement peints dans un intérieur, sans tentative de suggérer la lumière du plein air ou l'espace d'un paysage intelligible. Les rares paysages de cette période montrent que dans sa recherche pour structurer les sujets naturels (*voir* cat. n° 76), il regardait du côté de l'art de Cézanne.

Comme il l'a dit plus tard à Vollard : « J'étais allé jusqu'au bout de l'« impressionnisme » et j'arrivais à cette constatation que je ne savais ni peindre, ni dessiner ». Ses lettres rendent compte de son insatisfaction et de sa recherche d'une solution à ses problèmes techniques ; il a apparemment détruit beaucoup de tableaux de cette période. Ses expérimentations prirent pour point de départ les découvertes qu'il avait faites en Italie, en 1881, mais à cette époque elles se concentrèrent sur un point particulier, la relation entre le dessin et la peinture, entre le contour et la couleur. Il a travaillé la composition de tableaux comme les *Baigneuses* dans une longue série d'études préparatoires faites dans des techniques diverses (mine de plomb, craie, encre, aquarelle), de manière à pouvoir contrôler aussi complètement que possible les différents éléments qu'il voulait unir dans le tableau définitif. C'est la seule période de sa carrière durant laquelle il a fait des travaux préparatoires aussi complexes et qu'il a accordé un rôle aussi important au dessin. Il reste fort peu de dessins préparatoires des débuts de sa carrière, et il est probable

Fig. 37
Renoir, *Baigneuses,* 1887.
(Philadelphie, The Philadelphia Museum of Art).

Fig. 38
Renoir, *Feuille d'études*, vers 1885-86,
mine de plomb, plume et aquarelle.
(Paris, Musée du Louvre, Cabinet des Dessins).

qu'il n'en faisait que de façon sporadique ; après 1890, ses dessins, surtout à la craie, ont servi principalement à définir les grandes lignes de l'arrangement général de ses compositions les plus importantes, dont la disposition précise évoluait généralement au cours de l'exécution des toiles définitives. Quelques études préparatoires qu'on peut dater autour de 1885, et quelques dessins indépendants, décrivent avec une précision minutieuse les plis d'une draperie ou détaillent chacune des feuilles d'un arbre en soulignant les contours d'encre noire. Quelques toiles, aussi, ont été commencées avec un schéma semblablement précis, tracé à l'encre, avant qu'il ne commence à peindre ; dans d'autres, certaines formes furent méticuleusement cernées au pinceau, comme par exemple, la chaise du n° 78. Ces dessins linéaires évoquent Ingres, et même Dürer.

Mais cet intérêt pour la ligne ne lui faisait pas négliger la couleur. Renoir a également fait des études à l'aquarelle aux tons étincelants en vue de tableaux comme les *Baigneuses* (fig. 37), et dans les peintures définitives des couleurs lumineuses sont posées à l'intérieur des contours les plus précis. Dans ces tableaux, les contours des formes sont nettement définis, mais leur modelé est suggéré par des nuances de couleurs et non pas par le clair-obscur ; Renoir a juxtaposé sur la toile de manière quelque peu abrupte les deux conventions fondamentales de la représentation de la forme en peinture, et que l'on considère traditionnellement comme opposées, à savoir la forme et les valeurs d'une part, et la couleur d'autre part (*voir* cat. n° 74).

Les méthodes de la peinture à l'huile lui causaient aussi de graves problèmes. Mécontent de la malléabilité et de la fluidité de celle-ci, il essayait parfois de se rapprocher de l'effet de la fresque, en éliminant l'utilisation de l'huile comme médium autant que possible, afin d'obtenir des effets de matières opaques et mats. Mais la suppression de l'huile empêchait les couches de peinture d'adhérer convenablement au support, ce qui a donné lieu à de graves problèmes de conservation pour quelques tableaux de cette période, dont les *Baigneuses*. Pourtant, exactement à la même époque, Renoir a travaillé certains tableaux en couches minces de peinture très diluée sur des fonds blancs opaques, créant ainsi des effets comparables à l'émail ou à son premier métier, la peinture sur porcelaine (*voir* cat. n° 78).

Par la technique, la composition et le sujet, Renoir s'écartait délibérément de toute suggestion de l'éphémère et du contingent, il

renonçait à la capture de l'instant chère aux impressionnistes pour une vision plus intemporelle de la femme au sein de la nature. A Berthe Morisot, qui était allée le voir au début de 1886, Renoir avait dit que le nu lui paraissait « être une des formes indispensables de l'art ». Même dans des sujets aussi banals que la *Maternité* (*voir* cat. n° 78), Renoir suggérait l'intemporalité et la permanence en ajustant les formes dans une armature pyramidale stable, et en simplifiant et généralisant leurs particularités.

Mais ce processus d'idéalisation était totalement différent des méthodes académiques enseignées dans les écoles des beaux-arts ; Renoir reniait les méthodes d'expression artificiellement rhétoriques qu'elles enseignaient et il se lamentait sur la perte de l'héritage traditionnel de l'artisanat qui fut détruit lorsque la formation scolaire prit le pas sur l'apprentissage personnel. En 1884, il avait proposé de fonder une Société des Irrégularistes, et de publier « un Abrégé de la Grammaire des Arts » ; ce projet n'aboutit pas, mais les brouillons de Renoir ont survécu. Les arts, plaidait-il, s'étaient égarés quand ils avaient commencé à imposer une régularité artificielle à l'irrégularité de la nature ; c'était là le résultat de la répétition mécanique de modèles et on ne pouvait y remédier qu'en restaurant le contact direct individuel de l'artisan avec la nature. Dans ses écrits, Renoir n'avait pas rattaché particulièrement ces idées à l'évolution de son art personnel, mais quelques-uns de ses dessins les plus minutieux de cette période montrent qu'il examinait méticuleusement les irrégularités de la nature — par exemple, la tête séparée, à droite, de la figure 38. Le projet irrégulariste reflétait aussi la croyance de Renoir que les arts (peinture, sculpture, architecture et décoration) étaient inséparables, idée déjà énoncée dans *L'Impressionniste,* en 1877. Au cours de ces années, il n'a pas eu la possibilité de travailler à des projets décoratifs, mais il a révélé cet intérêt en 1887, en exposant *Baigneuses* avec le sous-titre d'*Essai de peinture décorative :* l'un des dessins pour ce tableau montre l'indication d'un encadrement compliqué, ou d'une bordure, avec des nus et des guirlandes.

Durant ces mêmes années, Renoir a continué à faire de temps à autre des portraits sur commande, bien que ses expérimentations stylistiques aient éloigné de lui bon nombre de ses clients potentiels ; Berard fut le seul à rester en relations intimes et régulières avec lui, même s'il semble qu'il n'ait acheté aucun tableau à Renoir après 1884 (*voir* cat. n° 73). S'il a continué à peindre des paysages et des natures mortes, il n'en a pas moins

concentré tous ses soins sur ses grands tableaux de figures notamment les *Baigneuses,* et beaucoup de ses toiles plus petites sont restées inachevées.

Les premières réactions au nouveau style linéaire de Renoir furent pour la plupart embarrassées ou hostiles, et exprimaient le regret qu'il ait abandonné la fraîcheur et la délicatesse grâce auxquelles ses œuvres antérieures avaient commencé à être appréciées. Durand-Ruel non plus, n'aimait pas la nouvelle manière de l'artiste, et il avait l'impression que cela nuirait aux ventes ; au cours de cette période il acheta fort peu d'œuvres récentes à Renoir. Parmi ses anciens camarades, Monet, semble-t-il, fut celui qui comprit le mieux son entreprise. Renoir a peu exposé durant cette période d'expérimentations. Il n'a rien envoyé au Salon entre 1883 et 1890, il n'a pas non plus participé à la dernière exposition du groupe impressionniste, en 1886. Cependant, il a effectivement exposé aux Expositions internationales de 1886 et 1887, chez Georges Petit ; dans ce milieu mondain, à côté de peintres plus largement acceptés, il exposa en 1886 surtout des œuvres relativement anciennes (par exemple, le n° 43, mais aussi, probablement, le n° 78), mais en 1887, c'est ce forum qu'il choisit pour montrer en public, pour la première fois *Baigneuses : essai de peinture décorative.*

La vie sociale de Renoir s'est considérablement modifiée au cours de ces mêmes années. C'est probablement en 1884 qu'il a quitté son atelier de la rue Saint-Georges, et avec lui le cercle familier des amis qui le fréquentaient. A présent, sa vie personnelle tournait autour d'Aline Charigot, surtout après la naissance de leur premier fils, en 1885, bien que seuls ses amis les plus intimes connussent l'existence du ménage. Dans ces mêmes années Renoir a commencé à sacrifier de temps à autre à deux nouveaux rites sociaux qui maintenaient de vieilles amitiés et créaient de nouvelles relations : les dîners impressionnistes mensuels qui avaient lieu au Café Riche, à partir de la fin de 1884, et qui réunissaient des peintres impressionnistes et des écrivains naturalistes ; et les soirées intimes que Berthe Morisot a commencé à donner à la fin de 1885 et au cours desquelles Renoir se lia de manière durable avec Mallarmé.

72
Paul Haviland

1884
H. 0,57 ; L. 0,43
S.D.b.g. : *Renoir 84*
Kansas City, Missouri
The Nelson-Atkins Museum of Art
(Fonds Nelson)

Paul Haviland, fils de Charles et de Madeleine Haviland, était né en juin 1880, il avait donc trois ou quatre ans quand Renoir fit de lui ce portrait à la composition ordonnée et cérémonieuse, où le coude gauche du modèle est appuyé sur une petite table. Madeleine Haviland était la fille de l'écrivain et critique Philippe Burty, ami et défenseur des impressionnistes. Son mari, Charles Haviland, possédait une manufacture de porcelaine à Limoges, ville natale de Renoir. En 1872, il avait fondé un atelier à Auteuil pour lequel ont travaillé bon nombre de camarades des impressionnistes, dont Bracquemond, Chaplet et même Degas (*voir* d'Albis 1974). Nous ignorons quand Renoir fit la connaissance des Haviland, mais leurs relations communes et l'intérêt constant de Renoir pour la peinture sur porcelaine (son premier métier), les ont vraisemblablement mis en rapport peu après que Haviland eût créé son affaire à Auteuil.

Les formes de ce portrait sont nettement dessinées, les cheveux blonds du modèle et les rayures blanches de son costume se détachent hardiment sur le fond. La combinai-son entre une pose élaborée, rappelant les conventions du portrait néo-classique, avec le modelé librement brossé du vêtement et celui tout aussi libre du fond évoquent le portrait de *Madame Clapisson* (*voir* cat. nº 69) de l'année précédente. Les formes et les couleurs ne sont pas aussi nettes ici que dans *L'après-midi des enfants à Wargemont* (*voir* cat. nº 73), également de 1884. Cependant, le dessin des yeux de Paul, en particulier, reflète la simplification que l'on remarque aussi dans la fillette debout de *L'après-midi des enfants à Wargemont*.

Ce tableau est resté dans la famille Haviland jusqu'après la mort de Renoir.

Bibliographie
New York, Wildenstein, 1969,
nº 56
Daulte 1971, nº 454
(J. et L. d') Albis, « *La céramique impressionniste* », *L'Œil,* février 1974, p. 47

73
L'après-midi
des enfants à Wargemont

1884
H. 1,27 ;L. 1,73
S.D.m.d. : *Renoir. 84.*
Berlin, Staatliche Museen Preussischer Kulturbesitz,
Nationalgalerie
Exposé à Londres et Paris seulement

Ce tableau est la commande la plus importante que Renoir reçut de Paul Berard, diplomate et banquier, pour lequel il avait déjà travaillé en 1879 (*voir* cat. n° 59). Exécuté pendant l'été 1884, il représente un intérieur de la maison de campagne de Berard, à Wargemont, près de Dieppe, où se tiennent les trois filles de celui-ci : Marthe, qui a maintenant quatorze ans, est assise à droite, Marguerite, âgée de dix ans, est à gauche, et Lucie, quatre ans, est debout. Il semble que Renoir n'ait plus fait de tableaux pour Berard après 1884, mais les deux hommes sont restés intimes et Renoir a continué de séjourner à Wargemont.

A l'inverse des petits portraits pleins de verve que Renoir avait peints trois ans plus tôt des enfants Berard (*voir* cat. n° 59), *L'après-midi des enfants à Wargemont* est monumental par sa forme et paisible par son atmosphère, sans la moindre allusion à l'espièglerie des enfants (à ce sujet, *voir* Blanche 1937). Ce tableau est une tentative délibérée de rivaliser avec le portrait de *Madame Charpentier et de ses enfants* (*voir* cat. n° 43) dont il rappelle l'échelle et le propos ambitieux mais le contraste entre les deux œuvres ne saurait être plus marqué — par le contenu, la composition, le coloris et la facture. Dans le salon de Mme Charpentier, les enfants, confinés dans un coin du tableau, sont un peu des intrus parmi les somptueuses japonaiseries ; ici, les enfants Berard occupent toute la scène, dans l'intérieur simple de Wargemont. Mme Charpentier préside dans son salon, même si c'est assez distraitement, tandis qu'ici la sœur aînée continue de coudre, apparemment indifférente aux prévenances de la petite Lucie avec sa poupée. La composition des deux tableaux souligne ces rapports : Mme Charpentier est située au sommet d'un triangle qui élève la composition dans l'espace, alors qu'ici les enfants sont disposés en frise, dans l'espace sans profondeur du premier plan, sans qu'il y ait vraiment de centre proprement dit. Pourtant la composition de *L'après-midi des enfants à Wargemont*, construite toute aussi soigneusement que le portrait de *Madame Charpentier*, est équilibrée grâce aux figures établies de chaque côté, et les têtes des fillettes s'insèrent dans le système de lignes créé par les meubles, les fenêtres et les panneaux du mur, d'une manière tout aussi stricte que dans un intérieur hollandais du XVIIᵉ siècle.

Ce qui est si inhabituel dans *L'après-midi des enfants à Wargemont*, c'est le rapport entre le coloris et la composition. Tandis que dans les intérieurs hollandais et dans le portrait de *Madame Charpentier et de ses enfants* les points forts du tableau sont ménagés par le contraste des tons sombres et clairs, ici, c'est le contraste des couleurs qui prédomine. Cependant ces contrastes ne sont pas disséminés à travers la toile afin de suggérer le jeu de la lumière et de l'ombre, comme dans *La balançoire* (*voir* cat. n° 38), par exemple ; au lieu de cela, la moitié gauche, surtout froide et bleue, aux formes dépouillées, scandée par des rayures, est ponctuée seulement par le visage et les cheveux dorés de Marguerite, alors que le côté droit, plus riche et de motifs plus variés, est largement fait de tons chauds rehaussés seulement par quelques accents bleus tranchés. Le clair-obscur est presque complètement abandonné, et l'éclairage clair et diffus ne donne lieu qu'à peu de modelé coloré ; certaines formes, comme les chaussures et la coupe de fleurs, ménagent quelques accents bleu foncé, mais la tonalité d'ensemble est très claire et uniforme. Les formes se détachent nettement les unes des autres, surtout dans le profil de Marthe qui se découpe sur les fleurs ; bien que le dessin ne soit pas rigoureusement linéaire, ces formes nettement découpées marquent l'abandon du système créant une atmosphère unifiée qui prévaut dans des œuvres comme *La balançoire*. La touche n'est pas fluide. En grande partie opaque, elle définit discrètement les formes, sans donner de rythme puissant ou quelque animation que ce soit à la surface picturale. Ce n'est que dans la petite partie d'herbe représentée vue à travers la fenêtre qu'on trouve l'accent d'un mouvement diagonal de la touche qui rappelle Cézanne (*voir* cat. n° 76).

Le dessin est relativement simplifié, en particulier dans les visages de droite. Comme Meier-Graefe l'avait remarqué en 1912, les visages stylisés des deux fillettes de droite ressemblent à celui de la poupée — une analogie entre visages et masques qui est remarquable à cette date. Ce genre d'associations — dans l'œuvre d'Ensor, par exemple — évoque généralement la futilité et le caractère artificiel du comportement humain, mais les idées de cet ordre semblent complètement étrangères à Renoir. En peignant des visages aux contours de plus en plus simplifiés durant cette période (*voir* cat. n° 78), Renoir négligeait le détail particulier des physionomies pour créer des images plus généralisées de jolies jeunes filles et de jolis enfants ; il s'éloignait de l'individuel pour aller vers le type. Cette évolution marque son art pendant les quelques années suivantes, et elle était évidemment incompatible avec le

portrait qui réclame la ressemblance individuelle. Renoir ne devait peindre que de rares portraits entre 1885 et le début des années 1890.

L'après-midi des enfants à Wargemont se ressent de bien des manières des études que Renoir avait faites de l'art du passé, mais sans ressembler étroitement à aucune peinture antérieure. La composition et le sujet rappellent les intérieurs domestiques de la Hollande du XVIIe et de la France du XVIIIe siècle, tandis que le modelé net des formes est peut-être un reflet d'Ingres, dont le portrait de Mademoiselle Rivière (Paris, Musée du Louvre) semble un lointain ancêtre de la fillette debout ici. Mais la précision de toutes les parties et la blondeur de l'ensemble du tableau paraissent plus proches des fresques italiennes du XVe siècle, des formes nettement dessinées, dans des intérieurs très simples, d'artistes comme Domenico Ghirlandaio. Le souvenir diffus de fresques de ce genre et des tonalités des peintures murales pompéiennes ont pu aussi jouer un rôle, de même que les deux fresques de Botticelli provenant de la villa Lemmi que le Louvre avait acquises en 1882 de Charles Ephrussi, ami et amateur de Renoir. Mais sur la structure dépouillée de son tableau, Renoir a greffé une richesse de couleurs qui reflète clairement les leçons de l'impressionnisme. Au milieu des années 1880, Renoir se préoccupa de la texture de la fresque (voir cat. no 74), mais L'après-midi des enfants à Wargemont ne représente pas l'état le plus avancé de sa manière dite « aigre », bien qu'il rejette ici nettement la facture fluide de beaucoup de ses œuvres antérieures.

Ce tableau fut acheté par Bernheim-Jeune à la vente Berard, en mai 1905 ; il a été donné par Elise König à la Nationalgalerie de Berlin, en 1906.

Bibliographie
Duret, Petit, Berard, 1905, no 15
Duret 1906, pp. 141-4
Meier-Graefe 1912, pp. 126-132
George 1922, p. 184
Fosca 1923, pp. 35-6
Jamot 1923, p. 338
Meier-Graefe 1929, pp. 201-213
Blanche 1933, p. 292
Barnes et de Mazia 1935, pp. 91-2, 409-12 no 144
Blanche 1937, pp. 35-8
Berard 1939, p. 11
Drucker 1944, pp. 65-7, 205 no 77
Rouart 1954, p. 69
Daulte 1971, no 457
Chicago, Art Institute, 1973, no 47

74
Baigneuse
(*dite* La coiffure)

1885
H. 0,92 ; L. 0,73
S.D.b.g. : *Renoir 85.*
Williamstown, Massachusetts,
Sterling and Francine Clark Art Institute (589)
Exposé à Boston seulement

Cette *Baigneuse* est, de tous les nus de Renoir datant de cette période d'expérimentations techniques autour de 1885, l'un de ceux dont le dessin est le plus incisif et les contours les plus violemment cernés. Avec les *Baigneuses* (fig. 37) achevées en 1887, cette œuvre marque le point extrême du rejet par Renoir de la technique impressionniste qui noyait les figures dans l'atmosphère ambiante.

Le paysage du fond est comparable à celui de la seconde version de la *Baigneuse* de 1881-82 (*voir* cat. n° 64), avec des falaises au loin barrant la baie ; mais la facture est différente, nerveuse et brossée avec raideur ; de même que dans les paysages contemporains de Renoir (*voir* cat. n° 76), on y trouve des réminiscences évidentes de Cézanne. Cependant, la figure est traitée tout à fait différemment. Ses contours ne sont généralement pas définis par une ligne, mais ils sont nettement différenciés du fond par les constrastes des couleurs et de la matière de la peinture ; c'est seulement autour des fesses et du ventre qu'une délicate ligne bleue est utilisée pour les délimiter. Fortement éclairée de front, la peau du modèle offre des plans simples peints en aplats denses, traités pour la plupart à l'aide de roses et de beiges mœlleux, avec seulement de faibles modulations suggérant le jeu de la lumière sur la forme. Ces nuances délicates font effectivement écho aux couleurs plus riches du paysage, mais la simplicité du coloris du modèle, avec ses cheveux bruns tombant sur la peau claire, l'isole des nuances kaléidoscopiques qui l'environnent. L'éclairage très généralisé de la figure et l'illisibilité de l'espace suggèrent que ce tableau a été composé en atelier.

Ici, Renoir a été préoccupé par les contours, aux dépens, par endroits, d'un modelé convaincant de la figure. Les hésitations du peintre définissant les contours de la figure apparaissent par exemple autour du coude droit où la direction des touches suggère fortement que le dessin en a été modifié.

La fascination de Renoir pour la ligne nettement dessinée reflète l'intérêt qu'à cette période il portait à Ingres et à la tradition du dessin linéaire, bien que la couleur affirme sa soumission à l'autre tradition, la tradition coloriste. Cette synthèse, à certains égards déconcertante, a été analysée avec beaucoup de sympathie par Meier-Graefe, en 1912, dans la première monographie publiée sur Renoir ; un dessin d'après ce tableau figurait même sur la couverture de ce livre. Meier-Graefe voyait en ce nu une Vénus moderne : « Cette Vénus Anadyomène n'emprunte ses charmes à aucune sculpture antique. Elle prouve son origine d'une manière plus croyable à nos idées modernes. Elle est vraiment la femme née de l'écume. Renoir fait sortir son émail brillant du charme coloré de l'atmosphère qui l'entoure, et évite ainsi l'isolement immobile de la plastique peinte. » (Meier-Graefe 1912, p. 114).

Les craquelures qui se sont produites sur la surface picturale de la figure font penser qu'il s'agit de l'un des tableaux dans lesquels Renoir a cherché à réduire la quantité du médium ajouté aux pigments (*voir* Vollard 1938, pp. 216-7) ; ici, certainement, les couches de peinture superposées ne sont pas complètement liées. La tonalité très claire, assez crayeuse, du tableau, évoque aussi l'intérêt que Renoir portait aux effets propres à la fresque. Toutefois, un examen plus attentif montre que la surface de la figure possède une homogénéité et une richesse de matière totalement différentes de la peinture sur l'enduit d'un mur ; la comparaison avec les effets des émaux peints ou de la peinture sur porcelaine serait plus pertinente. Peu après, comme Renoir l'a dit à Vollard, il a compris qu' « une peinture à l'huile doit être faite avec de l'huile » (1938, p. 216) ; à partir de 1888 environ, il n'eut plus jamais aucun problème technique de liant.

Renoir mit ce tableau en dépôt chez Durand-Ruel en avril 1885 ; le marchand l'envoya à New York en 1886, où il fut probablement exposé. Il l'acheta finalement à Renoir en février 1892 et le fit très probablement figurer à la rétrospective Renoir qu'il organisa au mois de mai de la même année. Il le vendit à Sterling Clark en 1938.

Bibliographie
Meier-Graefe 1908, I, p. 294
Meier-Graefe 1912, pp. 111-6
Fosca 1923, p. 36
Jamot 1923, pp. 331-2
Barnes et de Mazia 1935, p. 413 n° 152
Drucker 1944, pp. 74, 205 n° 77
Williamstown, Clark Art Institute, 1956, n° 138

Daulte 1971, n° 492
White 1973, p. 111

Expositions
? 1886, New York, American Art Association
? 1892, Paris, Durand-Ruel
1912, Munich, Thannhauser (16)
1912 (février-mars), Berlin, Cassirer (16)

75
L'enfant au fouet

1885
H. 1,05 ; L. 0,75
S.D.b.g. : *Renoir. 85.*
Leningrad, Musée de l'Ermitage
Exposé à Londres et Paris seulement

L'enfant au fouet représente Étienne, né en 1880, le plus jeune fils du Docteur Goujon. En 1885, Goujon avait commandé à Renoir le portrait de ses quatre enfants. *L'enfant au fouet* fait pendant à *La fillette au cerceau* (Washington, National Gallery of Art, Collection Chester Dale), qui représente Marie, la sœur aînée d'Étienne.

Ce tableau montre la tentative de Renoir de combiner la richesse des couleurs de ses peintures en plein air avec un dessin précis du modèle. Peint hardiment, l'arrière-plan est suggéré par la variation continue des nuances de couleurs et de la touche ; le costume du petit garçon (vraisemblablement en tissu blanc) est lui-même modelé au moyen de bleus, de verts et de jaunes. Mais ce sont les cheveux et les chaussures qui donnent à la composition une structure tonale précise (*voir* la chevelure de la *Baigneuse* contemporaine, n° 74) ; le visage, dont les formes sont dessinées presque avec dureté, est traité dans une facture lisse ; encadré par les cheveux, il se détache sur un fond de facture très libre. Dans des peintures postérieures, comme *L'enfant portant des fleurs* de 1888 (*voir* cat. n° 79) Renoir devait chercher le moyen de réintégrer les visages d'enfants et leur contexte dans le tableau.

Le Docteur Goujon a vendu ce tableau à Vollard, qui le vendit à son tour au collectionneur russe Morosov en 1913.

Bibliographie
Paris, Musées Nationaux, 1965-6,
n° 70
Daulte 1971, n° 471

76
La Roche-Guyon

vers 1885
H. 0,47 ; L. 0,56
S.b.g. : *Renoir*
Aberdeen, Aberdeen Art Gallery and Museums
(1974.12)

Au cours des étés 1885 et 1886, Renoir a séjourné à La Roche-Guyon, sur la Seine, entre Paris et Rouen, à quelques kilomètres de Giverny, où Monet s'était installé récemment. Cézanne vint y rejoindre Renoir pour une brève période, en 1885. Ce tableau qui n'est pas daté avec certitude peut fort bien être de 1885, car sa technique porte l'empreinte de l'influence de Cézanne.

Les touches en diagonale qui parcourent la plus grande partie de *La Roche-Guyon,* englobant le premier plan, les lointains et le ciel, rappellent ce qu'on a appelé la « touche constructive » de Cézanne (méthode employée par celui-ci pour structurer la surface de la toile au moyen de séries de touches parallèles). A l'occasion, Renoir avait déjà tâté de ce procédé (*voir* cat. nos 63, 66), mais *La Roche-Guyon* est l'une de ses expériences les plus poussées en ce sens, avec ses touches d'égale force unifiant l'ensemble du tableau. Cependant, les touches sont bien différentes de celles de Cézanne — moins nettes, elles tendent à se fondre entre elles. Chez Cézanne, les touches de ce genre sont parties intégrantes du support de la toile en deux dimensions ; elles donnent également un effet d'aplat dans certaines parties du tableau de Renoir, telles que le ciel et les buissons, en bas à droite, mais ailleurs elles ont une action plus illusionniste, suggérant ainsi l'apparence des formes dans l'espace, comme dans les toits et dans quelques arbres. En de rares endroits, Renoir a insisté sur des détails particuliers — quelques feuilles à gauche, et les pierres du mur d'une chaumière. Renoir répugnait à subordonner les éléments naturels d'un paysage à un seul et unique schéma.

Les éléments du tableau dissimulent une perspective lisible, mais le regard allant de forme en forme, peut se frayer un chemin dans l'espace, et la douceur des bleus évoque la distance atmosphérique. L'ensemble de la composition possède une structure nette de valeurs et de couleurs, organisée autour des accents de lumière des rochers, des cheminées et du toit rouge, au centre ; autour de ceux-ci, des séries de rouges et de mauves variés, se détachent sur des verts qu'animent des accents vifs de vert émeraude. Malgré les tensions apparentes entre l'espace et la surface, l'animation de la touche et la richesse de la couleur donnent à cette toile une présence réelle.

Dans deux lettres écrites à La Roche-Guyon, en août 1885, Renoir faisait part de ses incertitudes artistiques. Dans l'une, il demandait à Durand-Ruel de ne pas venir le voir, mais il le rassurait en lui disant qu'il avait enfin abandonné ses « maladresses passées » (Venturi 1939, I, pp. 130-1) ; dans l'autre, adressée à Berard, il reconnaissait avoir empêché la venue de son marchand parce qu'il n'avait rien résolu : « Je veux trouver ce que cherche avant de me livrer. » (cat. vente Paris, Hôtel Drouot, 16 février 1979 ; lettre du 17 août 1885, ici datée par erreur d'août 1886, époque où Renoir était à Saint-Briac).

On ne sait rien du début de l'histoire de ce tableau.

Bibliographie
Callen 1978, pp. 94-5
Londres, Royal Academy, 1979-80,
n° 172

77
Aline Charigot
(Madame Renoir)

vers 1885
H. 0,65 ; L. 0,54
S.h.g. : *Renoir*
Philadelphie, Philadelphia Museum of Art
(Acquisition : Collection W.P. Wilstach ; W 57-1-1)

Cette œuvre est un des rares véritables portraits d'Aline Charigot que Renoir devait épouser en 1890 (*voir* également cat. n° 114) alors qu'elle servit souvent de modèle dans des peintures à sujet. Bien qu'il soit difficile de dater ce portrait avec précision, il a probablement été peint en 1885, après la naissance de Pierre, leur premier fils, en mars ; son caractère direct et l'observation précise qui le caractérisent contrastent nettement avec la manière moins individualisée dont Renoir a traité Aline dans les toiles contemporaines de *L'enfant au sein,* en particulier dans la seconde des deux versions (*voir* cat. n° 78), où elle devient l'archétype de la maternité campagnarde.

Ici, la vue frontale accentue les formes robustes d'Aline ; les courbes simples de ses joues et de sa mâchoire se répètent dans les épaules et les bras. Elle est présentée comme une fille de la campagne, au lieu d'être vêtue avec élégance, comme la première fois où Renoir l'avait peinte (*voir* cat. n° 51). Il semble que ce soit à l'automne de 1885, après la naissance de Pierre, que Renoir se soit rendu pour la première fois à Essoyes, village du sud de la Champagne où Aline était née ; celle-ci avait toujours senti qu'elle y était chez elle, et ce tableau est peut-être le reflet de la première rencontre de Renoir avec Aline dans son pays natal.

Des bleus et des jaunes clairs dominent la composition, qui est affermie par le bleu foncé des yeux et de la jupe, et par les jaunes et les bruns foncés du chapeau et des cheveux ; les chaudes nuances de la chair ainsi que la rose du chapeau fournissent une note colorée d'un genre différent. Dans le fond, les bleus dominent les jaunes, dans la jaquette, ce sont les jaunes qui dominent les bleus, mais ces couleurs restent distinctes, elles ne se mêlent pas librement. Les bleus de la jaquette en suggèrent le modelé par touches groupées à peu près parallèles, affectant diverses directions. Les couches de peinture sont opaques et épaisses, et de matière assez homogène. Les contours sont nets, mais soulignés d'un trait seulement là où il est nécessaire de séparer deux zones de couleur très semblable ; autrement, les formes sont surtout suggérées par des variations de couleurs.

Renoir a conservé ce portrait jusqu'à sa mort.

Bibliographie
André et Elder 1931, I, pl. 9, n° 16
Barnes et de Mazia 1935, p. 412
n° 148
New York, Wildenstein, 1969,
n° 60
Daulte 1971, n° 484
Chicago, Art Institute, 1973, n° 51
New York, Wildenstein, 1974,
n° 32

78
L'enfant au sein
(dit Maternité)

1886
H. 0,74 ; L. 0,54
S.D.b.g. : *Renoir. 86.*
Saint Petersburg, Floride, Museum of Fine Arts
(prêt anonyme)
Exposé à Paris et Boston seulement

Pierre, le premier fils de Renoir, naquit en mars 1885 ; au cours de l'été, Renoir commença à peindre Aline allaitant son bébé, et il exécuta, au cours de l'année qui suivit, deux dessins très poussés à la sanguine et trois tableaux à l'huile, ainsi qu'un certain nombre de dessins moins aboutis. Toutes ces œuvres représentent les figures dans la même pose, avec Pierre tenant son pied et toutes montrent un bébé d'à peu près le même âge — six mois environ. Une sanguine et une huile (Daulte 1971, nº 485) sont datées « 85 », et ont probablement été exécutées (au moins en partie) à Essoyes, le village natal d'Aline, au sud de la Champagne, où Renoir était allé pour la première fois à l'automne (*voir* cat. nº 77). Renoir a continué à travailler ce thème à Paris, pendant l'hiver de 1885-86 : le 11 janvier 1886, il montra dans son atelier, à Berthe Morisot, plusieurs de ses études sur ce sujet (Rouart 1950). Seule, la présente toile est datée « 86 », et il s'agit probablement d'une reprise du sujet faite à l'atelier ; une autre toile, étroitement apparentée (Daulte 1971, nº 496), non datée, doit être à peu près contemporaine. Le fait que sur ces deux dernières toiles le bébé ait la même taille, rend peu plausible qu'elles aient été peintes d'après nature, à Essoyes, en juin 1886, comme le suppose Daulte. Il est fort probable que l'un de ces deux tableaux ait déjà été exposé : en effet, l'une des œuvres de Renoir présentées chez Georges Petit à l'*Exposition Internationale* qui ouvrit ses portes le 15 juin 1886, était intitulée *L'enfant au sein* ; il s'agit probablement de l'une des deux toiles dont nous parlons (des œuvres complément achevées, à la différence de celle datée « 85 ») — et peut-être du présent tableau, car il est daté. Quelle que soit la version exposée, Renoir montrait là à Paris pour la première fois le fruit de deux années d'expérimentation technique ; Octave Mirbeau l'a commentée dans son article sur cette exposition : « Admirez sa *Femme à l'enfant,* qui évoque, dans son originalité, le charme des primitifs, la netteté des Japonais et la maîtrise d'Ingres ».

Cette composition mêle intimement familiarité et éternité. Le geste du bébé tenant son pied lui donne un air de spontanéité en même temps qu'il montre bien son sexe aux yeux d'un père plein de fierté, et à ceux du spectateur ; mais la simplicité de la structure pyramidale est délibérément monumentale. Les traits d'Aline ont été simplifiés et ont pris un caractère général ; elle est présentée comme un type, et non comme individu comme dans le portrait que Renoir avait fait d'elle peu de temps auparavant (*voir* cat.

nº 77). Elle est montrée en vêtements campagnards, placée devant un arrière-plan typiquement rural — une maisonnette et des arbres (*voir* également cat. nº 80). Les figures et leur contexte font de ce tableau l'archétype figuré de la maternité campagnarde.

Le thème et la composition de ce tableau invitent à le comparer aux peintures de Vierges à l'Enfant de la Renaissance italienne. Bien des années plus tard, Renoir évoquait le plaisir que lui avait procuré la *Vierge à la chaise* de Raphaël, au palais Pitti, à Florence, « la peinture la plus libre, la plus solide, la plus merveilleusement simple et vivante qu'il soit possible d'imaginer, des bras, des jambes avec de la chair vraie et quelle touchante expression de tendresse maternelle ! » (Vollard 1938, p. 202). Toutefois, le parallèle vaut par rapport au genre et non pas par rapport à un tableau de la Renaissance en particulier. Lors du voyage de Renoir en Italie, les tableaux de Raphaël en étaient venus à représenter pour lui l'image même de la maternité : en Italie, dans ses souvenirs, « chaque femme qui allaite un enfant est une Vierge de Raphaël ! » disait-il (J. Renoir 1962, p. 225). Quand il a voulu recréer ce thème dans son art personnel, il a adopté un mélange de gestes scrupuleusement observés avec une structure simple et équilibrée, très proche de l'exemple de Raphaël.

La technique du tableau reflète les expériences de Renoir vers 1885 — libre et lumineuse en certaines parties, très précise en d'autres. Il a été exécuté sur un apprêt blanc épais — il est très possible que l'artiste ait ajouté une couche d'impression supplémentaire sur une toile apprêtée du commerce (*voir* Callen 1978, pp. 86-7). Sur ce fond lisse et blanc, une grande partie du fond est brossée librement avec une matière diluée qui permet au fond blanc de prêter sa luminosité aux nuances multicolores de l'herbe, de l'arbre, de la maison et des autres arbres du lointain. A l'inverse, les formes principales, peintes dans une matière opaque, sont clairement définies, quelques unes tracées avec précision. On ne trouve pas de traces manifestes d'un dessin méticuleux à l'encre, comme il y en a sous quelques peintures de Renoir, à cette époque (*voir* Vollard 1938, p. 217 ; André 1928, p. 72), mais la chaise en particulier, et quelques feuilles de l'arbre ont leurs bords soigneusement tracés apparemment avec un pinceau fin — la chaise avec un rouge éteint, les feuilles en bleu. Quelques détails seulement des figures sont dessinés de la même façon — le pénis de Pierre et quelques uns de ses doigts et de ses orteils —,

mais les contours du groupe entier sont nettement établis par le contraste avec le fond. La chair est traitée de manière uniforme, avec seulement des nuances de couleur des plus délicates pour suggérer le modelé ; la robe blanche du bébé est peinte plus librement, tandis que des touches plus précises indiquent les plis des vêtements d'Aline ; de doux rouges orangés suggèrent le modelé de sa jupe bleue. Les couleurs dominantes de son chapeau, de sa jaquette et de sa jupe, et le blanc de la robe blanche du bébé, se détachent nettement, par contraste avec le chatoiement des couleurs du fond. La clarté de la structure colorée, la précision des contours et la simplicité de l'agencement des formes poussent incontestablement le groupe de figures en avant du paysage sur lequel elles se détachent, et qui sert simplement de toile de fond, ce qui contraste nettement avec la fusion des figures et de leur environnement propre aux œuvres peintes vers 1875 (voir cat. nos 38, 39).

Dans les *Baigneuses* (fig. 37), la composition capitale à laquelle Renoir a travaillé entre 1884 et 1887, comme dans *L'enfant au sein*, les figures sont traitées avec une grande précision et elles sont clairement séparées du fond ; mais dans les *Baigneuses*, les couches de peinture sont denses et opaques d'un bout à l'autre de la toile (voir cat. nº 74), à la différence de la transparence d'une grande partie de *L'enfant au sein*. L'exploration simultanée de deux méthodes aussi différentes montre bien les incertitudes techniques de Renoir aux alentours de 1885.

Le processus de simplification et de monumentalisation était d'abord apparu dans la *Baigneuse* de la fin de 1881, peinte par Renoir pendant son voyage en Italie (voir nº 62). Mais par son thème, *L'enfant au sein* est aussi une suite à la *Baigneuse*. Il répète foncièrement la même pose, transposant l'archétype de la beauté juvénile en archétype de la mère ; tandis que la *Baigneuse* regardait au loin, par

delà le spectateur, la jeune mère nous regarde directement pour partager avec nous les joies de la maternité — de même qu'elle avait partagé les plaisirs de la danse dans *Danse à la campagne* (voir cat. nº 68), trois ans auparavant. Pareilles répétitions sont fréquentes lorsqu'il s'agit d'images qui avaient une signification particulière pour Renoir ; l'affection qu'il portait au groupe formé par cette mère et son enfant s'est révélée de façon poignante lorsque, après la mort d'Aline, en 1915, il a peint une version supplémentaire de cette composition et demandé à son assistant d'en faire une sculpture (voir Haesaerts 1947, p. 29).

Durand-Ruel a acheté ce tableau à Renoir, en juin 1892, peu après la clôture de l'exposition particulière de Renoir à la Galerie Durand-Ruel ; il paraît fort possible que ce soit le tableau qui y fut exposé sous le nº 75, intitulé *L'Enfant qui tète*. L'article de Natanson sur l'exposition Renoir de 1896, chez Durand-Ruel, montre que ce tableau y a figuré, bien qu'on ne puisse l'identifier dans le catalogue ; il fut acheté au marchand, juste avant l'ouverture de l'exposition, par le collectionneur de Boston, Henry Sayles.

Bibliographie (version exposée)
? Mirbeau 1886
Natanson 1896, p. 549
New York, Duveen, 1941, nº 57
Pach 1950, p. 20
Daulte 1971, nº 497

Bibliographie des versions apparentées
Meier-Graefe 1912, pp. 134-6
Fosca 1923, p. 36
Jamot 1923, pp. 338-9
Meier-Graefe 1929, pp. 238-9

Barnes et de Mazia 1935, pp. 93-5, 413-4 nº 162
Drucker 1944, pp. 75-6, 205-6 nº 79
Pach 1950, pp. 90-1
Rouart 1950, p. 128
Daulte 1971, nos 485, 496
Daulte 1972, pp. 48-9
Chicago, Art Institute, 1973, nº 52

Expositions
? 1886, Paris, Petit (126)
? 1892, Paris, Durand-Ruel (75)
1896, Paris, Durand-Ruel

1888-1898

1888 marque la fin de la période la plus hermétique des expérimentations techniques de Renoir, mais les problèmes qui avaient atteint leur paroxysme aux alentours de 1885 continuaient de le préoccuper : comment pouvait-il concilier l'étude directe de la nature avec le désir d'appartenir à une tradition artistique, et associer la netteté de la forme avec le libre jeu des touches de couleurs ?

Renoir a, de nouveau, beaucoup voyagé entre 1888 et 1898, comme il l'avait fait au début des années 1880, cherchant de nouveaux motifs et explorant aussi l'art des musées. De petits voyages pour peindre l'entraînaient en Normandie et à Essoyes, et surtout dans le Midi et sur les côtes de Bretagne. Il visita les musées de Madrid (1892), de Dresde (1896, après s'être arrêté à Bayreuth), d'Amsterdam (1898) et de Londres (probablement pendant ces mêmes années) ; quand il était à Paris, il allait beaucoup au Louvre.

A présent, son intérêt pour l'art du passé se concentrait moins sur la linéarité de la Renaissance, que sur Titien, Velasquez, Rubens, Rembrandt et Vermeer, et plus particulièrement sur l'art du XVIIIe siècle français et sur Corot. Ces artistes, chacun à leur manière, avaient en commun deux qualités capitales pour Renoir : tous modelaient la forme et suggéraient l'espace avec le pinceau, au lieu de séparer la peinture du dessin, la couleur de la ligne ; et tous avaient trouvé le moyen de transformer l'étroite observation du monde qui les entourait en une forme picturale durable. Mais il sentait encore que les maîtres de la ligne étaient essentiels pour l'enseignement, et il conseillait à sa jeune élève Jeanne Baudot de copier Poussin et Mantegna.

Les liens étroits de Renoir avec le XVIIIe siècle français et avec Corot jouèrent un rôle capital pour son art et affectèrent aussi la manière dont il était perçu par le public : son caractère essentiellement français était devenu un cliché de la critique. Watteau et Fragonard revêtirent une importance particulière pour lui, peu avant 1890, alors qu'il s'efforçait de sortir de la dureté des contours et de la rigidité de dessin de ses *Baigneuses* de 1887 (fig. 37). En 1888, il invoqua Fragonard pour expliquer ses efforts pour adoucir et diversifier sa technique (*voir* cat. no 80) ; sa facture des années 1890 conserve l'empreinte de Fragonard (*voir* fig. 39 et 41) dans ses mouvements cursifs, de plus en plus rythmés qui, d'un même geste, modèlent la forme et créent un motif décoratif. En même temps, bon nombre de ses sujets de plein air se réfèrent à Fragonard et aux fêtes galantes de Watteau dans la manière dont les

Fig. 39
J.-H. Fragonard, *L'Etude.*
(Paris, Musée du Louvre).

Fig. 40
Renoir, *Baigneuses dans la forêt,* vers 1897.
(Merion, The Barnes Foundation).

figures en extérieur et leur environnement s'entrelacent dans la composition et par la touche ; de même les figures en costume moderne sont
rendues plus intemporelles par leurs gestes et leur présentation.

L'exemple de Corot était particulièrement pertinent pour l'aider à
résoudre les problèmes qu'il rencontrait avec la peinture de paysage. En
peignant en plein air, Renoir regrettait souvent d'avoir passé tant de
temps à travailler dans son atelier, mais les variations météorologiques et
les difficultés matérielles du travail à l'extérieur le forçaient à revenir à
l'atelier pour exécuter ses projets plus ambitieux. De même, il peignait
parfois la nature dans le vocabulaire des tableaux de Corot, et il faisait
l'éloge de la « réalité extraordinaire » de ses vues de La Rochelle ; mais il
invoquait aussi Corot pour défendre sa propre pratique de retravailler
ses études faites en plein air dans l'ambiance contrôlée de l'atelier.

Ces incertitudes quant aux méthodes idéales pour exécuter des
tableaux se reflétaient dans leur apparence. Dans quelques études faites
en extérieur, la touche restait énergique et variée, mais dans bon nombre

Fig. 41
J.-H. Fragonard, *Baigneuses.*
(Paris, Musée du Louvre).

Fig. 42
Renoir, *Deux jeunes filles assises,* vers 1892.
(Philadelphie, The Philadelphia Museum of Art).

de tableaux finis, elle devenait beaucoup plus douce et plus unifiée, évoquant même Corot par sa délicatesse. La gamme de couleurs qu'il adoptait était pareillement variée : dans quelques tableaux jusqu'au début des années 1890, les formes étaient modelées par des couleurs opulentes et les fonds traités dans les nuances de l'arc-en-ciel, mais en 1888, il avait déjà commencé à utiliser une palette beaucoup plus réduite et plus sourde pour certains sujets — faisant de nouveau écho à Corot. Aux alentours de 1895, Renoir avait pratiquement cessé d'utiliser le bleu pour rendre les ombres des chairs, et il modelait les formes d'une manière plus traditionnelle, plus par des dégradés de valeurs que par des contrastes de tons chauds et de tons froids. A la même époque il déclarait fièrement qu'il avait rétabli le noir dans son rôle de couleur essentielle sur sa palette — le noir qui avait été banni de tous ses tableaux depuis les alentours de 1875, sauf dans quelques portraits de commande. Vers 1895, il s'est attaché à trouver pour sa palette une gamme de couleurs simple et définitive et pouvant répondre à tous les besoins, dans son désir obsessionnel de maîtriser le métier de la peinture.

Au cours de ses voyages, Renoir avait peint un grand nombre de paysages et de sujets familiers en plein air, mais il avait réservé ses efforts les plus sérieux pour des thèmes qui étaient à la limite entre le quotidien et l'idylle — thèmes qui font manifestement écho à l'art du XVIIIe siècle. Il a peint une longue série de nus, principalement des jeunes filles dans un décor extérieur que, dans une lettre, il appelait ses « nymphes ». Au début, il s'agissait surtout de figures isolées ; il en fit des groupes vers 1897, sur le thème de jeunes filles en train de jouer (par exemple, fig. 40) et qui transposent les *Baigneuses* de 1887 avec une liberté familière qui rappelle beaucoup les *Baigneuses* de Fragonard (fig. 41). Un autre thème favori du XVIIIe siècle — celui du petit enfant — prend un grand relief après la naissance de son fils Jean, en 1894, et il lui a consacré une longue suite de peintures dans lesquelles il a cherché l'archétype des images et des gestes de l'enfance.

Mais le sujet qu'il a repris le plus souvent entre 1890 et 1900, c'est le tableau de figures en costume moderne élégant — des jeunes filles, coiffées souvent de chapeaux fantaisistes, quelques-unes en buste, certaines à mi-corps, d'autres en pied, seules ou avec une comparse (par exemple, fig. 42). Ce fut, semble-t-il, avec ce genre de tableaux qu'il trouva une véritable clientèle entre 1890 et 1900, en particulier avec Durand-Ruel. En 1891, il parlait en plaisantant, de peindre « un tableau de genre,

genre vente », et il s'était visiblement lassé d'exécuter des peintures pour plaire à son marchand ; mais vers la fin de la décennie, Durand-Ruel a, semble-t-il, tenté, sans succès, de convaincre Renoir de cesser de peindre des jeunes filles aux chapeaux compliqués qui étaient passés de mode. Suzanne Valadon se souvenait que Renoir avait un penchant particulier pour les chapeaux de femmes, et qu'il en faisait faire spécialement pour ses modèles.

Sa vente la plus importante de cette décennie fut un tableau de ce genre (quoique sans chapeaux) : dès 1892, l'Etat lui acheta *Jeunes filles au piano* (*voir* cat. nº 89) pour le Musée du Luxembourg, composition dont Renoir avait fait plusieurs versions dans l'espoir de cet achat. A la même époque également, le cercle d'acheteurs s'élargit et la peinture de Renoir commença à susciter une réelle attention de la part de la critique, et cela, dans une grande mesure, grâce aux efforts de Durand-Ruel, qui demeurait son principal soutien commercial, bien que vers la fin de la décennie Vollard et Bernheim-Jeune aient commencé à lui acheter ses œuvres.

Durant cette décennie, la vie sociale de Renoir était nettement divisée en deux. D'une part, il cultivait ses relations parmi des clients potentiels et se constitua de nouveau une clientèle pour des commandes de portraits — certains mondains et cérémonieux, certains sans apprêts dépeignant les familles et les enfants de ses amis. Son amitié profonde pour Berthe Morisot et pour Mallarmé, est à l'origine de nombre de ces commandes. Il peignit aussi un certain nombre de compositions décoratives, quelques-

Fig. 43
Renoir, *La Source,* vers 1895.
(Merion, The Barnes Foundation).

Fig. 44
Renoir, *Portraits,* 1896.
(Merion, The Barnes Foundation).

unes pour le domicile privé de Durand-Ruel, et d'autres, en particulier pour Paul Gallimard, collectionneur, bibliophile et directeur du Théâtre des Variétés, qui était devenu un de ses amis intimes. Le mécénat de Gallimard poussa Renoir à traiter des thèmes allégoriques et néoclassiques, avec un nu couché décoratif intitulé *La Source* (fig. 43), et un projet non réalisé pour une décoration de salle à manger fondée sur des scènes tirées d'*Œdipe roi* que Renoir avait imaginée en s'inspirant librement des peintures murales de Pompéi.

D'autre part, il y avait sa famille. Après leur mariage, en 1890, Renoir put présenter Aline à ses amis bourgeois formalistes tels que Berthe Morisot, mais leur véritable vie sociale se déroulait autour de leur foyer, au Château des Brouillards, à Montmartre, où ils s'étaient constitué un groupe d'amis bohèmes, la plupart beaucoup plus jeunes que Renoir, groupe comparable à celui des habitués de la rue Saint-Georges, peu avant 1880. Renoir a fait de son cercle de famille, en y ajoutant l'enfant d'un voisin, le sujet d'un de ses tableaux les plus ambitieux de cette période, exposé en 1896, sous le titre *Portraits* (fig. 44).

Les réactions des critiques reflètent la dualité de son art. Quelquesuns ont continué à le définir comme un peintre de la vie moderne, le peintre par excellence de la jeune parisienne. Mais au cours de cette décennie, plusieurs critiques ont commencé à examiner son art sous des angles différents et à l'associer aux idées qui avaient cours dans les milieux symbolistes : Wyzewa discutait de l'apparition de son classicisme ; Aurier voyait ses jeunes filles aussi artificielles que des marionnettes ; mais Geffroy mettait l'accent sur leur innocence et leur vie instinctive. Ce fut Maurice Denis qui, en 1892, mit au premier plan ce qui rendait possible cette pluralité d'interprétations : « Idéaliste ? Naturaliste ? Comme il vous plaira. Il a su se borner à traduire ses émotions à lui, toute la nature et tout le rêve avec des procédés à lui : il a composé avec les joies de ses yeux de merveilleux bouquets de femmes et de fleurs. »

79
Enfant portant des fleurs

1888
H. 0,66 ; L. 0,54
S.D.b.g. : *Renoir 88.*
Sao Paulo, Museu de Arte de São Paulo,
Assis Chateaubriand

Renoir n'avait achevé que très peu de tableaux en 1887, mais en 1888, il chercha à sortir de l'impasse technique dans laquelle il se trouvait en tentant de réconcilier le dessin et la couleur, la définition précise de la forme et la liberté du pinceau. Au cours de cette recherche, il a jeté un regard rétrospectif sur l'art de Corot et du XVIIIe siècle français, sur l'impressionnisme des années 1870, et sur l'œuvre récente de Cézanne (*voir* également cat. nos 80, 81, 84). Durand-Ruel a joué un rôle important en encourageant Renoir à abandonner la sécheresse de ses œuvres récentes ; à peu près à cette date, Renoir écrivait à Berard pour lui dire qu'il reprenait sa « vieille peinture, après forte discussion avec Durand, la peinture de géraniums » (lettre non datée, cat. vente, Paris, Hôtel Drouot, 11 juin 1980, no 102 ; les « géraniums » se rapportent à une nature morte que Renoir avait peinte pour Berard, en 1880) ; dans plusieurs lettres à Durand-Ruel, il lui parle avec passion des progrès qu'il faisait (*voir* cat. no 80).

La facture très variée de l'*Enfant portant des fleurs* marque le retour à une manière plus typiquement impressionniste, par contraste avec la structure rigide des formes du milieu des années 1880 (*voir* cat. nos 74, 78). Toutefois, le paysage de l'arrière-plan est organisé en zones distinctes, ayant chacune une couleur dominante, à la différence de la bigarrure plus générale de tableaux tels que *La Seine à Chatou,* de 1881 (*voir* cat. no 56). La figure aussi, bien que traitée très librement, se distingue clairement du fond. L'arrangement du tableau et la relation spatiale assez ambiguë entre la petite fille et ce qui l'entoure sont un souvenir d'*Étude* (*voir* cat. no 35), le nu en plein air que Renoir avait peint en 1875 ; mais dans l'*Enfant portant des fleurs,* les taches de couleurs n'envahissent pas la figure, elles agissent comme son repoussoir, tournant autour du blanc de sa robe, et relevant les accents puissants de rouge, d'or et de bleu de ses rubans et de ses cheveux, ainsi que les ombres de sa robe et de son panier. Une enfant portant des fleurs était déjà l'un des éléments de *La Seine à Chatou,* de 1881 ; ici, elle devient le sujet même du tableau. L'analogie entre la beauté des jeunes filles et celle des fleurs est devenue un thème capital des peintures postérieures de Renoir (*voir* cat. nos 85, 114, 124).

Par sa facture, l'*Enfant portant des fleurs* est très étroitement apparentée à la série de paysages de rivières que Renoir a peinte à Argenteuil, au cours de l'été de 1888. Son retour sur les lieux où il avait exécuté quelques-uns de ses tableaux de plein air les plus audacieux des années 1870 (*voir* cat. nos 28, 29), l'a peut-être encouragé à adopter de nouveau une facture typiquement impressionniste. Mais l'exemple de Caillebotte, avec lequel il avait séjourné au Petit-Gennevilliers (de l'autre côté du fleuve, en face d'Argenteuil), durant l'été de 1888, est peut-être plus important. Dans ses récents paysages, Caillebotte associait une atmosphère richement colorée et une touche vigoureuse et fragmentée, à des formes et des compositions clairement structurées.

Renoir mit ce tableau en dépôt chez Durand-Ruel, en mai 1890, mais celui-ci ne l'acheta qu'en février 1892, et l'enregistra sous le titre *Enfant portant des fleurs*. Il se peut qu'il ait figuré à l'exposition Renoir que le marchand organisa en mai 1892, mais le catalogue ne permet pas de l'identifier. Durand-Ruel l'a exposé à Londres, en 1905, sous le titre *Little Girl Carrying Flowers* ; il est fort possible que ce même tableau ait été exposé à Montréal en 1909, et chez Manzi, Joyant et Cie, à Paris en 1912, sous le titre *Enfant portant des fleurs*. Durand-Ruel l'a vendu au marchand de Berlin, Cassirer (*voir* cat. no 120) en octobre 1913.

Bibliographie
Meier-Graefe 1912, p. 138
Londres, Art Council, 1954, no 55
Daulte 1971, no 558

Expositions
1905, Londres, Grafton Galleries
(265)
? 1909, Montréal (273)
? 1912, Paris, Manzi-Joyant (173 ;
prêté par Durand-Ruel)

80
Les laveuses

vers 1888
H. 0,56 ; L. 0,47
S.b.d. : *Renoir.*
Baltimore, The Baltimore Museum of Art
(Collection Cone
constituée par Dr Claribel Cone et Miss Etta Cone
de Baltimore, Maryland ; BMA 1950.282)

Cette toile peinte à Essoyes (*voir* Vollard 1918) est probablement celle que Renoir appelait, à la fin de 1888, « blanchisseuses, ou plutôt laveuses, au bord de la rivière » dans une lettre à Berthe Morisot et Eugène Manet (Rouart 1950) ; « Je suis en train de paysanner en Champagne pour fuir les modèles coûteux » ajoutait-il dans la même lettre ; quelques semaines plus tard il disait à Eugène Manet combien il répugnait à retourner parmi les « cols raides » de Paris : « je deviens de plus en plus campagnard ».

Il passa environ trois mois à Essoyes, le village natal d'Aline Charigot, aux confins de la Champagne et de la Bourgogne, et il y entreprit quelques-unes de ses toiles les plus importantes inspirées par la vie paysanne. Son art reflète son dégoût des « cols raides » de Paris, en créant des images qui évoquent une harmonie naturelle entre la vie et le travail à la campagne. Dans *Les laveuses,* les femmes agenouillées sont traitées dans des rythmes souples et aisés, tandis que la femme debout se tourne pour accueillir gentiment l'enfant qui observe — sans doute, Pierre, le fils de Renoir, né en mars 1885. Cette vision douce, presque idyllique de la vie à la campagne soutient la comparaison avec les images plus solennelles et plus monumentales du travail peintes par Pissarro à la même époque ; l'intérêt de Pissarro se portait sur le rôle du travail dans une société complètement paysanne, celui de Renoir, comme en témoignent *Les laveuses,* sur la campagne, lieu de relations faciles et naturelles et de saines occupations. Bien des années plus tard, Renoir disait à son fils Jean : « le meilleur pour une femme c'est de se baisser pour nettoyer le plancher, allumer le feu ou faire la lessive, leur ventre a besoin de ces mouvements » (J. Renoir 1962, p. 89).

Bien que d'un format réduit, *Les laveuses* sont d'une exécution achevée, mais sans la sécheresse de ses œuvres autour de 1885. L'arrière-plan est en grande partie traité au moyen de touches à peu près parallèles, mais celles-ci, par leurs rythmes onduleux et variés, sont moins rigides et cézanniennes que dans certaines œuvres de Renoir de la même période (*voir* cat. n° 81). De bout en bout, la couleur lumineuse se tient dans des tons pastels, avec des contrastes accentués entre les tons chauds et les tons froids ; des accents rouge orange ont été ajoutés en plusieurs endroits de la toile, en fin d'exécution, afin de lui conférer une note générale plus chaude. Comme l'arrière-plan, Renoir a traité les figures avec une grande liberté, tout en suggérant soigneusement leur modelé ; des touches fluides de différentes couleurs suivent la direction des plis des vêtements, tandis que leurs accents de lumière sont exprimés par des tons clairs et lumineux. On peut déceler d'importantes couches de matière sèche sous l'ultime couche picturale qui montrent que Renoir a travaillé à ce tableau pendant une longue période ; en outre, un certain nombre de dessins apparentés ont survécu et ils révèlent

Fig. 45
Renoir, *Pêcheuse de moules à Berneval,* 1879.
(Merion, The Barnes Foundation).

que l'arrangement définitif de la composition est le fruit d'une conception mûrement réfléchie. Le fond qui complète soigneusement la disposition des figures, est plus l'archétype d'un décor champêtre que la représentation d'un lieu particulier ; *L'enfant au sein* (*voir* cat. nº 78) présente un arrangement similaire, mais sans la rivière. Il paraît donc probable que *Les laveuses* aient été exécutées à l'atelier et non en plein air.

Dans une série de lettres d'Essoyes, non datées, Renoir mettait Durand-Ruel au courant de ses recherches pour parvenir à un style plus doux. Ces lettres ont été publiées comme étant de 1885 (Venturi 1939, I, pp. 131-4), mais elles datent fort probablement de l'automne de 1888. L'une d'elles mentionne *Les laveuses* : « J'ai des choses en train dans la manière de la *Femme à l'éventail* (Daulte 1971, nº 332)... J'ai commencé les laveuses... je pense que ça ira cette fois. C'est très doux et coloré mais clair ». Une autre lettre décrit plus complètement cette nouvelle manière : « J'ai repris pour ne plus la quitter l'ancienne peinture douce et légère... C'est tout différent de mes derniers paysages et du portrait monotone de votre fille [peut-être Daulte 1971, nº 549, daté 88]. C'est les pêcheuses (fig. 45) et la femme à l'éventail avec une légère différence causée par un ton que je ne pouvais pas trouver et sur lequel j'ai fini par mettre la main. Ce n'est rien de nouveau, mais c'est une suite aux tableaux du XVIIIᵉ siècle... C'est pour vous expliquer à peu près ma facture nouvelle et dernière (Fragonard en moins bien)... Je ne me compare pas, croyez-le bien à un maître du XVIIIᵉ siècle. Mais il faut bien vous expliquer dans quel sens je travaille. Ces gens qui ont l'air de ne pas faire nature en savaient plus que nous. » Cette dernière phrase rappelle fort les réactions de Renoir devant Raphaël, en 1881 (*voir* cat. nº 62), cependant l'idée s'applique à présent à l'art du XVIIIᵉ siècle. *Les laveuses* n'ont pas de ressemblance étroite avec un exemple du XVIIIᵉ siècle quel qu'il soit, mais elles évoquent de plusieurs façons les leçons du XVIIIᵉ siècle français : par la souplesse croissante avec laquelle la touche crée les formes ; par l'arrière-plan lumineux, de caractère assez général (*voir* cat. nº 84) ; et par son atmosphère pastorale idyllique, si éloignée des grands courants de la peinture de la vie paysanne du XIXᵉ siècle.

Les débuts de l'histoire de ce tableau ne peuvent être documentés avec certitude.

Bibliographie
Vollard 1918, I, p. 11 nº 42
? Venturi 1939, I, pp. 133-4
? Rouart 1950, p. 142
Daulte 1971, nº 572 et p. 54
Chicago, Art Institute, 1973, nº 56

81
La Montagne Sainte-Victoire

vers 1888-89
H. 0,53 ; L. 0,64
S.b.d. : *Renoir*
New Haven, Connecticut, Yale University Art Gallery
(Collection Katharine Ordway ; 1980.12.14)

Renoir a passé quelque temps avec Cézanne à Aix-en-Provence, au début de 1888, et en une autre occasion il loua une maison nommée Bellevue, près d'Aix, au beau-frère de Cézanne ; c'est là qu'il a fait trois paysages à partir de motifs que Cézanne avait également peints — deux représentant la Montagne Sainte-Victoire et l'autre un colombier (*voir* Rewald 1950). Bien que la date de ce séjour ne puisse être documentée avec précision (le beau-frère de Cézanne l'a située en 1886), il est très probable qu'il eut lieu, comme Rewald le suppose, en 1889 : l'une des vues de la montagne porte cette date, et le style de ces tableaux appartient aux années 1888-89. Deux ans plus tard, après avoir de nouveau traversé Aix en se rendant dans le Midi, Renoir écrivait à Berard en lui parlant du plaisir qu'Aix et sa campagne lui procuraient : « Cette campagne que je trouvais déjà si belle m'a ébloui encore davantage. Cette aridité avec l'olivier qui suit le temps, triste par temps gris, sonore par le soleil et argenté avec le vent... » (Berard 1968, p. 7, lettre du 5 mars 1891).

La présence de Cézanne se fait sentir dans ce paysage de la Montagne Sainte-Victoire, par la fréquence des touches parallèles. Ces touches parallèles méthodiques constituent l'unité fondamentable des peintures les plus fortement travaillées de Cézanne, au début des années 1880, et Renoir avait déjà exploré ce moyen d'unifier la surface picturale de ses œuvres (*voir* cat. nᵒˢ 63, 76). Cependant, à la fin des années 1880, même dans les toiles les plus achevées de Cézanne, la surface peinte devient moins dense et les touches moins régulières, comme s'il cherchait des moyens plus souples pour traduire son expérience de la nature en une forme picturale cohérente. Dans la présente version de *La Montagne Sainte-Victoire*, les touches parallèles de Renoir créent une surface opaque, parfaitement couverte, mais elles varient en vigueur et en direction ; elles se fondent partiellement dans les lointains et au premier plan, tandis que dans les feuillages elles tendent à suivre la direction de ceux-ci plutôt que de leur imposer une direction unique. Dans le tableau du colombier de Bellevue (Merion, Barnes Foundation), les touches de Renoir sont plus strictement parallèles, tandis que la seconde version de *La Montagne Sainte-Victoire* (datée « 89 » ; fig. 46), la touche est plus légère et plus cursive. Cette seconde version est très proche du présent tableau, mais on y voit deux petits personnages au travail dans les champs du premier plan ; il n'est pas impossible que le tableau ait été fait à l'atelier, à partir du tableau de Yale.

Dans la version présentée ici, la forme et l'espace sont exprimés avant tout par la couleur ; des bleus suggèrent les ombres et la distance, tandis que des rouges et des oranges animent quelques unes des zones éclairées. Cependant, Renoir a utilisé simultanément un genre de modelé plus soumis aux valeurs, éclaircissant ses couleurs aux endroits où le soleil crée des accents lumineux dans les arbres, d'une manière qui rappelle davantage Corot que la tradition coloriste à laquelle appartenait l'impressionnisme. Ici, comme dans les figures des *Laveuses* (*voir* cat. nᵒ 80), Renoir semble tenter de concilier deux conventions différentes pour représenter la lumière solaire. Renoir est revenu par la suite sur ce problème, en particulier dans les arrière-plans de ses dernières peintures (*voir* cat. nᵒ 123).

Les *Montagnes Sainte-Victoire* de Renoir offrent une composition et un espace de beaucoup plus intelligibles que la plupart de celles de Cézanne. Ici, le regard est conduit doucement dans l'espace tout au long d'une rangée d'arbres, et il peut continuer pas à pas à travers l'espace intermédiaire jusqu'à la montagne lointaine ; Cézanne a rarement utilisé ce genre de progression continue depuis le premier plan jusqu'aux lointains, préférant des assonances de formes et de couleurs de beaucoup plus astreignantes entre les objets des différents plans de l'espace.

Le début de l'histoire de ce tableau n'est pas documenté.

Fig. 46
Renoir, *La Montagne Sainte-Victoire*, 1889.
(Merion,
The Barnes Foundation).

Bibliographie
Drucker 1944, p. 80, pl. 100 (faussement identifié comme la version de la Barnes Foundation)
Rewald, (J.), *Paul Cézanne*, 1950, p. 142
J. Renoir 1962, p. 261
Information aimablement communiquée par le Professeur John Rewald

82
Fleurs et fruits

1889
H. 0,65 ; L. 0,53
S.D.b.g. (au-dessus de la table) : *Renoir 89*
Collection particulière

Durand-Ruel a acheté ce tableau à Renoir en septembre 1890, en même temps qu'un autre représentant le même vase de fleurs, mais avec les fruits groupés différemment (New York, Wildenstein, 1969, n° 50, daté par erreur 1882). Les natures mortes des impressionnistes étant d'un genre plus commercial, Durand-Ruel en a acheté un grand nombre tant à Renoir qu'à Monet, lorsqu'il commença à acquérir régulièrement leurs œuvres, au début des années 1880 ; dès avant 1890, la nature morte devint une part importante de la production de Renoir ; parfois ce sont des compositions élaborées et très fouillées, comme celle-ci, mais en d'autres cas, souvent, ce ne sont que des études plus désinvoltes et plus libres (*voir* cat. n° 102).

Ici, la forme de même que la couleur sont ordonnées avec soin ; au-dessus des nuances claires et colorées de la nappe, des contrastes complexes de rouge et de vert se nouent autour du vase à dessins bleus et oranges. Les formes sont nettes, définies surtout par leur contraste avec ce qui est derrière elles. Pourtant, le dessin n'est pas précis ; les touches définissent les rythmes intérieurs des différents éléments, détachant leur motif cursif sur les verticales discrètement brossées du fond. La seconde pêche en partant de la gauche est comme un exemple tiré d'un manuel de modelé par dégradé de couleur — depuis le jaune de son côté éclairé, en passant par l'orange et des rouges, pour arriver aux mauves, aux beiges ternes et au violet foncé ; par contraste, les surfaces plus luisantes des raisins sont modelées par des accents de lumière d'un blanc rompu.

Renoir devait réutiliser le même vase dans deux versions de ses *Jeunes filles au piano* (*voir* cat. n° 88).

Ce tableau était encore chez Durand-Ruel à la mort de Renoir.

Bibliographie
New York, Wildenstein, 1969,
n° 71

Exposition
1908 (avril-mai), Paris,
Durand-Ruel, *(Natures mortes)* (47)

83
La leçon de piano

vers 1889
H. 0,56 ; L. 0,46
S.b.d. : *Renoir.*
Omaha, Nebraska, Joslyn Art Museum
(1944-20)

Le thème des jeunes filles jouant du piano fut l'un des sujets favoris de Renoir (*voir* cat. n⁰ 34) ; le tableau que voici est la première version de ce groupement de figures que Renoir devait étudier longuement en 1892, pour le tableau acheté par l'État (*voir* cat. n⁰ˢ 87-9). Que Renoir ait de nouveau choisi ce thème pour un projet aussi important donne à penser qu'il sentait que c'était là une heureuse formule.

Peint d'après deux jeunes modèles — sans doute les mêmes qui avaient posé pour *Les deux sœurs* (Daulte 1971, n⁰ 562) — ce tableau fait un contraste intéressant avec une autre peinture représentant des jeunes filles au piano, le *Portrait des filles de Catulle Mendès*, de 1888 (Collection Walter H. Annenberg ; Daulte 1971, n⁰ 545), que Renoir exposa au Salon de 1890 (son dernier envoi au Salon). Dans cette dernière toile, les trois jeunes filles ont posé avec application pour montrer leur visage, ainsi que l'exigeaient les conventions du portrait ; ici, en revanche, les individus sont sans importance et ils sont présentés en tant que types généraux. Leurs visages sont moins individualisés, car le sujet principal de la toile, c'est leur activité ainsi que les interrelations des formes et des couleurs entre les figures et ce qui les entoure. Un dessin préparatoire pour ce tableau (Longstreet 1965 ; discuté par Kálmán 1956) montre avec quel soin les formes en ont été composées. Cette sorte de peinture de genre, évoquant une atmosphère d'harmonie juvénile, a des liens très nets avec des images similaires par des artistes français du XVIIIᵉ siècle.

Durand-Ruel a acheté ce tableau sous le titre de *La leçon de piano,* en janvier 1890, et il l'a vendu à P. Mellerio en mars 1892 ; on peut ainsi l'identifier avec le tableau intitulé *Jeunes filles au piano* que P. Mellerio a prêté à l'exposition Renoir, chez Durand-Ruel, en mai 1892, — il est vraisemblable que son titre a été modifié pour accentuer son rapport avec les *Jeunes filles au piano,* de 1892, que l'État avait acheté récemment, et qui ont figuré à la même exposition, mais ne sont pas portées au catalogue (*voir* cat. n⁰ 89). Ce tableau faisait partie du stock de Berheim-Jeune en 1913.

Bibliographie
New York, Duveen, 1941, n⁰ 49
Drucker 1944, pp. 81-2, 209 n⁰ 104
Kálmán 1956, pp. 118-22
Daulte 1971, n⁰ 561
Chicago, Art Institute, 1973, n⁰ 55

Exposition
1892, Paris, Durand-Ruel (24)

84

La cueillette des fleurs
(*dit* Dans la prairie)

vers 1890
H. 0,81 ; L. 0,65
S.b.g. : *Renoir.*
New York, The Metropolitan Museum of Art
(Legs Sam A. Lewisohn, 1951 ; 51.112.4)
Exposé à Londres et Paris seulement

A côté de sujets champêtres comme *Les laveuses* (*voir* cat. n° 80), Renoir a peint, entre 1888 et 1892, un grand nombre de toiles représentant les distractions des jeunes filles de la bourgeoisie : jouer du piano, lire, bavarder, se promener dans la campagne, cueillir des fleurs. Ces jeunes filles vont souvent par deux, et sont vêtues avec soin, mais sans cérémonie, et souvent en robes estivales. Leurs poses sont étudiées avec soin, fréquemment à l'aide de dessins préparatoires ; leurs gestes sont typifiés plutôt que saisis dans un instant ou un incident particuliers et la façon dont elles sont groupées présente leur activité partagée comme quelque chose de naturel et d'harmonieux, sans aucun indice d'engagement psychologique ou de quelque anecdote plus précise. Les tableaux de ce genre semblent avoir eu un succès commercial très net au début des années 1890.

Les jeunes filles du présent tableau sont encadrées par des arbres ; elles nous tournent le dos et font face à la vue ensoleillée qui se déploie devant elles, mais leur attention se concentre sur le bouquet de fleurs que tient la jeune fille blonde, et qui est soigneusement enclos entre les deux figures, au centre de la toile. Le spectateur n'a pas d'accès direct à ce qu'elles ressentent, mais il regarde du dehors leur monde qui se suffit à lui-même ; en même temps, le tableau tout entier — paysage ensoleillé, jeunes filles et fleurs —, offre au spectateur une vision d'harmonie et de totalité. L'exécution mœlleuse et souple de bout en bout de cette peinture en complète l'atmosphère ; les jeunes filles sont peintes avec plus de densité, soulignant ainsi leur rôle capital dans la composition, mais par endroits — dans l'arrière-plan en particulier — la couleur est diluée, laissant transparaître l'apprêt blanc qui lui prête une luminosité supplémentaire. Comme dans de nombreux tableaux de Renoir représentant des jeunes filles, la blonde est vêtue de blanc et de bleu, la brune est en rose (*voir* cat. n°s 52, 85, 87-9), et les figures sont unies à leur environnement par la répétition de couleurs semblables dans tout le paysage, avec des nuances plus vigoureuses au premier plan et dans l'arbre principal, et des teintes pastels lumineuses dans les lointains.

L'atmosphère idyllique de ce tableau rappelle les « fêtes champêtres » de la peinture française du XVIIIème siècle, mais purgée de toute nuance de galanterie ou d'érotisme. La souplesse de la facture et les formes généralisées, bien que lumineuses, de l'arrière-plan, font aussi penser à l'exemple du XVIIIème siècle, dont Renoir

avait reconnu récemment l'importance dans une lettre à Durand-Ruel (*voir* la notice cat. n° 81) ; en 1896, il fit un éloge particulier des fonds de paysages de Watteau (Manet 1979, p. 134). Mais ces leçons doivent être considérées parallèlement à l'admiration que Renoir portait à Corot, admiration qui avait atteint son apogée dans les années 1890 ; en effet, ici, le paysage délicatement brossé est une sorte de Corot coloré. Par la suite Renoir attribuait la véracité de la vision de Corot à l'importance qu'il attachait au fait de retravailler ses toiles à l'atelier ; l'éclairage assez indéterminé et les formes simplifiées du paysage où s'imbrique si étroitement le groupe des figures, ferait supposer que cette peinture est une composition d'atelier.

D'après Daulte, ce tableau et le n° 85 auraient été peints en utilisant les modèles de Berthe Morisot, lorsque Renoir séjournait avec elle à Mézy, pendant l'été de 1890 ; toutefois, Julie Manet, fille de Berthe Morisot, a supposé avec vraisemblance (New York, Metropolitan, 1967) que ces modèles sont les mêmes que ceux qui posèrent pour les *Jeunes filles au piano* (voir cat. n°s 87-9), ce qui donnerait à penser que c'étaient des modèles habituels de Renoir et vraisemblablement des parisiennes.

Les débuts de l'histoire de ce tableau et du n° 85 sont assez embrouillés (*voir* Daulte 1971) du fait d'une confusion qui s'est produite entre les deux dans les registres de la filiale de Durand-Ruel, à New York, au cours des années 1890. Durand-Ruel avait acheté le présent tableau à Renoir, en mars 1892, et il l'avait vendu aussitôt à Mrs Potter Palmer ; celle-ci le revendit à Durand-Ruel à New York en novembre 1894, où il fut enregistré avec un numéro de photographie erroné, celui du n° 85. Durand-Ruel vendit le présent tableau à Arthur B. Emmons, en février 1906 ; il fut acheté par Adolph Lewisohn à la vente Emmons en 1920.

Bibliographie
New York, Duveen, 1941, n° 61
Pach 1950, p. 90
New York, Metropolitan, 1967, pp. 158-9
Daulte 1971, n° 610 et p. 55

Exposition
1900, New York, Durand-Ruel (30 ou 32)

85
Dans la prairie

vers 1890
H. 0,65 ; L. 0,81
S.b.g. : *Renoir.*
Boston, Museum of Fine Arts
(Collection Juliana Cheney Edwards,
legs de Hannah Marcy Edwards,
en mémoire de sa mère, 1939 ; 39.675)

Dans la prairie a probablement été peint à peu près en même temps que le n° 84 et très vraisemblablement avec les mêmes modèles — la brune encore une fois en rose, la blonde en blanc, avec une ceinture bleue. Bien que le sujet en soit fort voisin, le tableau est conçu d'une manière assez différente. Au lieu de placer les figures à l'intérieur du paysage, Renoir a réduit ici le décor à une sorte de simple toile de fond colorée, librement brossée, avec seulement les indications ténues des formes de la nature. Les figures, directement placées au premier plan du tableau, sont traitées avec plus de détails que dans le n° 84, et de profil. Pourtant, leur univers est complètement séparé de celui du spectateur ; leurs attitudes s'entre-mêlent soigneusement, créant ainsi un léger mouvement circulaire au centre du tableau. Sur le plan de la réalité, le geste de la jeune fille de droite ne laisse pas d'intriguer, car il faudrait que l'arbre soit étonnamment petit pour que ses branches fleuries fussent à sa portée lorsqu'elle est agenouillée ; cependant cet arbre joue un rôle capital dans le tableau : il en encadre la composition et offre une image de l'abondance de la nature. La juxtaposition des fleurs et des jeunes filles, ici leurs bonnets fleuris font office de médiateurs, crée une

métaphore de la beauté et de l'innocence que Renoir a souvent reprise (*voir* cat. n°s 79, 114).

Durand-Ruel a acheté ce tableau à Renoir, en février 1892, et il l'a expédié à sa filiale de New York, en octobre de la même année ; c'est dans ses registres de New York que ce tableau a été confondu avec le n° 84 ; ces tableaux — qui se trouvaient simultanément dans le stock de New York — ont été enregistrés sous le même numéro de photographie. Lorsqu'on s'aperçut de l'erreur, le numéro du tableau erroné — celui qui fait l'objet de cette notice — fut corrigé. Le présent tableau a été vendu à Miss Grace Edwards, en décembre 1912, et donné au musée de Boston avec la collection Edwards, en 1939.

Bibliographie
New York, Duveen, 1941, n° 60
Daulte 1971, n° 609 et p. 55

Exposition
1900, New York, Durand-Ruel (30 ou 32)

86
Baigneuse

1892
H. 0,80 ; L. 0,64
S.D.b.d. : *Renoir. 92.*
Paris, Durand-Ruel

Fig. 47
Renoir, *Baigneuse assise,* 1892.
New York, The Metropolitan Museum of Art.

La *Baigneuse* que Renoir avait peinte en Italie, en 1881 (*voir* cat. 62) est la première d'une longue série de nus en plein air. A la différence de l'*Étude,* de 1875 (*voir* cat. 35), ces nus ne sont pas absorbés dans un jeu de lumière général ; au contraire, leurs formes se détachent clairement sur ce qui se trouve derrière elle.

Cette *Baigneuse* de 1892, et les autres de cette période, marquent le rejet très net de la facture linéaire et dure adoptée par Renoir, aux alentours de 1885 (*voir* cat. n° 74). L'exécution en est douce, faite de touches souples qui suivent discrètement les formes de la figure. Des nuances de rose et de jaune suggèrent le ton chaud de sa peau et le jeu de la lumière qui l'effleure. Les couleurs du paysage répondent aux nuances de la figure et s'harmonisent avec elles, mais, de même que pour sa *Baigneuse* de 1881, Renoir n'établit pas de relation spatiale intelligible entre le modèle et l'arrière-plan. La figure ne se situe pas dans le même espace que les falaises suggérées derrière elle, ni que la rivière ou le rivage, à gauche.

Cette rupture de l'espace du tableau reflète peut-être la manière dont Renoir a exécuté sa toile, mais ces désaccords spatiaux se reproduisent si souvent dans ses nus en plein air qu'ils doivent être intentionnels (*voir* cat. nos 62, 71). Nous n'avons pas de témoignage précis sur l'exécution de cette toile mais c'est très probablement une œuvre faite en atelier. Renoir a parfois envisagé de faire poser ses modèles en plein air à cette époque ; dans une lettre d'août 1891, il disait en effet à Marie Meunier qu'il avait décidé de ne pas faire poser un modèle nu sur un îlot de l'Oise (lettre du 12 août 1891, Gachet 1957, pp. 105-6). Il trouvait qu'étant donné les variations atmosphériques il lui serait difficile de terminer ses tableaux comme il voulait ; quelques semaines avant cette lettre, il avait écrit de Paris, à Berthe Morisot : « Je viens d'écrire à un modèle. Je reprends le travail à l'atelier en attendant mieux. Voilà un mois que je regarde le ciel et que je ne fais rien d'autre... Je vais faire du plein air à l'atelier. » (Rouart 1950, p. 160). La présente *Baigneuse* a été vendue à Durand-Ruel en juin 1892, et c'est peut-être l'un de ces « plein air à l'atelier » que Renoir envisageait d'entreprendre durant l'été de 1891 ; il ne fit aucun séjour au bord de la mer pendant l'année qui précéda la vente de cette toile. Quelques années plus tard, il prit plaisir à peindre un nu dans l'atelier de Jeanne Baudot, qui était orienté au sud, la lumière solaire étant diffusée par un rideau blanc ; « certainement le Titien », disait-il, « devrait

procéder ainsi » (Baudot 1949, p. 14). C'est peut-être à une telle pratique que nous devons les chaudes nuances de cette *Baigneuse.* Un second nu, également daté « 92 », représente probablement le même modèle dans une pose semblable (fig. 47), mais le décor et la gamme de couleurs en sont très différents : la figure, environnée de feuillage, est assise au bord d'une rivière, et l'ensemble est traité dans une gamme très réduite de couleurs froides, qui rappelle particulièrement Corot. Monet, qui posséda cette peinture, critiquait plus tard son arrière-plan conventionnel : « on dirait vraiment un décor de photographe » (Dauberville 1967, p. 202). Mais nous aurions tort d'appliquer le souci de Monet pour l'environnement atmosphérique à des peintures comme celles-ci. Leurs arrière-plans et le choix de leur gamme de couleurs créent une sonorité picturale, plutôt qu'elles ne tentent de recréer un effet naturel particulier. L'impressionnisme des années soixante dix, de même que les tableaux à figures plus récents de Monet, avaient fait fusionner la figure avec le fond en la traitant comme un élément du paysage ; dans sa série de baigneuses, Renoir avait délibérément rejeté cette façon de faire ; il avait rétabli au contraire la figure dans son rôle d'objet principal de l'attention du peintre selon la conception humaniste traditionnelle, en même temps qu'il rétablissait les liens entre son art personnel et la tradition figurative de la peinture européenne.

Malgré toutes leurs différences de décor et de coloris, cette *Baigneuse* et le nu de la fig. 47 sont similaires : leur tête est détournée et leur bras protège en partie leur corps du regard du spectateur. Il est rare que les nus de Renoir de cette période visent directement à exercer leur charme sur le spectateur ; leur pose, parfois, suggère la pudeur, comme ici, et parfois l'ignorance complète d'un spectateur éventuel (*voir* cat. n° 92). Ce genre de poses s'accorde au type de très jeune fille que Renoir préférait chez ses modèles de ces années-là, cherchant à évoquer un esprit d'innocence. Les commentaires des critiques entre le début des années 1890 et 1905 environ, attachaient beaucoup d'importance à cette vision de la beauté féminine — mi-femme, mi-enfant. Après 1900, Renoir s'est remis à peindre les modèles aux formes plus amples ; c'est alors que ses figures paraissent solliciter de manière plus directe le spectateur (*voir* nos 100, 101).

Bibliographie
Barnes et de Mazia 1935, p. 418 n° 199
Gaunt et Adler 1982, n° 41

87
Jeunes filles au piano

1892
H. 1,16 ; L. 0,81
Timbre b.d. : *Renoir.*
Paris, Musée de l'Orangerie
(Collection Walter-Guillaume ; RF 1960-16)

88
Jeunes filles au piano

1892
H. 1,17 ; L. 0,90
S., inscription b.d. :
A mon ami Caillebotte / Renoir.
Collection particulière
Exposé à Paris seulement

89
Jeunes filles au piano

1892
H. 1,16 ; L. 0,90
S.b.d. : *Renoir.*
Paris, Musée d'Orsay, Galerie du Jeu de Paume
(RF 755)
Exposé à Paris seulement

A la fin de 1891 ou au début de 1892, l'État, en la personne d'Henri Roujon, Directeur des Beaux-Arts, demanda à Renoir de peindre un tableau important qui serait acheté par le Musée du Luxembourg consacré aux œuvres des artistes vivants de premier plan. Roujon avait fait cette demande à l'instigation de Mallarmé et de Roger Marx (*voir* Mallarmé, V) ; son premier mouvement, apparemment, aurait été d'acheter une œuvre ancienne de Renoir — vraisemblablement un tableau important des années 1870 ; mais Mallarmé insista pour qu'il choisisse quelque chose de nouveau (*voir* Natanson 1947). Les tractations ont été décrites comme une commande de l'État, mais elles semblent avoir commencé d'une manière moins officielle, car le tableau fut seulement choisi, et l'achat officiellement autorisé en avril 1892, après que Renoir eût achevé son travail.

Renoir se donna beaucoup de mal pour réaliser ce projet. Il choisit un thème qu'il avait traité récemment (*voir* cat. n° 83), et il semble avoir rapidement décidé d'un arrangement approximatif développé en six grandes œuvres, un pastel et cinq huiles, ayant chacune environ 1,15 de haut ; à aucun autre moment de sa vie il n'a travaillé avec autant de concentration sur un seul projet. Jusqu'à la dernière minute, il ajouta des tableaux à la série. Au début d'avril 1892, Mallarmé écrivant à Roger Marx, lui disait que la visite de Roujon pour choisir le tableau avait dû être reportée, et il ajoutait : « Renoir a gagné à cela de refaire à côté le même tableau et vous serez embarrassés pour choisir. » (Mallarmé, V, pp. 61-2). Le choix fut finalement fait le 20 avril ; Roujon donna les instructions officielles d'achat le 25 avril, et celui-ci fut décrété le 2 mai, pour une somme de 4 000 francs.

Roujon donna son autorisation pour que le tableau acheté (*voir* cat. n° 89) figure à l'exposition particulière de Renoir, en mai, chez Durand-Ruel ; le Musée du Luxembourg était fermé jusqu'à la fin de l'année pour cause de réorganisation. Le 12 mai, Mallarmé écrivait à Roujon pour le remercier et le féliciter : « Il en [l'autorisation] a usé fort discrètement, en mettant à part et sur un chevalet, dans une salle spéciale, ce tableau, l'un de ses parfaits. Je ne saurais assez moi et selon l'unanime impression recueillie alentour, vous féliciter d'avoir, pour un musée, choisi cette toile définitive, si reposée et si libre œuvre de maturité. » (Mallarmé, V, pp. 77-8). Dans sa préface au catalogue de l'exposition de mai 1892, Alexandre saluait ce tableau

87

comme l'aboutissement des recherches techniques de Renoir durant la dernière décennie.

Mais l'achat de l'État n'était que le point de départ des discussions qui se sont élevées depuis lors autour des différentes versions des *Jeunes filles au piano*. Ce n'est qu'après que les quatre autres versions à l'huile aient commencé à être connues, que ceux qui les avaient vues, et Renoir lui-même, se sont mis à se demander si, réellement, l'État avait acheté la meilleure d'entre elles. Durand-Ruel en acheta une (fig. 48) immédiatement après l'achat officiel du n° 89, mais il semble s'être abstenu de la présenter à l'exposition Renoir de mai 1892, sans doute pour ne pas détourner l'attention du public du tableau destiné au Luxembourg ; aucune version de cette composition ne figure en effet dans le catalogue de l'exposition (*voir* cat. n° 82). Le marchand acheta une seconde version en juin (fig. 49). Renoir en a dédicacé une troisième à Gustave Caillebotte (*voir* cat. n° 88), qui est restée dans sa famille ; il existe enfin une dernière version à l'huile, laissée à l'état d'ébauche, que Renoir a conservée jusqu'à sa mort (*voir* cat. n° 87).

Du vivant de Renoir, les critiques eurent le sentiment que la version achetée par l'État n'était pas la meilleure (Mauclair, Meier-Graefe), mais il semble que ce ne soit qu'après la mort de Renoir que son opinion personnelle ait été rendue publique. En 1920 Arsène Alexandre décrivait les angoisses qui avaient entouré l'élaboration du projet, en 1892 : « Je me rappelle le mal infini qu'il se donna pour exécuter la commande officielle d'un tableau qu'un ami bien intentionné s'était employé pour lui faire obtenir. Ce furent les *Jeunes filles au piano*, peinture délicate et souple d'exécution, mais dont la couleur a tourné un peu au jaune. Renoir recommença cinq ou six fois ce tableau, presque identiquement chaque fois. Il suffisait de l'idée de *commande* pour le paralyser et le jeter en défiance de soi-même. De guerre lasse, il finit par livrer aux Beaux-Arts celui qui est aujourd'hui au musée, et qu'il jugea, immédiatement après, le moins bien des cinq ou six... ». Par la suite, Renoir avoua à Durand-Ruel qu'il avait trop travaillé sur la version du Luxembourg (Gimpel 1963).

Les différentes versions présentent des variantes mineures dans la position de la tête et des bras de la jeune fille debout, et dans le détail des costumes, des vases, des rideaux et du fond. Ces variantes permettent de faire des hypothèses quant à la succession de ces différentes versions. L'esquisse à l'huile (n° 87) et le pastel semblent avoir été réalisés les premiers, avant que l'espace du fond et le vase sur le piano aient été définis ; l'esquisse indique avec beaucoup de verve et de fraîcheur les grandes lignes de la composition, mais elle a vraisemblablement été abandonnée parce que Renoir voulait changer quelques détails dans les rapports entre les différents éléments de cette composition. Les versions Caillebotte (n° 88) et Lehman (fig. 48), étroitement apparentées, viennent probablement ensuite ;

Fig. 48
Renoir, *Jeunes filles au piano*, 1892.
(New York, The Metropolitan Museum of Art).

la tête de la jeune fille debout est un peu plus haut que dans les deux premières versions et son bras droit a changé de position ; le rideau du fond et la pièce qui lui fait suite ont été définis, un vase a été posé sur le piano (*voir* cat. nº 82 pour ce vase). La version Caillebotte est très achevée mais elle est peinte d'une manière relativement plus fluide que la version Lehman, où les traits des jeunes filles sont plus nettement dessinés ; à cause de son fini plus minutieux, la version Lehman pourrait être un premier essai de la version « officielle ». Toutes deux ont un coloris clair et froid. La version appartenant à une collection particulière est traitée de manière plus esquissée que les deux précédentes, mais à la différence de l'esquisse initiale, Renoir l'a complétée en vue de la vente ; elle est probablement postérieure : la tête de la jeune fille debout est déplacée vers la droite, bien que sa main gauche soit revenue à son menton, comme dans les deux premières versions. Dans le tableau acheté par l'État (nº 89) la main gauche retombe de nouveau. Ce tableau est traité avec une délicate subtilité ; la touche est douce d'un bout à l'autre de la toile, tantôt légère, tantôt plus large, plus libre comme dans les tissus et les chevelures. La facture conforte le schéma général de la composition en conférant à l'ensemble une structure rythmique conçue avec soin, cursive et harmonieusement articulée. L'idée de base d'une jeune fille brune vêtue en rose et d'une autre blonde portant du blanc avec une ceinture bleue, si courante dans les peintures de Renoir,

(*voir* cat. nºs 52, 84, 85) demeure inchangée, bien que les modèles des robes changent, de même que les détails des rideaux et des vases. On connaît aussi un dessin au trait à l'échelle des tableaux définitifs, vraisemblablement destiné au transfert sur toile (Daulte 1972, p. 56 ; sur les dessins de ce genre *voir* André 1928, p. 71) qui montre avec quel soin les changements de composition ont été étudiés.

Toutefois, les changements les plus marqués dans la version du Musée du Luxembourg concernent la tonalité et la gamme de couleurs qui semblent délibérément rendues plus chaudes et adoucies pour donner à la toile un ton vaguement doré, au lieu de la froideur et des contrastes plus nets des versions Caillebotte et Lehman. En particulier, dans la version finale, Renoir a pratiquement éliminé l'usage du bleu pour modeler les ombres — fait important puisqu'il marque son éloignement d'une technique qui avait été si intimement associée avec les impressionnistes du temps où ils faisaient scandale, entre 1870 et 1880. Bien que dans le cas présent, il ait pu le faire afin de ne pas effaroucher le goût officiel, on notera qu'après cette date, il a rarement utilisé le bleu comme moyen de modeler les formes dans ses tableaux ; dans ses dernières peintures, comme dans la version du Musée du Luxembourg des *Jeunes filles au piano*, les bleus en sont réduits à ménager des accents particuliers qui se détachent sur la tonalité dominante.

Fig. 49
Renoir. *Jeunes filles au piano*, 1892.
(Coll. part.).

88

Par son sujet et sa composition, ce tableau s'apparente étroitement à bon nombre d'œuvres récentes de Renoir notamment à ses peintures représentant les divertissements insouciants de jolies jeunes filles de la bourgeoisie, présentées en groupes lisses et harmonieux (*voir* cat. nos 84, 85). Le sujet est complété par le thème de la musique, avec tout ce qui s'y associe d'harmonie et de beauté sensorielle ; l'iconographie musicale revient fréquemment dans les dernières peintures de Renoir (*voir* cat. nos 94, 124). Le thème du salon de musique évoque aussi des réminiscences des maîtres anciens, en particulier de la Hollande du XVIIe siècle et de la France du XVIIIe siècle, dont *La leçon de musique* de Fragonard (Musée du Louvre). Mais Renoir a vidé ce sujet de toutes les références à l'amour ou à la galanterie ; son iconographie n'a pas de contenu allégorique ni de programme précis. Les sujets qu'il choisit vont au-delà d'une description littérale ; ils visent au type plutôt qu'à la particularité ; leurs formes, auxquelles Renoir donne un caractère légèrement général, sont conçues pour évoquer des états d'esprit ; c'est ce qui a permis, après 1890, à de jeunes critiques des milieux symbolistes de parler de son art avec l'éloquence de l'enthousiasme. Pendant toutes ces années, l'innocence et le charme de la jeunesse ont été le thème capital de son art ; ceci est en contraste marqué avec son comportement personnel excentrique et souvent bizarre ; parfois généreux et expansif, parfois grognon et misanthrope, Renoir, sans cesse agité et inquiet, manquait totalement de la sérénité dont il a créé une image apaisante dans des peintures comme les *Jeunes filles au piano*.

Bibliographie
(*de toutes les versions*)
Alexandre 1892, pp. 30-1
[Anon.], *L'Éclair*, 1892
Mauclair 1902, pp. 222-3
Meier-Graefe 1908, I, pp. 294-5
Meier-Graefe 1912, pp. 145-6
Alexandre 1920, p. 6
Fosca 1923, pp. 37-8
Jamot 1923, p. 342
Meier-Graefe 1929, pp. 250-5
Barnes et de Mazia 1935, pp. 418-20 no 203
Jeanès 1946, p. 30
Natanson 1948, p. 27
Pach 1950, p. 98
Gimpel 1963, p. 180
Paris, Orangerie, 1966, no 24
Daulte 1972, pp. 56-7
Mallarmé, 1981, V, pp. 61-78, 149, 175
Gaunt et Adler 1982, no 42
Paris, Orangerie, 1984, pp. 188-91

Expositions
No 89 : 1892, Paris, Durand-Ruel (hors cat.). Exposé au Musée du Luxembourg, Paris, décembre 1892
Le no 87 et le no 88 ne semblent pas avoir été exposés du vivant de Renoir

90
Paysage de Beaulieu

1893 ?
H. 0,65 ; L. 0,81
S.D.b.d. : *Renoir. 97*
San Francisco, The Fine Arts Museums of
San Francisco
(Collection Mildred Anna Williams ; 1944.9)

Au printemps de 1893, Renoir séjourna quelque temps à Beaulieu, sur la côte de la Méditerranée, à l'est de Nice. Malgré la date qu'il porte, ce tableau a très probablement été peint à ce moment là ; il semble que Renoir ne soit pas allé dans le Midi en 1897. Il a conservé cette toile jusqu'en 1914, date où il la mit en dépôt chez Durand-Ruel ; la photographie que le marchand prit à l'époque montre nettement que le tableau ne portait pas encore de signature. Durand-Ruel l'acheta en 1917, et demanda vraisemblablement à Renoir de le signer ; la date de « 97 » est probablement une erreur du vieil artiste, après tant d'années.

Vers la fin de son séjour à Beaulieu, Renoir écrivait à Gallimard : « Je crois que je vous rapporterai un paysage. Je ne pourrai connaître sa valeur qu'arrivé à Paris dans un bon éclairage. Je n'ai pas envoyé de caisse, ayant beaucoup trop travaillé mes études, pendant des mois, ce qui fournit peu ; si je suis content en arrivant le mal sera réparé. » (lettre du 27 avril 1893, Paris, Institut Néerlandais, Fondation Custodia). Le présent tableau pourrait fort bien être le « paysage » que Renoir, dans cette lettre, paraît différencier de ses « études ». Étant donné que Renoir était resté propriétaire de ce tableau, on peut supposer que le projet de le vendre à Gallimard n'a pas abouti.

Renoir a peint quelques paysages d'un format semblable à celui-ci et dénotant les mêmes ambitions après 1890.

Ce tableau marque un retour aux végétations exotiques somptueuses qui l'avaient attiré dans ses toiles d'Algérie de 1881-82 (*voir* cat. n° 54) ; sa facture aussi est hardie et exubérante comme les paysages peints dans le Midi peu après 1880 (*voir* cat. n° 70) ; elle contraste avec le traitement plus doux, plus souple, qui caractérise ses œuvres du début des années 1890. Toutefois, à la différence du *Ravin de la Femme Sauvage* (*voir* cat. n° 54), peint en Algérie en 1881, le *Paysage de Beaulieu* montre une nature ordonnée et apprivoisée par l'homme ; le mur bas en travers du premier plan, et le sentier avec des figures, qui s'enfonce au centre de l'espace pictural, montrent clairement que sa végétation somptueuse est le résultat de la culture. Cette corrélation harmonieuse entre l'homme et la nature est devenue un thème capital dans l'œuvre des dernières années de Renoir (*voir* cat. n°s 107, 115, 123).

Bibliographie
Chicago, Art Institute, 1973, n° 68

Exposition
1918, New York, Durand-Ruel (23)

91
Portraits d'enfants
(Les enfants de Martial Caillebotte)

1895
H. 0,65 ; L. 0,82
S.D.b.d. : *Renoir. 95*
Collection particulière

Après la mort de Gustave Caillebotte, le 21 février 1895, Martial, frère cadet de Caillebotte, et Renoir, son exécuteur testamentaire, entrèrent dans de longues négociations avec l'État pour faire accepter le legs de la collection Caillebotte (*voir* p. 37). Au milieu des polémiques provoquées par ce legs, Renoir peignit ce double portrait des enfants de Martial, Jean et Geneviève. Les deux hommes se lièrent d'une amitié solide, et un an plus tard, au cours de l'été de 1896, ils firent ensemble un voyage à Bayreuth et à Dresde (Baudot 1949, p. 77 ; Manet 1979, p. 113).

Les fillettes ou les enfants allant par deux ont été l'un des sujets favoris de Renoir (*voir* cat. n°s 52, 83, 87-9, etc.). Ici, il en a fait une adaptation dotée de beaucoup de charme et d'esprit. Il a choisi un point de vue très rapproché des enfants, et le canapé sur lequel ils sont assis occupe pratiquement toute la toile, avec seulement un grand vase et le mur lambrissé en haut à à droite, pour suggérer le reste de la pièce. Leurs poses sont soigneusement combinées pour former une pyramide simple, mais à l'intérieur de cette armature ordonnée, des détails tels que les bottines brunes des enfants évoquent une intimité sans cérémonie. Leurs relations sont caractérisées avec esprit : la petite fille en rose ne regarde pas le livre qui est sur ses genoux, et elle le tient de manière que son frère ne puisse pas le lire facilement ; elle a aussi mis les autres livres hors de portée du petit garçon. La manière dont Renoir envisage leurs rapports, évoque l'opinion déclarée de l'artiste selon laquelle, dans la lutte des sexes, c'est la femme qui l'emporte ; Rivière se souvenait que Renoir avait fait valoir cette conviction un jour qu'ils regardaient une fillette et un jeune garçon se disputant à Essoyes (Rivière 1928, p. 673).

C'est là le genre de portrait où Renoir excellait, quand il pouvait évoquer l'enfance en associant les gestes caractéristiques de celle-ci à de jolis visages ; il réussissait moins lorsque les portraits réclamaient de lui de pénétrer un caractère. Renoir avait fait le portrait de Mallarmé deux ans auparavant ; Edmond Bonniot a noté ce qu'en pensait Mallarmé : « Il nous avait fait voir son portrait à l'huile par Renoir, qui lui donne, suivant son expression, un « air de financier cossu » et où il ne se sent pas. Le fait est que le peintre a donné une apparence concrète et matérielle à ses traits de rêve au lieu de les refouler dans l'abstraction, ainsi que l'a si bien compris Whistler dans la petite lithographie de son livre. » (Mallarmé, VI, pp. 22-3 ; la lithographie de Whistler est le frontispice de *Vers et prose* de Mallarmé, paru en 1893). C'est dans des portraits d'enfants, comme *Les enfants de Martial Caillebotte*, que l'application de Renoir à rendre l' « apparence concrète et matérielle » a été aussi heureusement appropriée au sujet.

La gamme de couleurs fondamentale du tableau est simple, ce sont des oppositions nettes entre les tons clairs et foncés, et des séries de roses, de rouges et de bruns qui se détachent sur des tons plus neutres ; des bleus doux apparaissent dans certaines parties des ombres. La facture est souple et discrète, délicate dans les figures.

Ce tableau fut exposé chez Durand-Ruel en 1896 sous le titre *Portraits d'enfants* ; il est demeuré dans la famille Caillebotte.

Bibliographie
Drucker 1944, pp. 88, 210 n° 119
Berhaut 1978, p. 21 n° 92

Exposition
1896, Paris, Durand-Ruel (32)

92
Baigneuse

vers 1895
H. 0,82 ; L. 0,65
S.b.d. : *Renoir*
Paris, Musée de l'Orangerie
(Collection Walter-Guillaume ; RF 1963-23)

Ce tableau représentant une jeune baigneuse est étroitement apparenté à un autre de même sujet, daté « 95 » (Merion, Barnes Foundation ; reprod. dans Barnes et de Mazia 1935, p. 310) ; la présente version a vraisemblablement été exécutée en même temps. Un dessin préparatoire à la sanguine (Daulte 1959, pl. 21) est plus proche de ce tableau que de la version Barnes. De même que dans le tableau reproduit fig. 47 de 1892, ces baigneuses sont placées dans un décor boisé, avec un fond vaguement indiqué, comme toile de fond ; l'espace est sommairement suggéré. L'éclairage est diffus ; de subtils dégradés de couleurs et de valeurs suggèrent le modelé de la figure et les masses du feuillage. L'harmonie de couleurs est très restreinte et assourdie : seuls les roses du visage de la jeune fille et de ses vêtements posés sur le rocher, mettent en valeur les harmonies de beiges, de jaunes et de verts éteints qui dominent le reste. Cette palette réduite et le traitement relativement généralisé des formes rappellent particulièrement Corot, dont l'un des nus en plein-air, que possédait son ami Gallimard, avait précisément suscité l'enthousiasme de Renoir (Vauxcelles 1908, p. 10 ; ce tableau dans Robaut, *Corot,* II, nº 379).

Vers la fin de sa vie, Renoir disait à Albert André : « Les sujets les plus simples sont éternels. La femme nue sortira de l'onde amère ou de son lit, elle s'appellera Vénus ou Nini. On n'inventera rien de mieux. » (André 1928, p. 32). Ses nus des années 1890 sont à la limite entre la modernité et l'intemporalité, entre les jeunes modèles et les nymphes ; en effet, dans une lettre datant à peu près de cette époque, Renoir disait à Geffroy qu'il travaillait à ses « nymphes » — probablement des baigneuses dans le genre de celles-ci (lettre sans date, Paris, Librairie de l'Abbaye, catalogue nº 266, nº 198). Pour une *Baigneuse* de 1896, il a de nouveau fait poser son modèle (comme il l'avait fait précédemment, *voir* cat. nº 14) dans la pose de la *Venus pudica,* avec une main protégeant pudiquement son corps (cat. vente, Londres, Christie, 30 mars 1981, nº 40). La présente baigneuse,

en revanche, ignore complètement le spectateur ; son attention est attirée, semble-t-il, par quelque chose qui est à droite, en dehors du tableau. Le geste qu'elle fait avec le linge qu'elle tient livre son corps nu à notre regard, mettant ainsi le spectateur dans la situation d'un voyeur. L'innocence de la baigneuse est encore accentuée par le fait que Renoir a choisi ici un modèle très jeune, de même que pour ses autres nus datés vers 1895 — une jeune fille plutôt qu'une femme épanouie. En 1896, Geffroy évoquait « ces jeunes corps de Baigneuses, petits êtres instinctifs, à la fois enfants et femmes, où Renoir apporte à la fois un amour convaincu et une malicieuse observation. C'est une conception toute particulière qui s'affirme par ces fillettes sensuelles sans vice, inconscientes sans cruauté, irresponsables quoique gentiment éveillées à la vie... Elles existent comme des enfants, mais aussi comme de jeunes animaux joueurs, et comme des fleurs qui absorbent l'air et la rosée. » A cette époque, Renoir était fasciné par le langage gestuel des jeunes filles. Natanson le décrit mimant de façon vivante les mouvements d'une jeune fille marchant dans une forêt et qui déchire son jupon accroché par une brindille (Natanson 1896, p. 546 ; 1948, p. 30). L'atmosphère enjouée, ici comme dans les compositions contemporaines comportant plusieurs baigneuses, telles que les *Baigneuses dans la forêt* (fig. 40), rappelle particulièrement la peinture française du XVIIIe siècle — par exemple, les *Baigneuses* de Fragonard, du Musée du Louvre (fig. 41).

Durand-Ruel a acheté ce tableau à Renoir en novembre 1896, et il l'a vendu à Oskar Schmitz, de Dresde, en novembre 1911.

Bibliographie
Paris, Orangerie, 1966, nº 26
Paris, Orangerie, 1984, pp. 194-5

Exposition
? 1899, Paris, Durand-Ruel (? 101)

93
Gabrielle, Jean et une petite fille

1895-96
H. 0,65 ; L. 0,80
S.b.d. : *Renoir*
Collection particulière
représentée par Acquavella Galleries, Inc., New York
Exposé à Paris et Boston seulement

Jean, second fils de Renoir, naquit en septembre 1894. Au début de l'été de cette même année, Gabrielle Renard, cousine éloignée d'Aline Renoir, vint vivre avec les Renoir pour aider aux soins du ménage ; elle est restée près de vingt ans chez eux, et fut peut-être le modèle auquel Renoir a recouru le plus fréquemment (*voir* cat. n°s 99, 113-4).

Ce tableau est le plus ambitieux d'une série de peintures apparentées ; d'après l'âge de l'enfant, il semble dater de la fin de 1895 ou du début de 1896. Quelques unes de ces toiles représentent juste Gabrielle et Jean, d'autres, comme celle-ci, incluent aussi un enfant plus âgé. Le soin avec lequel Renoir a étudié les divers arrangements des figures est démontré par l'existence de nombreux dessins qui s'y rapportent, dont un calque en grandeur d'exécution de la présente composition, destiné vraisemblablement à son report sur toile. En 1897, Maurice Denis avait noté que Renoir utilisait cette technique (Denis 1957, I, p. 121).

Jean Renoir a évoqué par la suite le rôle secondaire que Gabrielle avait joué lorsque Renoir les avait peints ensemble pour la première fois, alors qu'il n'était encore qu'un bébé ; il se souvenait aussi de son expérience d'autres séances de pose : Renoir lui demandait rarement de « rester tranquille une minute » afin de pouvoir saisir un détail particulier (J. Renoir 1962, pp. 391-2). Ces souvenirs ajoutés aux dessins donnent à penser que la disposition générale de peintures comme *Gabrielle, Jean et une petite fille* était le résultat d'une étude minutieuse de la composition, plutôt que celui de la peinture directe d'un groupe de modèles. Au début de 1896, Renoir écrivait à un ami : « Il faut être emballé soi-même pour ce que l'on fait bien... Je suis dans ce moment à faire des moues de Jean et je vous assure que ce n'est pas une cynécure (sic), mais c'est si joli ; et je vous assure que je travaille pour moi, rien que pour moi. » (lettre à Congé [?], 1er février 1896 ; cat. vente, Paris, Hôtel Drouot, 8 décembre 1980, n° 183). La couleur aussi est soigneusement étudiée. A la différence de la palette réduite de la *Baigneuse* (*voir* cat. n° 92), qui est contemporaine, ici, des couleurs claires sont juxtaposées : la blouse rouge de Gabrielle se détache sur le mur vert, derrière elle, et les cheveux dorés de la petite fille ressortent sur des bleus tendres. L'objet principal de cette composition, c'est le moment évidemment fugace où Jean tend la main vers la pomme, mais les figures sont unies de manière continue : les trois figures s'ajustent dans un demi-cercle, et Jean est protégé par Gabrielle — seule la petite main quitte l'abri de

sa présence enveloppante. En 1896, Geoffroy décrivait quelques uns des tableaux de cette série « des chefs-d'œuvre qui racontent la patience, la sollicitude de la femme, sans aucune mise en scène sentimentale, simplement par l'attitude, par le geste des bras qui l'entourent. » La composition fait écho à bon nombre de tableaux de maîtres anciens, parmi lesquels deux œuvres que Renoir connaissait bien par ses visites au Louvre : *Le Mariage mystique de Sainte Catherine,* du Corrège, et *Hélène Fourment et ses enfants,* de Rubens (fig. 50). Mais ces ressemblances sont des analogies de genre, sans référence spécifique ; les conventions propres à ce type de peintures ont inspiré l'arrangement que Renoir a choisi d'adopter ici. Le Rubens (que Renoir avait copié dans sa jeunesse) a peut-être revêtu une importance plus particulière pour lui, dans les années 1890, à cause de sa technique : Jeanne Baudot n'avait pas oublié la manière dont Renoir examinait les tableaux de Rubens au Louvre, à cette époque, « cherchant à *découvrir* le procédé utilisé par le Maître flamand lorsqu'il ébauchait des tableaux » (Baudot 1949, p. 29). La matière mince, la liberté technique d'*Hélène Fourment et ses enfants* peut se comparer à *Gabrielle, Jean et une petite fille,* où le pinceau suggère avec aisance des formes et des éclats de lumière sans contours rigides et sans empâtements.

Renoir était encore en possession de ce tableau à sa mort (André et Elder 1931), mais il passe pour avoir appartenu à Cézanne.

Bibliographie
André et Elder 1931, I, pl. 23, n° 56
New York, Duveen, 1941, n° 70
Pach 1950, p. 92
New York, Wildenstein, 1974, n° 50

Fig. 50
P.-P. Rubens, *Hélène Fourment et ses enfants.*
(Paris, Musée du Louvre).

94
Femme jouant de la guitare

1896-97
H. 0,81 ; L. 0,65
S.b.d. : *Renoir*
Lyon, Musée des Beaux-Arts (B 624)
Exposé à Paris seulement

La *Femme jouant de la guitare* semble être l'un des premiers tableaux d'une série de peintures représentant des hommes et des femmes jouant de la guitare, que Renoir a exécutées à la fin des années 1890. C'est probablement le tableau que Julie Manet avait vu en cours d'exécution dans l'atelier de Renoir, le 1er février : « Il fait des choses ravissantes avec la guitare : une femme en une robe de mousseline blanche retenue par des nœuds roses est penchée gracieusement sur la grande guitare jaune et pose ses pieds sur un coussin jaune... Tout cela est coloré, doux, délicieux ». Julie Manet a vu d'autres tableaux de la même série dans l'atelier de Renoir, en novembre 1897 (Manet 1979, pp. 123, 141). Au début de 1897, Renoir a vendu à Durand-Ruel deux tableaux de sujet similaire, mais il semble avoir conservé celui-ci. Le Musée des Beaux-Arts de Lyon acheta ce tableau en janvier 1901, par l'intermédiaire de Durand-Ruel, mais les lettres de Renoir à son marchand, au sujet de l'expédition du tableau à Lyon, donnent à penser qu'il en était encore propriétaire. Le marchand de tableaux fit photographier cette toile lorsqu'elle était entre ses mains, mais elle n'a pas été inscrite dans son livre de stock. Ce tableau, ou un autre du même genre, a été exposé chez Durand-Ruel en 1899, sous le titre de *Femme jouant de la guitare, 1896.*

Ces peintures marquent un changement important dans la manière dont Renoir traitait les figures en costume de fantaisie. Ses jeunes filles du début des années 1890 portaient des robes modernes sans prétention (*voir* cat. nos 84, 85, 87-9), tandis que ses guitaristes portent des costumes — parfois nettement espagnols — plutôt que des vêtements de la vie courante ; les nœuds de ruban rose de la robe de la *Femme à la guitare,* sont d'un style manifestement espagnol. D'après Jeanne Baudot (1949, p. 70), en peignant ces jeunes guitaristes (dont le modèle s'appelait Germaine), Renoir s'était inspiré de la Belle Otéro, célèbre danseuse des Folies-Bergère, incarnation de la « séduction espagnole ». Bien que les peintures de ce genre rappellent ses œuvres antérieures en costume oriental (*voir* cat. nos 16, 19), son abandon des motifs contemporains, à la fin des années 1890, n'était qu'un aspect d'un changement plus général qui le menait vers une forme d'art plus classique. Dans *Femme à la guitare* et dans ses tableaux postérieurs, le type des figures acquiert plus de grandeur, la structure de la composition est plus monumentale ; dans ses dernières compositions, comportant des costumes de fantaisie (voir

cat. nos 113, 124) Renoir n'est pas revenu au vêtement français moderne, préférant conserver cette atmosphère intemporelle teintée d'exotisme.

Autour de la robe blanche de la jeune fille, la composition est soigneusement divisée en zones de couleurs chaudes et de couleurs froides, avec des accents peu contrastés de tons chauds parmi les tons froids et inversement. Les formes sont traitées en douceur, mais elles se détachent par leur contraste avec l'arrière-plan. La robe blanche est surtout modelée par des dégradés de valeurs avec des accents lumineux assez empâtés ; quelques jaunes et de délicates nuances de bleu parmi les gris contribuent à en suggérer les plis et le jeu de l'ombre et de la lumière sur le tissu. Sur le mur du fond, en haut à droite, la netteté des verticales affermit une composition par ailleurs dominée par les lignes onduleuses de la robe, de la guitare, du fauteuil et du coussin ; Degas a souvent utilisé de la même manière des verticales le long du bord du cadre (*voir* cat. no 96).

Des compositions comme celles-ci reflètent la grande admiration que Renoir vouait à cette époque aux sujets à figures de Corot, et qui créent une ambiance intemporelle et harmonieuse similaire, souvent complétée, comme dans le tableau de Renoir, par la représentation de femmes jouant d'un instrument de musique. En 1898, Julie Manet notait le plaisir que Renoir prenait à contempler les figures de Corot de la collection Rouart (Manet 1979, p. 150), et Renoir a mené campagne à cette époque pour que le Musée du Louvre achète de telles œuvres (Alexandre 1913 ; Alexandre 1920, p. 5). Cependant l'ampleur des formes, dans *Femme jouant de la guitare,* fait penser que Renoir tournait alors son regard vers une tradition figurative plus monumentale, celle de Titien et de Rubens ; en effet, la manière dont les formes du modèle sont traitées peut être comparée à celle qui caractérise la mère dans *Hélène Fourment et ses enfants,* de Rubens, au Musée du Louvre, tableau auquel Renoir vouait une si grande admiration (*voir* cat. 117, fig. 50).

Bibliographie
Venturi 1939, I, pp. 162-3, 167
Vincent (M.), *Catalogue du Musée de Lyon, VII, La Peinture des XIXe et XXe siècles,* Lyon, 1956, pp. 242-4
Manet 1979, p. 123

Exposition
? 1899, Paris, Durand-Ruel (108)

95
Yvonne et Christine Lerolle
au piano

1897
H. 0,73 ; L. 0,92
Timbre en bas à droite : *Renoir.*
Paris, Musée de l'Orangerie
(Collection Walter-Guillaume ; RF 1960-19)

Cette toile représente Yvonne (à gauche) et Christine, filles d'Henri Lerolle, peintre, collectionneur et amateur de musique. Julie Manet avait vu ce tableau achevé, semble-t-il, dans l'atelier de Renoir, le 25 octobre 1897, et elle en disait : « C'est ravissant, Christine a une expression délicieuse, Yvonne n'est pas bien ressemblante mais a une robe blanche ravissamment peinte ; le fond avec les petites danseuses de Degas en rose avec leurs nattes et les courses est peint avec amour. » Bien qu'étroitement apparenté aux tableaux antérieurs de Renoir représentant des jeunes filles au piano, celui-ci en diffère dans la mesure où les jeunes filles sont les filles d'un ami et non des modèles professionnels, et qu'elles ont posé chez elles, devant deux œuvres de Degas de la collection de leur père (Lemoisne, nos 702 et 406). Toutefois, Lerolle ne semble pas avoir acheté ce tableau ; en effet, cette peinture était accrochée dans le salon de Renoir, en 1899 (Manet 1979, p. 215) ; Renoir le mit en dépôt chez Durand-Ruel de 1914 à 1917, et il le possédait encore à sa mort. Néanmoins, les Lerolle ont acheté quelques-uns des dessins préparatoires pour cette composition ; sept d'entre eux ont été vendus par Louis Rouart, mari de Christine Lerolle, à Durand-Ruel, en 1937.

La composition de ce tableau, avec ses figures qui se détachent nettement sur les rectangles du piano et des cadres accrochés au mur, rappelle tout particulièrement les conventions des intérieurs hollandais du XVIIe siècle. A cette époque, Renoir étudiait avec délectation la peinture de genre hollandaise (*voir* Baudot 1949, p. 29) ; il devait faire son unique voyage en Hollande en 1898, peu de temps après avoir exécuté ce tableau. Le blanc et le rouge des robes contrastent vivement avec le piano et les autres notes foncées ; cette structure simplifiée de rouge, de noir et de blanc se détache sur le mur d'un ton doux tirant sur le jaune, tandis que les accents plus chauds des tableaux sur le mur, et la draperie, en bas à droite, font écho au rouge de la robe, au centre du tableau. Dans des peintures telles que celle-ci, Renoir avait dans une large mesure abandonné le modelé coloré des impressionnistes et réintroduit le noir sur sa palette, comme pour proclamer son retour aux méthodes traditionnelles. Peu de temps après avoir fait ce tableau, Renoir disait à Julie Manet qu' « il n'y a que du noir et du blanc dans la peinture. », ajoutant qu' « on doit donner au blanc son intensité par la valeur de ce qui l'entoure et pas en y mettant du blanc. », et il citait en exemple Titien, Manet et Corot (Manet 1979, p. 191, *voir* également p. 248).

Bibliographie
André et Elder 1931, I, pl. 65, no 201
Baudot 1949, p. 67
Paris, Orangerie, 1966, no 31
Manet 1979, pp. 138, 215

96
Déjeuner à Berneval

1898
H. 0,82 ; L. 0,66
Timbre en bas à droite : *Renoir.*
Collection particulière

Déjeuner à Berneval fut peint dans le chalet que la famille Renoir avait loué en juillet 1898, à Berneval, au bord de la mer, à l'est de Dieppe. Julie Manet qui avait accompagné les Renoir, rapporte dans son journal : « M. Renoir n'avait pas envie de louer ici un de ces affreux chalets, Mme Renoir en avait envie, alors ils ont loué. » Elle ajoutait que Berneval était « charmant le premier jour, trop petit le second, et le troisième on en a par-dessus la tête. M. Renoir nous a dit en partant : « Vous êtes bien heureuses de penser que vous ne reviendrez plus ici » (Manet 1979, p. 169). Pourtant, au début de septembre, Renoir paraissait satisfait de son séjour à Berneval (Manet 1979, p. 186).

Il se peut que *Déjeuner à Berneval* soit un écho aux sentiments de Renoir à propos du chalet et de la localité. Sa composition est exceptionnellement comprimée pour cette date ; Pierre, le fils aîné (il a treize ans maintenant), s'insère avec difficulté au premier plan et est coupé par le cadre, tandis que Gabrielle et Jean (il a presque quatre ans) sont étroitement encadrés par les rideaux recherchés et le mobilier ciré — en contraste évident avec les intérieurs simples et aérés que Renoir aimait pour son propre logis. Le personnage de Pierre coupé, le brusque changement d'échelle entre lui et la scène du fond sont une réminiscence évidente des techniques de composition chères à Degas, comme le réseau de verticales qui encadrent les côtés du tableau. Ici, la composition est, en particulier, très proche de celle de *La leçon de danse* de Degas (fig. 51) que Renoir avait choisie dans la collection de Gustave Caillebotte,

après sa mort en 1894, et ce en accord avec les termes du testament. Ces procédés de composition ont permis à Renoir de suggérer l'espace resserré du chalet, mais il n'a pas utilisé les différences d'échelle aussi souvent que Degas pour suggérer une rupture entre les éléments du tableau. Au lieu de cela, Pierre encadre la scène du fond, et il ne semble pas y avoir de barrière entre l'adolescent qui lit et l'enfant et la bonne qui sont auprès de la table ; les trois personnages encerclent le centre du tableau, la table dressée. Chose ironique, peu de temps après avoir peint ce tableau, Renoir vendit son Degas à Durand-Ruel, en décembre 1898, et presque aussitôt il lui acheta l'une des vues de La Rochelle de Corot (Robaut, II, n° 674). Bien que Caillebotte ait stipulé que Renoir était libre de vendre le tableau qu'il aurait choisi, quel que fût celui-ci, la vente de cette toile fut le prétexte d'une querelle acerbe entre Renoir et Degas.

A cette époque, les cheveux longs étaient à la mode pour les petits garçons (*voir* cat. n° 91), mais Renoir voulait que ses enfants conservent leurs boucles le plus longtemps possible. Jean Renoir a raconté la gêne que ses cheveux longs lui causèrent, et qu'il fut forcé de porter jusqu'à ce qu'il aille à l'école, bien qu'on le traitât de « fille », ou pire encore, de « tête-de-loup » (J. Renoir 1962, pp. 317, 367, 393-4, 397). Lorsque ses fils eurent les cheveux courts, Renoir ne les employa plus guère comme modèles ; cette toile est l'une des très rares images de Pierre faites après sa cinquième année, et Jean, à son tour, ne fut plus en faveur comme modèle quand on lui coupa les cheveux, vers 1901, et il fut remplacé par Claude (*voir* cat. n° 108).

Des couleurs délicatement variées apparaissent sur toute la toile, mais la structure de celle-ci, simple, nette est construite autour de zones distinctes de lumière, d'ombre et de brun, et rend cette œuvre très différente de l'atmosphère colorée diffuse des intérieurs de Renoir de la fin des années 1870 (*voir* cat. n°s 34, 40).
Ce tableau est resté en la possession de Renoir jusqu'à sa mort.

Fig. 51
E. Degas, *La leçon de danse,* vers 1878.

Bibliographie
André et Elder 1931, I, pl. 60,
n° 183
Drucker 1944, pp. 88, 211 n° 124
Londres, Christie, 30 novembre
1976, n° 16

1899-1909

Aux alentours de 1900, le mode de vie de Renoir changea de nouveau : dès lors et jusqu'à la fin de sa vie, il passa avec sa famille de longues périodes, chaque hiver et printemps, sur la côte méditerranéenne. Il séjournait une grande partie de l'été à Essoyes, où les Renoir possédaient maintenant une maison, faisant seulement quelques brefs séjours à Paris. A partir de 1903, quand ils se rendaient dans le Midi, c'était invariablement à Cagnes, à l'ouest de Nice, où ils achetèrent un terrain sur lequel ils firent construire une maison. La santé de Renoir qui était minée par l'arthrite fut la cause immédiate de ces changements, mais ils reflétaient aussi un changement plus radical de son art vers un classicisme méditerranéen, et plus particulièrement vers une sympathie pour le renouveau de la culture provençale.

En 1895, T. de Wyzewa, l'ami de Renoir, récapitulait les qualités éternelles considérées comme appartenant essentiellement au sud, par opposition au nord. Le nord était pour les jeunes, pour les gens « avides de mouvements et de luttes » ; « mais tôt ou tard le soleil les ramène à lui ... le soleil engourdit leurs nerfs... il ouvre leurs yeux à la splendeur des choses éternelles. » Ils perdent leur goût pour les fées enjôleuses du nord, filles de la nuit, et ils se donnent alors aux « filles du soleil », qui font naître de beaux rêves dans les pays méditerranéens, et surtout dans les paysages de Provence. Cette définition poétique du Midi donnée par Wyzewa est comparable aux qualités apparues dans l'art de Renoir surtout à partir de son installation dans le sud de la France ; lui-même en parla à peu près dans les mêmes termes : « Dans ce pays merveilleux, il semble que le malheur ne puisse vous atteindre. On y vit dans une atmosphère ouatée. »

Jean Renoir avait conclu de ses conversations avec son père, que c'est aux alentours de 1900 que celui-ci avait résolu ses incertitudes d'artiste et donc qu'il n'avait plus besoin de s'imprégner de l'art des musées ; en effet, il cessa à ce moment-là de voyager hors de France, à l'exception d'un séjour à Munich en 1910. Cela n'impliquait en aucune façon un rejet de la tradition mais une compréhension plus large de son héritage artistique. S'il a proclamé jusqu'à la fin de sa vie son amour pour l'art du XVIIIe français, sa peinture d'alors paraît aux prises avec le courant classique européen représenté par Titien et Rubens ses deux plus grands maîtres. En 1903, il a parlé du « joyeux frémissement de vue qu'on éprouve » devant l'art de Rubens, et en 1910, il fut enthousiasmé par les

Fig. 52
Renoir, *La toilette,* 1900-01.
(Merion, The Barnes Foundation).

Rubens de Munich : il a également parlé de la délectation infinie que lui procurait la technique de Titien.

Tout au début du siècle, Renoir employait peu de couleurs vives ; parfois sa palette était froide et austère, parfois elle avait la douceur des tons pastels. Il variait la gamme des valeurs et des couleurs suivant l'atmosphère qu'il cherchait à rendre dans un tableau : une gamme pâle, délicatement nuancée — une sorte de Corot coloré — pouvait être appropriée à un portrait mondain (fig. 53), tandis que des contrastes de valeurs plus nets, ponctués par quelques accents de couleurs convenaient mieux à une composition de figure monumentale. Pareils tableaux étaient soigneusement conçus comme des compositions de couleurs ; exécutant un portrait en 1901, il avait posé un ruban rose dans les cheveux de son modèle en disant : « maintenant, je tiens ma composition ! Tous les tons vont jouer en rapport avec ce rose, le problème de la couleur est résolu ! » Il admirait beaucoup l'utilisation que Velasquez avait faite d'un ruban semblable dans les cheveux d'une infante.

Jusqu'aux alentours de 1905 également, il employait une gamme restreinte de couleurs pour peindre les chairs. Il évitait généralement d'utiliser le bleu pour modeler les ombres du modèle, et il traitait très simplement et très largement les grandes surfaces de peau sans les subdiviser en myriades de nuances colorées ; Renoir rejetait délibérément, semble-t-il, les aspects les plus reconnus de l'impressionnisme. Les fonds de ses tableaux, brossés sur une préparation blanche, étaient souvent légers, mais les parties principales de la figure étaient normalement plus opaques. Sa touche restait fluide et souple, modelant les formes avec le pinceau chargé de couleur, sans revenir à la linéarité de son œuvre expérimentale des années 1880. Après 1905, ses combinaisons de couleurs se firent plus chaudes et sa touche plus mobile. De délicates nuances variées se glissaient dans la peinture des personnages, et les fonds commencèrent à être traités parfois avec une touche plus vigoureuse, qui permettait un meilleur lien avec le sujet principal. Cette méthode d'enrichissement de la surface annonçait l'effervescence de ses dernières œuvres.

A cette époque, il ne ressentait plus le conflit entre le plein-air et l'atelier, entre l' « objectif » et le « subjectif ». Il disait à Besson : « Je ne pourrais me passer d'un modèle ... mais il faut savoir oublier le modèle sans quoi votre œuvre répand des odeurs d'aisselles », comme — citait-il

— un certain buste de Rodin. Il disait aussi que Monet peignait « des heures » plutôt que « l'heure éternelle ». L'art devrait transcender les apparences fugitives de la nature. En 1909, il écrivait en plaisantant à Albert André : « Je suis poète, on me le dit tous les jours, les poètes rêvent. »

Après 1900, Renoir a cessé de peindre des personnages en costumes élégants qu'il avait aimés entre 1890 et 1900. Ses dernières figures drapées sont vêtues de costumes sans caractère précis ou vaguement exotiques. Quelques tableaux de *Baigneuses* comportent des vêtements modernes abandonnés à l'écart, mais ils sont entièrement subordonnés à l'organisation classicisante de la composition ; dans *La toilette (fig. 52)*, de 1900-01, ce thème devient grandiose et monumental. En même temps, Renoir a commencé à peindre des formes féminines plus pleines et plus mûres, au lieu des jeunes filles délicates des années 1890 — indication supplémentaire de son allégeance d'alors à Titien et Rubens. Au même moment, la naissance de son troisième fils Claude (Coco), en 1901, l'a conduit à une autre série de peintures consacrées à l'enfance.

Fig. 53
Renoir, *Mme Gaston Bernheim de Villers,* 1901.
(Paris, Musée d'Orsay, Galerie du Jeu de Paume).

Ses forces physiques déclinant, Renoir entreprit plus rarement des tableaux ambitieux. Il avait toujours peint des ébauches désinvoltes comme une sorte de récréation, mais à présent il les faisait en plus grand nombre. Quelques unes ne représentent que des fragments : études de têtes, de seins ou des fleurs rapidement brossées, disséminées sur une toile relativement grande ; mais il a fait aussi beaucoup de tableaux modernes et sans prétention — surtout des paysages et des natures mortes — qu'il vendait par l'intermédiaire de Durand-Ruel et d'autres marchands. Il trouvait dans ces petits tableaux une liberté d'improvisation et d'expérimentation en dehors des contraintes conventionnelles de composition et de fini ; mais leur désinvolture et leur manque de forme suscitèrent bientôt des critiques. L'arrivée sur le marché de l'art, après sa mort, de minuscules esquisses provenant de son atelier a en outre détourné l'attention des critiques d'art du petit nombre de toiles achevées où son application ne s'était pas relâchée.

C'est au cours de ces années-là que Renoir a acquis une célébrité réelle. Il avait été fait Chevalier de la Légion d'Honneur en 1900, mais sa consécration date de la rétrospective de ses œuvres organisée au Salon d'Automne de 1904. Durand-Ruel et Bernheim-Jeune exposaient régulièrement ses œuvres à Paris, et ses peintures étaient montrées dans toute

l'Europe et en Amérique du Nord, surtout grâce aux efforts de Durand-Ruel. Néanmoins, beaucoup de louanges allaient à son œuvre antérieure ; aux alentours de 1905, les milieux officiels eux-mêmes reconnaissaient que l'impressionnisme des années 1870 faisait partie intégrante de la tradition française. Les critiques avaient vu clairement que les œuvres récentes de Renoir s'éloignaient des principes naturalistes des débuts de l'impressionnisme. Ils reconnaissaient le processus d'idéalisation de ses méthodes de travail, et définissaient la vision du monde présentée par ses peintres au moyen de formules comme « rêve de bonheur » et « éternel féminin ». Le classicisme qui a surgi dans son art vers 1900 n'a été pleinement reconnu qu'après sa mort.

97
Autoportrait

1899 ?
H. 0,41 : L. 0,33
Timbre en haut à gauche : *Renoir.*
Williamstown, Massachusetts,
Sterling and Francine Clark Art Institute (611)

Bien que daté habituellement de 1897-98, ce tableau est le seul connu qui puisse être identifié avec l'autoportrait que Julie Manet a vu Renoir peindre au cours de l'été de 1899 : « Il termine un portrait de lui qui est très joli, il s'était d'abord fait un peu dur et trop ridé ; nous avons exigé qu'il supprimât quelques rides et maintenant c'est plus lui. «Il me semble que c'est assez ces yeux de veau » dit-il ».

L'aspect de ce tableau, à l'origine, était peut-être plus proche de la réalité : des photos prises l'été précédent, après l'enterrement de Mallarmé, montrent un Renoir au visage déjà profondément creusé et ridé ; durant l'hiver 1898-9, il avait subi une crise de rhumatismes aigus, prélude aux rhumatismes articulaires qui devaient en faire un infirme à la fin de sa vie. Un autoportrait peint en 1910, a été pareillement idéalisé (n° 110). Le présent portrait atténue les plis profonds du visage pour les mettre en harmonie avec les motifs cursifs accentués par le travail du pinceau sur toute la toile — dans la cravate et la barbe et sur le mur du fond. Le visage, légèrement détourné de la lumière, suggère peut-être un état d'esprit élégiaque, avec une trace de mélancolie — peut-être un reflet de la conscience de sa fragilité physique. La gamme des couleurs est très réduite ; elle consiste en gradations allant des beiges et des bruns jusqu'au bleu foncé de la veste, en passant par des gris, avec de temps à autre des touches plus chaudes, et des nuances de bleu dans le modelé.

Il semble que Renoir possédait encore ce tableau à sa mort (André et Elder 1931), bien que les archives du Sterling and Francine Clark Art Institute renferment une note disant qu'il fut acheté en 1914 par Charles Farrel, Paris.

Bibliographie
André et Elder 1931, I, pl. 59, n° 182
Williamstown, Clark Art Institute, 1956, n° 169
Manet 1979, p. 249
Information aimablement communiquée par David B. Cass

98
Monsieur Germain

vers 1900
H. 0,55 ; L. 0,46
S.b.g. : *Renoir*
West Palm Beach, Floride,
Norton Gallery and School of Art (47.26)

Après une brève interruption à la fin des années 1880, Renoir avait recommencé à peindre régulièrement des portraits mondains — généralement de femmes — bien qu'il ait parfois dit qu'il détestait ce genre de commandes. Nous ignorons dans quelles circonstances exactes il a entrepris le portrait de *Monsieur Germain* ; on peut toutefois l'identifier avec le « jeune Germain », fils d'un grand financier, dont l'invraisemblable amitié avec Renoir, aux alentours de 1900, a été commentée par Jean Renoir : « Germain était précieux, d'une coquetterie maladive, parfumé. Il parlait avec un léger accent d'Oxford et il était tellement efféminé que ça avait l'air d'une blague. » Ses réactions étaient délibérément imprévues et paradoxales ; Jean Renoir se souvient l'avoir entendu dire qu'étant enfant il n'aimait pas particulièrement les jeux, mais les fleurs. Le nom exact du modèle reste incertain. On a souvent dit qu'il s'agissait de Germain Seligmann, cependant, dans les archives de la Norton Gallery and School of Art, il est identifié comme le petit-fils d'Henri Germain, fondateur du Crédit Lyonnais.

Avec ses longs cheveux et sa remarquable moustache, son élégance affectée ressort fort bien de ce portrait, qui évoquait pour Drucker le monde du jeune Proust. Fort à propos, étant donné son amour des fleurs, les œillets à sa boutonnière deviennent le centre d'intérêt principal de la composition, avec leur couleur et leur facture flamboyante mises en relief par les noirs du veston et les verts tendres du fond. La manière dont Renoir a utilisé les fleurs rappelle un commentaire qu'il a fait quelques années plus tard : il « prétendait que dans son portrait d'infante, Velasquez s'était attaché à ce nœud rose sans lequel le tableau n'existait pas » (Robida 1959, p. 48). Bien qu'ici le modèle fasse front au spectateur, la manière négligente dont il tient son livre, en bas à droite, donne l'illusion que nous avons momentanément interrompu sa lecture.

Ce tableau a été signalé pour la première fois dans la collection de Georges Viau.

Bibliographie
Drucker 1944, pp. 88, 212 n° 131
J. Renoir 1962, pp. 86-7
Chicago, Art Institute, 1973, n° 70
New York, Wildenstein, 1974, n° 48

Information aimablement communiquée par Pamela S. Parry, Norton Gallery and School of Art

99
Femme nue couchée

1903
H. 0,65 ; L. 1,56
S.D.b.d. : *Renoir*. 03
Collection particulière
Exposé à Paris et à Londres seulement

Entre 1903 et 1907, Renoir a peint une série de toiles importantes, de format horizontal, représentant des figures nues couchées sur des coussins ; celle-ci paraît être la première d'entre elles. A la même époque, il avait peint aussi d'autres grands nus, à l'extérieur ou dans un intérieur, personnifiant *La source*, thème qu'il avait déjà traité dans une toile exécutée pour Gallimard, vers 1895 (fig. 43). Le fait qu'il ait alors concentré son choix sur des figures couchées pour ses tableaux de grandes dimensions, était dû en partie à sa faiblesse physique qui, comme Lecomte le rapportait en 1907, lui rendait pénible de lever le bras droit (Lecomte 1907, p. 252) ; l'article de Lecomte est vraisemblablement l'un de ceux qui ont aiguillonné Renoir pour entreprendre de nouveau, en 1909, de grandes toiles en hauteur, grâce à sa chaise montée sur des tréteaux (André 1928, pp. 45-6 ; *voir* no 109).

Ces tableaux constituent l'exploration la plus soutenue que Renoir ait faite du thème du nu féminin couché. Ces deux groupes de tableaux — à l'extérieur et dans un intérieur — utilisent les prétextes les plus traditionnels pour traiter pareils sujets : une femme personnifiant une source, ce qui est la fusion métaphorique de la femme et de la nature ; et dans les tableaux représentant un intérieur, une odalisque couchée avec une pointe d'exotisme donnée par les coussins luxueux et la rose dans les cheveux. L'intemporalité du sujet proclame la filiation de Renoir avec la tradition d'Ingres plutôt qu'avec le modèle d'odalisque ouvertement moderne lancé par Manet avec *Olympia* au Salon de 1865 ; il est vrai que le présent tableau fut exposé au Salon d'Automne de 1905 où se tenait également une rétrospective Ingres. De tous les nus d'Ingres, *L'odalisque à l'esclave* est celui qui ressemble le plus au nu couché de Renoir. Toutefois, la dette de Renoir envers Ingres concernait le genre plutôt qu'un tableau particulier. Cette période fut une phase de classicisme délibéré dans l'œuvre de Renoir ; il avait remplacé la facture moelleuse des années 1890 à 1900, qui rappelait tant le XVIIIe siècle français, et adopté une palette particulièrement restreinte ; toutefois, il ne revint pas à la dureté du dessin et des contours de ses œuvres expérimentales des alentours de 1885. La présente version du thème est modelée d'une manière tout à fait traditionnelle qui laisse peu de place au libre jeu du pinceau, sauf dans le coussin ; par ailleurs, la touche suit délicatement les rythmes cursifs de la figure et de la draperie ; le coloris des coussins et du fond met en valeur le modelé des tons de la figure. Dans son article sur le Salon d'Automne de 1905, où ce tableau était présenté, Maurice Denis écrivait : « Renoir, qui du reste n'a plus rien d'impressionniste, y triomphe avec son étonnante dernière manière, des nus robustes et redondants comme les Raphaël de l'*Incendie* et de la *Farnésine* : remarquons que la science qu'il a de ses gammes et du modelé, n'a nullement compromis ses qualités de fraîcheur ni son ingénuité. » (Denis 1912, éd. 1920, p. 204).

C'est Gabrielle Renard qui a posé pour le *Nu couché* ; elle était venue chez les Renoir en 1894, pour aider aux soins du ménage et s'occuper de Jean, alors bébé. Elle avait posé d'abord en tant que nurse de Jean, comme dans le no 93 ; en 1900, elle posait pour des tableaux de genre plus ambitieux comme la servante de *La toilette* (fig. 52). Mais aux alentours de cette date, Renoir qui séjournait à Grasse, n'avait pas trouvé de modèle pour ce nu, et Gabrielle accepta de poser (*voir* J. Renoir 1962, p. 391) ; jusque vers 1912, elle posa nue de façon régulière (*cf.* également nos 113-4), se révélant idéalement détendue quand elle posait .

Une seconde version très proche de cette composition se trouve dans la Collection Walter-Guillaume, à Paris (*voir* Paris, Orangerie, 1984). Bien que nous n'ayons aucune preuve confirmant leur date respective, il paraît très probable que la présente version est la première ; elle révèle une extrême maîtrise et une sobriété de la couleur propres à ces années-là. Dans l'autre version, le traitement des chairs est un peu plus fluide et animé, le fond d'une facture plus vigoureuse, ce qui laisse supposer qu'elle a été peinte vers 1906, au début de l'évolution de Renoir vers des couleurs plus riches, et des matières plus vivantes, qui s'est étendue sur les quinze dernières années de sa vie. Une troisième version, de composition similaire, mais avec un modèle différent, est probablement la dernière des trois ; elle est exposée ici sous le no 104.

Durand-Ruel a acheté ce tableau à Renoir, en juillet 1907, il l'a vendu en janvier 1917 à un acheteur anonyme, pendant l'exposition d'art français qui s'est tenue à La Haye.

Bibliographie
Meier-Graefe 1912, p. 176 n
André, octobre 1936, p. 21
New York, Duveen, 1941, no 72
Baudot 1949, p. 66

Paris, Orangerie, 1984, pp. 212-3

Expositions
1905, Paris, Salon d'Automne (32)
1916, La Haye

100
Baigneuse

vers 1903
H. 0,92 ; L. 0,73
Timbre en bas à droite : *Renoir.*
Vienne, Kunsthistorisches Museum
Exposé à Londres seulement

101
Baigneuse

1905
H. 0,97 ; L. 0,73
S.D.b.d. : *Renoir. 05.*
Collection Mme Rodolphe Meier de Schauensee
(Don partiel au Philadelphia Museum of Art)
Exposé à Boston seulement

Entre 1902 environ et 1905, Renoir a peint au moins quatre toiles représentant une femme nue assise dans la même position. L'une d'elles (Detroit Institute of Arts) montre la femme en entier — la pose est la même, mais les deux pieds sont visibles et, à gauche, les vêtements qu'elle a quittés sont plus nombreux ; les trois autres sont d'un agencement très semblable, avec seulement de légers changements dans l'inclinaison de la tête et des bras (les deux tableaux exposés ici et la version reproduite dans Florisoone 1938, p. 129). Le n° 101, le seul dont la toile est datée, semble être le dernier des quatre. Les motifs de la draperie et les vêtements sont plus fluides et leur facture leur donne un caractère diffus ; il y a également un léger amollissement des formes de la baigneuse. Par contre, dans le n° 100, la draperie est modelée au moyen de touches plus brèves et plus nettes ; en outre la figure est d'un modelé un peu plus simple et plus ferme.

Ces tableaux comptent au nombre des derniers où Renoir a peint des nus à côté de leurs vêtements modernes abandonnés, mais ces vêtements, par eux-mêmes, sont plus une adjonction de couleurs qu'un signe spécifique de modernité. La pose est apparentée à celle de la composition monumentale à deux figures de *La toilette* de 1900-01 (fig. 52), où, comme ici, la baigneuse retient une masse de cheveux de la main gauche. Cependant, en supprimant la servante dans ces dernières toiles, et en ayant réduit le fond à l'indication vague d'un décor naturel, Renoir a fait du nu isolé et monumental l'unique centre d'intérêt de la composition. Dans une peinture ayant un thème similaire, datant des alentours de 1910, la *Baigneuse s'essuyant la jambe* (n° 109), le nu paraît ignorer complètement le spectateur ; ici, pourtant, le modèle semble bien, d'un regard furtif, constater la présence du spectateur, et son geste offre son

corps à nos regards. Cette exhibition manifeste est rare parmi les nombreux nus de Renoir.

En 1912, Meier-Graefe disait que cette « baigneuse grandiose » avait été peinte par « un Rubens transfiguré » ; il est vrai qu'en 1903, alors qu'il était engagé dans cette série de tableaux, Renoir avait parlé à Wyzewa « du génie de Rubens, du joyeux frémissement de vue qu'on éprouve devant sa peinture. » (Wyzewa, journal du 29 janvier 1903, in Duval 1961, p. 138). Les types de femmes préférés de Renoir vers cette date reflétaient assurément un idéal de beauté rubénien.

En 1903, juste avant que Renoir ait peint ce tableau, Camille Mauclair décrivait ses nus en ces termes : « On dirait qu'il en observe à peine la ligne, tant il est séduit par l'éclat de son épiderme. … Pour lui le nu féminin est un éclat, une pulpe lumineuse, liliale, nacrée, florale, qu'aucun modèle, aucune rousse à peau diaphane, ne saura offrir. Il la peint véritablement en poète. C'est pour lui « l'argile idéale ». … Le nu de M. Renoir est là tout entier. Comme le nu académique, il n'a ni âge, ni date, ni origine, mais il ne vient pas d'Académia, il vient d'un pays de rêve farouche et primitif. … Il faudrait aller aux colonies, dans les îles primitives, pour en trouver les modèles. … Ces coulées de chair ingénues et fastueuses il les a rêvées mais non vues. … Leurs crânes exigus sont modelés étroitement par les chevelures retombant en nappes. Leurs yeux sont largement fendus, et dardent des regards où jamais une pensée ne s'arrêta, des yeux d'antilopes indolents et doux. Leurs bouches « nudités sanglantes » sont fortes, avec deux lèvres pareilles, du même dessin et de la même grosseur. … Son type de femme sans aucune cérébralité, n'invite pas le regard à se détourner de la chair troublante des seins ou du ventre pour chercher une pensée dans le visage : l'animal

100

heureux a bien la tête qui lui sied, des joues et une bouche de fruit, des yeux inconscients, les signes de la brute douce, éclose dans une nature tropicale où la pudeur est aussi inconnue que le vice, où la satisfaction est absolue. ... Et ce mélange de japonisme, d'orientalisme, de sauvagerie et de goût XVIIIe siècle, si bizarre et si attachant, est bien à lui. » (Mauclair 1904, pp. 121-5). Cette évocation montre combien les jeunes critiques à cette époque pouvaient dissocier l'art de Renoir de son passé impressionniste. Ces discussions sur la conception que Renoir avait de la femme étaient apparues dans les milieux de la critique symboliste au cours des années 1890, mais le thème de l'« âge d'or » implicite dans le texte de Mirbeau, apparaît encore plus clairement dans les écrits postérieurs à 1900, lorsque la recherche propre à Renoir d'une forme d'art plus classicisante a coïncidé avec un renouveau des idées classiques dans l'avant-garde littéraire.

Durand-Ruel a acheté le n° 101 à Renoir, en novembre 1906, et l'a immédiatement vendu à Adrien Hébrard (voir p. 41), qui l'acheta vraisemblablement pour la collection du prince de Wagram ; en 1917, il appartenait à Émile Staub, de Zurich.

Le n° 100 était encore en la possession de Renoir à sa mort.

Bibliographie
(des deux versions)
Meier-Graefe 1912, pp. 170-3
André et Elder 1931, I, pl. 83,
n° 269 (n° 101)
Drucker 1944, pp. 102, 213 n° 147
Chicago, Art Institute, 1973, n° 74
(n° 100)

Expositions
N° 100 : ? 1913, Paris,
Bernheim-Jeune (sans cat. : le
tableau est reproduit dans
Mirbeau 1913, volume
accompagnant l'exposition).
N° 101 : 1917, Zurich (214)

102
Fraises

vers 1905
H. 0,28 ; L. 0,46
S.h.d. : *Renoir*
Paris, Musée de l'Orangerie
(Collection Walter-Guillaume ; RF 1963-17)

A la fin de sa vie, Renoir a peint et vendu un grand nombre de petits tableaux composés très librement — paysages, natures mortes et figures. Les *Fraises* sont caractéristiques des œuvres de ce genre : petit format, composition frontale simple, formes jetées sur le dessus d'une table au lieu d'être disposées dans un espace plus complexe. Cependant, cette toile est d'une exécution de beaucoup plus achevée et plus étudiée que la plupart des petites huiles de Renoir ; les fraises sont modelées avec une grande délicatesse. Les fruits et le vase sont le prétexte d'un arrangement de couleurs fraîches, jaune, rouge et bleu, qui se détachent sur le linge blanc.

A la fin des années 1890, Renoir recommandait à Julie Manet de faire des natures mortes « pour s'apprendre à peindre vite ». (Manet 1979, p. 190) ; André témoigne au sujet de ses petits croquis : « c'est là-dedans qu'il se met tout entier, qu'il se paye toutes les audaces » (André 1928, p. 49.). Toutefois, Alexandre avait compris que cette multitude de petites études étaient souvent le résultat de l'inquiétude de Renoir et qu'il les peignait à des moments où il ne pouvait se concentrer sur une œuvre nécessitant un effort soutenu (Alexandre 1920, p. 9). En effet, les nombreux tableaux que Renoir a vendus, dont beaucoup sont moins travaillés et conçus avec moins de soin que les *Fraises,* nuisaient déjà à sa réputation au temps où il a peint le présent tableau. Comme il l'a dit en quelques mots à Durand-Ruel, en 1901 : « Mais si je ne vendais que des bonnes choses je mourrais de faim. » (Lettre du 25 avril 1901 ; Venturi 1939, I, pp. 166-7). La facilité qui, quand elle était combinée avec le soin, pouvait produire des peintures comme les *Fraises,* pouvait en même temps produire les œuvres bâclées, hésitantes, pour lesquelles il est trop souvent connu de nos jours.

Les débuts de l'histoire de ce tableau ne peuvent être documentés avec précision ; il est possible que ce soit la toile exposée à Zurich, en 1917, sous le titre : *Fraises, sucre, citron.*

Bibliographie
Meier-Graefe 1912, p. 187
Meier-Graefe 1929, p. 381
Paris, Orangerie, 1966, n° 34
Paris, Orangerie, 1984, p. 210

Exposition
? 1917, Zurich (212)

103
Portrait d'enfant
(Philippe Gangnat)

1906
H. 0,41 ; L. 0,33
S.h.d. : *Renoir.*
Collection particulière
Exposé à Paris seulement

Ce portrait est celui de Philippe, fils de Maurice Gangnat (*voir* cat. nº 103), l'un des plus grands amis et mécènes de Renoir, dans ses dernières années. Il avait fait la connaissance de Gangnat grâce à Paul Gallimard. Ce portrait est peut-être la première commande directe de Gangnat à Renoir, et l'un des premiers tableaux qu'il lui ait achetés ; il semble qu'il ait commencé d'acquérir des œuvres de Renoir en 1905 *(voir* p. 41). Philippe était à peu près du même âge que Claude, le plus jeune fils de Renoir (*voir* cat. nº 108) ; c'était pour lui le genre de modèle qu'il aimait particulièrement peindre — un visage d'enfant non encore marqué par l'expérience adulte.

Après la mort de son père, Philippe Gangnat fit don de *Gabrielle à la rose (voir* cat. nº 114) à l'État, en 1925.

Bibliographie
Londres, Marlborough Fine Art,
Renoir, 1956, nº 27

104
Nu sur les coussins

1907
H. 0,70 ; L. 1,55
S.D.m.g. : *Renoir. 1907.*
Paris, Musée d'Orsay,
(Donation sous réserve d'usufruit ; RF 1975-18)
Exposé à Paris seulement

Ce tableau est le troisième et dernier d'une série de nus couchés que Renoir peignit entre 1903 et 1907, et dont le premier est le n° 99. A la différence des deux premiers, Gabrielle ne semble pas avoir posé pour celui-ci ; le peintre a choisi une jeune femme aux cheveux d'un châtain tirant sur le roux. La tonalité générale est plus chaude et la facture plus libre ; Renoir a cherché des motifs plus somptueux pour les coussins et les draperies. Ces changements témoignent d'une évolution progressive d'une certaine austérité présente dans son œuvre aux alentours de 1900-04, vers la vision somptueuse de ses dernières années.

Ici, la pose du modèle rappelle moins Ingres que dans le n° 99. La pose, comme la richesse des coloris et de la facture, montrent l'allégeance de Renoir à Titien, dont il avait admiré à Madrid en 1892 *Vénus avec le Joueur d'orgue,* un nu dans une pose semblable ; il avait par la suite parlé de Titien à Vollard : « La limpidité de cette viande, on a envie de caresser ça ! Comme on sent devant ce tableau toute la joie du Titien à peindre... Quand je vois, chez un peintre, la passion qu'il a ressentie à peindre, il me fait jouir de sa propre jouissance. » (Vollard 1938, p. 222). Ici, le modèle dans son environnement somptueux, s'offre au peintre et au spectateur ; les yeux détournés et la pose nonchalante empêchent toute relation directe avec nous ; elle est l'objet passif de notre admiration.

Ce tableau appartenait à Mlle Diéterle, à Paris, en 1912 ; elle l'a prêté en 1913, à l'exposition Renoir, chez Bernheim-Jeune, sous le titre *Nu sur les coussins.*

Bibliographie
Meier-Graefe 1912, p. 176 n
Adhémar (H.), « La donation
Kahn-Sriber », *Revue du Louvre,*
1976, 2, pp. 102-4
Paris, Orangerie, 1984, pp. 212-3

Exposition
1913, Paris, Bernheim-Jeune (48 ;
Nu sur les coussins)

105
Ambroise Vollard

1908
H. 0,82 ; L. 0,65
S.D.h.g. : *Renoir. 08.*
Londres, Courtauld Institute Galleries
(Collection Samuel Courtauld ; H.H. 15)
Exposé à Londres seulement

Renoir a fait la connaissance du jeune marchand de tableaux Ambroise Vollard, en 1894 ou 1895 (Vollard 1938, p. 139 ; J. Renoir 1962, p. 303). Originaire de l'île de la Réunion, Vollard avait récemment ouvert une galerie de tableaux rue Laffitte, et il commença à acheter des tableaux à Renoir. Après 1900, il était devenu, avec Durand-Ruel et Bernheim-Jeune, l'un des trois principaux marchands à qui Renoir vendait ses œuvres, bien que ses relations avec l'artiste ne semblent pas avoir toujours été faciles (*voir* p. 17).

Parmi les nombreux portraits que Vollard avait commandés aux artistes avec lesquels il était en affaires, celui de Renoir est le moins pénétrant, tant en ce qui concerne le rendu du visage que l'évocation du caractère. Cette image lisse, presque enjolivée ne saisit pas grand chose des traits de bouledogue de Vollard — si laid, et qui aurait tant voulu être beau (J. Renoir 1962, p. 318) ; même le portrait cubiste de Picasso, de 1910, semble plus révélateur. Par contraste, Renoir était toujours plus attiré par le charme de la surface que par l'expression intérieure (*voir* notice du n° 91) ; son Vollard est devenu une image de l'archétype de l'amateur d'art, plus que l'évocation du marchand bizarre et rusé qui gouvernait et vendait les trésors d'art accumulés dans sa petite galerie légendaire.

Vollard est représenté tenant dans ses mains la *Femme accroupie* de Maillol, de 1900, manifestement le plâtre original. En un sens, cette statuette permet de situer ce tableau dans la longue tradition des portraits d'amateurs d'art ; mais la référence à Maillol a une signification plus particulière. En 1907 ou 1908, Maillol, sur la demande de Vollard, était allé voir Renoir à Essoyes pour faire son buste (*voir* la chronologie p. 395 pour la datation ; récit de la visite dans J. Renoir 1962, pp. 363-4 ; Frère 1956 pp. 237-8 ; Rivière 1921, pp. 247-8 ; reprod. du buste, New York, Duveen 1941, n° 89) ; ce portrait peut fort bien refléter ce projet tout autant que l'intérêt de Renoir pour l'art de Maillol.

Le classicisme monumental et simplifié que Maillol avait développé dans sa sculpture après 1900 est en accord avec la peinture de Renoir durant cette période. Le détail des relations entre les deux hommes est assez embrouillé. Vollard a raconté comment Renoir avait décrit sa première rencontre avec Maillol, dans l'atelier de celui-ci, à Marly, où Jeanne Baudot l'avait emmené, et l'éloge enthousiaste que Renoir avait fait de l'esprit véritablement antique de la sculpture de Maillol, obtenu non pas en copiant les anciens, mais en sculptant librement et sans mesures précises : « Je me croyais transporté en Grèce. » (Vollard 1938, p. 291). Pourtant, d'après Jeanne Baudot, Renoir avait rencontré Maillol pour la première fois chez Vollard, et il avait éprouvé une certaine méfiance jusqu'à la venue du sculpteur à Essoyes, en 1907 ou 1908, pour exécuter son buste (Baudot 1949, p. 114). Il est fort possible que l'exemple de Maillol ainsi que les encouragements de Vollard aient joué un rôle important, lorsque Renoir s'est embarqué dans ses grandes sculptures antiquisantes, en 1913. Cependant, on ne sait guère si Renoir avait observé de près l'art de Maillol avant 1907-8. Il est vraisemblable qu'il l'avait regardé, car *La Méditerranée* de Maillol avait été l'un des envois les plus discutés au Salon d'Automne de 1905, où Renoir exposait également. La pose de *La Méditerranée* est proche de celle de la statuette que Renoir montre entre les mains de Vollard ; avec ses proportions monumentales et son titre évoquant le Midi, cette statue exprime l'idée d'un classicisme éternel que Renoir poursuivait lui aussi, à cette époque (*voir* cat. n°s 99, 101, 109).

La technique de ce portrait témoigne de la liberté croissante qui commençait à émerger de la peinture de Renoir, aux alentours de 1905. Le visage et les mains de Vollard sont animés par des fils de peinture blanche et rose qui en suggèrent le modelé et remplacent la peinture plus opaque et plus simple des chairs que l'on voit dans des tableaux comme le n° 99. Les rehauts de lumière blancs sur les vêtements, et sur la figurine posée sur la table, sont formés de touches souples ; la facture du tableau est fluide et rythmée. Ces tendances seront beaucoup plus marquées dans les peintures postérieures (*voir* n°s 113, 123). Le bleu n'est plus utilisé pour modeler les formes, et le veston foncé de Vollard est traité en dégradés de gris. Seuls, les bleus de la faïence, et les verts suaves du tapis de table font contraste avec la tonalité à dominante chaude, accentuée par le mur du fond.

Vollard a vendu ce tableau à Samuel Courtauld en 1927 qui en fit don en 1932 au Courtauld Institute of Art, University of London.

Bibliographie
Vollard 1938, p. 266
Cooper 1954, p. 111 n° 56
J. Renoir 1962, p. 399
Gaunt et Adler 1982, n° 44

Expositions
1912 (juin), Paris, Durand-Ruel
(Portraits) (48)
? 1913, Paris, Manzi-Joyant (143)

106
Le Jugement de Pâris

1908
H. 0,81 ; L. 1,01
S.D.b.d. : *Renoir. 1908.*
Japon, collection particulière
Exposé à Boston seulement

A une époque précédente, Renoir avait peint, de temps à autre, des sujets mythologiques, dont une *Diane chasseresse* (fig. 4) qui fut refusée au Salon de 1867, et un groupe de peintures décoratives en 1879 ; il avait peint aussi *La Fête de Pan* pour Berard, et deux toiles représentant Vénus et Tannhäuser pour le docteur Blanche (*voir* Daulte 1971, nos 314-8). Mais dans tous ces cas il avait eu des raisons particulières de choisir ce genre de sujets — en 1867, c'était une tentative malheureuse pour rendre une étude de nu plus acceptable par le jury du Salon (*voir* Vollard 1938, p. 155), et en 1879, c'était pour répondre aux demandes de ses clients. Ce n'est qu'à la fin de sa vie que Renoir a semblé effectivement sentir qu'il pouvait s'attaquer en toute liberté à des sujets tirés de la mythologie antique. Cela marque le point extrême de son rejet de l'esthétique de la vie moderne qui avait dominé son œuvre entre 1870 et 1880, rejet proche des idées des représentants du renouveau de la culture provençale, qui cherchaient une continuité vivante avec l'héritage classique de leur province (*voir* cat. pp. 25 et 298). Lorsqu'après 1900, Renoir se mit à faire chaque année de longs séjours au bord de la Méditerranée, il en vint à concevoir son art comme faisant partie de cette longue tradition.

On peut comparer la composition générale du *Jugement de Pâris* de Renoir à la manière dont Rubens avait traité ce sujet (en particulier fig. 54, tableau que Renoir avait dû voir à Madrid en 1892), mais les détails de la version de Renoir montrent à quel point il est éloigné du langage complexe de symboles et d'emblèmes et des gestes d'éloquence persuasive qui animent la narration dramatique de Rubens. Chez Renoir, le geste de Vénus recevant la pomme de Pâris montre peu de tension ou de drame, et les poses d'Héra et d'Athéna, ses rivales déçues, ne font guère qu'encadrer le geste d'acceptation de Vénus ; l'instant du choix de Pâris revêt peu de signification. Par contre, l'intérêt de Renoir se porte sur la matière somptueuse, et non sur la décision de Pâris qui est cause de la discorde. Sa vision de l'antiquité était celle d'un paradis terrestre (*voir* p. 328) dans lequel le thème du Jugement de Pâris ne semble pas avoir de signification qui aille au-delà du simple choix de la plus belle femme et de la célébration de sa beauté. Le lieu de cette célébration était une vision généralisée de l'environnement de Renoir ; en 1908, l'année où il a peint cette toile, il venait d'emménager dans la maison qu'il avait fait construire sur le domaine des Collettes, à Cagnes, où il vivait au milieu des champs d'oliviers apparemment éternels.

Jean Renoir a rappelé que son père avait d'abord pris l'acteur Pierre Daltour comme modèle pour Pâris, mais qu'il avait achevé le personnage d'après Gabrielle Renard (*voir* cat. nos 93, 99, 113, 114) car il était plus à l'aise avec elle qu'avec l'athlétique Daltour. Vollard se souvenait avoir vu Gabrielle coiffée d'un bonnet phrygien et il citait l'explication de Renoir : « Regardez, Vollard, comme elle ressemble à un garçon ! Depuis toujours je voulais faire un Pâris, je n'avais jamais pu trouver de modèle, quel Pâris j'aurai là ! » Gabrielle a probablement posé aussi pour la figure de droite ; les modèles des deux autres déesses étaient, d'après les souvenirs de Jean Renoir, Georgette Pigeot et la Boulangère, deux des modèles habituels de Renoir à cette époque.

Renoir a déployé de grands efforts sur ce thème qu'il a traité dans deux grands dessins à la craie (Paris, Musée du Louvre, et Washington, Phillips Collection), et dans un second grand tableau à l'huile (*voir* cat. no 117). Il a vendu ce tableau avant sa mort, mais les débuts de l'histoire de cette toile ne peuvent être documentés avec certitude.

Fig. 54
P.-P. Rubens, *Le Jugement de Pâris.*
(Madrid, Museo del Prado).

Bibliographie
Duret 1924, p. 98
Paris, Orangerie, 1933, no 114
Barnes et de Mazia 1935, pp. 126, 190-1
Vollard 1938, p. 251
Drucker 1944, pp. 104-5, 214
no 148
J. Renoir 1962, p. 355
New York, Wildenstein, 1969, no 87

107
Les vignes à Cagnes

vers 1908
H. 0,46 ; L. 0,55
S.b.d. : *Renoir.*
New York, The Brooklyn Museum
(Don du colonel et de Mme E.W. Garbisch ; 51.219)

Les paysages tardifs de Renoir, de même que ses natures mortes (*voir* cat. n° 102), sont, pour la plupart, d'assez petit format, traités très librement, sans rien de conventionnel, et assez différents des quelques toiles plus ambitieuses qu'il avait exécutées au cours de la même période (ex., n°s 104 et 106). Beaucoup de paysages, comme beaucoup de natures mortes et d'études de figures (*voir* cat. n° 102) ne sont guère plus que la notation rapide d'un élément isolé, sans prétendre être des tableaux achevés. Cependant, d'autres peintures, comme *Les vignes à Cagnes,* bien que de modestes dimensions et exécutées rapidement à la manière d'une esquisse, sont des toiles achevées soigneusement composées, toutes les parties de la toile ayant été poussées au même degré de fini. *Les vignes à Cagnes* ont fait partie de la vaste collection d'œuvres de Renoir — dont beaucoup de petites toiles sans prétentions — que Maurice Gangnat avait constituée dans les dernières années de la vie de Renoir (*voir* cat. n° 122).

Datées de 1908 dans le catalogue de la vente Gangnat, *Les vignes à Cagnes,* avec leur pespective encadrée d'oliviers, représentent un flanc de coteau typique de Cagnes ; cependant le terrain n'est pas immédiatement reconnaissable comme étant une vue prise des Collettes, la propriété que Renoir avait achetée en 1907, et où il avait emménagé à l'achèvement de sa maison, en 1908 ; ce tableau peut fort bien représenter un paysage de la région accidentée des alentours de Cagnes. Mais des tableaux comme *Les vignes à Cagnes* ne sont pas essentiellement topographiques. Même si cette toile représente un site particulier, le point de vue a été choisi avec soin pour présenter un archétype du paysage tel que Renoir le voyait. C'est une échappée sur un paysage inondé de soleil, avec de vieilles maisons parmi les arbres, encadrée par les troncs onduleux des oliviers, à l'ombre desquels une jeune femme assise lit. L'ensemble est unifié par la touche et la couleur.

Parlant de ses paysages de Cagnes, Renoir disait à Gimpel, en 1918 (1963, p. 34) : « L'olivier, quel cochon ! Si vous saviez ce qu'il m'a embêté. Un arbre plein de couleurs. Pas gris du tout. Ses petites feuilles, ce qu'elles m'ont fait suer ! Un coup de vent, mon arbre change de tonalité. La couleur, elle n'est pas sur ses feuilles, mais dans les espaces vides. La nature, je ne peux pas la peindre, je le sais, mais le corps à corps avec elle m'amuse. Un peintre ne peut pas être grand s'il ne connaît pas le paysage. Paysagiste, dans le temps, un terme de mépris, surtout au XVIIIe. Et pourtant, ce siècle que j'adore en a produit des paysagistes ! Je suis un du XVIIIe. Je considère avec modestie que mon art descend non seulement d'un peintre Watteau, d'un Fragonard et d'un Hubert Robert, mais encore que je suis un des leurs. »

Les montagnes des lointains de Cagnes, disait-il à André, lui rappelaient les arrière-plans de Watteau (1928, p. 29). En 1923, Fosca commentait les touches transparentes de carmin qui se faufilaient hardiment dans les ombres des arbres dans des tableaux comme celui-ci (1923, p. 50).

Schnerb, qui connaissait Renoir, a décrit les qualités de ses récents paysages du Midi dans un compte-rendu de l'exposition de paysages de Renoir et de Monet, chez Durand-Ruel, en 1908 (1908, p. 596) : « M. Renoir aime de plus en plus la toile remplie, sonore. Il a horreur du vide. Il n'y a pas un coin de ses paysages qui n'offre un rapprochement de tons et de valeurs recherché en vue de l'embellissement de la surface. » Ses récentes études du paysage provençal l'avaient conduit « à transposer les thèmes fournis par la nature dans les gammes les plus sonores et à ramasser le plus d'éléments possibles dans le tableau, comme un musicien qui ajouterait sans cesse de nouveaux instruments à son orchestre. »

Ce genre de peinture est une combinaison inhabituelle de classicisme et d'impressionnisme. La construction minutieuse de la composition et la combinaison de tous les éléments en un ensemble harmonieux appartiennent nettement à l'héritage de Claude Lorrain, tandis que le petit format, la touche brisée et la description sommaire des objets rattachent étroitement le tableau à la tradition de l'esquisse impressionniste. Cette vision unifiée et pourtant animée du paysage est complémentaire des représentations de celle de la femme dans la nature que l'on retrouve dans les importants tableaux de figures en plein air des dernières années de Renoir (*voir* cat. n°s 119, 123).

Bibliographie
Paris, Drouot, *Gangnat*, 1925, n° 92

108
Le clown

1909
H. 1,20 ; L. 0,77
S.D.b.d. (sur la base de la colonne) : *Renoir. 09.*
Paris, Musée de l'Orangerie
(Collection Walter-Guillaume ; RF 1960-17)

Le clown, représente Claude (Coco), le plus jeune fils de Renoir, né en août 1901, vêtu d'un costume de clown rouge, mais le sujet est traité à l'échelle et avec toute la panoplie du portrait de cour baroque, sans oublier la colonne de marbre et le fond indéterminé à la Velazquez. Ce tableau se situe tout juste à la frontière entre l'hommage et la parodie. Jean Renoir se souvenait que son père avait fait de lui un portrait comparable, et se demandait si Renoir n'avait pas pensé à Van Dyck (1962, p. 396 ; tableau reproduit dans Drucker 1944, p. 123) ; par sa conception, *Le clown* fait certainement aussi écho à Véronèse. Il se peut que Renoir ait entrepris de grands tableaux en hauteur en partie à cause de sa fragilité physique : André (1928, pp. 45-6) raconte que Renoir voulant à tout prix réfuter les allégations selon lesquelles il ne pouvait plus peindre que des figures couchées de format horizontal, il avait fait installer sa chaise sur des tréteaux, afin de pouvoir exécuter des tableaux comme le portrait de Jean en costume de chasseur (autre fantaisie néo-baroque ; *voir* Chicago 1973, n° 76) et les décorations avec une danseuse pour Gangnat (Londres, National Gallery). Renoir a conservé *Le clown* jusqu'à sa mort, malgré son aspect de peinture « grand public ».

Par la suite, Claude se souvenait fort bien d'avoir posé pour ce tableau (1948, pp. 6-7) : « Ce costume était complété de bas blancs que je refusais obstinément à mettre. Pour terminer la toile mon père exigea les bas ; mais il n'y eut rien à faire : ils me piquaient. Ma mère apporta alors des bas de soie : ils me chatouillaient. Ce furent des menaces, puis des négociations ; tour à tour on me promit une fessée, un chemin de fer électrique, le collège comme pensionnaire, une boîte de couleurs à l'huile. Enfin, je consentis à mettre des bas de coton pendant quelques instants ; mon père contenant une fureur prête à éclater, termina le tableau malgré les contorsions que je faisais pour pouvoir me gratter. Le chemin de fer et la boîte de couleurs récompensèrent un pareil effort. » Claude n'avait pas oublié que Renoir devait à son tour tirer profit de sa générosité en exécutant un délicieux portrait du petit garçon travaillant avec sa boîte de couleurs toute neuve ; pourtant, le fait que ce tableau montre un Claude plus jeune que *Le clown* peut jeter un doute sur la précision de ses souvenirs.

Bibliographie
André et Elder 1931, II, pl. 120 n° 374
Paris, Orangerie, 1966, n° 38
Paris, Orangerie, 1984, p. 218

Expositions
? 1913, Paris, Bernheim-Jeune (sans cat. : le tableau est reproduit dans Mirbeau 1913, volume accompagnant l'exposition)

1910-1919

Durant les dix dernières années de sa vie, Renoir a travaillé en souffrant de douleurs de plus en plus aiguës dues à son arthrite. Pratiquement immobilisé, il se sentait de plus en plus coupé du monde environnant. Ses deux premiers fils furent blessés dès les premiers mois de la guerre, et Aline mourut en 1915. Après la mort de celle-ci, Renoir et Jean, son second fils, se mirent à explorer ensemble la vie et le monde du peintre, que ce dernier a reconstitués dans son livre *Pierre-Auguste Renoir, mon père*.

Cependant, Renoir a conservé jusqu'à sa mort la maîtrise totale des mécanismes de la peinture. Il reconnaissait qu'à présent il ne pouvait « plus peindre qu'en largeur », mais comme Monet dans ses dernières peintures, il était à même de travailler malgré ses limitations physiques en associant largeur et extrême délicatesse des effets. Dans ses dernières œuvres, sa technique utilise à plein les possibilités de la peinture à l'huile. « J'aime la peinture grasse, onctueuse, lisse autant que possible » — disait-il — « C'est pour cela que j'aime tant la peinture à l'huile... J'aime peloter un tableau, passer la main dessus »... Parfois il peignait avec des jus très minces et avec beaucoup de médium sur une préparation blanche, surtout dans les fonds, laissant ainsi transparaître le ton et la texture de la toile en créant des effets proches de l'aquarelle. Il avait tendance à peindre ses figures avec plus d'épaisseur, mais non avec des couches uniques de couleurs opaques ; au lieu de cela, il accumule de fines stries de nuances variées qui créent une matière mobile, presque vibrante. « Je regarde un corps nu — disait-il — il y a des myriades d'infimes nuances. Je dois trouver celles qui rendront sur ma toile la chair vivante et palpitante ». Ceux qui l'on regardé peindre à cette époque, disent que les formes surgissaient de la toile au fur et à mesure qu'il travaillait ; elles prenaient vie tandis qu'il les peignait.

Mais les arrière-plans des derniers tableaux de Renoir ne sont plus de simples toiles de fond. Dans ses portraits, ils sont partie intégrante de la composition ; dans ses figures en plein air, bien que légers, ils palpitent de vie. Renoir disait en 1918 : « Je cherche à confondre [le paysage] avec mes personnages. Les anciens ne l'ont pas tenté. » Ou encore, comme il l'a dit une autre fois : « Je me bats avec mes figures jusqu'à ce qu'elles ne fassent plus qu'un avec le paysage qui leur sert de fond et je veux qu'on sente qu'elles ne sont pas plates ni mes arbres non plus ».

Afin de parvenir à cette vision Renoir prenait des libertés de plus en

plus grandes avec les apparences naturelles, tant pour les figures que pour les fonds. Un de ses derniers modèles avait remarqué avec une candeur désarmante que Renoir l'avait peinte plus grosse qu'elle n'était ; afin d'exprimer par ses formes une sensation de plénitude et de rondeur, il fondait souvent des angles de vision différents en une seule image, créant ainsi le sentiment de la totalité physique de la figure. L'espace de ses arrière-plans est rarement intelligible ; des arbres, des herbes, des fleurs se déploient autour des figures et en complètent les rythmes. Ainsi que Renoir l'a dit succinctement à Bonnard : « Il faut embellir ».

Les coloris de ces dernières toiles sont très chauds à dominante rose et orange ; en outre, ces couleurs sont accentuées par leur contraste avec des zones de vert et de bleu utilisées avec parcimonie, dont la froideur fait valoir la chaleur de l'ensemble. Ces combinaisons de couleurs étaient en partie un expédient pratique : tout au long de sa carrière, Renoir avait été préoccupé par la durabilité de ses pigments mais il avait l'impression que même ses œuvres récentes devenaient plus ternes ; ainsi, il avait dit à Gimpel, en 1918, qu'« il peint couleur brique pour que, plus tard, ses couleurs deviennent d'un rose laiteux ». Peu après 1930, un critique pensait que le temps était en train de faire son œuvre, cependant, après plus de soixante ans, les couleurs paraissent toujours exceptionnellement chaudes et vives. Renoir a dû compter que même après un certain assombrissement, elles resteraient aussi riches et sonores que possible ; le coloris de ses tableaux est partie intégrante de la vision du monde qu'ils représentent, des figures fusionnant avec la nature dans la lumière éternelle du Midi.

Titien et Rubens sont restés pour Renoir les mentors les plus importants de ses dernières années, autant pour la splendeur de leur vision du monde physique que pour leur technique ; son long amour pour Véronèse aussi, semble avoir acquis toute sa puissance — en particulier pour Les Noces de Cana (fig. 33), avec la splendeur de leurs couleurs, que Renoir a saluées lors de sa dernière visite au Louvre, en 1919. Le vibrant enrichissement de la matière des dernières peintures de Titien a bien des points communs avec les derniers tableaux de Renoir, qui disait en plaisantant : « Ce vieux Titien, non seulement il me ressemble mais il me chipe sans cesse mes trucs ». Chez Rubens, Renoir appréciait par dessus tout la plénitude de la forme et de la couleur qu'il obtenait par des couches de couleurs parfois transparentes ; c'est dans ce contexte qu'il citait avec

enthousiasme ces mots de Cézanne : « Cela m'a pris quarante ans pour réaliser que la peinture n'est pas la même chose que la sculpture ».

Cependant, en même temps qu'il s'essayait à toutes ces possibilités de la peinture à l'huile, Renoir a fait ses premières expérimentations sérieuses en sculpture. En 1907, il avait fait un médaillon en relief de la tête de Claude, mais en 1913, après avoir été convaincu par Vollard d'exécuter une sculpture en ronde bosse, il se révéla incapable de manipuler la matière lui-même et il dut recourir aux mains d'un assistant. Deux bronzes exécutés de cette manière furent exposés à la Triennale de Paris en 1916, dont la *Vénus victorieuse,* pièce dont Renoir avait travaillé plus étroitement les détails (fig. 55). Dans ses dernières années, il conçut également des projets pour étendre ses activités à d'autres moyens d'expression. Il fit des dessins pour un carton de tapisserie destiné à la ville de Lyon, représentant *La Saône embrassée par le Rhône,* qu'Albert André aurait exécutée sur ses instructions ; il s'est aussi tourné de nouveau vers son premier métier, la céramique, avec son fils Claude ; et dans la dernière année de sa vie, il avait projeté une décoration à la fresque pour l'escalier des Collettes, sa maison de Cagnes.

Fig. 55
Renoir et R. Guino, *Vénus victorieuse,* 1914.
(Londres, The Trustees of the Tate Gallery).

C'est seulement dans son œuvre tardif qu'il commença à traiter des sujets spécifiquement mythologiques, si l'on excepte quelques commandes décoratives de ses débuts. La sculpture de Vénus et les versions successives du *Jugement de Pâris* (*voir* cat. nos 106, 117) ont été ses tentatives les plus ambitieuses dans ce domaine. Pareilles idées n'étaient viables que dans le monde intemporel, le paradis terrestre qu'il imaginait autour de lui dans le Midi de la France ; peu avant sa mort, il disait : « Quels êtres admirables que ces Grecs. Leur existence était si heureuse qu'ils imaginaient que les dieux, pour trouver leur paradis et aimer, descendaient sur la terre. Oui, la terre était le paradis des dieux. Voilà ce que je veux peindre ».

Le nu était son sujet principal, mais il continuait à peindre des portraits et des tableaux avec des personnages en costume. Il monumentalisait de plus en plus les modèles de ses portraits ; les costumes des personnages n'étaient pas des images de vêtements contemporains à la mode, mais plutôt un étalage somptueux de fanfreluches colorées. Durant ces dernières années, il continuait également à produire d'innombrables petites études à l'huile sans prétention, lorsqu'il se sentait fatigué, ou inquiet, ou incapable de se concentrer sur des choses plus

importantes ; mais après qu'il se fût résigné à ne plus marcher, il fut capable de concentrer les forces qui lui restaient sur sa peinture, produisant des œuvres d'une échelle et d'une ambition qui étaient un démenti à son état physique.

Les derniers tableaux de Renoir ne furent exposés qu'après sa mort, notamment au Salon d'Automne de 1920. Dans les années qui ont immédiatement suivi sa disparition, beaucoup ont ressenti qu'après la Première Guerre mondiale leur vision humaniste rayonnante s'accordait avec le besoin de rechercher un nouvel ordre matériel et moral. Bon nombre de critiques ont vu dans la saine volupté de Renoir et dans le sentiment plus intellectuel de l'ordre chez Cézanne les deux sources de l'inspiration de l'art moderne. Comme Elie Faure l'écrivait en 1925, les idées inspirées par Renoir convenaient parfaitement à une époque qui « cherche à réédifier une architecture spirituelle en ruine, et, si possible, différente de celle qui existait ». Plus tard, cette confiance dans la vision physique saine de Renoir fut sapée par le défi du surréalisme d'une part, et, d'autre part, par l'utilisation que l'Allemagne nazie a faite du classicisme. Par la suite, le renom de Renoir fut beaucoup plus lié à son œuvre des premiers temps de l'impressionnisme qu'à la vision humaniste intemporelle de ses dernières années.

109
Baigneuse s'essuyant la jambe

vers 1910
H. 0,84 ; L. 0,65
S.b.g. : *Renoir.*
São Paulo, Museu de Arte,
Assis Chateaubriand

Plus encore, peut-être, que dans d'autres exemples de sa longue série de nus assis, Renoir s'est concentré ici sur la seule figure, remplissant pratiquement la toile de ses formes, et réduisant le fond au minimum absolu — à peine la suggestion d'un feuillage rapidement brossé, avec une zone de bleu à mi-hauteur, à droite, pour indiquer la présence d'une rivière. Les couleurs, très réduites, sont dominées par les roses et les blancs de la chair ; celle-ci est modelée en valeurs, avec des ombres mates et en grande partie décolorées faisant ressortir les couleurs. Maurice Denis a dit que Renoir était préoccupé par les « neutres, les gris qui relient et font valoir l'éclat des teintes » (Denis 1922, p. 113). Le pinceau, utilisé avec beaucoup de subtilité, crée des mouvements ondulants à l'intérieur des formes du personnage ; ceux-ci suggèrent la rondeur et la plénitude de sa chair et la lumière qui joue sur elle, et crée en même temps des séries de courbes et d'accents lumineux à la surface de la toile, étroitement reliés, à travers lesquels l'œil se meut.

Les formes opulentes du modèle sont une réminiscence de la vision de la beauté féminine propre à Titien et à Rubens, tandis que la délicatesse de la facture rappelle la manière dont ils rendaient les chairs. C'est à peu près à cette date que Renoir célébrait devant Pach les tableaux de Rubens qu'il avait vus à Munich, en 1910 : « Voilà la plénitude la plus radieuse, la couleur la plus belle, la peinture est très mince cependant. » Il décrivait aussi la peinture des chairs de Titien et la manière dont il procédait pour que ses formes paraissent rayonnantes de lumière (Pach 1938, pp. 109, 111).

Les baigneuses dans un décor de plein air que Renoir a peintes à cette époque, se répartissent en deux groupes. Quelques-unes, comme les n°s 100 et 101, semblent s'offrir à l'admiration du spectateur. La *Baigneuse s'essuyant la jambe* appartient à une série de tableaux où le modèle est entièrement occupé à sécher ses membres sans que son attention soit distraite par une présence extérieure implicite. Sa pose est, semble-t-il, tout à fait naturelle, à la différence des baigneuses de 1892 (*voir* cat. n° 86 et fig. 47), dont l'attitude pudique suggère le désir de se dérober aux regards. Dans une autre peinture appartenant à la même série que le présent tableau, la sérénité apparente de la composition est mise en doute de manière imprévue par le fait que la baigneuse essuie le sang d'une coupure sur sa jambe (*La baigneuse blessée,* 1909, reprod. dans Drucker 1944, pl. 146).

Ce tableau appartenait à la collection Bernheim-Jeune, à la mort de Renoir.

Bibliographie
Paris, Bernheim-Jeune, 1919, II,
pl. 125
Londres, Arts Council, 1954, n° 56
Rouart 1954, pp. 92-3

110
Autoportrait

1910
H. 0,47 ; L. 0,36
S.h.d. : *Renoir.*
D.h.g. : *1910.*
Collection particulière
Ne figure pas à l'exposition

Comme dans son autoportrait peint vers 1899 (*voir* cat. n° 97). Renoir présente ici une vision idéalisée de lui-même, faisant disparaître les rides profondes qui sillonnaient son visage, en 1910. Pourtant, à la différence du portrait précédent, la couleur est plus chaude, et la facture plus vigoureuse. Les tons froids du veston servent à faire valoir la tête et le fond ; la facture est variée, allant de la pleine pâte de la cravate au dessin plus fin de la barbe et aux nuances plus délicatement travaillées du visage.

C'est vraisemblablement à ce tableau que Marc Elder se référait, en 1931, lorsqu'il parlait d'un autoportrait qui exprimait l'agitation et l'inquiétude de Renoir, et le comparait aux portraits du Greco. A cette époque, Renoir devait bien connaître les peintures du Greco, car Durand-Ruel en avait de nombreuses dans son stock ; en outre, une rétrospective du Greco avait été organisée au Salon d'Automne de 1908. L'exemple du Greco semble se refléter dans cet autoportrait par la manière dont les traits du visage sont traités, ainsi que dans le mouvement ondulant qui parcourt toute la composition et le papillotement de la lumière diffuse.

Renoir a conservé cette peinture jusqu'à sa mort. C'est ce tableau, ou bien l'autoportrait de profil qu'il avait peint pour Durand-Ruel, à peu près à la même date (New York, Wildenstein, 1969, n° 91), qui fut exposé en 1912, sous le titre *Portrait de l'artiste,* 1910.

Bibliographie
André et Elder 1931, I, p. 102, n° 330, et ? II, préface, p. 14

Exposition
? 1912 (juin), Paris, Durand-Ruel
(Portraits) (19)

111
Paul Durand-Ruel

1910
H. 0,65 ; L. 0,54
S.D.b.g. : *Renoir 1910.*
Paris, Durand-Ruel

Renoir a peint à plusieurs reprises les enfants de Paul Durand-Ruel (*voir* cat. nº 65), mais ici c'est la première et unique fois qu'il a peint l'homme qui fit plus que tout autre pour assurer le succès commercial de Renoir et du groupe impressionniste. Durand-Ruel, né en 1831, avait près de quatre-vingts ans lorsque Renoir exécuta ce portrait ; il mourut en 1922. Une photographie contemporaine (Daulte 1972, p. 68) montre que Renoir n'a pas eu à embellir le vieux monsieur qu'il peignait ; la photographie et le portrait révèlent les mêmes traits empreints de douceur bienveillante.

Le tableau est organisé en zones distinctes, avec des tons chauds sur le visage du marchand repris dans le motif floral du mur et dans le fauteuil rouge, qui s'opposent aux nuances plus froides du mur ; le veston et la chemise forment un contraste tranchant. Toute la toile est lisse, la couche peinte est mince, laissant apparaître le grain de la toile sur de grandes parties du tableau, avec les empâtements les plus épais sur le col blanc et la manchette.

Durand-Ruel a acheté personnellement ce tableau, probablement en 1910.

Bibliographie
Pach 1950, p. 104
Chicago, Art Institute, 1973, nº 78

Expositions
1912, Munich, Thannhauser (41)
1912 (février-mars), Berlin, Cassirer (41)
1912 (juin), Paris, Durand-Ruel *(Portraits)* (38)

112
Madame Renoir avec Bob

vers 1910
H. 0,81 ; L. 0,65
S.b.g. : *Renoir.*
Hartford, Connecticut, Wadsworth Atheneum
(Collection Ella Gallup Sumner et Mary Catlin Sumner ;
1953-251)

Parmi les rares portraits conventionnels que Renoir a faits de sa femme, celui-ci est le plus grand et le plus ambitieux (*voir* cat. nº 77). Aline avait rarement posé pour lui depuis le milieu des années 1880 ; elle était rapidement devenue très grosse après la naissance de ses enfants, et sa santé était déjà fragile pendant l'enfance de Jean, peu avant 1900 ; par la suite on découvrit qu'elle était atteinte de diabète ; elle mourut en 1915. Bien qu'elle n'eût guère qu'une cinquantaine d'années à l'époque de ce portrait, Aline semble être une vieille femme lourde, aux cheveux gris. Sa corpulence est encore accentuée par le petit chien endormi sur ses genoux. Une photographie contemporaine donne à penser que Renoir a peint son modèle sans l'idéaliser (J. Renoir 1962, éd. angl., face à la p. 249). La pose, très traditionnelle dans l'histoire de la peinture, lui convenait fort bien car elle permettait au modèle de poser longtemps sans fatigue ; cette pose a été très souvent employée pour exprimer la songerie ou la mélancolie, mais ici il s'agit peut-être de lassitude.

La gamme des couleurs du tableau est très limitée ; les rouges, les roses et les jaunes dominent, avec des pointes de blanc. La robe est modelée par des dégradés allant du jaune au gris, la chair est animée par de fines rayures de blanc et de rouge, ses ombres modelées par des tons sourds plutôt que par des contrastes de couleurs. Les touches, qui descendent sur la robe en coups de brosse cursifs, suggèrent les plis et le poids du corps sous le tissu. Par contraste, les accents lumineux semblent ne rien peser : le col et les manchettes sont traités avec des traînées onduleuses et des taches de blanc, tandis que des touches fines et fluides dessinent les cheveux. Le pelage blanc du chiot affermit le bas de la composition ; la main et la robe d'Aline l'enveloppent dans un geste qui rappelle les anciennes images que Renoir a faites de la maternité et de la tendresse protectrice de la mère pour ses enfants (*voir* cat. nᵒˢ 78, 93).

Renoir a conservé ce tableau jusqu'à sa mort.

Bibliographie
André et Elder 1931, II, pl. 216
nº 391
New York, Wildenstein, 1969,
nº 90
Chicago, Art Institute, 1973, nº 79
Callen 1978, pp. 98-9

113
Gabrielle aux bijoux

vers 1910
H. 0,81 ; L. 0,65
Timbre h.g. : *Renoir.*
Collection particulière

Entre 1907 et 1910 environ, Gabrielle Renard (*voir* cat. n° 93) a posé pour Renoir dans une série de toiles où elle est représentée vêtue de tissus flottants à demi transparents, le corsage ouvert découvrant sa poitrine. Quelquesunes, comme le n° 114, traitent le sujet très simplement, mais dans des toiles comme *Gabrielle aux bijoux*, il devient prétexte à un somptueux étalage de parures et de fanfreluches. La composition, la couleur et la touche unissent les éléments du tableau. La facture est animée d'un bout à l'autre de la toile, les parties les plus délicatement travaillées de la peau étant encadrées par les rehauts fluides du costume, des bijoux et de la coiffeuse. Les couleurs, elles aussi, entourent la peau dont les blancs, les roses, les jaunes et les rouges suaves sont repris dans les tons voisins mais plus brillants, du reste de la toile.

Le costume de Gabrielle n'appartient pas à une époque ou à un lieu particuliers : ni moderne, ni ethnique, il est délibérément intemporel, et suggère la splendeur et l'exotisme dans leur généralité plus qu'il n'évoque le costume oriental ou espagnol (*voir* cat. n°s 94, 124). Le thème prétexte du tableau, c'est une femme qui se pare et son souci des apparences ; mais la vision qui a été réalisée, c'est évidemment la vision personnelle de Renoir : tandis que Gabrielle se prépare pour s'offrir aux regards, elle s'offre aux regards du peintre qui lui a fait prendre cette pose, et à ceux du spectateur du tableau. Le thème de la femme à sa toilette a une longue histoire en peinture ; un exemple : la *Bethsabée recevant la lettre de David* de Willem Drost, une femme à moitié nue, vue à mi-corps, très comparable à ce tableau de Renoir, avait été achetée par le musée du Louvre en 1902 (R.F. 1349) ; cette œuvre a peut-être influencé le choix de ce thème, à cette date.

Ce tableau semble avoir été l'un des derniers de la série dont Gabrielle fut le modèle. Comme Pach l'a signalé (Pach 1950, p. 102), Renoir a traité le visage de Gabrielle de manière différente dans les scènes de genre comme celle-ci et dans les portraits qu'il a faits d'elle à la même époque ; ses traits sont beaucoup plus individualisés dans les portraits, tandis que, dans les scènes de genre, il a transformé son modèle, alors âgé d'une trentaine d'années, pour en faire un type de beauté brune. Renoir avait dit à Besson qu'il ne pouvait rien faire sans modèle, mais qu'il était nécessaire aussi de savoir oublier le modèle (Besson 1920, p. 50).

Gabrielle a quitté le ménage Renoir vers 1914, peu avant d'épouser le peintre américain Conrad Slade ; selon les dires de certains, Mme Renoir aurait demandé à Gabrielle de les quitter, car, avec son infirmité croissante, elle était jalouse de la dépendance où se trouvait le peintre par rapport à sa bonne, qui était aussi son modèle (Frère 1956, p. 134 ; Dauberville 1967, p. 215).

Renoir possédait encore ce tableau à sa mort.

Bibliographie
André et Elder 1931, II, pl. 116,
n° 365

114
Gabrielle à la rose

1911
H. 0,55 ; L. 0,47
S.D.h.d. : *Renoir. 1911*
Paris, Musée d'Orsay, Galerie du Jeu de Paume,
(Don Philippe Gangnat, 1925 ; RF 2491)

Ce tableau est l'un des derniers de la série de peintures représentant Gabrielle, le corsage ouvert. Plus petit et moins somptueux que le n° 113, sa composition est aussi plus simple : les tons chauds de la figure et de la table se détachent sur un fond plus froid, et le contraste est net entre les cheveux bruns et les rehauts de lumière sur le corsage et la peau. La facture du corsage et des roses, particulièrement vigoureuse, crée d'un seul et même coup de pinceau le contour et de nerveux accents lumineux ; sur la chair même, un réseau de fines touches distinctes anime la surface, introduisant de subtiles gradations entre le blanc et le rouge. Les rehauts blancs sur la peau — sur les joues, la poitrine, le ventre, l'avant-bras et les doigts — créent une série d'accents de valeur égale ; mais sur le visage, ces accents sont posés en alternance — les rouges chauds des joues et les lèvres font écho à ceux des roses et du plateau de la table. Cependant, quelle que soit sa richesse, la couleur du tableau se cantonne dans une gamme limitée ; les ombres du corsage sont traitées par des gris ternes, au lieu d'être modelées au moyen des couleurs, comme elles l'auraient été dans les œuvres anciennes de Renoir.

Vers la même époque Renoir décrivait ses méthodes à Pach : « J'arrange mon sujet à mon goût, puis je vais plus loin et je le peins, comme un enfant. Je veux qu'un rouge soit sonore pour résonner comme une cloche, si ça n'y est pas, je rajoute des rouges et d'autres couleurs jusqu'à l'obtenir. Je ne suis pas plus intelligent que ça. » (Pach 1938, p. 108.) En d'autres occasions, il avait tiré le meilleur profit de l'habileté de ses effets. En 1909, il faisait remarquer à Schnerb, probablement au sujet de l'une de ses peintures de Gabrielle, comment il avait donné sa couleur au tableau « rien qu'avec un ton » (Schnerb 1983, p. 176). Il faisait souvent observer qu'il cherchait à obtenir les effets les plus riches par les moyens les plus simples, réduisant sa palette au minimum de manière à conserver le contrôle maximum sur ses matériaux et sur les résultats qu'il en tirait (André 1928, pp. 34-5 ; J. Renoir 1962, pp. 386, 445, 456).

Les roses de ce tableau répondent à plusieurs fonctions. Leur couleur lui donnent une dominante du genre de celle qu'il avait tellement admirée dans le portrait de l'infante de Velazquez (*voir* cat. n° 99). Les études de roses, disait-il à Vollard, peuvent aussi servir aux « recherches de tons de chairs que je fais pour un nu » (Vollard 1938, p. 224). Mais leur rôle n'était pas purement formel ; Renoir associait les roses à la beauté physique des femmes. Dans les premiers temps, il avait souvent juxtaposé des jeunes filles et des fleurs (*voir* cat. n°s 79, 84) ; il semble que ce soit après 1900, alors qu'il était parvenu à une vision plus mûre de la beauté féminine, qu'il s'est concentré sur la rose, dans la plénitude de sa forme, pour en faire un attribut de ce genre de beauté (*voir* cat. n°s 99, 124).

Ce tableau a fait partie de la vaste collection des œuvres des dernières années de Renoir réunie par Maurice Gangnat. Avant la vente de cette collection, en 1925, Philippe, son fils, en fit don à l'État.

Bibliographie
Paris, Hôtel Drouot, *Gangnat,*
1925, n° 23
Pach 1950, p. 112
Gaunt et Adler 1982, n° 47

115
Les laveuses à Cagnes

vers 1912
H. 0,73 ; L. 0,92
Timbre b.g. : *Renoir.*
Collection particulière

Renoir avait déjà peint des laveuses avant ce tableau, notamment à Essoyes, en 1888 (*voir* cat. n° 80) ; il a repris ce thème à la fin de sa vie, en particulier dans deux toiles ambitieuses des alentours de 1912, ce tableau et le n° 116. Dans le n° 116, il a concentré son effort sur des figures qu'il a rendues monumentales, alors qu'ici, il a placé un grand nombre de petites figures dans un paysage.

Dans ses *Laveuses* de 1888, Renoir n'avait guère fait ressortir les fatigues physiques entraînées par ce travail ; ici le thème du labeur est encore plus minimisé. Les figures sont traitées en rythmes doux et fluides, et l'ensemble de la composition est tissé de motifs cursifs également doux. A gauche, les formes des deux femmes tordant un drap évoquent plus des mouvements de danse que l'effort physique ; les femmes au travail sont traitées de la même manière que les figures assises au repos, qui encadrent la composition. Aucune figure, aucun groupe ne constitue le centre d'intérêt principal ; tous font partie d'une interaction unique et harmonieuse. Les deux enfants du tableau contrastent avec esprit. En bas à droite, la femme et l'enfant sont les seuls personnages à ne pas être impliqués dans la lessive ; ils sont assis et regardent ; les formes de la femme enveloppent et protègent l'enfant. Par contraste, l'enfant dépenaillé, tout à fait à droite, cramponné au tablier de sa mère, prend une pose qui est la reproduction en miniature de celle de sa mère quand elle porte le panier de linge sur sa tête.

Les formes du paysage complètent celles des figures ; les rythmes onduleux qui remontent de la rivière aux troncs des arbres trouvent un écho délicat dans les motifs du feuillage. La composition est d'une forme très traditionnelle, avec l'arbre décentré, à la Claude Lorrain, qui ponctue la récession sinueuse, toute en douceur, qui va du premier plan jusqu'aux lointains. Ce « collier orné de laveuses idéales ondulant parmi les arbres » rappelait à Gowing *Le pèlerinage à l'Isle de Cithère* de Watteau du Musée du Louvre ; l'état d'âme exprimé par ce tableau est, grosso modo, une réminiscence des fêtes champêtres du début du XVIIIe siècle, transposée en une image intemporelle d'une paysannerie ensoleillée. Mais malgré la généralisation des formes et de l'état d'âme, la rivière et le décor rappellent la petite rivière qui coule dans la vallée, entre la maison des Collettes de Renoir et le vieux Cagnes. Le Midi géographique devient ici le lieu d'une vision idyllique de campagnardes au travail, en harmonie avec un paradis naturel.

La couleur souligne l'atmosphère du tableau. Arbres et paysage sont colorés de roses doux qui répondent aux rouges plus vigoureux de quelques costumes ; il y a aussi des bleus clairs dans les vêtements, la rivière et les lointains et, chose plus troublante, sur le sol, au-delà des figures de droite. Ces tons plus froids servent de repoussoir à la dominante chaude qui prédomine sur cette toile. La plupart des couches de peinture sont minces et laissent nettement sentir le grain de la toile ; la facture est, dans l'ensemble, lisse et non accentuée ; par endroits la touche est plus animée — dans l'herbe, le feuillage et les fleurs — délimitant sur la toile des zones d'animation visuelle.

Renoir a possédé cette œuvre jusqu'à sa mort ; il l'avait déposée chez Durand-Ruel de 1914 à 1917.

Bibliographie
André et Elder 1931, II, pl. 115, n° 364
New York, Duveen, 1941, n° 79
Drucker 1944, pp. 95, 214-5 n° 157
Gowing 1947, p. 7

Fig. 56
A. Watteau, *Le pèlerinage à l'Isle de Cithère.*
(Paris, Musée du Louvre).

116
Les laveuses

vers 1912
H. 0,65 ; L. 0,55
S.b.d. : *Renoir.*
New York, The Metropolitan Museum of Art
(Don de Raymonde Paul, en mémoire de son frère
C. Michael Paul, 1982 ; 1982. 179-3)
Exposé à Londres et Paris seulement

Alors que *Les laveuses à Cagnes* (*voir* cat. n⁰ 115) traitent le même sujet dans une composition panoramique avec de nombreuses figures, *Les laveuses* composent un groupe pyramidal unique et vigoureux, avec deux laveuses dont les formes dominent le tableau et le paysage. Leurs formes sont lourdes, mais leurs gestes ne donnent pas l'impression de travail pénible et sont le lien de la composition ; leurs courbes rythmiques relient les figures et les mettent en harmonie avec le fond. Les rehauts de lumière, généreusement peints, soulignent leurs interconnexions.

S'il est très différent de conception, pour ce qui est de la facture, le présent tableau est proche des *Laveuses à Cagnes* — par exemple, dans la manière dont la composition tourne autour des rouges des vêtements, et dans le traitement des rides sur l'eau ; dans les deux œuvres aussi, la facture du fond s'anime par endroits au lieu d'agir simplement comme un fond plus neutre. Ici, le recul qui s'opère du premier plan jusqu'au fond se lit moins nettement ; à gauche, des collines lointaines sont suggérées, mais l'agencement des arbres et du feuillage, derrière les figures, sert avant tout à compléter et à encadrer le groupe qu'elles forment.

Aucune preuve tangible ne permet de dater ce tableau avec précision. Les rehauts de lumière pareils à des rubans sont comparables à ceux de *Gabrielle à la rose,* de 1911 (*voir* cat. n⁰ 114) ; les visages des deux lavandières sont également semblables à celui de Gabrielle. Renoir a fait un dessin assez poussé à la craie pour préparer cette toile (Daulte 1959, pl. 28), où il est donné par erreur pour une étude du n⁰ 115).

Les débuts de l'histoire de ce tableau ne sont pas documentés avec précision.

Bibliographie
New York, Wildenstein, 1969,
n⁰ 83

117
Le Jugement de Pâris

vers 1913-14
H. 0,73 ; L. 0,92
S.b.d. : *Renoir.*
Hiroshima, The Hiroshima Museum of Art
Exposé à Londres et à Paris seulement

Renoir venait de terminer cette seconde version à l'huile du *Jugement de Pâris,* lorsque Jacques-Émile Blanche vint lui rendre visite à Cagnes, en avril 1914. La composition est plus compacte et plus remplie que celle de la première version de 1908 (*voir* cat. n° 106) : un volumineux Mercure volant a été ajouté en haut à gauche et la surface a été enrichie et davantage animée ; cette façon d'éviter les espaces vides dans la composition a été l'une des caractéristiques capitales des dernières œuvres de l'artiste (*voir* cat. n°s 123-4).

Dans cette version, les attributs de Mercure et le temple minuscule au lointain, au-dessus de lui, renforcent encore le sujet classique du tableau. Pour le reste, le changement principal est celui de la pose de Vénus : au lieu de tendre la main vers la pomme offerte, elle est debout, bras écartés, s'exhibant devant Pâris, son juge, et devant le spectateur du tableau. Cette pose allait devenir la base de la sculpture *Vénus victorieuse* (fig. 55) que Guino a exécutée sur les instructions de Renoir en 1914-16. Guino a également sculpté un bas-relief basé sur cette version du *Jugement de Pâris* dont une version en bronze fut exposée à la Triennale de Paris, en 1916, et à Zurich, en 1917.

Renoir a mis ce tableau en dépôt chez Durand-Ruel entre le mois d'août 1914 et 1917 ; il le possédait encore à sa mort.

Bibliographie
Blanche 1919, p. 241
André et Elder 1931, I, pl. 131, n° 405
New York, Duveen, 1914, n° 83
Pach 1950, p. 118
Chicago, Art Institute, 1973, n° 83

118
Baigneuse

1913
H. 0,81 ; L. 0,65
S.D.b.g. : *Renoir 1913.*
Collection M. et Mme Alexander Lewyt

Vers la fin de sa vie, Renoir a exécuté une série de nus féminins en plein air ou dans un intérieur. Le bain et la toilette restent sans doute le prétexte apparent de ces peintures, mais la situation décrite devient de moins en moins précise et le nu pour lui-même de plus en plus le centre de la composition.

Le sujet de la *Baigneuse* de 1913 est particulièrement simple ; le seul détail qui ressort est le bandeau dans les cheveux — de style vaguement oriental. Mais ce bandeau joue un rôle essentiel dans la composition : ses bleus et ses verts, ainsi que la draperie, en bas à droite, sont les uniques tons froids du tableau et font valoir les rouges, roses, beiges et blancs qui dominent le reste de la toile. Le modelé de la draperie blanche, à gauche, n'est pas suggéré par la couleur, mais par des gris mats ; certains ont été disposés en touches nerveuses à la fin de l'exécution du tableau, après les rehauts de lumière libres et fluides ; comme Renoir l'a souvent dit à la fin de sa vie, le noir était devenu un élément important de sa palette depuis 1890 (*voir* par ex. Alexandre 1920, p. 9).

Dans les chairs, les formes du modèle sont suggérées par de légers mouvements du pinceau et par de délicates variations de couleurs, tantôt plus claires, tantôt plus chaudes ; la grande surface du corps est constamment animée par des « myriades d'infimes nuances » que Renoir recherchait pour « rendre sur la toile la chair vivante et palpitante » (Pach 1938, p. 108). La plénitude de la forme est obtenue par la superposition de couches de peinture très minces, à la manière de ce qu'il avait tant admiré chez Rubens (*voir* cat. n°s 109, 119).

Dans les tableaux comme celui-ci, Renoir semble mêler plusieurs angles de vision. Il y a certainement des réminiscences du type physique que Rubens aimait, mais le volume des hanches du modèle paraît être encore amplifié par une combinaison des vues de profil et de dos. Il se peut que ce soit, en partie, dû au fait que Renoir encourageait ses modèles à poser très librement : le modèle « n'est là que pour m'allumer », disait-il, « me permettre d'oser des choses que je saurais pas inventer sans lui ». (André 1928, p. 46). Mais la manière dont il utilisait cette liberté reflète clairement un désir de porter au maximum la présence physique des nus qu'il peignait — pour créer une vision de la femme qui soit à la fois idéalisée et d'une présence physique manifeste. En 1920, Elie Faure a décrit l'emploi que Renoir faisait de ces multiples points de vue (Faure 1922, p. 90). A la même époque, les dernières œuvres de Renoir ont beaucoup retenu l'attention des jeunes peintres de l'avant-garde parisienne, parmi lesquels Picasso, dont les grands nus des années qui suivirent immédiatement 1920 sont une fusion remarquable des leçons d'Ingres et de Renoir avec les possibilités offertes par l'espace post-cubiste.

Durand-Ruel a acheté ce tableau à Renoir en août 1913.

Bibliographie
New York, Wildenstein, 1969,
n° 89
New York, Wildenstein, 1974,
n° 59

119
Baigneuse assise

1914
H.0,81 ; L. 0,67
S.D.b.g. : *Renoir. 1914.*
Chicago, The Art Institute of Chicago
(Don Annie Swan Coburn
au Mr and Mrs Lewis Larned Coburn Memorial ;
1945.27)

Cette toile occupe une place exceptionnelle, à mi-chemin entre la figure unique et le groupe de baigneuses. Dans ses premières compositions de baigneuses, notamment les *Baigneuses* de 1887 (fig. 37), Renoir avait juxtaposé des figures au premier plan et à l'arrière-plan, mais cette peinture, semble-t-il, est la première où il ait combiné une figure monumentale isolée, avec des petits nus, au loin. Il en résulte que l'espace du tableau est encore plus illisible : les feuillages et les nus au fond forment comme un décor à la figure principale. La même relation ambiguë entre la figure et le fond a été de nouveau utilisée dans les *Baigneuses* de la dernière année de Renoir (*voir* cat. n° 123).

La *Baigneuse assise* est d'une matière particulièrement mince. Dans bon nombre des tableaux tardifs de Renoir, le grain de la toile est sensible sous la plus grande partie de la surface picturale ; souvent, vers les bords du tableau, la pâte est si mince qu'elle a été absorbée par la toile, laissant les minuscules aspérités du tissu sans peinture. Dans ce tableau, ces parties s'étendent même jusque dans la figure principale ; au travers d'une bonne partie des chairs on voit transparaître la texture de la toile et de minuscules blancs de la préparation du support. Des matières comme celle-ci ont soulevé bien des discussions. Comme on l'a souvent dit, Renoir cherchait à suggérer la plénitude de la forme avec la pâte la plus fine possible (*voir* cat. n° 118), mais avait-il eu l'intention d'obtenir l'effet du présent tableau ? Ou bien les fines couches de peinture se sont-elles enfoncées davantage dans la toile après qu'il l'eût achevée ? Ou encore, ces effets sont-ils, en partie, le résultat d'un frottement postérieur de la toile qui aurait usé les endroits où la pâte était la plus mince ? Des analyses techniques de ce tableau (Chicago, 1973, p. 214) donnent à penser, tout au moins dans le fond, que Renoir a frotté, plutôt que brossé, quelques unes des couleurs sur la toile, ce qui ferait supposer que ces effets sont, du moins en partie, entièrement délibérés. Anthea Callen a repéré des techniques similaires dans quelques unes de ses œuvres anciennes (Callen 1978, pp. 15, 51-3, et *cf.* pp. 100-3). Mais à plusieurs reprises — par exemple dans certaines parties de la présente figure — l'effet du grain de la toile est si insistant qu'il commence à remettre en question la rondeur apparente de la forme ce qui paraît éloigné des intentions de Renoir. Il faut espérer que des analyses techniques ultérieures — peut-être suscitées par la présente exposition — contribueront à résoudre ces questions et donneront l'explication des causes de cet effet si fréquent dans les dernières toiles de Renoir.

Ici, la figure est entièrement modelée au moyen de touches fines juxtaposées, de nuances variées, qui donnent aux chairs une matière chatoyante (Chicago, 1973, p. 214). Par contraste, les arbres et les petites figures du fond sont traités avec une grande liberté de touche qui modèle grossièrement leurs formes naturelles. Ces arbres et ces figures ressemblent beaucoup aux petites esquisses à l'huile que Renoir a peintes en si grand nombre à la fin de sa vie. C'est, disait-il, dans ces petites toiles qu'il était à même de s'exprimer le plus librement (André 1928, p. 49) ; à cette époque, elles occupaient son temps et sa main lorsqu'il ne pouvait se concentrer de façon soutenue sur une œuvre importante. Mais elles jouaient aussi un rôle de préparation pour des œuvres plus grandes, comme André l'a dit : « Son sujet une fois trouvé, il exécute de petits tableaux dans l'esprit de ce sujet. Quelquefois c'est une figure isolée, quelquefois plusieurs figures. Ce travail lui est une sorte d'entraînement à l'œuvre définitive » (André 1928, pp. 39-40). Rivière se souvenait qu'il utilisait ces études rapides, faites sans modèle, uniquement pour qu'elles l'aident à résoudre les problèmes qu'il rencontrait dans l'exécution de ses derniers nus (Rivière 1925, p. 1). Dans le présent tableau, en combinant une figure élaborée au premier plan avec un arrière-plan improvisé en toute liberté, Renoir a trouvé la manière d'associer deux facettes de son art et aussi de réunir sur une seule image l'esquisse et le tableau fini. Il réconciliait ainsi des genres de peinture à vocation opposée qui avaient soulevé des discussions sur l' « impression » un demi-siècle plus tôt.

Étant donné sa tonalité chaude et lumineuse, la *Baigneuse assise* peut fort bien avoir été exécutée dans l'atelier vitré extérieur que Renoir avait fait construire aux Collettes, et dont les volets et les rideaux pouvaient régler la

Fig. 57
L'atelier des Collettes,
photographie.

lumière à l'intérieur, où il travaillait à l'abri de la fraîcheur de la brise, tandis que le modèle pouvait poser en pleine soleil, à l'extérieur (J. Renoir 1962, pp. 452-3). Albert André a évoqué les transports d'enthousiasme du vieux Renoir parlant des sujets comme celui-ci qu'il avait peints dans le Midi : « Regardez donc la lumière sur les oliviers (...) ça brille comme du diamant. C'est rose, c'est bleu (...) Et le ciel qui joue à travers. C'est à vous rendre fou. Et ces montagnes là-bas qui passent avec les nuages (...) On dirait des fonds de Watteau. Ah ! ce téton ! Est-ce assez doux et lourd ! Le joli pli qui est dessous avec ce ton doré (...) C'est à se mettre à genoux devant. D'abord, s'il n'y avait pas eu de tétons, je crois que je n'aurais jamais fait de figures. » (André 1928, p.29).

Le modèle de ce tableau ressemble à Madeleine Bruno qui avait posé pour une composition de baigneuse proche de celle-ci, en 1916 (Chicago, 1973, nº 85), bien que sur ce dernier tableau elle soit représentée avec des cheveux bruns. A cette époque, Renoir donnait à ses modèles des traits si généralisés, combinant parfois dans une même figure des éléments empruntés à différents modèles qu'il est souvent impossible d'identifier celui qui a posé. Madeleine Bruno reconnaissait difficilement son corps menu dans les formes massives que Renoir lui donnait quand elle posait pour lui (Clergue 1976). Ici, les hanches sont particulièrement larges, ce qui accentue la forme pyramidable de la figure, mais crée aussi une forme invraisemblable du point de vue naturaliste ; comme dans le nº 118, il semble que plusieurs points de vue ont été amalgamés dans une seule image.

Bien que la date portée sur ce tableau ait souvent été lue « 1916 », il faut lire « 1914 », car Renoir a mis ce tableau en dépôt chez Durand-Ruel en août 1914, au début de la guerre ; le marchand l'a acheté à Renoir en 1917.

Bibliographie
Chicago, Art Institute, 1973, nº 84
et pp. 211-4

Exposition
1918, New York, Durand-Ruel (16)

120
Tilla Durieux

1914
H. 0,92 ; L. 0,74
S.D.b.g. : *Renoir. /1914.*
New York, The Metropolitan Museum of Art
(Legs Stephen C. Clark, 1960 ; 61.101.13)
Exposé à Londres et Paris seulement

Voici le plus beau et le plus ambitieux des derniers portraits de Renoir. Il représente l'actrice allemande Tilla Durieux, femme de Paul Cassirer, le marchand de tableaux berlinois, qui avait acheté, vendu et exposé un grand nombre d'œuvres de Renoir au cours des quinze années précédentes. Le couple était venu à Paris en juillet 1914, juste avant que la guerre n'éclate, pour que Renoir fasse le portrait de Tilla Durieux. Tilla Durieux se souvenait avoir posé deux heures tous les matins et tous les après-midi pendant deux semaines. Sur ce portrait elle est vêtue du costume que Poiret avait créé pour elle et qu'elle portait au dernier acte de *Pygmalion.*

Renoir a adopté pour ce portrait les procédés formels de l'art du portrait à l'apogée de la Renaissance : une composition monumentale et sans affectation dont la simplicité contraste avec les tissus somptueux et les mouvements fluides du vêtement du modèle et des draperies qui l'entourent. Ce tableau a une nette parenté de genre avec des portraits tels que *Isabelle de Portugal* de Titien, au Musée du Prado, à Madrid, ou *Jeanne d'Aragon* de Raphaël, au Musée du Louvre. Le visage n'est pas défini avec précision ; cependant des photographies contemporaines du modèle montrent qu'elle ressemblait nettement à l'image que Renoir a donnée de ses traits lisses et réguliers, aux pommettes larges. Il subsiste des photographies montrant Renoir et son modèle pendant les séances de pose de ce portrait (l'une d'elles dans Rewald 1973, p. 584 ; une autre dans Drucker 1944, en face de la p. 58).

La tonalité est chaude dans l'ensemble de la toile ; seuls les rideaux en haut à droite et l'étroite écharpe qui descend le long de la jupe font valoir le reste du tableau par leurs tons froids. La robe blanche est entièrement modelée par des gris tendres, mais traités en dégradés de valeurs plutôt que par des nuances colorées. Tilla Durieux a raconté que Renoir lui avait demandé d'épingler une rose dans ses cheveux pour qu'elle apporte une dominante chaude à l'ensemble de la composition. Dans les dernières peintures où il a représenté des belles femmes, Renoir a souvent eu recours aux roses, ces attributs de leur beauté (*voir* cat. nᵒˢ 99, 113, 114). Bien qu'à la fin de sa vie, il ait souvent dit qu'il détestait peindre des portraits, il a avoué à Tilla Durieux qu'il avait été heureux d'avoir accepté cette commande.

Paul Cassirer laissa ce portrait en dépôt chez Durand-Ruel le 31 juillet 1914, immédiatement après son achèvement ; il le récupéra par la suite, sans qu'on sache clairement à quelle date.

Bibliographie
Duret 1922, pp. 110-1
New York, Duveen, 1941, nᵒ 81
Drucker 1944, p. 96 et en face de la p. 58
Pach 1950, p. 120
Durieux (T.), « Renoir », in *Eine*
Tür steht offer, 1954 (réimprimé in *Meine ersten neunzig Jahre,* Munich et Berlin 1971, pp. 205-11)
New York, Metropolitan, 1967, pp. 161-3
Rewald 1973, pp. 584-5

121
La ferme des Collettes

1915
H. 0,46 ; L. 0,51
Timbre b.d. : *Renoir*
Cagnes-sur-Mer, Musée des Collettes

Renoir a acheté le domaine des Collettes, à Cagnes, en 1907, et à l'automne 1908, il s'installa dans la maison qu'il y avait fait construire. Après quoi, cette propriété lui fournit ses principaux sujets de paysages ; parfois, il se concentrait sur le panorama de la côte et du vieux Cagnes, parfois sur les antiques oliviers tordus, et souvent sur la vieille ferme du domaine. Les anciens propriétaires du domaine avaient habité la ferme, et dans les tableaux qu'il en a fait, Renoir la présente comme le foyer permanent de la vie des lieux ; il n'a jamais peint la nouvelle maison massive qu'il avait construite. La ferme était le complément de l'atmosphère qu'il avait grand peine à maintenir aux Collettes. Claude Renoir n'a pas oublié combien son père a dû batailler pour préserver le caractère rural du domaine ; il ne voulait ni d'une « villa » ni d'un « jardin » (C. Renoir 1960) ; et en effet, Renoir devait empêcher ses jardiniers d'arracher l'herbe qui poussait sur les chemins (Rivière 1928, p. 673).

Presque à la façon de Monet, qui avait bâti son jardin sur l'eau comme son sujet de tableau idéal, dans ses dernières années, Renoir avait su construire aux Collettes un monde physique qui répondait à sa vision picturale. Mais ce monde différait de celui de Monet sur deux points capitaux : Monet avait reconstruit le sien suivant ses propres conceptions esthétiques, tandis que celui de Renoir était ancien, préservé comme une vision idéalisée de la société du passé ; et le jardin de Monet était un jardin cultivé avec raffinement, conçu comme un objet de contemplation solitaire, alors que l'idée que Renoir se faisait de la nature impliquait nécessairement la présence humaine évoquée si somptueusement par les oliviers et la vieille ferme ; souvent, mais pas dans ce tableau, des figures auprès de la maison et sous les arbres animent davantage encore le paysage. Ces relations harmonieuses entre la nature et l'empreinte de l'homme devenaient la vision du « paradis terrestre » qu'il cherchait dans son art, à la fin de sa vie. Comme Grappe le disait en 1933, « La ferme des Collettes est le décor... de sa fantaisie flamboyante ». (Grappe 1933, p. 285).

Ce tableau est l'un de ces paysages brossés librement et sans façon que Renoir peignait dans ses dernières années. La touche animée dont il s'est servi pour évoquer le feuillage fait penser qu'il a été exécuté vers 1915, quoiqu'on ne puisse le dater avec précision. Bien qu'inachevé du point de vue formel, il est composé soigneusement, presque classiquement, avec l'arbre principal décentré devant la ferme, qui conduit le regard du premier plan au plan à mi-distance, d'une manière qui rappelle beaucoup Claude Lorrain et la tradition classique du paysage, complétant ainsi l'atmosphère classique, intemporelle que Renoir trouvait dans les paysages du Midi (*voir* cat. n° 107).

Cette toile se trouvait dans l'atelier de Renoir à sa mort ; elle a été récemment acquise par le Musée des Collettes, installé dans la maison de Renoir.

Bibliographie
André et Elder 1931, II, pl. 151,
n° 469

122
Maurice Gangnat

1916
H. 0,47 ; L. 0,38
S.D.h.d. : *Renoir./1916.*
Inscription au verso : *Cagnes 1916*
Collection particulière

Maurice Gangnat avait commencé à collectionner les œuvres de Renoir vers 1905 (*voir* cat. nº 103 et p. 00) ; entre cette date et la mort de Renoir, il avait acquis plus de cent cinquante peintures de l'artiste dont il était devenu un ami intime ; il allait souvent le voir à Cagnes, où ce portrait fut peint. Sa collection comprenait surtout des petites œuvres tardives de l'artiste, assez informelles (*voir* cat. nº 107), mais lui avait aussi commandé les deux figures monumentales des *Danseuses,* de 1909 (Londres, National Gallery). Renoir rendait lui-même hommage au coup d'œil infaillible de Gangnat : « Il a l'œil ! » constatait mon père. Renoir disait aussi que les amateurs qui y comprennent quelque chose sont plus rares que les bons peintres » (J. Renoir 1962, p. 448).

Dans ce portrait du collectionneur, peint dix ans après celui de son fils (*voir* cat. nº 103), Renoir a fait de la moustache de son modèle la dominante des rythmes fluides qui parcourent la tête et le visage.

Bibliographie
Rivière 1921, pp. 210-1
Paris, Drouot, *Gangnat,* 1925,
frontispice

123

Les baigneuses

vers 1918-19
H. 1,10 ; L. 1,60
Paris, Musée d'Orsay, Galerie du Jeu de Paume
(Don des fils de l'artiste, 1923 ; RF.2795)

Renoir avait voulu faire de ces *Baigneuses* son testament pictural. C'est pour cette raison que ses fils en ont fait don à l'État, en 1923. Ce tableau est le résumé du thème le plus important de sa carrière, le nu féminin dans un paysage, et en particulier, c'est la récapitulation, après un intervalle de plus de trente ans, des *Baigneuses* (fig. 37) auxquelles il avait travaillé pendant si longtemps, aux alentours de 1885. Ces deux toiles ont pratiquement les mêmes dimensions et leur arrangement est presque semblable, avec de petites figures au-delà du groupe monumental du premier plan. Mais les ressemblances s'arrêtent là : dans la première, les formes sont tracées avec dureté et la touche est sèche, alors qu'ici des touches fluides, de couleurs variées, modèlent les figures et les fondent dans le paysage ambiant.

Michel Georges-Michel s'est souvenu d'avoir vu Renoir travailler à ce tableau dans son atelier de jardin (*voir* cat. nº 119), en utilisant un chevalet réglable, avec la toile montée sur des cylindres, qui lui permettait d'atteindre toutes les parties de la toile, même de grand format, quand il était assis (J. Renoir 1962, p. 453). Le témoignage le plus éloquent sur cette œuvre est celui de Matisse, tel que Frank Harris le rapporte, ou l'enjolive. Renoir disait pourquoi il voulait continuer à travailler à ce tableau représentant deux jeunes filles, « les meilleures œuvres de Dieu (...) son exploit suprême (...) La souffrance passe (...) mais la beauté reste. Je suis tout à fait heureux, et je ne mourrai pas avant d'avoir achevé mon chef-d'œuvre. Hier, je croyais qu'il était fini, que je ne pouvais pas ajouter un coup de pinceau de plus pour l'améliorer, mais la nuit porte conseil ; et maintenant je vois que trois ou quatre jours de travail en plus lui donneront plus de profondeur picturale. » Jean Renoir a dit que son père « les considérait comme un aboutissement. Il pensait y avoir résumé les recherches de toute sa vie et préparé un bon tremplin pour les recherches à venir. »

Ce tableau reflète aussi le plaisir qu'il prenait à peindre le modèle qu'il employait dans ses dernières années, Andrée (Dédée) Hessling, que Jean Renoir devait épouser après la mort de son père. Selon Albert André, la beauté de cette « superbe rousse » était l'aiguillon qui lui était nécessaire pour entreprendre ses dernières peintures ; elle a vraisemblablement posé pour la figure du bas de ces *Baigneuses*. Renoir a donné à ces deux figures, de même qu'aux autres nus qu'il a peints à la fin de sa vie, des proportions et une plénitude de forme qui transcendent l'individualité des modèles ou le point de vue particulier d'où il les observait. Leurs formes arbitraires, manifestement immunisées contre les souffrances mortelles, rappelaient à Robert Rey la *Grande odalisque* d'Ingres (Paris, Musée du Louvre), ou la *Diane d'Anet* de l'École de Fontainebleau.

Mais les figures de Renoir diffèrent de ces visions antérieures de l'« éternel féminin » dans la manière dont elles sont rattachées au paysage. Le coussin, à gauche, se dissout dans le feuillage ; les figures, l'herbe et les arbres semblent empilés les uns sur les autres dans un unique plan mobile pendant que le regard scrute la toile. Renoir disait à Gimpel, en 1918 : « Mon paysage n'est qu'un accessoire. En ce moment, je cherche à le confondre avec mes personnages. » (Gimpel 1963, p. 27). André a parlé de l'aversion de Renoir pour les espaces vides dans ses compositions : « De plus en plus, il aime les compositions qui remplissent la toile « à en craquer », dit-il, et cela en surface comme en profondeur. » (André 1928, pp. 44-5.) Il disait à André que *Les Noces de Cana* étaient pour lui l'exemple par excellence de cette plénitude de composition. Mais cette fusion des baigneuses et du paysage qui les environne peut aussi être comparée aux toutes dernières toiles de baigneuses de Cézanne, les tableaux plus petits qui semblent postérieurs à ses grandes *Baigneuses*.

La technique du tableau de Renoir en complète le thème. Le paysage est entièrement animé par des touches de couleurs distinctes — plus douces dans les lointains, plus vigoureuses dans les arbres. Parfois, dans le fond, la pâte est très mince ; par endroits, la peinture à l'huile est diluée dans tant de médium qu'elle ressemble à de l'aquarelle — en certains points elle a même coulé sur la toile, par exemple en bas, dans l'angle gauche. Comme dans le nº 119, les figures du fond sont traitées avec la liberté des improvisations à l'huile les plus sommaires de Renoir. Les figures principales sont peintes d'une manière plus opaque, au moyen de douces stries cursives qui suivent leurs formes et modèlent leurs volumes par des variations délicates de couleur et de valeur. La délicatesse de la facture des figures principales prouve que la largeur du traitement de l'arrière-plan est tout à fait délibérée, et non pas la conséquence des infirmités physiques de Renoir.

Le coloris est chaud sur l'ensemble de la toile. Des roses et des rouges se répandent sur l'herbe, les arbres, aussi bien que sur les figures et assurent la liaison avec les rouges et les oranges vigoureux des vêtements en désordre, en bas

à gauche. Des bleus sont utilisés dans les lointains et pour l'eau, à droite, mais avec discrétion dans les feuillages, et pas du tout dans les chairs. La façon dont Renoir emploie ici la couleur est tout à fait exceptionnelle par la manière dont ce déploiement somptueux de tons intenses se combine avec des rehauts de lumière blancs et blanc rompu. Dans les figures de même que dans les arbres, les accents de couleurs chaudes sont juxtaposés à des rehauts de lumière traités en valeur. Ceci est particulièrement marqué dans la figure du premier plan, dont tout le corps est construit au moyen de formes douces et gonflées. La main, les bras, les coudes, la joue, le cou et les seins, le ventre, les cuisses et les genoux sont animés par une succession de touches chaudes et de rehauts de lumière d'une force égale, parfois des blancs purs et des rouges intenses étroitement juxtaposés, comme dans la région du coude, du cou et des seins, où la forme se dissout pratiquement en une alternance vibrante de lumière et de couleur. Cette libre synthèse des accents de valeur et des accents de couleur, est une sorte de résolution de l'opposition traditionnelle entre le clair-obscur et la couleur — du débat entre Ingres et Delacroix, qui a occupé une bonne partie de la carrière de Renoir.

Depuis leur première apparition, *Les baigneuses* ont été au centre des discussions sur l'œuvre tardive de Renoir. Au début, les Musées nationaux ont, semble-t-il, hésité à accepter le don de ce tableau, bien que les défenseurs de Renoir en chantassent les louanges. Entre 1920 et 1930, les œuvres de la vieillesse de Renoir ont été largement célébrées, mais lorsqu'en 1933 les Musées nationaux organisèrent une grande rétrospective Renoir au Musée de l'Orangerie, les dernières peintures étaient peu représentées par rapport aux périodes antérieures de son œuvre. Au milieu de l'approbation accordée au style final de Renoir, dans les années 1920, la brochure perspicace de Georges Duthuit, de 1923, résonnait comme une mise en garde ; opposant Renoir à Rubens, Duthuit concluait : « Court d'imagination, dépourvu de sens dramatique, sans fougue, ni mordant, sa merveilleuse aisance n'a pas livré à Renoir le secret du mouvement, et l'on retrouve dans ses plus larges compositions quelque chose de mol et de distendu qui les éloigne à jamais de l'architecture monumentale. » (Duthuit 1923, pp. 25-6.)

Bibliographie
Jamot 1923, p. 344
Harris 1924, pp. 139-41
Meier-Graefe 1929, pp. 417-9
André et Elder 1931, I, p. 12
Rey 1931, pp. 58-9
Alexandre 1933, p. 8
André, octobre 1936, p. 21
Drucker 1944, pp. 106-8, 215
n° 162
Georges-Michel 1954, p. 30
J. Renoir 1962, p. 455
Perruchot 1964, pp. 354, 359
Chicago, Art Institute, 1973, n° 87

124
Le concert

vers 1919
H. 0,75 ; L. 0,93
Toronto, Art Gallery of Ontario
(Don de la succession Reuben Wells Leonard, 1954 ;
53/27)

Si *Les baigneuses* (*voir* cat. n° 123) furent le dernier testament le plus ambitieux de Renoir, *Le concert* constitue la synthèse de plusieurs thèmes auxquels il s'était souvent attaqué : des jeunes filles désœuvrées avec des fleurs (*voir* cat. n°s 84, 85), ou faisant de la musique (*voir* cat. n°s 34, 88, 89, 95), et des femmes en costume exotique (*voir* cat. n°s 16, 19). La figure de droite, en particulier, rappelle dans son costume oriental la *Femme d'Alger* que Renoir avait exposée au Salon de 1870 (fig. 23).

Aucun vide sur la toile, tout l'espace est occupé : peut-être plus qu'aucune autre de ses peintures importantes, celle-ci reflète l'aversion que Renoir éprouvait de plus en plus pour les espaces vides, les dernières années de sa vie, et le plaisir qu'il prenait à des compositions remplissant entièrement la toile (*voir* cat. n° 123). C'est sans doute l'une des choses qui l'ont constamment attiré dans *Les Noces de Cana* de Véronèse. A la fin de sa vie, il disait à André qu'il ne rêvait à rien d'autre qu'à ce tableau (André 1928, p. 45), et il le vantait à Pach dans des termes qui conviennent nettement à ce *Concert*, en exaltant « la façon dont [Véronèse] avait contrôlé l'agencement de cet énorme tableau et la façon dont toutes ces couleurs vives, violentes même, s'assemblaient sans rupture » (Pach 1938, p. 111).

La cohésion du *Concert* est assurée sur la toile par des séries de formes rondes qui se répondent : les roses dans le vase, sur la tenture murale et dans la chevelure des jeunes filles ; les stries formées par les rehauts de lumière blancs sur leur robe, et l'or du guéridon, de la mandoline, du bandeau de tête et du vêtement sans manches de la jeune fille brune. De plus petits accents — taches et touches de rouge, de jaune, de vert et de bleu — animent ces motifs entremêlés. Ces courbes opulentes se détachent sur les molles verticales de la tenture du fond ; la couleur dominante est un orange chaud ou un rouge brique. Les bleus se cantonnent pratiquement à la jaquette de la jeune fille brune et à une seule bande étroite du fond de la tenture ; mais les rares tons froids du tableau servent à accentuer la chaleur du reste. La matière est généralement mince ;

seules les lumières les plus denses sont complètement opaques.

Renoir a réalisé cette structuration dense de la surface de la toile aux dépens de toute crédibilité d'un espace à trois dimensions. Mais cette concentration du monde sur une seule surface décorative n'était en aucune façon un manifeste de la « peinture pure » ; c'était plutôt l'affirmation fervente de la valeur de l'expérience sensorielle. A la fin de sa vie, Renoir comparait très librement les anémones au sexe des femmes (Georges-Michel 1954, p. 29) ; il associait aussi, tout particulièrement, les roses aux beautés du corps féminin (*voir* cat. n° 114). Dans des tableaux comme celui-ci, les rimes et les échos qui se répondent entre les objets créent une série d'associations d'idées métaphoriques ; aucun objet n'équivaut simplement à un autre, mais tous deviennent une partie d'une seule chaîne de connexions, et tous célèbrent un ensemble de valeurs étroitement reliées entre elles : la splendeur corporelle des jeunes femmes, la richesse des matières et des surfaces dorées, la luxuriance des fleurs et leurs associations avec l'odorat, et l'instrument de musique évoquant l'ouïe. La peinture devient le moyen de suggérer la correspondance des sens, et dans cette fantaisie d'un vieil homme, les éléments se combinent pour exprimer la jeunesse, la croissance, la beauté et la couleur — c'est la vision d'un paradis terrestre.

Les modèles des figures de ce tableau sont vraisemblablement les mêmes que ceux qui ont posé pour *Les baigneuses* (*voir* cat. n° 123), avec Andrée au premier plan. A la mort de Renoir, cette peinture se trouvait dans son atelier.

Bibliographie
Meier-Graefe 1929, pp. 417-9
André et Elder 1931, II, pl. 216, n° 685
Drucker 1944, p. 215 n° 163
Chicago, Art Institute, 1973, n° 88

1890	janvier	Renoir ayant refusé le 20 novembre 1889 de participer à la prochaine exposition des XX à Bruxelles — suivant l'avis de Blanche pour qui l'exposition était dominée par le « système pointilleux » — il est persuadé par Wyzewa d'exposer. Il renonce cependant à se rendre à Bruxelles (17 janvier) à l'invitation d'Octave Maus pour visiter l'exposition qui s'y tient de février à mars et à laquelle il envoie cinq œuvres. Lettre de Renoir à Maus, 20 novembre 1889 et lettre de Wyzewa à Maus, décembre 1889, in Venturi 1939, II, p. 230 ; lettre de Wyzewa à Maus [novembre-décembre 1889], in Delsemme 1967, p. 37 ; lettres de Renoir à Maus, 25 décembre 1889 et 17 janvier 1890, in Venturi 1939, II, pp. 230-1
	14 avril	Il épouse Aline Charigot à la mairie du 9ᵉ arr. de Paris. Leurs témoins sont : Franc-Lamy, Lhote, Lestringuez et Zandomeneghi. Par leur acte de mariage ils reconnaissent Pierre comme leur enfant légitime. Reg. État-civil
	mai	Il refuse d'être décoré : « Je le félicite, écrit Monet à Caillebotte, (...) cela aurait pu lui être utile, c'est vrai, mais il doit arriver sans cela c'est plus chic. » Lettre de Monet à Caillebotte, 12 mai 1890, in Berhaut 1978, p. 248
	mai-juin	Il expose au Salon pour la dernière fois : nº 2024 *Portraits de Mlles M...* [les filles de Catulle Mendès, Daulte 1971, nº 545]. Cat. Il est à La Rochelle jusqu'au 20 juin, d'où il remercie Arsène Alexandre pour son article protestant contre le mauvais accrochage de ses tableaux au Salon. Alexandre 1913 ; Alexandre 1933, p. 8 ; A. D.R.
	septembre	Il séjourne à Mézy chez Berthe Morisot et Eugène Manet. Lettre de Renoir à Gachet, 17 septembre 1890, in Gachet 1957, p. 87
	30 octobre	Il donne dans une lettre à Murer l'adresse de son atelier : Villa des Arts impasse Hélène (avenue de Clichy) (17ᵉ arr.) et de son appartement : 13 rue Girardon (18ᵉ arr.) (le « Château des Brouillards »). Il y habite encore en septembre 1894 lorsque naît son second fils, Jean. Lettre de Renoir à Murer, 30 octobre 1890, in Gachet 1957, p. 101 Reg. État civil
	6 décembre	Theodor de Wyzewa publie un essai sur Renoir dans *L'Art dans les deux mondes*.

Les Jardins privés du Vieux Montmartre.
L'Allée du Château des Brouillards, rue Girardon, nº 13, Juin 1904

Les jardins privés du vieux Montmartre.
L'allée du Château des Brouillards,
13 rue Girardon, juin 1904
(Paris, Bibliothèque Nationale)

1891	janvier	Aline annonce à Murer leur départ pour Toulon pour le 17 janvier : « Nous n'irons pas à Alger, Renoir craint la traversée pour le petit. » Mais ils sont toujours à Paris le 28 janvier espérant partir le 31. Lettre d'Aline Renoir à Marie Doucet, 8 janvier 1891 (Vente Paris, cat. T. Bodin, printemps 1980, n° 279) ; lettre de Renoir à Mallarmé, 28 janvier 1891, in Mallarmé 1973, IV, p. 197
	février-avril	Renoir se rend dans le Midi en passant par Aix-en-Provence ; il séjourne Villa des Roses à Tamaris-sur-Mer avec T. de Wyzewa. Il invite Murer à passer à Tamaris à son retour d'Algérie. Lettre de Renoir à Durand-Ruel, février 1891, in Venturi 1939, I, p. 142 ; lettre de Renoir à Berard, 5 mars 1891, in Berard 1968, p. 7 ; lettre de Renoir à Murer, in Gachet 1957, pp. 103-4
	début avril	Il se rend au Lavandou à l'Hôtel des Étrangers où il reste jusqu'à la fin du mois. C'est là qu'il apprend la mort de Victor Chocquet (7 avril 1891). Lettre de Renoir à Durand-Ruel, in Venturi 1939, I, p. 146 ; lettre de Renoir à Durand-Ruel, 15 avril 1891, in Venturi 1939, I, p. 147 ; lettre de Renoir à Mme Chocquet, 20 avril 1891 (Vente Paris, cat. de la Librairie de l'Abbaye, bulletin n° 238, n° 207)
	fin avril	Sur le chemin du retour il s'arrête à Nîmes pour voir la Maison Carrée. Lettre de Renoir à Durand-Ruel, 23 avril 1891, in Venturi 1939, I, p. 148
	juillet	Exposition *Renoir, tableaux de 1890-91* à la galerie Durand-Ruel à Paris. Pissarro 1950, pp. 259-60
	été	Il est à Paris, mais se rend à plusieurs reprises en juillet et en août chez Berthe Morisot et Eugène Manet à Mézy. Il leur présente Aline pour la première fois. Lettre de Renoir à Morisot, 17 août [1891], in Rouart 1950, p. 161 ; lettre de Morisot à Mallarmé [? octobre 1891], in Rouart 1950, p. 163
	29 septembre-3 octobre	Il passe quelques jours au Petit-Gennevilliers chez Caillebotte. Lettre de Renoir à Murer, 28 septembre 1891, in Gachet 1957, pp. 106-7
1892		L'adresse de son atelier est 15 rue Hégésippe Moreau (18e arr.). A.P., listes électorales, D1M2, 18e arr., 1892
	janvier	Boussod et Valadon achètent leur premier tableau de Renoir mais ne deviennent pas des acheteurs réguliers. Rewald « Théo Van Gogh, Goupil and the Impressionnists », *Gazette des Beaux-Arts,* janvier-février 1973, pp. 79, 104
	avril	Mallarmé obtient par l'intermédiaire de son ami Roujon, le Directeur des Beaux-Arts, l'achat par l'État d'une version des *Jeunes filles au piano* (cat. n° 89). Lettre de Mallarmé à R. Marx [4 avril 1892], in Mallarmé 1981, V, p. 61
	mai	Rétrospective Renoir à la galerie Durand-Ruel, Paris (110 œuvres). Arsène Alexandre écrit la préface du catalogue. Cat.
	6 mai	Renoir donne un dîner au Café Riche — dans la tradition des dîners impressionnistes qui s'y tiennent le jeudi — pour fêter son exposition. Mallarmé, Monet, Caillebotte, Duret, de Bellio y participent. Mallarmé envoie des cartes d'invitation à Roujon, Marx et à « ses jeunes amis ». Lettre de Mallarmé à Renoir [5 mai 1892], in Mallarmé 1981, V, p. 76
	fin mai-juin	Renoir voyage en Espagne avec Gallimard. Il visite Madrid où il admire particulièrement les tableaux de Velasquez au Musée du Prado et aussi Séville. [Anon.], *L'Éclair* 1892 ; Vollard 1919, p. 137 ; lettre de Morisot à L. Riesener [1892], in Rouart 1950, p. 169 ; André et Elder 1931, I, p. 11
	juillet-octobre	Il part en villégiature en Bretagne avec sa famille. En août-septembre il est à Pornic (Hôtel du Lion d'or puis au Châlet des rochers), où il s'ennuie, mais il admire Noirmoutier « superbe et tout à fait le midi (...) ». Fin septembre-octobre il s'installe à Pont-Aven (Hôtel des Voyageurs) où il rencontre Armand Seguin et Émile Bernard. Lettre de Renoir à Murer, 14 juillet [1892], in Gachet 1957, p. 104 ; lettres de Renoir à Durand-Ruel, 29 août et 18 septembre 1892, in Venturi 1939, I, p. 148 ; lettre de Renoir à Morisot [été 1892], in Rouart

1950, p. 170 ; lettre de Renoir à Durand-Ruel, 13 octobre 1892, in Venturi 1939, I, p. 149 ; E. Bernard, *Souvenirs inédits sur l'artiste peintre Paul Gauguin et ses compagnons lors de leur séjour à Pont-Aven et au Pouldu*, Imprimerie du Nouvelliste du Morbihan, s.d., p. 18

fin de l'année   Il peint le portrait de Mallarmé.
Mallarmé 1891, V, pp. 22-3 ; lettre de Renoir à Mallarmé [novembre 1892] (Vente Paris, Hôtel Drouot, 19 décembre 1977, n° 177, datée 1894)

1893   **avril**   Il séjourne à Beaulieu (Villa Quincet), près de Nice (*voir* cat. n° 90).
Lettre de Renoir à Gallimard, 27 avril 1893 (Paris, Institut Néerlandais, Fondation Custodia) ; lettre de Renoir à Durand-Ruel, 30 avril 1893, in Venturi 1939, I, p. 149

juin   Il se rend chez Gallimard à Bénerville près de Deauville, puis à Essoyes, en passant par Falaise, Domfront et Chartres.
Lettre de Renoir à Gallimard (A. D.-R.) ; lettre de Renoir à Morisot [1893], in Rouart 1950, pp. 173-4

juillet   Il passe une semaine à Saint-Marcouf, dans la Manche.
Lettre de Renoir à Maître (?), [v. le 20 juillet 1893] (Université de Paris, Bibliothèque d'Art et d'Archéologie, fonds Doucet)

août   Il se rend pour la seconde fois avec sa famille à Pont-Aven.
Lettre de Renoir à Murer, in Gachet 1957, pp. 107-9 ; lettres de Renoir à Durand-Ruel [août 1893], in Venturi 1939, I, pp. 150-1

Lettre de Renoir à Paul Durand-Ruel, 31 août 1893 (Archives Durand-Ruel)

novembre   Il n'aime pas les tableaux de Gauguin exposés à la galerie Durand-Ruel.
Pissarro 1950, p. 317

En 1893, Renoir rencontre Jeanne Baudot qui devient son élève.
Baudot 1949, pp. 8-11

1894   **février-mars**   Il expose deux œuvres à la première exposition de la Libre Esthétique à Bruxelles. Son adresse sur le catalogue de l'exposition est 7 rue de Tourlaque (18e arr.). Cette adresse apparaît aussi sur les listes électorales de 1896.
Cat. ; A.P., listes électorales, D^{1}M^2, 18e arr., 1896

21 février   Mort de Caillebotte. Dans son premier testament (3 novembre 1876), il charge Renoir d'être son exécuteur testamentaire : « Je prie Renoir d'être mon exécuteur testamentaire et de bien vouloir accepter un tableau qu'il choisira ; mes héritiers insisteront pour qu'il en prenne un important. » Renoir choisit *La leçon de danse* de Degas (fig. 51) (*voir* 1898 : 12 décembre).
Testament du 3 novembre 1876 (A.L., P.8) ; Testament du 23 novembre 1883 (A.L., P. 8)

	mars	Renoir écrit à Roujon, le Directeur des Beaux-Arts, au sujet du legs de la collection Caillebotte au Musée du Luxembourg et au Musée du Louvre (60 œuvres environ). Il s'occupe de faire venir les tableaux du Petit-Gennevilliers à Paris à son atelier 11 boulevard de Clichy. Le 19 mars une commission examine les toiles. Lettre de Renoir à Roujon, 11 mars 1894, (A.L., P8); A.L., P8
	19 mars	Vente Duret. Cat.
	avril	Il part à Saint-Chamas (Hôtel de la Croix-Blanche) « pour cause de santé » et charge Martial Caillebotte de préparer les papiers nécessaires à l'acceptation par l'Etat du legs. Il invite Berthe Morisot à faire une tournée dans la région : « Le plus beau pays du monde, c'est ici : on a l'Italie, la Grèce et les Batignolles réunis et la mer... ». Lettre de Renoir à Roujon, 18 avril 1894 (A.L., P8); lettre de Renoir à B. Morisot [1894], in Rouart 1950, p. 173
	4 mai	Acceptation par les Musées Nationaux des *Raboteurs de Parquets* de Caillebotte. Renoir remercie Roujon et le ministre de l'Instruction publique, des Cultes et des Beaux-Arts. Lettre de Renoir à Roujon, 5 mai 1894 ; lettre de Renoir au Ministre de l'Instruction publique, des Cultes et des Beaux-Arts, 7 mai 1894 (A.L., P8)
	août	Il se rend à Bénerville près de Deauville chez les Gallimard (Villa Lucie), mais renonce à aller en Bretagne à l'invitation de Berthe Morisot. Lettre de Renoir à Durand-Ruel (A.D.-R.); lettre de Renoir à Morisot, août 1894, in Rouart 1950, pp. 180-1 ; lettre de Morisot à Mallarmé, 13 septembre [1894], in Rouart 1950, p. 181
		Tandis que Renoir est en Normandie chez les Gallimard, Gabrielle Renard, une cousine d'Aline, quitte Essoyes pour s'installer à Paris chez les Renoir (*voir* cat. nº 93). J. Renoir 1962, pp. 284-6
	15 septembre	Naissance de Jean, second fils de Renoir à Paris, 13 rue Girardon. Il est baptisé à Saint-Pierre-de-Montmartre en 1896. Son parrain est Georges Durand-Ruel, sa marraine Jeanne Baudot. Reg. État civil ; lettre de Renoir à Durand-Ruel (A. D.-R.); J. Renoir 1962, pp. 271, 276
	septembre-octobre	Renoir peint à Versailles. Il est atteint d'une crise de rhumatismes et ne peut se rendre à l'enterrement de Norbert Goeneutte mort à Auvers-sur-Oise le 9 octobre. Lettre de Renoir au Dr Gachet [octobre 1894], in Gachet 1957, p. 88
	décembre	Condamnation de Dreyfus. Durant « l'Affaire », Renoir est un anti-Dreyfusard convaincu. Manet 1979, pp. 148-51
		C'est en 1894 selon Vollard, ou en 1895, d'après Jean Renoir, que Renoir rencontre le marchand de tableaux Ambroise Vollard. Vollard 1919, pp. 9-14 ; J. Renoir 1962, pp. 302-3
1895	janvier	Renoir est à Carry-le-Rouet, près des Martigues, avec son élève Jeanne Baudot et ses parents. Lettre de Renoir à Morisot [1895], in Rouart 1950, pp. 183-4
	3 mars	Mort de Berthe Morisot. Selon Jean Renoir, le peintre travaille alors auprès de Cézanne au Jas de Bouffan (cette information n'est confirmée par aucune autre source). Il rentre à Paris pour assister à son enterrement, le 5 mars. J. Renoir 1962, p. 299 ; lettre de Renoir à Portier, 3 mars 1895 (Vente Paris, Hôtel Drouot, 16 avril 1974, nº 119)
	mai	Renoir admire les *Cathédrales* de Monet exposées à la galerie Durand-Ruel. Lettre de Pissarro à son fils Lucien, 1er juin 1895, in Pissarro 1950, p. 382
	août	Il voyage en Bretagne. Le 8 août, Julie Manet, Paule et Jeannie Gobillard le rejoignent à Châteaulin. Ils se rendent ensemble à Quimper, Bénodet, Douar-

Photographie de Renoir et Mallarmé par Degas, 1895
(Paris, Bibliothèque Littéraire Jacques Doucet)

La maison de Renoir
à Essoyes

nenez. Le 10 août, ils retrouvent Mme Renoir et ses fils à Pont-Aven (Hôtel des Voyageurs), puis ils vont à Tréboul près de Douarnenez où Renoir a loué la Maison Lemaître.
Manet 1979, pp. 57-70; Lettre de Renoir à Durand-Ruel, septembre 1895 (A. D.-R.)

été-automne	Il séjourne à Dieppe, peut-être chez les Berard. De là il rend visite à Jacques-Émile Blanche, tandis que ce dernier travaille au portrait de *La famille Thaulow*. Blanche 1949, p. 246
novembre	Renoir admire les dernières peintures de Cézanne exposées à la galerie Vollard : « Il y a un je-ne-sais-quoi d'analogue aux choses de Pompeï si frustes et si admirables. » Lettre de Pissarro à son fils Lucien, 21 novembre 1895, in Pissarro 1950, pp. 388-90
décembre	Renoir se rend à Essoyes pour acheter une maison. Manet 1979, p. 76
décembre 1895- janvier 1896	Il se brouille avec Cézanne. Pissarro 1950, pp. 396-7
1896 janvier	Exposition Bonnard à la galerie Durand-Ruel. Renoir n'aime pas sa peinture. Lettre de Pissarro à son fils Lucien, 6 février 1896, in Pissarro 1950, p. 398
mars	Renoir avec Monet et Degas participent à l'installation de l'exposition rétrospective de Berthe Morisot chez Durand-Ruel. Manet 1979, pp. 77-80
mai	Trente toiles de Renoir de la collection Murer sont exposées à l'Hôtel du Dauphin et d'Espagne à Rouen, chez Murer. Gachet 1956, p. 164
mai-juin	Exposition Renoir à la galerie Durand-Ruel, Paris (42 œuvres). Cat.
15 juin	Publication d'un article sur Renoir par Thadée Natanson dans *La Revue blanche*.

15 juillet	Il part en Allemagne. Martial Caillebotte l'accompagne à Bayreuth. Wagner l'ennuie et il ne peut rester aux quatre jours de représentation. Il part pour Dresde où il visite les musées. Lettre de Renoir à Geffroy, 10 juillet 1896 (Vente Paris, Hôtel Drouot, 6 avril 1981, n° 257) ; Vollard 1919, p. 112 ; Manet 1979, p. 113 ; Baudot 1949, p. 77
octobre	Il loue un atelier rue de La Rochefoucauld (9e arr.). Manet 1979, p. 116
11 novembre	Sa mère, Marguerite Merlet, meurt à l'âge de 89 ans à Louveciennes (18 route de Versailles) où elle habitait avec sa fille Elisa (Madame Charles Leray) et son fils Victor. Reg. Etat civil ; A.M. Louveciennes, recensement 1896

1897

	Au début de l'année Renoir donne son adresse 64 rue de La Rochefoucauld (9e arr.) et prévoit de quitter Montmartre au printemps. Lettre de Renoir à Murer, 4 février 1897, in Gachet 1957, pp. 109-10
février	Le legs Caillebotte est enfin exposé au Musée du Luxembourg. Pissarro 1950, p. 432
été-automne	Au mois d'août, à Essoyes, il se casse le bras pour la seconde fois, en tombant de bicyclette. Julie Manet, Paule et Jeannie Gobillard sont à Essoyes de septembre à mi-octobre. Renoir conseille Julie dans sa peinture. Manet 1979, pp. 130-7 ; J. Renoir 1962, pp. 337, 347

1898

février	Renoir se rend probablement pour la première fois à Cagnes d'où il revient enthousiasmé. Manet 1979, pp. 152-3
mai-juin	Exposition Monet, Renoir, Pissarro, Sisley, à la galerie Durand-Ruel, Paris. Une salle est consacrée à Renoir. Manet 1979, pp. 166-7 ; lettre de Pissarro à son fils Lucien, 29 mai 1898, in Pissarro 1950, p. 454
juillet-septembre	Renoir loue un chalet à Berneval (*voir* cat. n° 96) où il passe l'été. Julie Manet, Paule et Jeannie Gobillard l'accompagnent pour quelques jours. Manet 1979, pp. 168-9
septembre	Il séjourne à Essoyes. Manet 1979, p. 186
9 septembre	Mort de Mallarmé. Renoir assiste à son enterrement le 11 septembre, à Valvins. Lettre de Jeannie Gobillard, in Baudot 1949, p. 84 ; Manet 1979, p. 186
octobre	Il voyage en Hollande avec Faivre, Georges Durand-Ruel, Berard et « e » *(sic)*. Il visite La Haye et Amsterdam où se tient une importante exposition Rembrandt. Manet 1979, p. 198 ; André 1928, pp. 57-8 ; Vollard 1938, pp. 226-7 ; lettre de Renoir à Durand-Ruel, postée d'Amsterdam (A.D.-R.)
novembre	Il exécute des esquisses pour des dessus de porte à sujets antiques (Œdipe Roi) pour Gallimard. Manet 1979, pp. 168, 204 ; Meier-Graefe 1929, p. 386 (datées 1895)
12 décembre	A la suite d'une querelle avec Degas, il vend à Durand-Ruel *La leçon de danse* (fig. 5) tableau choisi par Renoir conformément aux dispositions du testament de Caillebotte, parmi ceux de sa collection. A. D.-R. ; Manet 1979, pp. 279, 282 ; Baudot 1949, p. 23

1899	février-mai	Renoir part à Cagnes le 12 février (Hôtel Savournin) pour soigner ses rhumatismes. Jeanne Baudot l'accompagne pendant la première quinzaine de son séjour. Il se rend à plusieurs reprises à Nice chez Deudon (Villa des Palmiers, avenue Auber). Il fait état à Durand-Ruel de ses collections qu'il semble vouloir vendre. Manet 1979, p. 216 ; lettre de Renoir à Durand-Ruel, 11 février 1899 (A. D.-R.) ; lettre de Renoir à Berard, 20 février 1899 (Vente Paris, Hôtel Drouot, 16 février 1979, n° 78) ; lettres de Renoir à Durand-Ruel [février, mars, avril 1899], in Venturi 1939, I, pp. 151-3
	avril	Exposition de tableaux de Monet, Pissarro, Renoir et Sisley à la galerie Durand-Ruel, Paris (42 œuvres de Renoir). Cat.
	1er mai	Après la mort de Sisley, survenue le 29 janvier, Monet organise une vente en faveur de ses enfants. Renoir donne un tableau. Lettre de Pissarro à son fils Lucien 12 avril 1899, in Pissarro 1950, p. 467
	4-9 mai	Vente Doria. Cat.
	1er, 3 et 4 juin	Vente Chocquet. Cat.
	juin-août	Il réside à Saint-Cloud ; Wyzewa et Vollard lui rendent visite. Manet 1979, pp. 234, 240, 250
	13 août-septembre	Sur les conseils du Dr Baudot, il fait une cure à Aix-les-Bains. Manet 1979, pp. 248-9 ; lettre de Renoir à Durand-Ruel, 29 août 1899, in Venturi 1939, I, p. 156
	22 décembre	Il part pour le Midi où il séjourne à Grasse (Hôtel Muraour). Manet 1979, p. 285 ; lettres de Renoir à Durand-Ruel, 29 et 31 décembre 1899, in Venturi 1939, I, p. 156
	fin décembre	Il demande à Durand-Ruel d'envoyer au Musée de Limoges un portrait de *Jean Renoir enfant*, enregistré sous le n° 58, le 24 février 1900. Lettre de Renoir à Durand-Ruel, 29 décembre 1899, in Venturi 1939, I, p. 156 ; inv. des peintures du Musée municipal de Limoges
1900	5 janvier-mi-mai	Aline vient le rejoindre dans le Midi. Ils louent une maison près de Magagnosc (Villa Raynaud). Lettre de Renoir à Durand-Ruel, 13 janvier 1900, in Venturi 1939, I, p. 158
	janvier-février	Exposition à la galerie Bernheim-Jeune, Paris (68 œuvres). Cat.
	avril	Exposition à la galerie Durand-Ruel de New York : *Paintings by Claude Monet and P.A. Renoir* (21 œuvres de Renoir). Cat.
	mai-juin	Il passe quelques jours à Avignon (Hôtel Crillon) en se rendant à Saint-Laurent-les-Bains (Hôtel Dalverny), près d'Aix-les-Bains, où il fait une cure. Lettres de Renoir à Durand-Ruel, 24 mai et 12 juin 1900, in Venturi 1939, p. 160-1
		A l'Exposition Universelle, onze tableaux de Renoir sont finalement présentés à la Centennale de l'Art Français, après que Renoir comme Monet et Pissarro aient refusé d'y participer. Cat. ; lettres de Monet, Pissarro, Renoir à R. Marx [janvier-avril 1900] in Paris, Musée du Louvre, Cabinet des dessins, *Donation Roger Marx*, 1980-1, pp. 92-3, nos 78-81
	août	Il séjourne à Louveciennes. Lettre de Renoir, 18 août 1900 (Vente Paris, Hôtel Drouot 16 avril 1974, n° 121) ; lettre de Renoir à Durand-Ruel, 20 août 1900, in Venturi 1939, I, p. 161
	16 août	Il est nommé Chevalier de la Légion d'Honneur. « Je me suis laissé décorer (...) que j'ai fait une sottise ou non, je tiens à ton amitié », écrit-il à Monet. Le 17 juin 1901 Paul Berard lui remet ses insignes. A.N., L H 2300/69 ; lettre de Renoir à Monet, 20 août 1900, in Geffroy 1924, II, pp. 25-6

novembre 1900- avril 1901		Il réside à Magagnosc près de Grasse. <small>Lettres de Renoir à Durand-Ruel, novembre 1900-mars 1901, in Venturi 1939, I, pp. 161-5; lettre de Renoir à Gallimard, 17 décembre 1900 (Vente Paris, cat. Saffroy n° 74, juin 1971, n° 7191)</small>
1901	25 janvier	Il demande à Durand-Ruel d'envoyer à Lyon le tableau, la *Femme jouant de la guitare* (cat. n° 94), acheté par le Musée. <small>Lettre de Renoir à Durand-Ruel 25 janvier 1901, in Venturi 1939, I, p. 162</small>
	avril	Il passe quelques jours au Trayas (Hôtel A la Réserve), près de Saint-Raphaël en compagnie de son fils Pierre, pensionnaire à Sainte-Croix de Neuilly, qui est venu rejoindre ses parents pour les vacances de Pâques. Aline part à Essoyes, Renoir est à Cannes (Grand Hôtel des Colonies et des Négociants) en attendant la saison thermale. <small>Lettres de Renoir à Durand-Ruel, 13, 17, et 25 avril 1901, in Venturi 1939, I, p. 165-7</small>
	mai	Nouvelle cure à Aix-les-Bains (Hôtel de la Paix, Guichard Garin). <small>Lettres de Renoir à Vollard, 3 et 5 mai 1901, in Drucker 1944, pp. 140-1, 144</small>
	6 mai	Vente de l'abbé Gaugain à l'Hôtel Drouot. <small>Cat.</small>
	juin	Il rejoint sa femme à Essoyes. <small>Lettres de Renoir à Durand-Ruel, juillet 1901, in Venturi 1939, I, p. 167</small>
	4 août	Naissance de Claude, troisième fils du peintre, à Essoyes. <small>Reg. État civil</small>
	début septembre	Il se rend à Fontainebleau chez les Adler (4 rue Saint-Honoré) pour faire le portrait des fiancées Bernheim (*voir* fig. 53). <small>Lettre de Renoir à Durand-Ruel, 4 septembre 1901 (A. D.-R.); lettre de Renoir à Durand-Ruel 7 septembre 1901, in Venturi 1939, I, p. 168</small>
	octobre	Il loue un appartement 43 rue Caulaincourt (18e arr.) et un atelier 73 rue Caulaincourt. <small>J. Renoir 1962, p. 368; lettre de Renoir à Durand-Ruel, 13 avril 1902 (A. D.-R.)</small>
	octobre-novembre	Exposition à la galerie Paul Cassirer, Berlin (23 œuvres de Renoir). <small>Cat.</small>
1902	janvier-fin avril	Il s'installe au Cannet (Villa Printemps), où Aline le rejoint avec Jean et Claude. Albert André travaille à ses côtés. <small>Lettre de Renoir à Durand-Ruel, 3 février 1902, in Venturi 1939, I, pp. 168-9</small>
	juin	Exposition Renoir à la galerie Durand-Ruel, Paris (40 œuvres). <small>Cat.</small>

Photographie de Renoir au Pavillon de Bellune à Fontainebleau, août 1901

Photographie de Renoir au Cannet, vers 1901-2 (Archives Durand-Ruel)

Photographie de Renoir, vers 1900-05 (Archives Durand-Ruel)

Il fait agrandir la maison d'Essoyes en y ajoutant la maison voisine.
Lettre de Renoir à Durand-Ruel, 13 juin 1902, in Venturi 1939, I, p. 171; J. Renoir 1962, p. 345

A partir de 1902 la santé de Renoir se détériore beaucoup : atrophie partielle d'un nerf de l'œil gauche, crises aiguës de rhumatismes.
J. Renoir 1962, pp. 349-50

1903	février-mai	Il s'installe au Cannet pour l'hiver, puis à Cagnes à partir de mars (Maison de la Poste). Lettres de Renoir à Durand-Ruel, février-avril 1903, in Venturi 1939, I, pp. 171-3
	25 mai	Il quitte Cagnes. Sur le chemin de Paris, il s'arrête à Laudun (Gard) chez Albert André. Lettre de Renoir à Durand-Ruel, 24 mai 1903 (A. D.-R.)
	août-octobre	Il séjourne à Essoyes. Lettre de Renoir à Jeanne Baudot, 31 août 1903, in Baudot 1949, p. 100; lettre de Renoir à Paul Berard, 22 septembre 1903 (Vente Paris, Hôtel Drouot, 16 février 1979, n° 33)
	novembre	Il se rend dans le Midi : Marseille (Grand Hôtel Beauvau), puis Cagnes. Lettres de Renoir à Durand-Ruel, 13 et 24 novembre 1903, in Venturi 1939, I, p. 174
	novembre-décembre	Le collectionneur Viau est accusé d'avoir de faux tableaux et pastels de Renoir. Le peintre soupçonne son voisin d'atelier. Lettres de Renoir à Durand-Ruel, 24 et 28 novembre, 16, 24 et 26 décembre 1903, in Venturi 1939, I, pp. 174-6; lettre de Renoir à Albert André, 24 décembre 1903 (Paris, Institut Néerlandais, Fondation Custodia)
	décembre	Les Valtat rendent visite à Renoir à Cagnes. Lettre de Renoir à Albert André, 8 décembre 1903 (Paris, Institut Néerlandais, Fondation Custodia)
1904	janvier	Il porte plainte auprès du Procureur de la République pour l'affaire des faux. Le mois suivant, sur les conseils d'un avocat, il abandonne sa plainte. Lettres de Renoir à Durand-Ruel, 13 janvier et 10 février 1904, in Venturi 1939, I, pp. 177, 179-80
	février-avril	*Exposition des peintres impressionnistes* à la Libre Esthétique à Bruxelles (12 œuvres de Renoir). Cat.
	avril ou mai	Il quitte le Midi pour passer l'été à Essoyes. Lettres de Renoir à Durand-Ruel, 18 avril et 11 août 1904, in Venturi 1939, I, p. 181
	août-septembre	Il fait une cure à Bourbonne-les-Bains, puis il retourne à Essoyes. Lettres de Renoir à Durand-Ruel, 11 août et 4 septembre 1904, in Venturi 1939, I, p. 181-2
	octobre-novembre	Au Salon d'Automne de Paris une salle est consacrée au peintre (35 œuvres) : « ...On vient me demander pourquoi n'exposant jamais, je me décide pour l'exposition d'automne. Je réponds que je n'expose pas quand l'on ne veut pas de moi, mais je n'ai pas de principes pour cacher ma peinture, que l'on m'a fait demander fort obligeamment si je voulais exposer. » Cat.; lettre de Renoir à Durand-Ruel, 19 octobre 1904, in Venturi 1939, I, p. 184
1905	hiver	Il réside à Cagnes où Valtat et d'Espagnat lui rendent visite. Lettre de Renoir à Durand-Ruel, in Venturi 1939, I, p. 184; lettres de Renoir à Albert André [décembre 1904] et février 1905 (Paris, Institut Néerlandais, Fondation Custodia)
	janvier-février	Exposition impressionniste organisée par Durand-Ruel aux Grafton Galleries, Londres (59 œuvres de Renoir). Cat.
	8-9 mai	Vente Berard. Cat.
	été	Construction d'un nouvel atelier à Essoyes. J. Renoir 1962, pp. 345-6

Photographie de Renoir et Albert André
à Laudun (Gard), 1906
(Archives Durand-Ruel)

Photographie de Renoir
peignant à la Maison de la Poste,
Cagnes (Archives Durand-Ruel)

	octobre-novembre	Il expose à Paris au Salon d'Automne dont il est le Président d'Honneur (9 œuvres). Cat.
1906	hiver	Il passe l'hiver à Cagnes. Lettres de Renoir à Durand-Ruel, décembre 1905, février, mars 1906, in Venturi 1939, I, pp. 185-6
	février	Maurice Denis lui rend visite. Denis 1957, II, pp. 34-5
	août	Il séjourne à Essoyes. Lettre de Renoir à Durand-Ruel, 9 août 1906, in Venturi 1939, I, pp. 186-7
	octobre-novembre	Il expose au Salon d'Automne à Paris (5 œuvres). Cat.
	octobre	Il rencontre Monet à Paris et projette de dessiner son portrait pour Vollard. Lettres d'A. Monet à G. Salerou, 23-26 octobre 1906, in Paris, Centre Culturel du Marais 1983, p. 281
	novembre 1906- mai 1907	Il réside à Cagnes. Lettres de Renoir à Durand-Ruel, 4 décembre 1906-2 mai 1907, in Venturi 1939, I, pp. 187-8
1907	février	Le peintre et critique d'art Jacques-Félix Schnerb lui rend visite à Cagnes (Maison de la Poste). Schnerb 1983, p. 175
	11 avril	Vente Charpentier. Le portrait de *Mme Charpentier et ses enfants* (cat. n° 43) est acheté pour le Metropolitan Museum of Art de New York. Cat.
	20 juin	Frantz Jourdain adresse une lettre au Ministre pour demander la nomination de Renoir au grade d'officier de la Légion d'Honneur. A.N., F^{21} 4103
	28 juin	Il achète à Cagnes le domaine des Collettes où il fait construire une maison de 1907 à 1908. C. Renoir, 1960
	octobre	Renoir est le Président d'Honneur du Salon d'Automne à Paris où il n'expose pas. Cat.

La maison de Renoir aux Collettes,
Cagnes

Photographie de Renoir
peignant sous un parasol
(Archives Durand-Ruel)

	automne 1907- printemps 1908	Il séjourne à Cagnes. Pendant la construction de la maison des Collettes, il loue une villa sur la route de Vence. C. Renoir, 1960; lettres de Renoir à Durand-Ruel, 15 décembre 1907-29 avril 1908, in Venturi 1939, I, pp. 189-91
1908	mars	Il s'occupe des plantations du domaine des Collettes. Lettre de Renoir à Julie Manet, 20 mars 1908, in Paris, Braun *Renoir,* 1932, p. 12
	avril-mai	Exposition de natures-mortes par Monet, Cézanne, Renoir, Pissarro, Sisley, A. André, d'Espagnat, Lerolle à la galerie Durand-Ruel, Paris (42 œuvres de Renoir). Cat.
	mai-juin	Exposition de paysages par Monet et Renoir à la galerie Durand-Ruel, Paris (37 œuvres de Renoir). Cat.
	mi-juillet	Il part à Essoyes. D'après Rivière le sculpteur Maillol lui rend visite et façonne un buste du peintre (le biographe de Maillol place cette visite en 1907). Rivière 1921, pp. 247-8; W. George, *Aristide Maillol,* Londres 1965, p. 221
	automne	Renoir emménage aux Collettes dans la maison qu'il vient de faire construire. Lettre de Renoir à Durand-Ruel, 15 novembre 1908, in Venturi 1939, I, p. 192
	14 octobre	Il rédige un testament concernant essentiellement l'avenir de sa propriété des Collettes en cas de succession. Testament déposé chez Maître Duhau, notaire à Paris
	novembre-décembre	Exposition Renoir à la galerie Durand-Ruel, New York (41 œuvres). Cat.
	automne 1908- juin 1909	Il séjourne à Cagnes. Monet lui rend visite en décembre. Paris, Centre Culturel du Marais 1983, pp. 139-40; J.P. Hoschédé. *Claude Monet, ce mal connu,* Paris 1960, I, p. 128; lettres de Renoir à Durand-Ruel, 15 novembre 1908-2 juin 1909, in Venturi 1939, I, pp. 192-5
1909	printemps	Jacques-Émile Blanche lui rend visite à Cagnes. Blanche 1921, p. 38

	juin	A Paris, Renoir se rend chez Durand-Ruel la veille de la fermeture de l'exposition des *Nymphéas* de Monet. Lettre d'A. Monet à G. Salerou, 11 juin 1909, in Paris, Centre Culturel du Marais 1983, p. 273
	été	Il séjourne probablement à Essoyes.
	décembre	Il s'oppose à un projet de monument commémoratif à Cézanne (mort en 1906) : « Un peintre doit être représenté par sa peinture ». Lettre de Renoir à Monet, 6 décembre 1909, in Geffroy 1924, II, pp. 26-7
	6-7 décembre	Seconde vente Viau. Cat.
	automne 1909-juin 1910	Il réside à Cagnes. Lettre de Renoir à Monet, 6 décembre 1909, in Geffroy 1924, II, pp. 26-7 ; lettres de Renoir à Durand-Ruel, 20 février 1909-28 mai 1910, in Venturi, I, pp. 196-8
1910	10 mars	Maurice Denis lui rend visite à Cagnes. Denis 1957, II, p. 118
	avril-octobre	Rétrospective Renoir à la IXe exposition internationale de Venise (37 œuvres). Cat.
	juin	Exposition Monet, Pissarro, Renoir et Sisley à la galerie Durand-Ruel, Paris (35 œuvres de Renoir). Cat.
	été	Il voyage en Allemagne. A Munich il séjourne chez Mme Thurneyssen, la fille d'Edouard Berard. A son retour il doit renoncer définitivement à marcher. Duret 1924, p. 74 ; Pach 1958, pp. 280-2 ; Brüne 1958, pp. 7-12 ; J. Renoir 1962, pp. 421-3
	automne	Il écrit une lettre-préface à Henri Mottez pour la réédition du *Livre de l'Art* de Cennino Cennini, traduit par le peintre Victor Mottez. Rivière 1921, p. 226
	octobre-novembre	Il expose un tableau au Salon d'Automne, Paris. Cat.
	automne 1910-printemps 1911	Il demeure à Cagnes. Lettres de Renoir à Durand-Ruel, 26 novembre 1910-31 mars 1911, in Venturi 1939, I, pp. 198-201
1911	janvier	Mme Cézanne et son fils séjournent chez les Renoir à Cagnes. Lettre de Renoir à Durand-Ruel, 11 janvier 1911, in Venturi 1939, I, p. 199
	31 mars	Il envoie 500 francs pour le monument commémoratif à Sisley. Lettre de Renoir à Durand-Ruel, 31 mars 1911, in Venturi 1939, I, p. 201
	juin-juillet	Il assiste à une représentation des Ballets Russes à Paris en compagnie d'Edwards et de Misia Godebska. Blanche 1919, p. 240 ; J. Renoir 1962, pp. 405-7 (1911 : date de la création de *Petrouchka* et du *Spectre de la rose* par les Ballets Russes de Diaghilev)
	octobre	Il loue un atelier 38 bis boulevard Rochechouart (18e arr.). A.P., listes électorales, D¹M², 18e arr., 1911
	20 octobre	Il est nommé Officier de la Légion d'Honneur. Léon Dierx lui remet ses insignes le 12 novembre. Rodin le félicite. A.N., L.H. 2300/69 ; lettre de Rodin à Renoir, 25 octobre 1911 (Vente Paris, Hôtel Drouot, 25 juin 1975, n° 152)
	novembre	Renoir remet à Signac ses insignes de Chevalier de la Légion d'Honneur. Lettre de Renoir à Signac, 15 novembre 1911 (Archives Signac)
	automne 1911-juin 1912	Il séjourne dans le Midi. Lettres de Renoir à Durand-Ruel, 21 décembre 1911-15 juin 1912, in Venturi 1939, I, pp. 201-3
		Meier-Graefe fait paraître sa monographie sur Renoir en allemand. La version française paraît en 1912.

Photographie de Renoir dans son atelier
(Paris, Bibliothèque Nationale)

Photographie de Renoir chez lui (boulevard Rochechouart ?)
(Paris, Bibliothèque Nationale)

1912	janvier-mars	Il s'installe dans un appartement à Nice car ses rhumatismes l'empêchent d'accéder à son atelier aux Collettes. Lettre de Renoir à Durand-Ruel, 12 janvier 1912, in Venturi 1939, I, pp. 201-2
	janvier-février	Exposition Renoir à la galerie Thannhauser, Munich (41 œuvres). L'exposition est transférée en février-mars à la galerie Paul Cassirer à Berlin. Cat.
	février-mars	Exposition de peintures par Renoir à la galerie Durand-Ruel, New York (21 œuvres). Cat.
	début de l'année	Exposition Centennale d'Art français (1812-1912) à l'Institut Français de Saint-Pétersbourg (24 œuvres de Renoir). Cat.
	avril-mai	Exposition de tableaux par Renoir à la galerie Durand-Ruel, Paris (74 œuvres). Cat.
	mai	Il est Président honoraire, avec Rodin, du Salon de mai de Marseille. Cat.
	juin	Exposition de portraits par Renoir à la galerie Durand-Ruel, Paris (58 œuvres). Cat.
		Il est atteint d'une crise de paralysie. Au cours d'un séjour à Paris, les Bernheim lui présentent un médecin viennois avec lequel il essaie de marcher à nouveau puis y renonce définitivement. Lettre de Renoir à Durand-Ruel, 15 juin 1912, in Venturi 1939, I, p. 203; J. Renoir 1962, pp. 443-4
	août	Il est opéré et passe quelques jours à Chaville en convalescence. Rivière 1921, pp. 228-9
	été (?)	Exposition d'art moderne à la galerie Manzi-Joyant, Paris (28 œuvres de Renoir). Cat.
	octobre-novembre	Il expose deux tableaux au Salon d'Automne, Paris. Cat.
	décembre	Vente Henri Rouart. Cat.
	automne 1912- printemps 1913	Il réside dans le Midi. Lettre de Renoir à G. Durand-Ruel, 28 janvier 1913, in Venturi 1939, I, p. 204; lettre de Renoir à Durand-Ruel, 19 mars 1913 (A. D.-R.)

Photographie de Renoir à Cagnes, 1913
(Archives Durand-Ruel)

1913   février   Maurice Denis lui rend visite à Cagnes.
Denis 1957, II, pp. 150-1 ; Baudot 1949, p. 131

février-mars   Cinq tableaux de Renoir sont exposés à *l'Armory Show,* New York.
Cat.

17 février   Son fils Jean s'engage pour trois ans dans le Premier Régiment de Dragons.
S.H.A.T., dossier n° 41/9912

mars   Exposition Renoir à la galerie Bernheim-Jeune, Paris (52 œuvres). Préface du catalogue par Octave Mirbeau.
Cat.

juin-juillet   Exposition d'art moderne à la galerie Manzi-Joyant, Paris (30 œuvres).
Cat.

été   Pendant son séjour à Essoyes, à l'instigation de Vollard, Renoir se lance dans la sculpture : « Quand Vollard a parlé sculpture, j'ai commencé par l'envoyer au diable mais après réflexion je me suis laissé faire. » Vollard engage Richard Guino, un élève de Maillol, pour mener à bien les projets de sculpture de Renoir.
Haesaerts 1947, pp. 16, 24 ; lettre de Renoir à A. André, 28 avril 1914 (Paris, Institut Néerlandais, Fondation Custodia).

hiver 1913-1914   Il réside tantôt aux Collettes, tantôt dans son appartement de Nice (1 place de l'Église du Vœu).
Lettres de Renoir à Durand-Ruel, novembre 1913-janvier 1914, in Venturi 1939, I, pp. 204-5

1914   février   Exposition Renoir à la galerie Durand-Ruel, New York (30 œuvres).
Cat.

mars   Il travaille à un carton de tapisserie pour la Manufacture des Gobelins, représentant Neptune caressant Vénus.
Fénéon, *B.V.A.,* 1er mars 1914, in Fénéon 1970, I, p. 277

Publication d'un album de Vollard sur Cézanne. « C'est un monument qui fera beaucoup d'effet sur les jeunes peintres, les reproductions sont superbes. »
Fénéon, *B.V.A.,* 1er mars 1914, in Fénéon 1970, I, p. 277

fin hiver   Rodin rend visite à Renoir à Cagnes.
Coquiot, 1925, p. 130 ; Vollard 1938, p. 279

avril   Jacques-Émile Blanche rend visite à Renoir à Cagnes.
Blanche 1919, pp. 235-43

4 juin   Trois tableaux de Renoir entrent au Louvre avec le legs Isaac de Camondo, mort en 1911.
A.L., Z8, 17 décembre 1912

été   Il est à Essoyes et à Paris.
Lettre de Renoir à Marguerite André [juillet 1914] (Paris, Institut Néerlandais, Fondation Custodia)

	3 août	Déclaration de guerre de l'Allemagne à la France.
	septembre	Jacques-Émile Blanche rencontre Renoir sur la route de Cagnes, à Moulins (Hôtel de Paris). Blanche 1915, pp. 183-4; Blanche 1949, p. 435
	octobre	Pierre et Jean sont blessés et hospitalisés respectivement à Carcassonne et à Luçon. Lettre de Renoir à A. André [octobre 1914] (Paris, Institut Néerlandais, Fondation Custodia); lettre de Renoir à Durand-Ruel, 29 octobre 1914, in Venturi 1939, I, p. 206
	octobre 1914-juin 1915	Il réside à Cagnes. Lettres de Renoir à Durand-Ruel, 29 octobre 1914-28 juin 1915, in Venturi 1939, I, pp. 206-8
1915	avril	Jean est grièvement blessé à la jambe. J. Renoir 1962, p. 9
	27 juin	Au retour d'un voyage à Gérardmer, où elle est allée visiter Jean à l'hôpital, Mme Renoir meurt à Nice. Lettre de Renoir à Marguerite André, 26 juin 1915 (Paris, Institut Néerlandais, Fondation Custodia); lettre de Renoir à Durand-Ruel, 28 juin 1915, in Venturi 1939, I, pp. 207-8; Reg. État civil
	décembre	Il charge Durand-Ruel et Vollard de faire l'inventaire de ses œuvres laissées à Paris. Lettre de Renoir à Durand-Ruel, 17 décembre 1915, in Venturi 1939, I, p. 208
	automne 1915-printemps 1916	Renoir est à Cagnes. Lettres de Renoir à Durand-Ruel, 12 décembre 1915-12 mars 1916, in Venturi 1939, I, p. 208
1916	juin	Il est à Paris. Lettre de Renoir à Durand-Ruel [24 juin 1916], in Venturi 1939, I, p. 209
	15 juin	Il donne le portrait de *Colonna Romano* au Musée de Limoges. Musée municipal de Limoges
	été	Renoir demande au sculpteur Guino de venir le rejoindre à Essoyes pour modeler un buste d'après une étude de sa femme assise. Lettre de Renoir à Guino, 23 juillet 1916, in Haesaerts 1947, p. 29
	automne 1916-été 1917	Il est à Cagnes. Lettres de Renoir à G. Durand-Ruel, 29 novembre 1916-21 mai 1917, in Venturi 1939, I, p. 209-11
1917	janvier	Exposition Renoir à la galerie Durand-Ruel, New York (18 œuvres). Cat. Albert et Marguerite André séjournent à Cagnes chez Renoir. Lettre de Renoir à G. Durand-Ruel, 28 janvier 1917, in Venturi 1939, I, p. 210

Photographie de Jean et Auguste Renoir par Bonnard (collection Antoine Terrasse)

Photographie d'Adèle Besson, Albert André et Renoir à Cagnes par George Besson (collection Jacqueline George-Besson)

juin-juillet	Exposition d'art français du XIXe siècle au profit de l'Association générale des mutilés de la guerre, galerie Rosenberg, Paris (16 œuvres de Renoir). Cat.
juillet	Il s'arrête à Beaune sur le chemin de Paris. Lettre de Renoir à Durand-Ruel, 15 juillet 1917, in Venturi 1939, I, p. 212
août	Il est à Essoyes. Lettre de Renoir à G. Durand-Ruel, 20 août 1917, in Venturi 1939, I, p. 212
27 septembre	Alors qu'il est à Cagnes, Renoir apprend la mort de Degas. Lettre de Renoir à G. Durand-Ruel, 30 septembre 1917, in Venturi 1939, I, pp. 212-3
automne	Il commence à enseigner la céramique à son fils Claude, à Cagnes. C. Renoir 1948, pp. 7-8
octobre-novembre	Exposition d'art français des XIXe et XXe siècles au Kunsthaus de Zurich (60 œuvres de Renoir). Cat.

Photographie de Renoir dans son atelier des Collettes à Cagnes
(Archives Durand-Ruel)

fin décembre	Renoir éprouve beaucoup de désillusions dans sa collaboration avec le sculpteur Guino qui quitte Cagnes en janvier 1918. Besson 1939, p. 137 ; lettre de Renoir à Vollard, 7 janvier 1918 (Vente Paris, Hôtel Drouot, 6 juin 1975, n° 45)
31 décembre	Matisse rend pour la première fois visite à Renoir à Cagnes. Besson 1939, p. 137
1918 février-mars	Exposition à la galerie Durand-Ruel, New York (28 œuvres). Cat.
3 mars	Il félicite Vollard pour les reproductions choisies en illustration de sa monographie. Lettre de Renoir à Vollard, 3 mars 1918, in Vollard 1918, I, p. V

	fin mars	Le collectionneur René Gimpel rend visite à Renoir à Cagnes. Renoir refuse de lui vendre ses tableaux. Gimpel 1963, pp. 26-30
	printemps	Devant l'avance allemande, Renoir fait déposer chez des amis ses tableaux restés à Paris et à Essoyes. Pierre ramène dans l'appartement de Nice (rue Palermo) plusieurs grandes toiles roulées. Rivière 1921, pp. 262-3 ; Gimpel 1963, p. 32
	13 avril	Entrée au Musée du Luxembourg du portrait de *Colonna Romano*. Paris, Musée d'Orsay, Galerie du Jeu de Paume, R.F. 2796
		René Gimpel lui rend visite à Nice dans son appartement de la rue Palermo. Son état de santé se dégrade, on craint la gangrène pour son pied. Gimpel 1963, pp. 32-5
1919	19 février	Il est nommé Commandeur de la Légion d'Honneur. Le 25 mars le Général Corbillet lui remet ses insignes à Nice. A.N., LH 2300/69
	avril	Exposition à la galerie Durand-Ruel, New York (35 œuvres). Cat.
	mai	Renoir félicite A. André pour la publication de sa monographie. Lettre de Renoir à Albert André, mai 1919 (Paris, Institut Néerlandais, Fondation Custodia)
	juillet	Il est à Essoyes. Lettres de Renoir à G. et P. Durand-Ruel, 1er juillet et 7 août 1919, in Venturi, 1939, I, p. 214
	août	Il se rend au Musée du Louvre à l'invitation de Paul-Léon, alors Directeur des Beaux-Arts. Le portrait de *Mme Charpentier* (Paris, Musée d'Orsay, galerie du Jeu de Paume ; RF 2244) est exposé dans la salle La Caze où étaient présentées les dernières acquisitions du musée depuis le mois de février. A.L.
	mi-septembre	Paul Léon lui rend visite à Essoyes et forme un projet d'exposition pour le printemps 1920. Rivière 1921, pp. 264-5
	3 décembre	Renoir meurt à Cagnes des suites d'une congestion pulmonaire. Il est enterré le 6 décembre. Lettre de J. Renoir à Durand-Ruel, 20 décembre 1919 (A. D.-R.) ; Reg. État civil

Bibliographie sélective

Cette bibliographie ne prétend pas être exhaustive mais présente seulement les références utilisées par les auteurs du catalogue et citées en abrégé dans les notices et les essais.
Elle se présente selon l'ordre alphabétique par auteur
et pour les catalogues de musées, d'expositions ou de ventes publiques par nom de ville.
Les ouvrages d'un même auteur sont classés selon l'ordre chronologique.

[Adam, P., et Moréas, J.], *Petit Bottin des Lettres et des Arts,* Paris 1886

Adhémar, J., «Schnerb, Cézanne et Renoir», *Gazette des Beaux-Arts,* avril 1982

Alexandre, A., «Renoir», *in* catalogue *Exposition A. Renoir,* Durand-Ruel, Paris 1892

Alexandre, A., *La Collection Henri Rouart,* Paris 1912

Alexandre, A., «Billet à Renoir», coupure de presse non identifiée, 1913 (*in* Fonds Vauxcelles, Bibliothèque d'Art et d'Archéologie, Université de Paris)

Alexandre, A., «Renoir sans phrases», *Les Arts,* mars 1920

Alexandre, A., *La Collection Canonne, Une Histoire en action de l'impressionnisme et de ses suites,* Paris 1930

Alexandre, A., «Propos inédits de et sur Renoir», *Les Nouvelles littéraires,* 26 août 1933

Alexis, P., «Les Impressionnistes de la collection Murer», *Le Cri du peuple,* 21 octobre 1887

André, A., *Renoir,* Paris 1919; rééditions, 1923, 1928

André, A., «Les Dessins de Renoir», *Cahiers d'aujourd'hui,* mai 1921; repris *in* André 1928, et comme *Renoir, dessins,* Paris 1950

André, A. et Elder, M., *L'Atelier de Renoir,* 2 volumes, Paris 1931

André, A., «Renoir et ses modèles», *Le Point,* janvier, mars, mai et octobre 1936

André, A., «Les Modèles de Renoir», *Les Lettres françaises,* 20-27 août et 27 août-3 septembre 1953

Ann Arbor, University of Michigan, Museum of Art, *The Crisis of Impressionism 1878-1882,* catalogue d'exposition par J. Isaacson et autres 1979-1980

[Anon.], «Renoiriana», *Bulletin de la vie artistique,* 15 décembre 1919

(Anon.], «L'Éternel Jury», *Cahiers d'aujourd'hui,* janvier 1921

[Anon.], «Nos Artistes: Le peintre P.-A. Renoir chez lui», *L'Éclair,* 9 août 1892

[Anon.], «Les Hommes de jour: M. Renoir, artiste peintre», *L'Éclair,* 12 mai 1899

[Anon.], *La Maison de Renoir, Musée Renoir du Souvenir (Renoir à Cagnes et aux Collettes),* 6, Cagnes 1976

[Anon.], «Le Jour et la nuit», *Le Moniteur universel,* 8 avril 1877

[Anon.], *Renoir aux Collettes,* 1, Cagnes 1960; 2, Cagnes 1961

[Anon.], «Le Peintre A. Renoir et son œuvre», *Le Temps,* 12 mai 1892

[Anon.], "Renoir as sitter, a family portrait", *Times Literary Supplement,* 30 novembre 1962, et correspondance 14 et 28 décembre 1962

Aurier, A., «Renoir», *in Œuvres posthumes,* Paris 1893

Baignières, A., «Le Salon de 1879», *Gazette des Beaux-Arts,* 1er juillet 1879

Banville, T. de, «Salon de 1879», III, *Le National,* 16 Mai 1879

Barnes, A.C. et de Mazia, V., *The Art of Renoir,* Merion, Pa., 1935

Barotte, R., «Dans sa guinguette de la forêt, Edmond Renoir évoque la belle figure de son frère», *Paris-Soir,* 25 juin 1933

Baudot, J., *Renoir, ses amis, ses modèles,* Paris 1949

Bazin, G., «Un Tableau de Renoir: Le Ravin de la femme sauvage», *Bulletin des Musées de France,* décembre 1946

Bazin, G., Florisoone, M., Leymarie, J., «L'Impressionnisme», *L'Amour de l'art,* 1947

Bell, C., "Renoir", *in Since Cézanne,* Londres 1922

Bell, C., *Auguste Renoir, Les Parapluies,* Londres [1945]

Bénédite, L., *L'Art au XIXe siècle,* Paris [vers 1902]

Bénédite, L., "Madame Charpentier and her Children, by Auguste Renoir", *Burlington Magazine,* décembre 1907

Berard, M., «Renoir en Normandie et la famille Berard», *L'Amour de l'art,* février 1938

Berard, M., *Renoir à Wargemont,* Paris [1939]

Berard, M., «Un Diplomate ami de Renoir», *Revue d'histoire diplomatique,* juillet-septembre 1956

Berard, M., «Lettres de Renoir à Paul Berard», *La Revue de Paris,* décembre 1968

Berhaut, M., *Caillebotte, sa vie et son œuvre,* Paris, 1978

Bernac, J., "The Caillebotte Bequest to the Luxembourg", *Art Journal,* août, octobre, décembre 1895

Bernier R., «Dans la lumière impressionniste», *L'Œil,* mai 1959

Bertall, «Souvenirs du Salon de 1879», *L'Artiste,* août 1879

Besson, G., «Renoir à Cagnes», *Cahiers d'aujourd'hui,* novembre 1920

B[esson], G., «Renoir, par Ambroise Vollard», *Cahiers d'aujourd'hui,* juillet 1921

Besson, G., *Renoir,* Paris 1929

Besson, G., «Arrivée de Matisse à Nice, Matisse et quelques personnages», *Le Point,* juillet 1939

Besson, G., «Renoir aux Collettes, Douleur et Génie», *Les Lettres françaises,* 30 juin-7 juillet 1955

Blanche, J.E., *Cahiers d'un artiste,* I, Paris 1915

Blanche, J.E., «Sur les routes de la Provence, de Cézanne à Renoir», *Revue de Paris,* 15 janvier 1915; repris *in Propos de peintre, I, de David à Degas,* Paris 1919

Blanche, J.E., «La Technique de Renoir», *L'Amour de l'art,* février 1921

Blanche, J.E., *Dieppe,* Paris 1927

Blanche, J.E., *Les Arts plastiques, La troisième république, 1870 à nos jours,* Paris 1931

Blanche, J.E., «Renoir portraitiste», *L'Art vivant,* juillet 1933

Blanche, J.E., *Portraits of a Lifetime,* Londres 1937

Blanche, J.E., *La Pêche aux souvenirs,* Paris 1949

Blémont, E., «Les Impressionnistes», *Le Rappel,* 9 avril 1876

Bodelsen, M., "Early Impressionist Sales 1874-94 in the light of some unpublished 'procès-verbaux'", *Burlington Magazine,* juin 1968

Boime, A., *The Academy and French Painting in the Nineteenth Century,* Londres 1971

Boime, A., "Entrepreneurial Patronage in Nineteenth-Century France", *in Enterprise and Entrepreneurs in Nineteenth- and Twentieth-Century France,* ed. par E.C. Carter, R. Forster et J.N. Moody, Baltimore 1976; version française différente, «Les Hommes d'affaires et les arts en France au

XIXᵉ siècle», *Actes de la recherche en sciences sociales*, juin 1979

Bonnard, P., «Souvenirs sur Renoir», *Comoedia*, 18 octobre 1941; original publié in F. Bouvet, *Bonnard, l'œuvre gravé*, Paris 1981

Brahm, C., "Two copies of Delacroix's *Noce juive dans le Maroc*", *Gazette des Beaux-Arts*, novembre 1952

Brüne, H., "Erinnerung an Renoir", in Munich, Städtische Galerie, *Auguste Renoir*, 1958

Burty, P., «Exposition de la Société Anonyme des artistes», *La République française*, 25 avril 1874

Burty, P., «Exposition des impressionnistes», *La République française*, 25 avril 1877

Burty, P., «L'Exposition des artistes indépendants» et «Salon de 1879», *La République française*, 16 avril et 27 mai 1879

Burty, P., «Les Peintures de M.P. Renoir», *La République française*, 15 avril 1883

Callen, A., "Faure and Manet", *Gazette des Beaux-Arts*, mars 1974

Callen, A., *Renoir*, Londres 1978

Callen, A., *Techniques of the Impressionists*, Londres 1982 (édition française 1983)

Castagnary, J., «L'Exposition du boulevard des Capucines, Les Impressionnistes», *Le Siècle*, 29 avril 1874

Castagnary, J., *Salons, 1857-1879*, 2 volumes, Paris 1892

Catinat, M., *Les Bords de la Seine avec Renoir et Maupassant*, Londres 1952

Cennino Cennini, *Le Livre de l'art ou Traité de la Peinture*, traduction de V. Mottez, nouvelle édition avec une lettre de Renoir, Paris 1911

Cézanne P., *Correspondance*, éditée par J. Rewald, Paris 1978

Champa, K.S., *Studies in Early Impressionism*, Londres - New Haven 1973

Champier, V., «Le Salon-Portrait», *L'Année artistique*, 1879

Chaumelin, M., «Le Salon de 1870, VII», *La Presse*, 17 juin 1870

Chesneau, E., «A côté du Salon, II, le plein-air, Exposition du boulevard des Capucines», *Paris-Journal*, 7 mai 1874

Chesneau, E., «Le Salon de 1879 - Peinture», *Le Moniteur Universel*, 13 juin 1879

Chicago, Art Institute of Chicago, *Paintings by Renoir*, catalogue d'exposition par J. Maxon et autres, 1973

Chicago, Art Institute of Chicago, *Frédéric Bazille and Early Impressionism*, catalogue d'exposition par J.P. Marandel et autres, 1978

Clergue, D.J., «Madeleine modèle de Renoir», in [Anon.], *La Maison de Renoir*, 1976

Comte, J., «Exposition d'art», *L'Illustration*, 28 avril 1883

Cooper, D., *The Courtauld Collection*, Londres 1954

Cooper, D., "Renoir, Lise and the Le Coeur Family: A Study of Renoir's Early Development", *Burlington Magazine*, mai, septembre-octobre 1959

Coquiot, G., *Renoir*, Paris 1925

Crouzet, M., *Un Méconnu du Réalisme: Duranty*, Paris 1964

Dauberville, H., *La Bataille de l'Impressionnisme*, Paris 1967

Daulte, F., *Frédéric Bazille et son temps*, Genève 1952

Daulte, F., *Pierre-Auguste Renoir, Watercolours, Pastels and Drawings in colour*, Londres 1959

Daulte, F., *Auguste Renoir, Catalogue raisonné de l'œuvre peint, I, Figures 1860-1890*, Lausanne 1971

Daulte, F., *Renoir*, Milan 1972; traductions françaises et anglaises 1973

Daulte, F., «Renoir et la famille Bérard», *L'Œil*, février 1974

Delage, R., «Chabrier et ses amis impressionnistes», *L'Œil*, décembre 1963

Delsemme, P., *Téodor de Wyzewa et le cosmopolitisme littéraire en France à l'époque du symbolisme*, Bruxelles 1967

Denis, M., «Le Salon du Champ-de-Mars, l'Exposition Renoir», *La Revue blanche*, 25 juin 1892; repris in *Théories (1890-1910); du symbolisme et de Gauguin vers un nouvel ordre classique*, Paris 1912

Denis, M., «Renoir», *La Vie*, 1ᵉʳ février 1920; repris in *Nouvelles théories, sur l'art moderne, sur l'art sacré (1914-1921)*, Paris 1922

Denis, M., *Journal*, 3 volumes, Paris 1957-1959

Dewhurst, W., *Impressionist Painting, its Genesis and Development*, Londres 1904

Drucker, M., *Renoir*, Paris 1944

Dumas, P., «Quinze tableaux inédits de Renoir», *La Renaissance de l'art français»*, juillet 1924

Duranty, «Salon de 1870, XII, erratum», *Paris-Journal*, 19 mai 1870

Duret, T., *Les Peintres impressionnistes*, Paris 1878; repris in *Critique d'avant-garde*, Paris 1885

Duret, T., préface au *Catalogue de l'exposition des œuvres de P.-A. Renoir*, 9, boulevard de la Madeleine, avril 1883, repris in *Critique d'avant-garde*, Paris 1885

Duret, T., *Histoire des peintres impressionnistes*, Paris 1906; réédition, Paris 1922

Duret, T., *Manet and the French Impressionists*, Londres 1910

Duret, T., *Renoir*, Paris 1924; édition anglaise 1937

Duthuit, G., *Renoir*, Paris 1923

Duval, E.L., *Téodor de Wyzewa, Critic without a Country*, Genève - Paris 1961

Enault, L., «L'Exposition des intransigeants de la galerie Durand-Ruel», *Le Constitutionnel*, 10 avril 1876

Faison, S.L., "Renoir's Hommage à Manet", in *Intuition und Kunstwissenschaft, Festschrift Hanns Swarzenski*, Berlin 1973

Faure, E., *Histoire de l'Art, IV, L'Art Moderne*, Paris 1920

Faure, E., «Renoir», *Revue hebdomadaire*, 17 avril 1920; repris in *L'Arbre d'Eden*, Paris 1922

Faure, E., «A propos d'une collection célèbre, La collection Gangnat», *La Renaissance de l'art français*, avril 1925

Fénéon, F., «Les grands collectionneurs, I, Isaac de Camondo», *Bulletin de la vie artistique*, 1ᵉʳ avril 1920

Fénéon, F., «Les grands collectionneurs, II, Paul Durand-Ruel», *Bulletin de la vie artistique*, 15 avril 1920

Fénéon, F., *Œuvres plus que complètes*, éditées par J.O. Halperin, Paris 1970

Fezzi, E., *L'opera completa de Renoir nel periodo impressionista, 1869-1883*, Milan 1972

Flor O'Squarr, C., «Les Impressionnistes», *Le Courrier de France*, 6 avril 1877

Florisoone, M., *Renoir*, Paris 1937; édition anglaise 1938

Florisoone, M., «Renoir et la famille Charpentier», *L'Amour de l'art*, février 1938

Fontainas, A., *Histoire de la Peinture française au XIXᵉ siècle*, Paris 1906

Forge, A., "Renoir at the Tate", *The Listener*, 1ᵉʳ octobre 1953

Fosca, F., «Les Dessins de Renoir», *Art et décoration*, octobre 1921

Fosca, F., *Renoir*, Paris 1923

Fosca, F., *Renoir*, Londres et Paris 1961

Francastel, P., *L'impressionnisme*, Paris 1937; réédition 1974

Frère, H., *Conversations de Maillol*, Genève 1956

Fry, R., "The Sir Hugh Lane Pictures at the National Gallery", *Burlington Magazine*, avril 1917

Fry, R., «Renoir», in *Vision and Design*, Londres 1920 (plusieurs rééditions)

Gachet, P., *Deux amis des impressionnistes, Le Docteur Gachet et Murer*, Paris 1956

Gachet, P., *Lettres impressionnistes*, Paris 1957

Gasquet, J., «Le Paradis de Renoir», *L'Amour de l'art*, février 1921

Gaunt, W., *Renoir*, avec notes par K. Adler, Oxford 1982

Gauss, C.E., *The Aesthetic Theories of French Artists, from Realism to Surrealism*, Baltimore 1949

Geffroy, G., «Salon de 1890, V, Fantin-Latour - Renoir», in *La Vie artistique*, I, Paris 1892

Geffroy, G., «L'Impressionnisme, III,

Auguste Renoir», *L'Encyclopédie,*
15 décembre 1893

Geffroy, G., *La Vie artistique,* III, Paris
1894

Geffroy, G., «Renoir», *Le Journal,* 20 juin
1896; repris *in La Vie artistique,* VI,
Paris 1900

Geffroy, G., «Au Luxembourg»,
Le Journal, 16 février 1897

Geffroy, G., *Claude Monet, sa vie, son
œuvre,* 2 volumes, Paris 1924

George, W., «Renoir et Cézanne»,
L'Amour de l'art, février 1921

George, W., «Renoir», *in Histoire
générale de l'art français de la
Révolution à nos jours,* par
A. Fontainas, L. Vauxcelles et autres,
Paris 1922

George, W., «L'Œuvre sculpté de
Renoir», *L'Amour de l'art,* novembre
1924

Georges-Michel, M., *De Renoir à Picasso,*
Paris 1954

Gimpel, R., *Journal d'un collectionneur,
marchand de tableaux,* Paris 1963

Gold, A. et Fizdale, R., *The Life of Misia
Sert,* New York - Londres 1980

Gordon, D.E., *Modern Art Exhibitions,
1900-1906,* Munich 1974

Goujon, J., *Salon de 1870, propos en
l'air,* Paris [1870]

Goulinat, J.G., «Technique picturale, les
sources du métier de Renoir», *L'Art
vivant,* 1er avril 1925

Gowing, L., *Renoir, Paintings,* Londres
1947

Grappe, G., «Renoir», *L'Art vivant,* juillet
1933

Grimm, Baron, «Lettres anecdotiques,
Les Impressionnistes», *Le Figaro,*
5 avril 1877

Groschwitz, G. von, "Renoir's Garden
in Montmartre", *Carnegie Magazine,*
mars 1966

Guenne, J., «La Religion de Renoir»,
L'Art vivant, juillet 1933

Guillemot, M., «Dans l'atelier de Renoir»,
Gil Blas, 6 octobre 1911

Haesaerts, P., *Renoir: Sculptor,* New
York 1947

Hamerton, P.G., *The Present State of the
Fine Arts in France,* Londres 1892

Harris, F., "Henri Matisse and Renoir:
Master Painters", *in Contemporary
Portraits, Fourth Series,* Londres 1924

Hervilly, E. d', «L'Exposition du
boulevard des Capucines», *Le Rappel,*
17 avril 1874

Hillairet, J., *Dictionnaire historique des
rues de Paris,* 2 volumes, Paris 1963

Hoppe, R., *Städer och Konstnärer,*
Stockholm 1931

Hugon, H., «Les Aïeux de Renoir et sa
maison natale», *La Vie Limousine,*
25 janvier 1935

Huneker, J., *Promenades of an
Impressionist,* Londres - New York
1910

Huysmans, J.K., *L'Art moderne,* Paris,
1883

Huysmans, J.K., «Chronique d'art,
l'Exposition internationale de la rue
de Sèze», *Revue indépendante,*
juin 1887

Isaacson, J., "Impressionism and
Journalistic Illustration", *Arts
Magazine,* juin 1982

Jacques, «Menus propos, Salon
impressionniste, II», *L'Homme libre,*
12 avril 1877

Jamot, P., «Renoir», *Gazette des
Beaux-Arts,* novembre et décembre
1923

Jean-Pascal, *Le Salon d'Automne en
1904,* Paris 1904

Jeanès, J.E.S., *D'après nature, souvenirs
et portraits,* Besançon 1946

Joëts, J., «Les Impressionnistes et
Chocquet, lettres inédites», *L'Amour
de l'art,* avril 1935

Johnson, U.E., *Ambroise Vollard, Éditeur,*
nouvelle édition, New York 1977

Jourdain, F., *Les Décorés, Ceux qui ne
le sont pas,* Paris 1895

Jourdain, F., *Renoir: Le Moulin de la
Galette,* Paris [vers 1947]

Kahn, G., «Exposition des
impressionnistes»,
Revue indépendante, juin 1888

Kálmán, M., «Les Dessins de Renoir au
Musée des Beaux-Arts», *Acta
Histoiriae Artium Academiae
Scientiarum Hungaricae* (Budapest),
IV, 1956

Kolb, P., and Adhémar, J., «Charles
Ephrussi (1849-1905), ses secrétaires:
Laforgue, A. Renan, Proust, «sa»
Gazette des Beaux-Arts, *Gazette des
Beaux-Arts,* janvier 1984

Laforgue, J., *Mélanges posthumes,* Paris
1903

Laporte, P.M., "The Classic Art of
Renoir", *Gazette des Beaux-Arts,* mars
1948

Lecomte, G., «L'Art contemporain»,
Revue indépendante, avril 1892

Lecomte, G., *L'Art impressionniste,
d'après la collection privée de
M. Durand-Ruel,* Paris 1892

Lecomte, G., «L'Œuvre de Renoir», *L'Art
et les artistes,* août 1907

Lecomte, G., «Figures et souvenirs: le
Paris de ma jeunesse», *Revue
Universelle,* 1er mars 1927

Lecoque, *Renoir, mon ami,* Paris 1962

Léger, C., «Renoir illustrateur», *L'Art
vivant,* janvier 1933

Lemoisne, P.-A., *Degas et son œuvre,*
4 volumes, Paris 1946-9

Leroy, L., «Exposition des
impressionnistes», *Le Charivari,*
11 avril 1877

Lethève, J., *Impressionnistes et
symbolistes devant la presse,* Paris 1959

Leymarie, J., *Impressionism,* Genève 1955

Lhote, A., «Renoir», *Nouvelle revue
française,* 1er février 1920

Lhote, A., «Renoir» (à l'Orangerie)»,
Nouvelle revue française, 1er novembre
1933

Lhote, P., «Mademoiselle Zélia», *La Vie
moderne,* 3 novembre 1883

Londres, Arts Council of Great Britain,
*Masterpieces from the São Paulo
Museum,* 1954

Londres, Royal Academy of Arts,
*Impressionism, its Masters, its
Precursors, and its Influence in Britain,*
catalogue d'exposition par J. House,
1974

Londres, Royal Academy of Arts,
*Post-Impressionism, Cross-Currents
in European Painting,* catalogue
d'exposition par J. House, M.A.
Stevens et autres, 1979-1980

Londres, Royal Academy of Arts, *The
Orientalist,* catalogue d'exposition par
M.A. Stevens et autres, 1984

Londres, Tate Gallery, *Renoir,* 1953

Longstreet, S. (intro), *The Drawings of
Renoir,* Alhambra (Calif.) 1965

Lora, L. de, «Petites nouvelles artistiques,
exposition libre des peintres»,
Le Gaulois, 18 avril 1874

Maillard, G., «Les Impressionnistes»,
Le Pays, 9 avril 1877

Mallarmé, S., "The Impressionists and
Edouard Manet", *Art Monthly Review,*
septembre 1876, repris *in Documents
Stéphane Mallarmé I,* édité par
C.P. Barbier, Paris 1968

Mallarmé, S., *Correspondance,* éditée
par H. Mondor et L.J. Austin, III, Paris
1969; IV, 1973; V, 1981; VI, 1981; VII,
1982

Manet, J., *Journal (1893-1899),* Paris 1979

Mantz, P., «L'Exposition des peintres
impressionnistes», *Le Temps,* 22 avril
1877

Marthold, J. de, [à propos de l'exposition
Renoir], *La Ville de Paris,* 3 avril 1883

Marx, R., «Renoir», *Le Voltaire,* 26 avril
1892; repris *in Maîtres d'hier et
d'aujourd'hui,* Paris 1914

Mauclair, C., «Beaux-Arts, Exposition
Renoir - Durand-Ruel», *Revue
indépendante,* mai 1892

Mauclair, C., «L'Œuvre d'Auguste
Renoir», *L'Art décoratif,* février et
mars 1902

Mauclair, C., *The Great French Painters,*
Londres 1903

Mauclair, C., *The French Impressionists,*
Londres 1903 (édition française
L'Impressionnisme, Paris 1904)

Mauclair, C., «De Fragonard à Renoir
(une leçon de nationalisme pictural)»,
in De Watteau à Whistler, Paris 1905

Maus, M.O., *Trente années de lutte pour
l'art, 1884-1914,* Bruxelles 1926

Max, C., «Le Peintre Auguste Renoir»,
Revue méridionale, juillet, septembre
et octobre-novembre 1907

Meier-Graefe, J., *Modern Art,* Londres
1908

Meier-Graefe, J., *Auguste Renoir,* Paris
1912

Meier-Graefe, J., *Renoir,* Leipzig 1929

M[ellério], A., «Les Artistes à l'atelier,
Renoir», *L'Art dans les deux mondes,*
31 janvier 1891

Mézin, B. de, *Promenade en long et en large au Salon de 1870,* Paris [1870]; aussi publié *in Le Vélocipède illustré*

Mirbeau, O., « Notes sur l'art, Renoir », *La France,* 8 décembre 1884

Mirbeau, O., « Impressions d'art », *Le Gaulois,* 16 juin 1886

Mirbeau, O., et autres, *Renoir,* Paris 1913

Mithouard, A., « M. Renoir et le printemps », *in Les Pas sur la terre,* Paris 1908

Moncade, C.I. de, « Le Peintre Renoir et le Salon d'Automne », *La Liberté,* 15 octobre 1904

Monneret, S., *L'Impressionnisme et son époque,* I, Paris 1978; II, 1979; III, 1980; IV, 1981

Montifaud, M. de, « Exposition du boulevard des Capucines », *L'Artiste,* 1er mai 1874

Montifaud, M. de, « Salon de 1877 », *L'Artiste,* mai 1877

Moore, G., *Reminiscences of the Impressionist Painters,* Dublin 1906

Moreau-Vauthier, C., *Comment on peint aujourd'hui,* Paris 1923

Morel, H., « P.-A. Renoir », *Le Réveil,* 2 juillet 1883

Muther, R., *Modern Painting,* 3 volumes, Londres 1895-6

Natanson, T., « Renoir », *La Revue blanche,* 15 juin 1896; repris partiellement sous le titre « Renoir il y a cinquante ans », *in Peints à leur tour,* Paris 1948

Natanson, T., « De M. Renoir et de la Beauté », *La Revue blanche,* 1er mars 1900

Natanson, T., « Renoir », *in Peints à leur tour,* Paris 1948

New York, Duveen Galleries, *Renoir Centennial Loan Exhibition,* 1941

New York, Metropolitan Museum of Art, *French Paintings, III, XIX-XX Centuries,* catalogue par C. Sterling et M.M. Salinger, 1967

New York, Wildenstein, *Renoir,* catalogue d'exposition par D. Wildenstein, 1950

New York, Wildenstein, *Renoir,* préface par C. Durand-Ruel, 1969

New York, Wildenstein, *Renoir, the Gentle Rebel,* 1974

Niculescu, R., « Georges de Bellio, l'ami des impressionnistes », *Paragone,* nos. 247 et 249, 1970

Noutous, J., « Histoire anecdotique de la semaine », *La Vie moderne,* 7 avril 1883

Pach, W., « Pierre Auguste Renoir », *Scribner's Magazine,* mai 1912; largement repris *in Queer Thing, Painting,* New York 1938

Pach, W., *Renoir,* New York 1950

Pach, W., "Renoir, Rubens and the Thurneyssen Family", *Art Quarterly,* automne 1958

Paris, Bernheim-Jeune, *L'Art Moderne et quelques aspects de l'art d'autrefois, 163 planches d'après la collection privée de MM. J. et G. Bernheim-Jeune,* poème d'H. de Régnier et textes par d'autres auteurs, Paris 1919

Paris, Centre Culturel du Marais J.-M.G., *Claude Monet au temps de Giverny,* 1983

Paris, Galerie d'art Braun & Cie, *L'Impressionnisme et quelques précurseurs, Bulletin des expositions, III,* 1932

Paris, Galerie d'art Braun & Cie, *Renoir, Bulletin des expositions, 2e année, I,* 1932

Paris, Galerie Georges Petit, *Collection H. V[ever] Catalogue de Tableaux Modernes,* catalogue de vente, préface par L. Roger-Milès, 1er-2 février 1897

Paris, Galerie Georges Petit, *Collection de feu M. Paul Bérard, Tableaux modernes,* catalogue de vente, préface par L. Roger-Milès, 8-9 mai 1905

Paris, Galerie Georges Petit, *Collection Jules Strauss,* catalogue de vente 15 décembre 1932

Paris, Grand Palais, et New York, Metropolitan Museum, *Centenaire de l'Impressionnisme,* préface par H. Adhémar et R. Huyghe, catalogue d'exposition par A. Distel, M. Hoog, C.S. Moffett, 1974

Paris, Grand Palais et Ottawa, National Gallery of Canada, et San Francisco, Palace of the Legion of Honor, *Fantin-Latour,* catalogue d'exposition par D. Druick et M. Hoog, 1982-3

Paris, Grand Palais, et New York, Metropolitan Museum of Art, *Manet,* catalogue d'exposition par F. Cachin, C.S. Moffett et J.W. Bareau, 1983

Paris, Hôtel Drouot, *Tableaux composant la Collection Maurice Gangnat,* catalogue de vente avec essais par R. de Flers et E. Faure (repris *in* Faure 1925), 24-25 juin 1925

Paris, Hôtel Drouot, Rive gauche, *Vente de manuscrits,* catalogue de vente, 16 février 1979, 11 juin 1980 (lettres de Renoir à Bérard)

Paris, Musée National du Louvre, *Catalogue des peintures, pastels, sculptures impressionnistes,* préface par G. Bazin, catalogue par H. Adhémar, M. Dreyfus-Bruhl, M. Sérullaz, M. Beaulieu, 1958

Paris, Musée de l'Orangerie, *Renoir,* catalogue d'exposition par C. Sterling, 1933

Paris, Orangerie des Tuileries, *Collection Jean Walter - Paul Guillaume,* 1966

Paris, Musée de l'Orangerie, *Catalogue de la collection Jean Walter et Paul Guillaume,* catalogue par M. Hoog et H. Guicharnaud, 1984

Paris, Réunion des Musées Nationaux, *Chefs-d'œuvre de la peinture française dans les Musées de Leningrad et de Moscou,* 1965-6

Perruchot, H., *La Vie de Renoir,* Paris 1964

Pickvance, R., "Monet and Renoir in the mid-1870s", *in Japonisme in Art, an International Symposium,* édité par Yamada Chisburō, Tokyo 1980

Pissarro, C., *Lettres à son fils Lucien,* édité par J. Rewald, Paris 1950

Pissarro, C., *Correspondance, I, 1865-1885,* éditée par J. Bailly-Herzberg, Paris 1980

Pothey, A., « Exposition », *La Presse,* 31 mars 1876

P[othey], A., « Beaux-Arts », *Le Petit parisien,* 7 avril 1877

Poulain, G., *Bazille et ses amis,* Paris 1932

Prouvaire, J., « L'Exposition du boulevard des Capucines », *Le Rappel,* 20 avril 1874

Py, B., lettre *in La Peinture,* 15 mars 1972

Reff, T., "Copyists in the Louvre, 1850-1870", *Art Bulletin,* décembre 1964

Régnier, H. de, *Renoir, peintre du nu,* Paris 1923

Reiley Burt, M., « Le pâtissier Murer », *L'Œil,* décembre 1975

Reinach, S., « L'Aphrodite de Cnide et la Baigneuse au Griffon », *Revue archéologique,* mai-juin 1913

Renoir, C., « Souvenirs sur mon père », *in Seize aquarelles et sanguines de Renoir,* Paris 1948

Renoir, C., « Adieu à Gabrielle de notre enfance », *Paris-Match,* 14 mars 1959

Renoir, C., « Renoir, sa toile à l'ombre d'un parasol », *in* [Anon.], *Renoir aux Collettes,* I, Cagnes 1960 (rééditions ultérieures)

Renoir, C., « En le regardant vivre », *in Renoir,* par P. Cabanne et autres, Paris 1970

Renoir, E., « Cinquième exposition de la Vie moderne », lettre adressée à M. Émile Bergerat, *La Vie moderne,* 19 juin 1879; repris *in* Venturi 1939, II

Renoir, E., « Un tour aux environs de Paris », *La Vie moderne,* 25 août, 1, 15, 29 septembre, 6, 13 octobre 1883

Renoir, J., *Renoir,* Paris 1962 (édition anglaise *Renoir, My Father,* Londres 1962)

Renoir, P.-A., *Carnet de dessins, Renoir en Italie et en Algérie (1881-1882),* préface par A. André, introduction de G. Besson, Paris 1955

Rewald, J., "Auguste Renoir and his Brother", *Gazette des Beaux-Arts,* mars 1945

Rewald, J., *Renoir Drawings,* New York 1946

Rewald, J., « Extraits du journal inédit de Paul Signac, II, 1897-1898 », *Gazette des Beaux-Arts,* avril 1952

Rewald, J., "Chocquet and Cézanne", *Gazette des Beaux-Arts,* juillet-août 1969

Rewald, J., *The History of Impressionism,* 4e édition, New York et Londres 1973

Rey, R., « Renoir à l'École des Beaux-Arts », *Bulletin de la Société d'Histoire de l'Art Français,* 1926

Rey, R., *La Renaissance du sentiment classique*, Paris 1931

Rivière, G., «A M. le Rédacteur du Figaro», *L'Impressionniste*, I, 6 avril 1877; repris *in* Venturi 1939, II

Rivière, G., «L'Exposition des impressionnistes», *L'Impressionniste*, I, 6 avril 1877; repris *in* Venturi 1939, II

Rivière, G., «Les Intransigeants et les impressionnistes, souvenirs du Salon Libre de 1877», *L'Artiste*, 1er novembre 1877

Rivière, G., *Renoir et ses amis*, Paris 1921

Rivière, G., «Renoir», *L'Art vivant*, 1er juillet 1925

Rivière, G., «Les Impressionnistes chez eux», *L'Art vivant*, 15 décembre 1926

Rivière, G., «Les Enfants dans l'œuvre et la vie de Cézanne et de Renoir», *L'Art vivant*, 1er septembre 1928

Rivière, G., *Mr. Degas, bourgeois de Paris*, Paris 1935

Robida, M., *Le Salon Charpentier et les impressionnistes*, Paris 1958

Robida, M., *Les grandes heures du Salon Charpentier*, Paris 1958

Robida, M., *Renoir, enfants*, Lausanne 1959

Roger-Ballu, «L'Exposition des peintres impressionnistes», *Les Beaux-Arts Illustrés*, 22-23 avril 1877

Roger-Ballu, «Le Salon de 1879, II, La Peinture», *Revue Politique et Littéraire, revue des cours littéraires (2e série), (La Revue Bleue)*, 7 juin 1879

Roger Marx, C., *Renoir*, Paris 1937

Rouart, D., *Correspondance de Berthe Morisot*, Paris 1950

Rouart, D., *Renoir*, Genève 1954

Rouart, D., *The Unknown Degas and Renoir in the National Museum of Belgrade*, Londres et New York 1964

Rouault, G., *Souvenirs intimes*, Paris 1926; repris *in Sur l'art et sur la vie*, Paris 1971

Roux-Champion, J.V., «Dans l'intimité de Renoir aux Collettes», *Figaro littéraire*, 9 juillet 1955

Scheyer, E., "Jean Frédéric Bazille — The Beginning of Impressionism, *Art Quarterly*, printemps 1942

Schneider, F., «Lettres de Renoir sur l'Italie», *L'Age d'or*, I, 1945

Schnerb, J.F., «Paysages par Claude Monet et Renoir», *La Grande Revue*, 10 juin 1908

Schnerb, J.F., «Visites à Renoir et à Rodin, extraits des carnets inédits, *Gazette des Beaux-Arts*, avril 1983

Sébillot, P., «L'Exposition des impressionnistes», *Le Bien public*, 7 avril 1877

Sert, M., *Misia*, Paris 1952

Silvestre, A., «Exposition de la rue Le Peletier», *L'Opinion*, 2 avril 1876

Silvestre, A., «Demi-Dieux et simples mortels au Salon de 1879, *La Vie moderne*, 29 mai 1879

Silvestre, A., «Septième exposition des artistes indépendants», *La Vie moderne*, 11 mars 1882

Silvestre, A., «L'Exposition des œuvres de P.A. Renoir», *La Vie moderne*, 14 avril 1883

Silvestre, A., *Au pays des souvenirs*, Paris 1892

Sisley, C., "The Ancestry of Alfred Sisley", *Burlington Magazine*, septembre 1949

Stein, L., *A. Renoir*, Paris 1928

Sutton, D., "An Unpublished Sketch by Renoir", *Apollo*, mai 1963

Syène, F.C. de, «Salon de 1879, II», *L'Artiste*, juillet 1879

Tabarant, A., «Le Peintre Caillebotte et sa collection», *Bulletin de la vie artistique*, 1er août 1921

Tabarant, A., «Suzanne Valadon et ses souvenirs de modèle», *Bulletin de la vie artistique*, 15 décembre 1921

Tabarant, A., «Couleurs», *Bulletin de la vie artistique*, 15 juillet 1923

Terrasse, A., «Renoir», *in Encyclopedia Universalis*, Paris 1972

Terrasse, C., *Cinquante portraits de Renoir*, Paris 1941

Thiébault-Sisson, «Une Histoire de l'impressionnisme», *Le Temps*, 17 avril 1899

Thiébault-Sisson, «Auguste Renoir et son œuvre», *Le Temps*, 15 décembre 1919

Tuleu, J., *Souvenirs de famille*, [Paris] 1915

Valéry, P., «Souvenirs de Renoir», *L'Amour de l'art*, février 1921

Vassy, G., «L'Exposition des impressionnistes», *L'Événement*, 6 avril 1877

Vauxcelles, L., «Collection de M.P. Gallimard», *Les Arts*, septembre 1908

Vauxcelles, L., «Dessins de Renoir», *L'Art moderne*, 14 juillet 1912

Venturi, L., *Les Archives de l'impressionnisme*, 2 volumes, Paris 1939

Verhaeren, E., *Sensations*, Paris 1927

Vollard, A., *Tableaux, Pastels et Dessins de Pierre-Auguste Renoir*, 2 volumes, Paris 1918

Vollard, A., «La Jeunesse de Renoir», *Renaissance de l'art français et des industries de luxe*, mai 1918

Vollard, A., *La Vie et l'Œuvre de Pierre-Auguste Renoir*, Paris 1919; repris *in Renoir*, Paris 1920; et *in* Vollard 1938

Vollard, A., «Renoir sculpteur», *Beaux-Arts*, 12 octobre 1934

Vollard, A., *Recollections of a Picture Dealer*, Boston 1936 (édition française *Souvenirs d'un marchand de tableaux*, Paris 1937)

Vollard, A., *En écoutant Cézanne, Degas et Renoir*, Paris 1938

Warnod, A., «M. Pierre Renoir évoque pour nous le souvenir de son père, à propos d'une exposition des sculptures de Renoir», *Le Figaro*, 23 octobre 1934

White, B.E., "Renoir's Trip to Italy", *Art Bulletin*, décembre 1969

White, B.E., "Renoir's Sensuous Women", *in Woman as Sex Object*, édité par T. Hess et L. Nochlin, New York 1972

White, B.E., "The *Bathers* of 1887 and Renoir's Anti-Impressionism", *Art Bulletin*, mars 1973

Widman, D., "Prins Eugen", *Gazette des Beaux-Arts*, mai-juin 1983

Wildenstein, D., *Claude Monet. Biographie et catalogue raisonné*, Lausanne-Paris, I, 1974; II et III, 1979

Williamstown, Sterling and Francine Clark Art Institute, *Exhibit Six, Impressionist Paintings*, [1956]

Wolff, A., «Le Calendrier parisien», *Le Figaro*, 3 avril 1876

Wright, W.H., *Modern Painting. Its Tendency and Meaning*, New York et Londres 1915

Wyzewa, T. de, «Pierre-Auguste Renoir», *L'Art dans les deux mondes*, 6 décembre 1890; repris avec un «postscriptum (1903) *in Peintres de jadis et d'aujourd'hui*, Paris 1903

Zervos, C., «Idéalisme et naturalisme dans la peinture moderne, III, Renoir», *Cahiers d'art*, 1928

Zola, E., «Notes parisiennes», *Le Sémaphore de Marseille*, 19 avril 1877, repris *in* Zola 1970

Zola, E., «Le Naturalisme au Salon», *Le Voltaire*, 18-22 juin 1880; repris *in* Zola 1970

Zola, E., *Mon Salon, Manet, Écrits sur l'art*, édité par A. Ehrard, Paris 1970

White, B.E., *Renoir, His Life, Art, and Letters*, New York 1984, a été publié après la mise sous presse de ce catalogue.

Liste des expositions

Cette liste chronologique tente de présenter de la manière la plus complète possible les références vérifiées par les auteurs aux expositions d'œuvres de Renoir du vivant de l'artiste. Les expositions connues seulement à travers des sources secondaires sont répertoriées à part. Chaque fois que cela a été possible on a ajouté entre parenthèses le nombre d'œuvres exposées. Lorsqu'on ignore le mois — ou la saison d'une exposition, celle-ci a été mentionnée au milieu de l'année au cours de laquelle elle a eu lieu.

1864
Mai-Juin : Paris, *Salon* (1 œuvre)

1865
Mai-Juin : Paris, *Salon* (2 œuvres)

1866
Janvier-Mars : Pau, Société des Amis des Beaux-Arts (3 œuvres)

1868
Mai-Juin : Paris, *Salon* (1 œuvre)

1869
Mai-Juin : Paris, *Salon* (1 œuvre)
Automne : Paris, 8, boulevard Montmartre, chez Carpentier

1870
Mai-Juin : Paris, *Salon* (2 œuvres)

1872
Novembre : Londres, 168 New Bond Street, The Society of French Artists, *Fifth Exhibition* (1 œuvre)

1873
Mai-Juin : Paris, *Salon des Refusés* (2 œuvres)

1874
Avril-Mai : Paris, 35, boulevard des Capucines, Société anonyme des artistes peintres, sculpteurs, graveurs, etc., *Première exposition* (6 peintures, 1 pastel) Londres, 168 New Bond Street, The Society of French Artists, *Ninth Exhibition* (2 œuvres)

1876
Février-Mars : Pau, Société des Amis des Beaux-Arts (2 œuvres)
Avril : Paris, 11, rue Le Peletier, *Deuxième exposition de peinture* (15 œuvres)

1877
Avril : Paris, 6, rue Le Peletier, *Troisième exposition de peinture* (21 œuvres)

1878
Mai-Juillet : Paris, *Salon* (1 œuvre)

1879
Mai-Juin : Paris, *Salon* (2 peintures, 2 pastels)

Juin : Paris, La Vie moderne, *Cinquième exposition de la Vie moderne, P.-A. Renoir* (? quelques pastels)
Juillet : Paris, La Vie moderne, *Les Dessins de la Vie moderne - première série* (dessins de Renoir)
Décembre : Paris, La Vie moderne, *Les Tambourins de la Vie moderne* (1 œuvre)

1880
Mai-Juin : Paris, *Salon* (2 peintures, 2 pastels)

1881
Mai-Juin : Paris, Société des artistes français, *Salon* (2 œuvres)

1882
Mars : Paris, 251, rue Saint-Honoré, Salons du Panorama de Reichshoffen, *7ème exposition des artistes indépendants* (25 œuvres)
Mai-Juin : Paris, Société des artistes français, *Salon* (1 œuvre)
Juillet : Londres, 13 King Street, exposition de peintures impressionnistes prêtées par Durand-Ruel

1883
Avril : Paris, 9, boulevard de la Madeleine, Durand-Ruel, *Exposition des œuvres de P.A. Renoir* (70 œuvres)
Avril-Juillet : Londres, Dowdeswell and Dowdeswell, *La Société des Impressionnistes* (10 œuvres)
Mai-Juin : Paris, Société des artistes français, *Salon* (1 œuvre)
Boston, *American Exhibition of Foreign Products, Arts and Manufactures, Art Department* (3 œuvres)
Automne : Berlin, Gurlitt, exposition de peintures impressionnistes

1884
Janvier : Paris, 3 bis, rue de la Chaussée-d'Antin, *Exposition du Cercle artistique de la Seine* (2 œuvres)

1885
Juin : Bruxelles, Hôtel du Grand-Miroir, *Exposition de MM. Degas, Monet, Pissarro, Renoir et Sisley* (organisée par Durand-Ruel)

1886
Février-Mars : Bruxelles, Les XX

[*3e exposition*] (8 œuvres)
Avril : New York, Madison Square South, American Art Galleries, American Art Association, *The Impressionists of Paris, Works in Oil and Pastel* (38 œuvres)
Avril-Juin : New York, National Academy of Design, American Art Association, *The Impressionists of Paris, Works in Oil and Pastel* (transféré des American Art Galleries) (38 œuvres)
Juin-Juillet : Paris, Galerie Georges Petit, *5e Exposition internationale de peinture et de sculpture* (5 œuvres)
Automne : Nantes, cours Saint-Pierre, *Exposition des Beaux-Arts* (2 œuvres)

1887
Mai-Juin : New York, National Academy of Design, American Association for the Promotion and Encouragement of Art, *Celebrated Paintings by Great French Masters* (5 œuvres)
Main-Juin : Paris, Galerie Georges Petit, *6e Exposition internationale de peinture et de sculpture* (5 œuvres)

1888
Mai-Juin : Paris, Galerie Durand-Ruel, *Exposition* (24 œuvres)

1890
Février-Mars : Bruxelles, Les XX, *VIIe Exposition annuelle* (5 œuvres)
Mai : Paris, Société des artistes français, *Salon* (1 œuvre)
Septembre-Octobre : Chicago, Inter-State Industrial Exposition, *18th Annual Exhibition, Paintings* (3 œuvres)

1891
Avril : Nantes, Société des amis des arts, *2ème exposition* (2 œuvres)
Juillet : Paris, Galeries Durand-Ruel, *Renoir, tableaux de 1890-91*

1892
Mai : Paris, Galeries Durand-Ruel, *Exposition A. Renoir* (110 œuvres)

1893
Février : New York, American Fine Arts Society, Loan Exhibition, *Paintings : Modern Masters* (1 œuvre)
Chicago, World's Columbian Exposition, *Loan Collection, Foreign Masterpieces owned in the United States* (1 œuvre)

1894
Février-Mars: Bruxelles, La Libre
Esthétique, *Première Exposition*
(2 œuvres)
Février: Buffalo, Fine Arts Academy,
Loan Exhibition (1 œuvre)
Saint Louis Exposition, *11th Annual
Exhibition*, Art Department (2 œuvres)

1895
Saint Louis Exposition, *12th Annual
Exhibition*, Art Department (1 œuvre)

1896
Février-Mars: Bruxelles, La Libre
Esthétique, *3e Exposition* (1 œuvre)
Mai: Rouen, Hôtel du Dauphin et
d'Espagne, *Magnifique collection
d'Impressionnistes* (30 œuvres de la
collection Murer)
Mai-Juin: Paris, Galeries Durand-Ruel,
Exposition Renoir (42 œuvres)
Saint Louis Exposition, *13th Annual
Exhibition*, Art Department (1 œuvre)

1897
Saint Louis Exposition, *14th Annual
Exhibition*, Art Department (1 œuvre)
Novembre-janvier 1898: Pittsburgh,
Carnegie Institute, *Second Annual
Exhibition* (1 œuvre)

1898
Mars: Boston, Copley Hall, Art Students
Association, *Modern Painters* (2 œuvres)
Mai-Juin: Paris, Galeries Durand-Ruel,
Monet, Renoir, Pissarro, Sisley (plus de
10 œuvres)
Été: Londres, Knightsbridge,
International Society of Sculptors,
Painters and Gravers, *Exhibition of
International Art* (1 estampe)

1899
Avril: Paris, Galeries Durand-Ruel,
*Exposition de tableaux de Monet,
Pissarro, Renoir et Sisley* (42 œuvres)
Printemps: Dresde, *Kunst-Salon Ernst
Arnold* (4 œuvres)
Mai-Juillet: Londres, Knightsbridge,
International Society of Sculptors,
Painters and Gravers, *Second Exhibition*
(2 œuvres)
Novembre-Janvier 1900: Pittsburgh,
Carnegie Institute, *4th Annual Exhibition*
(2 œuvres)

1900
Janvier-Février: Paris, Galeries
Bernheim-Jeune et Fils,
Exposition A. Renoir (68 œuvres)
Avril: New York, Durand-Ruel Galleries,
*Exhibition of Paintings by Claude Monet
and Pierre Auguste Renoir* (21 œuvres)
Juin: Munich, Secession, *Internationale
Kunst-Ausstellung* (1 œuvre)
Paris, Exposition Internationale
Universelle de 1900, *Exposition
centennale de l'art français (1800-1889)*
(11 œuvres)

Berlin, Secession,
Zweite Kunstausstellung (2 œuvres)
Novembre: New York, The Union League
Club, *Loan Exhibition* (1 œuvre)

1901
Janvier: Chicago, Art Institute, *Loan
Collection of Selected Works of Modern
Masters* (1 œuvre)
Début de l'année: Londres, Hanover
Gallery, *Pictures by French
Impressionists and other Masters*
(9 œuvres)
Mars: Bruxelles, La Libre Esthétique,
Huitième exposition (2 œuvres)
Printemps: Berlin, Secession, *Dritte
Kunstausstellung* (2 œuvres)
Boston, Copley Society, Copley Hall,
*Loan Collection of Pictures of Fair
Children* (1 œuvre)
Glasgow: International Exhibition,
Fine Art Loan Collection (1 œuvre)
Octobre-Décembre: Berlin, Paul
Cassirer, *IV. Jahrgang der
Kunst-Ausstellungen, Ausstellung von
Werken von Auguste Renoir, Max
Slevogt, Wilhelm Trübner, Eugène
Carrière, Fritz Klimsch, R. Carabin*
(23 œuvres)
Octobre-Décembre: Londres, The
Galleries, 191 Piccadilly, International
Society of Sculptors, Painters and
Gravers, *Third Exhibition* (1 œuvre)

1902
Février-Mai: Glasgow, Royal Glasgow
Institute of Fine Arts, *Forty-first
Exhibition of Works of Modern Artists*
(1 œuvre)
Juin: Paris, Galeries Durand-Ruel,
Tableaux par A. Renoir (40 œuvres)
Août-Novembre: Prague, Société Manés,
Moderni Francouz. Uměni (2 œuvres)
Septembre: Dresde, Kunstsalon Ernst
Arnold, *Gemälde französischer Künstler*
(3 œuvres)
Hiver 1903: Berlin, Secession,
VI. Kunstausstellung, Zeichnende Künste
(1 lithographie)

1903
Janvier-Février: Vienne,
Oesterreichs-Secession,
*XVI. Ausstellung; Entwicklung des
Impressionismus in Malerei und Plastik*
(6 œuvres)
Avril: Paris, Bernheim-Jeune, *Exposition
d'Œuvres de l'École Impressionniste*
(9 œuvres)
Avril-Octobre: Venise, *V Esposizione
Internazionale d'Arte (Biennale)* (1 œuvre)
Mai-Juillet: Londres, Grafton Galleries,
French Masters (4 œuvres)
Budapest, *Taraszi Nemzetközi Kiállítás*
(1 œuvre)
Berlin, *Grosse Berliner Kunst-Ausstellung*
(2 œuvres)

1904
Février-Mars: Bruxelles, La Libre

Esthétique, *Exposition des peintres
impressionnistes* (12 œuvres)
Dresde, *Grosse Kunstausstellung,
Retrospektive Abteilung* (2 œuvres)
Dublin, Royal Hibernian Academy,
*Pictures presented to the City of Dublin
to form the Nucleus of a Gallery of
Modern Art, also Pictures lent by the
Executors of the late Mr. J. Staats Forbes,
and others* (1 œuvre)
Avril-Mai: Paris, Musée National du
Luxembourg, *Exposition temporaire de
quelques chefs-d'œuvre de maîtres
contemporains* (3 œuvres)
Mai-Octobre: Düsseldorf, *Internationale
Kunstausstellung* (2 œuvres)
Saint Louis, *Universal Exhibition,
Department of Art* (2 œuvres)
Weimar [sans lieu précis], *Monet, Manet,
Renoir, Cézanne* (10 œuvres)
Octobre-Novembre: Paris, Grand Palais,
Salon d'Automne (Salle Renoir,
35 œuvres)
Novembre-Décembre: New York,
American Fine Arts Society, *Comparative
Exhibition of Native and Foreign Art*
(1 œuvre)
?Décembre: Berlin, Paul Cassirer,
VII. Jahrgang, III. Ausstellung (1 œuvre)

1905
Janvier-Février: Londres, Grafton
Galleries, *Pictures by Boudin, Cézanne,
Degas, Manet, Monet, Morisot, Pissarro,
Renoir, Sisley, Exhibited by
Messrs. Durand-Ruel and Sons of Paris*
(59 œuvres)
Juin: Boston, Messrs. Walter Kimball
and Company, *Summer Exhibition of
Paintings*
Venise, *VI Esposizione Internazionale
d'Arte (Biennale)*, Salle Française,
(2 œuvres)
Octobre-Novembre: Paris, Grand Palais,
Salon d'Automne (9 œuvres)

1906
Janvier-Février: Londres, New Gallery,
International Society of Sculptors,
Painters and Gravers, *Sixth Exhibition*
(2 œuvres)
Février-Mars: Brême, *Internationale
Kunstausstellung* (3 œuvres)
Février: Montréal, Art Gallery, *Works
of Some French Impressionnists*
(3 œuvres)
Mars-Avril: Bâle, Kunsthalle, *Exposition
d'art français* (5 œuvres)
Avril-Mai: Belfast, Municipal Art Gallery,
First Exhibition, *Modern Paintings*
(1 œuvre)
Marseille, Exposition Nationale
Coloniale, *L'Exposition rétrospective des
Orientalistes français* (3 œuvres)
Octobre-Novembre: Paris,
Bernheim-Jeune, *Exposition d'Aquarelles,
Pastels, Gouaches et Dessins*
Octobre-Novembre: Paris, Grand Palais,
Salon d'Automne (5 œuvres)

1907

Mars-Avril: Strasbourg, Château des Rohan, *Art Français contemporain* (3 œuvres)

Avril-Juin: Pittsburgh, Carnegie Institute, *11th Annual Exhibition* (1 œuvre)

Mai-Juillet: Krefeld, Museum Kaiser Wilhelm, *Exposition d'Art Français* (4 œuvres)

Mai-Octobre: Mannheim, *Internationale Kunst-Ausstellung* (1 œuvre)

Barcelone, *V Exposición International de Bellas Artes y Industrias Artisticas* (8 œuvres)

Stuttgart, Museum der Bildenden Künste, *Ausstellung Französischer Kunstwerke* (3 œuvres)

Octobre-Décembre: Buffalo, Fine Arts Academy, Albright Art Gallery, *Exhibition of Paintings by the French Impressionists* (8 œuvres)

Octobre-Novembre: Prague, Société Manés, *Francoužsti Impressionistí* (7 œuvres)

Novembre: Paris, Bernheim-Jeune, *Fleurs et natures mortes* (7 œuvres)

Décembre: Saint Louis, Museum of Fine Arts, *A Special Exhibition of Paintings by the French Impressionists* (8 œuvres)

Décembre: Budapest, Nemzeti Salon, *Modern Francia Nagymesterek Tárlata* (11 œuvres)

Décembre-1908: Manchester, City Art Gallery, *Exhibition of Modern French Painting* (14 œuvres)

Décembre-janvier 1908: Paris, Bernheim-Jeune, *Portraits d'hommes* (4 œuvres)

Décembre: Paris, Galerie E. Blot, *Exposition de Cent Vingt tableautins...* (7 œuvres)

1908

Janvier-Février: Londres, New Gallery, International Society of Sculptors, Painters and Gravers, *Eighth Exhibition* (2 œuvres)

Février: Columbia, Missouri, Art Lovers Guild, *Second Annual Exhibition* (1 œuvre)

Février-Mars: Londres, New Gallery, International Society of Sculptors, Painters and Gravers, *Exhibition of Fair Women* (2 œuvres)

Février-Mars: Pittsburgh, Carnegie Institute, *Exhibition of Paintings by the French Impressionists* (10 œuvres)

Février-Juin: Rome, Società di Amatori e Cultori di Belle Arti, *LXXVII esposizione* (Dessins)

Mars-Avril: Bruxelles, La Libre Esthétique, *Salon jubilaire* (8 œuvres)

Mars-Avril: Cincinnati, Museum, *Exhibition of Paintings by the French Impressionists* (4 œuvres)

Avril-Mai: Bruxelles, Musée moderne, Cercle d'Art Vie et Lumière, *IVᵉ Exposition* (4 œuvres)

Avril-Mai: Minneapolis, Society of Arts, *Special Exhibition of Paintings by the French Impressionnists* (4 œuvres)

Avril-Mai: Moscou, La Toison d'Or, *Ière exposition* (1 œuvre)

Avril-Mai: Paris, Galeries Durand-Ruel, *Exposition de Natures mortes* (42 œuvres)

Avril-Juin: Pittsburgh, Carnegie Institute, *12th Annual Exhibition* (1 œuvre)

Mai-Juin: Paris, Galeries Durand-Ruel, *Exposition de paysages par Claude Monet et Renoir* (37 œuvres)

Été: Paris, Bernheim-Jeune, *Exposition permanente* (1 œuvre)

Londres, *Franco-British Exhibition* (3 œuvres)

Octobre-Novembre: Zurich, Künstlerhaus, *VIII. Serie, Französische Impressionisten* (4 œuvres)

Novembre-Décembre: New York, Durand-Ruel Galleries, *Exhibition of Paintings by Pierre Auguste Renoir* (41 œuvres)

1909

Janvier-Février: Montréal, Art Association, *Exposition d'art français* (3 œuvres)

Février-Mars: Londres, New Gallery, International Society of Sculptors, Painters and Gravers, *Exhibition of Fair Women* (2 œuvres)

Mars-Avril: Bruxelles, La Libre Esthétique, *Seizième exposition* (1 œuvre)

Avril-Juin: Pittsburgh, Carnegie Institute, *13th Annual Exhibition* (1 œuvre)

Liège, *Salon International* (2 œuvres)

Juillet-Septembre: Cassel, Kunstverein, *Französische Kunstausstellung* (1 œuvre)

Août-Septembre: Hagen, Museum Folkwang, *Sonderausstellung, Graphische Arbeiten* (5 lithographies)

Novembre: Munich, Moderne Galerie, *Impressionisten-Ausstellung* (8 œuvres)

Novembre-Décembre: Paris, Galerie E. Blot, *Natures mortes et fleurs* (1 œuvre)

Décembre: Mannheim, Kunsthalle, *Ausstellung von Werken der Malerei des 19 Jahrhunderts* (6 œuvres)

Décembre-Janvier 1910: Berlin, Secession, *XIX. Ausstellung, Zeichnende Künste* (2 dessins)

1910

Janvier: Brooklyn, Art Gallery, Pratt Institute, *Exhibition of Modern French Paintings* (1 œuvre)

Mars-Avril: Bruxelles, La Libre Esthétique, *L'Évolution du paysage* (3 œuvres)

Avril-Mai: Budapest, Müvészház, *Nemzetközi Impresszionista Kiállitás* (4 œuvres)

Avril-Mai: Florence, Lyceum Club, *Prima Mostra Italiana dell' Impressionismo* (2 peintures, 3 lithographies)

Avril: Paris, Bernheim-Jeune, *D'après les maîtres* (1 œuvre)

Avril-Octobre: Venise, *IX Esposizione Internazionale d'Arte (Biennale), Sala 6, French Impressionnists* (4 œuvres)

Avril-Mai: Moscou, La Toison d'Or, *Mostra individuale di Pierre-Auguste Renoir* (37 œuvres)

Printemps: Berlin, Secession, *Zwanzigste Ausstellung* (1 œuvre)

Mai: Paris, Bernheim-Jeune, *Nus* (7 œuvres)

Mai-Juin: Pittsburgh, Carnegie Institute, *14th Annual Exhibition* (1 œuvre)

Juin-Août: Brighton, Public Art Galleries, *Exhibition of the Works of Modern French Artists* (2 œuvres)

Juin: Paris, Galeries Durand-Ruel, *Tableaux par Monet, C. Pissarro, Renoir et Sisley* (35 œuvres)

Bruxelles, Exposition universelle et internationale, Section II, *Œuvres d'art modernes* (3 œuvres)

Chicago, Art Institute, *The Potter Palmer Collection*

Paris, Palais du Domaine de Bagatelle, Société Nationale des Beaux-Arts, «*Les Enfants*», *leurs portraits, leurs jouets, Exposition rétrospective 1789 à 1900* (1 œuvre)

Octobre-Novembre: Leipzig, Kunstverein, *Ausstellung Französischer Kunst* (3 œuvres)

Octobre-Novembre: Paris, Grand Palais, *Salon d'Automne* (1 œuvre dans la rétrospective Bazille)

Novembre-Janvier 1911: Berlin, Secession, *XXI. Ausstellung, Zeichnende Kunst* (1 œuvre)

Novembre-Décembre: New York, Photo-Secession Gallery, *Loaned Collection of some Lithographs, etc.*

Décembre: New York, Lotos Club, *Exhibition of Paintings by French and American Luminists* (3 œuvres)

Décembre: Paris, Bernheim-Jeune, *La Faune* (5 œuvres)

1911

Février-Avril: Hanovre, Kunstverein, *Grosse Kunst-Ausstellung* (1 œuvre)

Février-Mars: Paris, Bernheim-Jeune, *Collection Maurice Masson* (2 œuvres)

Mai-Juin: Wiesbaden, Hotel Vier Jahreszeiten, Dr. F. Graefe, Kunstsalon, *Moderne Französische Künstler* (2 œuvres)

Juin-Juillet: Londres, Grafton Gallery, International Society of Sculptors, Painters and Gravers, *Century of Art Exhibition 1810-1910* (1 œuvre)

Juin-Juillet: Paris, Bernheim-Jeune, *L'Eau* (2 œuvres)

Munich, Alte Pinakothek, *Gemälde aus der Sammlung von Nemes* (2 œuvres)

Rome, *Esposizione Internazionale di Roma, Mostra di Belle Arti* (1 œuvre)

Varsovie, *Artystów Francuskich* (2 œuvres)

Août: Belfast, Municipal Art Gallery, *Loan Exhibition of Modern Paintings* (1 œuvre)

Octobre-Novembre: Vienne, Galerie Arnot, *Französische Impressionisten* (1 œuvre)

Novembre-Décembre: Berlin, Secession,

XXIII. Ausstellung, Zeichnende Künste
(3 lithographies)

1912
Début de l'année: Saint-Petersbourg, Institut français, *Exposition Centennale d'art français* (24 œuvres)
Janvier-Février: Munich, Moderne Galerie Heinrich Thannhauser, *Auguste Renoir* (41 œuvres)
Janvier-Février: Toledo, Museum of Art, *Inaugural Exhibition* (1 œuvre)
Janvier-Février: Vienne, Galerie Miethke, *Französische Meister* (10 œuvres)
Février-Mars: Berlin, Paul Cassirer, *VI. Ausstellung* (41 œuvres, les mêmes qu'à Munich, janvier-février 1912)
Février-Mars: New York, Durand-Ruel Galleries, *Exhibition of Paintings by Renoir* (21 œuvres)
Mars: Boston, Brooks Reed Galleries, Exposition organisée par Durand-Ruel
Avril-Juillet: Amsterdam, Stedelijk Museum, *Exposition Internationale des Beaux-Arts* (1 œuvre)
Avril-Juin: Leipzig, Verein LIA, *Leipziger Jahresausstellung 1912* (2 œuvres)
Avril-Mai: Londres, Grafton Galleries, International Society of Sculptors, Painters and Gravers, *Twelfth Exhibition* (1 œuvre)
Avril-Mai: Paris, Galeries Durand-Ruel, *Exposition de tableaux par Renoir* (73 œuvres, 1 hors catalogue)
Avril-Juin: Pittsburgh, Carnegie Institute, *16th Annual Exhibition* (1 œuvre)
Mai: Marseille, Ateliers du Quai Rive-Neuve, *Salon de mai, Première Exposition* (3 œuvres)
Mai-Octobre: Dresde, Städtischer Ausstellungspalast, *Grosse Kunstausstellung* (2 œuvres)
Mai-Juillet: Paris, Palais du Domaine de Bagatelle, Société Nationale des Beaux-Arts, *La Musique, La Danse, Exposition rétrospective* (2 œuvres)
Juin: Paris, Galeries Durand-Ruel, *Portraits par Renoir* (49 peintures, 9 pastels)
?Été: Paris, Manzi, Joyant et Cie, *Exposition d'Art Moderne* (28 œuvres)
Juillet-Août: Zürich, Kunstsalon Wolfsberg, *Gemälde-Ausstellung Französischer Meister*
Juillet-Décembre: Düsseldorf, Städtische Kunsthalle, *Sammlung Marczell von Nemes* (4 œuvres)
Juillet-Septembre: Frankfurt-am-Main, Frankfurter Kunstverein, *Die Klassische Malerei Frankreichs im 19 Jahrhundert* (9 œuvres)
Juillet: Hagen, Museum Folkwang, *Moderne Kunst* (6 peintures, 1 lithographie)
Octobre-Novembre: Berlin, Paul Cassirer, *XV. Jahrgang, I. Ausstellung* (11 œuvres)
Octobre-Novembre: Paris, Grand Palais, *Salon d'Automne, Exposition de portraits du XIXᵉ Siècle* (2 œuvres)

Décembre: Vienne, Galerie Arnot, *Ausstellung von Werken moderner Franzosen* (3 œuvres)

1913
Janvier: Berlin, Paul Cassirer, *XV. Jahrgang, III. Ausstellung, Sammlung Reber* (2 œuvres)
Janvier: Boston, Saint Botolph Club, *Impressionist paintings, lent by Messrs Durand-Ruel and Sons* (4 œuvres)
?Janvier: Budapest, Ernst-Museum, *Francia Impresszionisták* (1 œuvre)
Janvier-Février: Vienne, Galerie Miethke, *Die Neue Kunst* (1 œuvre)
Février-Mars: New York, Armory of the Sixty-ninth Regiment, *Armory Show* (5 œuvres)
Février-Mars: New York, Association of American Painters and Sculptors, Inc., *International Exhibition of Modern Art* (4 œuvres)
Février-Mars: Zurich, Kunsthaus, *Französische Kunst* (2 œuvres)
Mars: Berlin, Paul Cassirer, *XV. Jahrgang, VI. Ausstellung* (2 œuvres)
Mars-Avril: Bruxelles, La Libre Esthétique, *Interprétations du Midi* (4 œuvres)
Mars-Avril: Chicago, Art Institute of Chicago, *Armory Show* (11 lithographies)
Mars-Juin: Rome, Secessione, *Prima Esposizione Internazionale d'Arte* (2 œuvres)
Mars: Paris, Bernheim-Jeune et Cie, *Exposition Renoir* (52 œuvres)
Mars: Vienne, Galerie Miethke, *Französische Impressionisten* (10 œuvres)
Avril-Mai: Boston, Copley Hall, Copley Society of Boston, *Armory Show* (lithographies)
?Avril-Mai: Londres, Grosvenor Gallery, International Society of Sculptors, Painters and Gravers, *Spring Exhibition* (1 œuvre)
Avril: Munich, Galerie Heinemann, *Französische Kunst des XIX. Jahrhunderts* (4 œuvres)
Avril-Juin: Pittsburgh, Carnegie Institute, *17th Annual Exhibition* (1 œuvre)
Printemps: Berlin, Secession, *XXVI. Ausstellung* (10 œuvres)
Mai-Octobre: Düsseldorf, Städtischer Ausstellungspalast, *Grosse Kunstausstellung* (2 œuvres)
Mai-Octobre: Stuttgart, Kgl. Kunstgebäude, *Grosse Kunstausstellung* (7 œuvres)
Juin-Juillet: Paris, Galerie Manzi, Joyant et Cie, *Exposition d'Art Moderne de 1913* (30 œuvres)
Été: Berlin, Paul Cassirer, *XV. Jahrgang, Sommerausstellung* (3 œuvres)
?Été: Gand, Exposition Universelle, *Beaux-Arts: Œuvres Modernes* (2 œuvres)
?Automne: Budapest, Ernst-Museum, *A XIX. Szazad Nagy Francia Mesterei* (3 œuvres)
Octobre-Novembre: Berlin, Neue

Galerie, *Erste Ausstellung* (1 œuvre)
Novembre: Berlin, Paul Cassirer, *Degas/Cézanne* (10 œuvres)
Décembre-Janvier 1914: New York, Durand-Ruel Galleries, *Exhibition of Paintings representing Still Life and Flowers* (8 œuvres)

1914
Janvier-Février: Vienne, Kunstsalon Pisko, *Konkurrenz C.R.* (3 œuvres)
Février: New York, Durand-Ruel Galleries, *Exhibition of Paintings by Renoir* (30 œuvres)
Février-Mars: Brême, Kunsthalle, *Internationale Ausstellung* (8 œuvres)
Avril-Septembre: Berlin, Secession Ausstellungshaus, *Erste Ausstellung der freien Secession* (2 œuvres)
Avril-Mai: Dresde, Galerie Ernst Arnold, *Ausstellung Französischer Malerei des XIX. Jahrhunderts* (11 œuvres)
Mai-Juin: Copenhague, Statens Museum for Kunst, *Fransk Malerkunst fra det 19nde Aarhundrede* (12 œuvres)
Juin: Paris, Bernheim-Jeune, *Le Paysage du Midi* (5 œuvres)
Été: Berlin, Paul Cassirer, *XVI. Jahrgang, Sommerausstellung* (5 œuvres)
Été: Munich, Hans Goltz, *Neue Kunst Sommerschau* (2 œuvres)
Londres, Grosvenor House, *Exposition d'Art décoratif contemporain 1800-1885* (10 œuvres)

1915
Été: San Francisco, *Panama-Pacific International Exhibition,* Department of Fine Arts (5 œuvres)
Rome, Secessione, *III Internazionale* (1 œuvre)
Novembre: Detroit, Museum of Art, *Exhibition of Paintings by French Impressionists* (7 œuvres)
Décembre: New York, Durand-Ruel Galleries, *Exhibition of Paintings by Claude Monet and Pierre Auguste Renoir* (10 œuvres)

1916
Janvier: New York, M. Knoedler and Co., *Exhibition of Paintings by Contemporary French Artists* (4 œuvres)
Mars-Avril: Buffalo, Albright Art Gallery, *Exhibition of French and Belgian Art selected from the Panama-Pacific International Exhibition* (1 œuvre)
Mars-Avril: Paris, Jeu de Paume, La Triennale, *Exposition d'art français au profit de la Fraternité des artistes* (3 œuvres dont 2 bronzes)
Octobre-Décembre: Buffalo, Fine Arts Academy. Albright Art Gallery, *Retrospective Collection of French Art, 1870-1910,* prêté par le Musée du Luxembourg, Paris, France (4 œuvres)
Octobre-Novembre: Winterthur, Kunstverein, *Peinture française* (26 œuvres)

Novembre-début 1917 : La Haye,
Exposition d'art français

1917
Janvier : New York, Durand-Ruel
Galleries, *Exhibition of Paintings by
Renoir* (18 œuvres)
Avril-Juillet : Barcelone, Palau de Belles
Artes, *Exposició d'art francès
contemporani* (5 œuvres)
Mars-Avril : Stockholm,
Nationalmuseum, *Fransk Konst fran
1800—talet* (8 œuvres)
Avril : Paris, Galeries Georges Petit,
*Exposition de Tableaux... au profit de la
Fraternité des artistes* (1 œuvre)
Juin : Paris, Bernheim-Jeune, *Essai d'une
collection* (3 œuvres)
Juin-Juillet : Paris, Galeries Paul
Rosenberg, *Exposition d'art français du
XIXe Siècle,* au profit de l'association
générale des mutilés de la guerre
(16 œuvres)
Octobre-Novembre : Zurich, Kunsthaus,
*Französische Kunst des XIX und
XX Jahrhunderts* (57 peintures,
3 bronzes)
Décembre : Worcester, Art Museum,
*Exhibition of Paintings by Modern French
Masters* (5 œuvres)

1918
Janvier-Février : Oslo,
I Kunstnerforbundet, *Den Franske
Utstilling* (13 œuvres)
Février-Mars : New York, Durand-Ruel
Galleries, *Exhibition of Paintings by
Renoir* (28 œuvres)

1919
Mars : Paris, Bernheim-Jeune, *Dessins,
Aquarelles et Pastels*
Avril : New York, Durand-Ruel Galleries,
*Exhibition of Recently Imported Works
by Renoir* (35 œuvres)
?New York et ailleurs aux USA,
Exhibition of French Modern Art,
organisé par le ministère de l'Instruction
Publique française (1 œuvre)

Expositions non vérifiées :
Quelques modifications ont été apportées
à cette liste par rapport à l'édition en
anglais parue en premier

1898
Printemps : Vienne,
Exposition internationale des Beaux-Arts

1899
Janvier-Février : Saint-Pétersbourg,
Exposition de peinture française
(12 œuvres)
Mai : Vienne, Secession, *Études et dessins
modernes*

1900
Avril : Nantes, *Société des amis des arts*
Amsterdam, *Arti et amicitiae*

1905
Été : Buffalo, Albright Art Gallery,
Exposition Inaugurale

1909-10
Hiver : Brême, *Internationale
Kunstausstellung*

1911
Cambridge, Mass., Fogg Art Museum,
Harvard University, *French Painting*

1913
Dresde, Galerie Arnhold, *Ausstellung
Graphischer Kunst*

1914
Juillet : Dresde, Galerie Arnhold,
Ausstellung Französischer Malerei
(collections allemandes)

? vers 1915
Toronto, Canadian National Exhibition
Fine Arts

Crédits photographiques

Acquavella Galleries Inc., New York
113
Jörg P. Anders, Berlin
7,73
E. Irving Blomstrann
112
Will Brown
99
Prudence Cuming Associates Ltd
23
Éditions Nichido
117
Fitzwilliam Museum, Cambridge
24,48
Hinz, Allschwil-Bâle
9
L. Hossaka
14
Ralph Kleinhempel Gmbh & Co, Hambourg
2
Bernard Lontin, la Tour de Salvagny
94
Lourmel, Paris
21, 26, 65, 86, 111
Geraldine T. Mancini, New Haven
81
Miet Museum
40
Museum of Fine Arts, Boston
6

Museum of Fine Arts, St Petersburg, Floride
78
The National Gallery, Londres
46, 57
Nationalmuseum, Stockholm
3, 12
Otto Nelson, New York
110
Philadelphia Museum of Art
101
Thomas Prader, Maur
81
Réunion des musées nationaux, Paris
1, 5, 32, 35, 38, 39, 54, 55, 67, 68, 87, 88, 89, 92, 95, 102, 104, 108,
114, 123
Gordon H. Roberton, A.C. Cooper Ltd, Londres
25
Tom Scott, Edimbourg
15
Sotheby Parke Bernet, New York
96
Studio Service, Bonn
8
Joseph Szaszfai, Branford, Conn.
22
Eileen Tweedy
115
Malcolm Varon, New York
17
John Webb, Londres
4, 11, 16, 18, 19, 28, 33, 34, 40, 41, 42, 44, 45, 52, 53, 69, 75, 76, 79,
90, 91, 100, 107, 109, 124
Rodney Wright-Watson
64

Cet ouvrage a été achevé d'imprimer le 2 mai 1985
sur les presses de l'Imprimerie Blanchard
d'après les maquettes de Bruno Pfäffli.

Le texte a été composé en Versailles (dessiné par Adrian Frutiger).
Les illustrations couleurs ont été gravées par N.S.R.G. et Scala.
Le papier est des Papeteries Job.

Dépôt légal : mai 1985
ISBN 2.7118.2000.9
8000.422

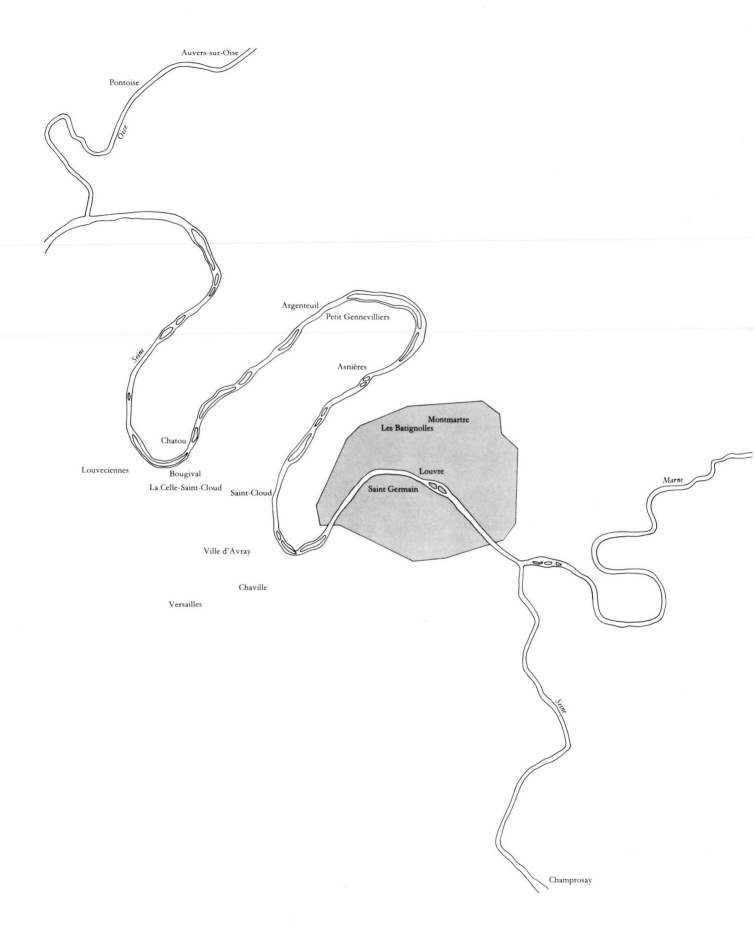

Abréviations utilisées :

A.D.-R.   Archives Durand-Ruel
A.L.   Archives du Musée du Louvre
A.M.   Archives Municipales
A.N.   Archives Nationales
A.P.   Archives de Paris
B.N. est. Bibliothèque Nationale, Département des estampes
S.H.A.T. Service Historique de l'Armée de Terre

Chronologie

Cette chronologie vise à rassembler de façon aussi complète que possible la documentation existante concernant les événements importants de la vie de Renoir. Les sources de ces informations sont toujours mentionnées. Bien que les auteurs de la chronologie n'y ont fait figurer que les informations qui semblaient suffisamment bien établies, on constatera qu'elles ne proviennent pas toutes de sources également précises ou également dignes de foi.

1841   25 février

Naissance de Pierre-Auguste Renoir à Limoges, 35 boulevard Sainte-Catherine (aujourd'hui 71 boulevard Gambetta). Son père Léonard Renoir (1799-1874) est tailleur ; sa mère Marguerite Merlet (1807-96) ouvrière en robes. Renoir est le sixième de sept enfants, dont deux morts en bas-âge. Il est baptisé le jour même de sa naissance à l'église Saint-Michel-des-Lions.
Reg. État civil ; Hugon 1935, pp. 453-5

1844

La famille Renoir s'installe à Paris.
Rivière 1921, p. 3

1848-54

Renoir fait ses études primaires chez les frères des Écoles chrétiennes.
Rivière 1921, p. 5

1849   12 mai

Naissance de son frère cadet Edmond Victor, à Paris, 16 rue de la Bibliothèque (aujourd'hui disparue dans l'aménagement de la rue de Rivoli, elle reliait la Place de l'Oratoire à la rue Saint-Honoré).
Reg. État civil

1854-58

Renoir entre en apprentissage chez un peintre sur porcelaine : Mr Levy : Levy frères et Compagnie, 76 rue des Fossés-du-Temple. Pendant son apprentissage, il suit des cours à l'école gratuite de dessin rue des Petits-Carreaux (3e arr.), dirigée par le sculpteur Callouette dont il se dit l'élève en 1862. Cette école était en même temps une école d'arts décoratifs.
E. Renoir 1879, in Venturi 1939, II, p. 335 ; Vollard 1918, *Jeunesse*, pp. 17-8 ; E. Renoir in Rewald 1945, p. 174 ; Didot-Bottin, *Annuaire*, 1855 ; Tuleu 1915, p. 34 ; AN, AJ^{52} 235

1855

Le nom de « Raynouard », tailleur à façon est inscrit sur les calepins cadastraux au 23 rue d'Argenteuil (1er arr.). La famille Raynouard *(sic)* est locataire d'un appartement au cinquième étage. Après 1858, elle loue un appartement supplémentaire au sixième étage.
A.P., calepins cadastraux, D^{1}P^4 A / 5, 1852

La famille demeure à cette adresse jusqu'en 1868. A partir de 1862 Renoir habite à d'autres adresses et loue successivement plusieurs ateliers à Paris. Il continue cependant à donner l'adresse de ses parents sur le registre d'admission des copistes du Musée du Louvre, sur le catalogue du Salon de 1864 et jusqu'en 1866 sur les listes électorales. En 1867 la mention « parti » y est rapportée au crayon.
A.P., listes électorales, D^{1}M^2 1er arr., quartier du Palais-Royal, 1866-7 ; A.L., LL 16 ; cat. Salon 1864

c. 1858-59

Renoir peint des éventails et colorie des armoiries pour son frère Henri graveur en médailles.

A la fin de son apprentissage il travaille dans un atelier de décoration de stores chez M. Gilbert, 63 rue du Bac : « Fabricant de stores en tous genres pour appartements, magasins, bateaux à vapeur, etc. Maison spéciale pour les stores religieux, imitation parfaite de vitraux pour églises (...). Stores imperméables, artistiques et monumentaux, commission, exportation. »
Vollard 1918, *Jeunesse*, pp. 18-20 ; Didot-Bottin, *Annuaire*, 1859

1860   24 janvier   Renoir est inscrit sur le registre des cartes de permission de travail du Musée du Louvre sous le n° 320. Il est introduit par Abel Terral, restaurateur des musées nationaux, attaché au Musée de Versailles. Cette autorisation est reconduite le 5 mars 1861 (carte n° 128), le 21 janvier 1862 (carte n° 67), le 9 avril 1863 (carte n° 247), le 1er juin 1864 (carte n° 313).
A.L., LL 16 ; A.L., O³⁰ 104

1861   8 novembre   Gleyre, dont il fréquente l'atelier, demande pour Renoir une autorisation de travail dans les salles de la bibliothèque des estampes de la Bibliothèque Impériale.
B.N. est, Yᵉ 118, t. 1

Photographie de Renoir, 1861

1862   1er avril   Il est admis à l'École Impériale et Spéciale des Beaux-Arts, 68ᵉ sur 80. Sa carte porte le n° 3325.

Son adresse, 29 place Dauphine (1er arr.), est aussi celle d'Émile Laporte, un de ses amis peintres, rencontré à l'école de dessin de la rue des Petits-Carreaux et qui fréquente aussi l'atelier Gleyre et l'École des Beaux-Arts.
A.N., AJ⁵² 76.77 ; A.N., AJ⁵² 235 ; A.P., calepins cadastraux, D¹P⁴ D/2, 1862 ; Tuleu 1915, pp. 33-4

18 avril   Il est reçu au concours de perspective, 5ᵉ sur 27, 4ᵉ mention. Le sujet est : « Mise en perspective de quatre gradins d'un temple antique, d'un tronc de colonne dorique grecque et d'une pierre oblique et inclinée. »
A.N., AJ⁵² 76-77

été   Selon Meier-Graefe, Renoir travaille avec ses camarades de l'atelier Gleyre dans la forêt de Fontainebleau. Il y rencontre Diaz qui lui donne des conseils et lui offre un crédit chez son marchand de couleurs.
Meier-Graefe 1912, p. 16 ; Vollard 1918, *Jeunesse*, p. 22 ; E. Renoir in Venturi 1939, II, p. 336 ; André 1928, p. 34

16 août   Il est reçu 10ᵉ au concours de composition pour l'admission au concours de la figure peinte et modelée. Le sujet : « Joseph vendu par ses frères ». Sur dix esquisses retenues celle de Renoir est classée dernière.
A.N., AJ⁵² 76-77

1er octobre-31 décembre   Il effectue son service militaire comme soldat de la 2ᵉ portion du contingent.
S.H.A.T., dossier n° 2233

1863	21 mars	Il est reçu 20e sur 80 au concours de figures dessinées de l'École des Beaux-Arts. A.N., AJ^{52} 76-77
	avril	D'après Arsène Alexandre, il est refusé au Salon et détruit sa toile : *Une nymphe avec un faune*. Alexandre 1892, p. 12
	14 août	Il est reçu 9e sur 12 au concours de composition pour l'admission au concours de la figure peinte et modelée. Le sujet est : « Ulysse au foyer d'Alcinoüs ». A.N., AJ^{52} 76-77
	7 octobre	Renouard *(sic)* est reçu 28e sur 80 au jugement du concours de place du semestre d'hiver. A.N., AJ^{52} 76-77
1864	5 janvier-5 mars	Il effectue une deuxième période militaire. S.H.A.T., dossier n° 2233
	5 avril	Renouard *(sic)*, élève de Gleyre, est reçu 10e sur 106 au concours des places pour les dessinateurs et les sculpteurs. A.N., AJ^{52} 77
	mai-juin	Il expose au Salon : n° 1618 *La Esmeralda*. Il détruit le tableau après l'exposition. Cat. ; Vollard 1918, *Jeunesse*, p. 22 L'atelier de Gleyre connaît des difficultés financières. Lettre de Bazille à son père [1864] in Chicago, Art Institute, 1978, p. 195
1865	mai-juin	Il expose au Salon : n° 1802 *Portrait de M.W.S.* [William Sisley, *voir* cat. n° 1], n° 1803 *Soirée d'été*. Son adresse : 43 avenue d'Eylau (aujourd'hui avenue Victor Hugo, 16e arr.). Cat.
	juillet	Renoir projette de faire une croisière sur la Seine en compagnie d'Henri *(sic)* Sisley et d'un jeune modèle « Le petit Grange ». Ils désirent voir les régates au Havre après s'être fait remorquer par le « Paris et Londres » jusqu'à Rouen. Il invite Bazille à se joindre à eux. Dans cette lettre, il donne son adresse : chez Sisley 31 avenue de Neuilly près de la Porte Maillot. Lettre de Renoir à Bazille, 3 juillet 1865, in Daulte 1952, p. 47 Il séjourne fréquemment chez son ami le peintre Jules Le Cœur qui a acheté une propriété à Marlotte en avril 1865. C'est là qu'il fait la connaissance de Clémence Tréhot, la maîtresse de Le Cœur, et de sa sœur Lise qui devient sa maîtresse et son modèle favori jusqu'en 1872 (*voir* cat. ^{o} 7). Cooper 1959, I, pp. 164, 171
1866	janvier-mars	Il expose trois tableaux à la Société des Amis des Beaux-Arts de Pau : n° 211 *Baigneuses (paysage)*, n° 212 *La mare aux fées*, n° 213 *Nymphe se mirant dans l'eau* Son adresse : 20 rue Visconti (6e arrt.). Cat.
	février	Renoir, Sisley et Le Cœur (*voir* cat. n° 4) traversent à pied la forêt de Fontainebleau. Ils se rendent à Milly et à Courances. Lettre de Jules Le Cœur, 17 février 1866, in Cooper 1959, p. 322 n. 5
	mars-avril	Il effectue de fréquents séjours à Marlotte en compagnie de Sisley et Le Cœur (*voir* cat. n° 3). Lettres de Marie Le Cœur (Mme F.) *in* Cooper 1959, p. 164

	avril	Renoir présente au jury du Salon un tableau représentant un paysage avec deux personnages et une « pochade » faite à Marlotte ; cette dernière est acceptée tandis que le premier tableau est refusé malgré l'avis favorable de Corot et Daubigny. Ils l'encouragent à demander un Salon des Refusés. Renoir retire son tableau du Salon ne désirant pas y être représenté par une « pochade » seulement. Lettre de Marie Le Cœur (Mme F.), 6 avril 1866, in *Cahiers d'aujourd'hui*, n° 2, janvier 1921, supplément
	août	Il séjourne avec Sisley, Charles Le Cœur et sa sœur Marie à Berck. Lettres de Charles et Marie Le Cœur à Mme J. Le Cœur, in Cooper 1959, p. 322 n° 5
1867		Pendant l'hiver Bazille loue un appartement 20 rue Visconti. Renoir habite avec lui. Peu après, Monet, qui est sans argent, se joint à eux. Ils restent ensemble probablement jusqu'à la fin de l'année 1867. Lettre de Bazille à sa mère [1867], in Chicago, Art Institute, 1978, p. 203 ; Renoir, *Frédéric Bazille peignant à son chevalet* (cat. n° 5), daté 1867 ; lettre du père de Bazille à son fils, 28 novembre 1867 (Vente Paris, Hôtel Drouot, 7-8 décembre 1982, n° 12)
	mars	Le tableau *Diane chasseresse* (fig. 4) est refusé au Salon. Meier Graefe 1912, p. 6
	30 mars	Il signe une pétition rédigée par Bazille, demandant une exposition des refusés. A.L., Salons, 1867
	juillet-août	Il séjourne à Chantilly. Lettre de Maître à Bazille, 23 août 1867, in Daulte 1971, p. 34
1868		Tôt dans l'année il emménage avec Bazille 9 rue de la Paix aux Batignolles (17ᵉ arr.) (rebaptisée rue de La Condamine à la fin de 1868), près du Café Guerbois — 11 Grand-Rue des Batignolles — rendez-vous des artistes autour de Manet. Ils y restent jusqu'au printemps 1870. L'appartement situé au troisième étage se compose d'un atelier et d'une pièce à feu. Lettre de Renoir à Bazille [1868], in Poulain 1932, pp. 153-4 ; A.P., calepins cadastraux, D¹P⁴ L/1, 1862 ; cat. Salons 1868, 1869 ; annuaire de la Gazette des Beaux-Arts, 1869 ; Bazille *L'atelier de la rue de La Condamine* daté 1870 ; Hillairet 1963, II, p. 11
	vers mars	Par l'intermédiaire de l'architecte Charles Le Cœur, frère du peintre Jules, il obtient une commande de décorations pour l'Hôtel du Prince Georges Bibesco, 22 avenue de Latour-Maubourg. Cooper 1959, p. 326
	mai-juin	Il expose au Salon : n° 2113 *Lise* (fig. 6). Son succès est attesté par plusieurs articles et caricatures : Castagnary in *Le Siècle,* 10 mai et 26 juin ; Fouquier in *L'Avenir national,* 23 mai ; Zola in *L'Evénement,* 24 mai ; Chesneau in *Le Constitutionnel,* 16 juin ; Lasteyrie in *L'Opinion nationale,* 20 juin ; Chaumelin in *La Presse,* 23 juin ; Harmant in *L'International,* 25 juin ; Astruc in *L'Étendard,* 27 juin ; Chassagnol in *Le Tintamarre* ; Gill in *Le Salon pour rire* ; Oulevay in *Le Monde pour rire* ; Bürger in Salons de 1861 à 1868, Paris 1870. Cat.
	été	Les parents de Renoir s'installent à Louveciennes. Léonard Renoir déclare avoir habité depuis dix-huit mois à Louveciennes lorsqu'il s'inscrit le 15 janvier 1870 sur les listes électorales. (A.M. de Louveciennes, listes électorales 1870) Il séjourne à Ville-d'Avray. Lettres de Renoir à Bazille [1868], *in* Poulain 1932, pp. 153-4
1869	mai-juin	Il expose au Salon : n° 2021 *En été ; étude (voir* cat. n° 7). Cat.

juillet-septembre	Il réside chez ses parents à Voisins-Louveciennes. De là il se rend presque tous les jours chez Monet à Saint-Michel près de Bougival où tous deux peignent au lieu-dit « La Grenouillère » (*voir* cat. n°s 11-12). Lettre de Renoir à Bazille [1869], in Poulain 1932, pp. 155-6 ; lettres de Monet à Bazille, 9 août [1869] et 25 septembre 1869, *in* Wildenstein 1974, I, pp. 426-7
automne	Il a exposé chez Carpentier (couleurs et encadrements, 8 boulevard Montmartre) plusieurs œuvres (*voir* cat. n° 8). Lettre de Renoir à Bazille [octobre 1869] (Vente Paris, Hôtel Drouot, 19 février 1982, n° 12) ; Didot-Bottin, *Annuaire,* 1870

1870

Fantin-Latour peint *Un atelier aux Batignolles* où sont représentés Manet, Scholderer, Renoir, Astruc, Zola, Maître, Bazille et Monet.
Paris, Grand Palais 1982-3, pp. 205-10, n° 73

Taille : 1 mètre *69* ^{c.} *mil.*
visage *Ovale*
front *ordinaire*
yeux *bruns*
nez *long*
bouche *grande*
menton *rond*
cheveux *et*
sourcils *blonds.*

Description de Renoir en 1870
d'après son dossier militaire
(Paris. S.H.A.T.)

Fantin-Latour, *Un atelier aux Batignolles*, 1870
(Paris, Musée d'Orsay, Galerie du Jeu de Paume)

printemps	Son adresse officielle (cat. Salon, livret militaire) est 8 rue des Beaux-Arts (6e arr.). Il partage l'appartement avec Bazille qui le loue depuis le mois d'avril, mais à cause de l'exiguïté de l'appartement, il va habiter, selon Daulte, chez Edmond Maître, 5 rue de Taranne (cette rue a disparu dans la construction du boulevard Saint-Germain). Cat. Salon ; S.H.A.T. dossier 2233 ; lettre de Bazille à sa mère, 26 mai 1870, in Chicago, Art Institute, 1978, p. 209 ; bail de location de l'appartement de la rue des Beaux-Arts, avril 1870 (Vente Paris, Hôtel Drouot 7-8 décembre 1982, n° 11) ; Daulte 1971, p. 36
mai-juin	Il expose au Salon : n° 2405 *Baigneuse* (cat. n° 14), n° 2406 *Femme d'Alger* (fig. 23). Cat.
26 août	A la suite de la déclaration de guerre de la France à la Prusse (19 juillet), Renoir est appelé dans le bataillon du 10e Régiment de chasseurs. S.H.A.T., dossier 2233

1871

Il est envoyé à Libourne. Il est atteint d'une grave dysenterie. Son oncle le ramène à Bordeaux où il est soigné et sauvé. L'armistice est signé le 28 janvier ; fin février il rejoint son régiment à Vic-en-Bigorre, près de Tarbes. Il est démobilisé le 10 mars avec la mention « s'est bien conduit pendant la durée de la guerre ». Plus tard il racontera à Julie Manet « qu'après la guerre, étant soldat, il a passé deux mois dans un château, où il était servi comme un prince, et donnant des leçons de peinture à la jeune fille, se promenant toute la journée à cheval. On ne voulait pas le laisser partir craignant qu'il soit tué pendant la Commune. »
Lettre de Renoir à Charles Le Cœur, 1er mars 1871, in Cooper 1959, p. 327 ; S.H.A.T., dossier 2233 ; Manet 1979, p. 132

	printemps	Il rentre à Paris dès le mois d'avril 1871 et loue une chambre rue du Dragon (6e arr.).
		Grâce au laissez-passer obtenu par Raoul Rigaud, alors Préfet de Police, il circule pendant la Commune entre Paris et Louveciennes où ses parents sont installés.
		Portrait de Rapha (cat. no 18), daté avril 71 ; Vollard 1938, p. 168 ; Vollard 1919, p. 54 ; Rivière 1921, p. 14
	août	Il passe quelques jours à Marlotte chez Jules Le Cœur, puis à la Celle-Saint-Cloud, Maison de la Treille, par Bougival.
		Lettre de Jules Le Cœur à sa mère, 13 août 1871, in Cooper 1959, p. 325 ; lettre de Renoir à Duret [1871], in Florisoone 1938, p. 39
	automne	Il loue un atelier 34 rue Notre-Dame-des-Champs (6e arr.), qu'il occupe jusqu'à l'été 1873.
		Vollard 1919, p. 57 ; Rivière 1921, p. 14 ; cat. Salon des Refusés 1873
1872		Durand-Ruel effectue ses premiers achats de tableaux de Renoir :
		le 16 mars : *Vue de Paris (Pont des Arts),* 200 F (fig. 10),
		le 23 mai : *Fleurs (Pivoines et coquelicots),* 300 F.
		A.D.-R., Livre d'achats et Grand Livre
	24 avril	Lise Trehot se marie avec un architecte Georges Brière de l'Isle.
		Cooper 1959, p. 171
	avril	Le tableau *Parisiennes habillées en algériennes* (cat. no 19) est refusé au Salon.
		Duret 1906, pp. 131-2
	18 juin	Il signe une pétition écrite par Charles Blanc au Ministre de l'Instruction publique, des Cultes et des Beaux-Arts, pour demander un Salon des Refusés. Manet, Fantin-Latour, Jongkind, Pissarro, Cézanne — entre autres — la signent aussi.
		A.N., F[21] 535
	novembre	La tableau *Vue de Paris (Pont des Arts)* (fig. 10) est présenté à la Ve exposition de la Society of French Artists, organisée à Londres par Durand-Ruel à la German Gallery, 168 New Bond Street. C'est la première fois qu'un tableau de Renoir y est exposé.
		Cat.
1873	mars-avril	Il rencontre Théodore Duret, dans l'atelier de Degas, à son retour d'un voyage autour du monde avec Cernuschi. Duret achète *En été* (cat. no 7) 400 F à un marchand de la rue La Bruyère et après une visite à l'atelier de la rue Notre-Dame-des-Champs *Lise à l'ombrelle* (fig. 6) 1 200 F.
		Meier-Graefe 1912, p. 6 n* ; Duret 1924, pp. 13, 14-5
	mai-juin	Il expose au Salon des Refusés :
		no 90 *Allée cavalière au Bois de Boulogne* (fig. 25),
		no 91 *Portrait.*
		Cat.
	été	Il séjourne à Argenteuil chez Claude Monet (*voir* cat. no 22).
		Lettre de Monet à Pissarro, 12 septembre 1873, in Wildenstein 1974, I, p. 429
	automne	Il loue un appartement et un atelier, 35 rue Saint-Georges (9e arr.). Bien qu'il loue à plusieurs reprises des ateliers dans le voisinage, cette adresse est celle de sa résidence principale jusqu'à la fin de l'année 1882 et probablement, selon Rivière, jusqu'en 1883-4.
		A.P., calepins cadastraux, D[1]P[4] S/3, 1876 ; listes électorales, D[1]M[2], 9e arr., quartier Saint-Georges, 1882 ; Rivière 1921, p. 88
		Il assiste aux réunions de la future Société anonyme coopérative des artistes peintres, sculpteurs, graveurs, etc., fondée le 27 décembre 1873. Plusieurs réunions ont lieu 35 rue Saint-Georges.
		Monneret 1979, II, p. 167

hiver 1873-74		Il se brouille avec la famille Le Cœur. Cooper 1959, p. 328
1874	avril-mai	Il participe à la première exposition de la Société anonyme coopérative des artistes peintres, sculpteurs, graveurs, etc., 35 boulevard des Capucines. Il expose six tableaux (*voir* cat. n° 25 *La Loge*, n° 27 *Parisienne*) et un pastel. Cat.
		Deux tableaux sont présentés à la IXe exposition de la Society of French Artists organisée par Durand-Ruel à la German Gallery à Londres, 168 New Bond Street. Cat.
	été	Il rend visite à Monet à Argenteuil (*voir* cat. n°s 28, 29). Manet qui séjourne alors à Gennevilliers se joint parfois à eux. Rewald 1973, pp. 341-3
		Au cours des années soixante-dix, il fréquente le café de la Nouvelle-Athènes où se retrouvent Manet, Marcellin Desboutin, Duranty, Duret, Charles Cros, Jules de Marthold, Villiers de l'Isle Adam, Richepin, Armand Silvestre, Franc-Lamy, Rivière, Goeneutte, Cabaner parfois Burty, Cézanne. Rivière 1921, pp. 23, 25-32

Le café de la Nouvelle-Athènes, 1906
(Paris, Bibliothèque Nationale)

Renoir, *Claude Monet*
(Paris, Musée d'Orsay,
Galerie du Jeu de Paume)

Renoir, *Autoportrait*, vers 1875
(Williamstown,
Sterling and Francine Clark
Art Institute)

	17 décembre	L'assemblée générale de la Société anonyme coopérative des artistes peintres, sculpteurs, graveurs, etc., qui se tient chez Renoir et dont il est Président de séance, décide sa dissolution en raison de son passif élevé. Procès-verbal de l'assemblée générale de la Société anonyme coopérative des artistes peintres, sculpteurs, graveurs, etc. (Vente Paris, Hôtel Drouot, 21 novembre 1975, n° 82)
	22 décembre	Léonard Renoir, son père, meurt à Louveciennes (rue de Voisins). Reg. État-civil; A.M. Louveciennes, recensement 1872 et 1876
		En 1874, le père Martin lui achète *La Loge* (cat. n° 25) 425 F. Vollard 1938, p. 177
1875		Au début de l'année, selon Vollard, il reçoit la commande d'un portrait d'une femme avec ses deux filles (*Jeune mère* ou *La promenade*, Daulte 1971 n° 111) payé 1 200 F. Cela l'encourage à organiser une vente aux enchères de ses œuvres et de celles de ses amis. Il utilise l'argent pour louer un studio rue Cortot (18e arr.) tout en continuant à vivre 35 rue Saint-Georges. Vollard 1938, pp. 181-3; Rivière 1921, p. 129 (il date la location de la rue Cortot en mai 1876 sans faire de lien avec la commande du portrait)
	23-24 mars	Renoir ayant persuadé ses amis Monet, Sisley et Morisot d'organiser une vente aux enchères de leurs œuvres, le public manifeste le jour de l'exposition des

tableaux (23 mars). La vente se tient le jour suivant à l'Hôtel Drouot. Le commissaire-priseur est Charles Pillet, l'expert Durand-Ruel. Philippe Burty préface le catalogue de la vente. Renoir réalise 2 251 F pour 20 toiles, les prix allant de 50 F à 300 F.

Vollard 1938, p. 183; Meier-Graefe 1912, p. 53 n.*; A.P., procès-verbal de la vente, D^{48}E^3 art. 65; Bodelsen 1968, pp. 333-6

	avril	Selon Duret et Maître, Renoir est refusé au Salon.

Duret 1878, p. 27; Maître in Daulte 1952, p. 60 n° 1

	été	Il fait de petits séjours chez le Père Fournaise dans l'île de Chatou.

Portraits d'*Alph. Fournaise* (Williamstown Clark Art Institute) et *Alphonsine Fournaise* (São Paulo, Museu de Arte), datés 1875

En 1875 il rencontre le collectionneur Victor Chocquet, peut-être à la suite de la vente aux enchères. En 1875-6 il exécute plusieurs portraits des membres de la famille Chocquet. Dollfuss lui commande une copie de la *Noce juive au Maroc* de Delacroix.

Rewald 1969, pp. 38-9; Meier-Graefe 1912, p. 28; Daulte 1971, n° 139

1876 février-mars Il expose deux tableaux à l'exposition de la Société des Amis des Arts à Pau :
n° 280 *Couseuse.*
n° 281 *Jeune fille jouant avec un chat.*
Cat.

avril Il expose quinze tableaux à la seconde exposition de peinture organisée par les Impressionnistes, 11 rue Le Peletier.
Cat.

été Il travaille à Montmartre dans le jardin de son atelier rue Cortot (*voir* cat. n°s 37, 38) et au Moulin de la Galette (*voir* cat. n° 39).
Rivière 1929, pp. 129-30

septembre Il séjourne à Champrosay chez Alphonse Daudet qu'il a rencontré chez les Charpentier. Il se recueille sur la tombe de Delacroix.
Vollard 1938, p. 185; Robida, *Salon Charpentier* 1958, p. 53

En 1876-7 les Charpentier lui commandent des portraits (*voir* cat. n° 43), puis des décorations pour l'escalier d'honneur de leur hôtel de la rue de Grenelle.
Vollard 1919, p. 97

1877 avril Pour faire face aux critiques hostiles de la presse vis-à-vis des Impressionnistes, Renoir suggère à Rivière de publier une revue : *L'Impressionniste,* dont quatre numéros paraissent en avril. Renoir lui-même y publie le 14 avril une lettre signée « Un peintre » et le 28 avril un article « Art décoratif et contemporain » sous la même signature.
Rivière 1921, p. 154; Venturi 1939, II, pp. 305-29

Il expose vingt et une toiles à la 3e exposition de peinture organisée par les Impressionnistes, 6 rue Le Peletier.
Cat.

28 mai Renoir organise une seconde vente publique à l'Hôtel Drouot, à laquelle participent Caillebotte, Pissarro et Sisley. Il réalise 2 005 F pour quinze toiles et un pastel.
Bodelsen 1968, p. 336

octobre Bal costumé chez Cernuschi chez qui il est introduit par Duret. A cette occasion Renoir rencontre Gambetta et lui demande la faveur d'être nommé conservateur d'un musée de province.
Kolb, Adhémar 1984, p. 30

Au cours de ces années, Renoir participe aux « mercredis » organisés par Murer

dans son restaurant, 95 boulevard Voltaire où se retrouvent des écrivains, des journalistes et des peintres.

Lettres de Renoir à Murer, in Gachet 1957, pp. 89-91

1878 mai

Parution de la brochure de Duret, *Les peintres impressionnistes,* illustrée d'un dessin de Renoir d'après *Lise à l'ombrelle* (fig. 6).

mai-juin

Il expose au Salon :
n° 1883 *Le café* (Daulte 1971, n° 272).
Cat.

5-6 juin

A la vente Hoschedé, organisée à l'Hôtel Drouot à la suite de sa faillite, les trois tableaux de Renoir n'atteignent au total que 157 F.

A.P., Procès-verbal de la vente judiciaire Hoschedé, D⁴⁸ E³ art. 3, in Bodelsen 1968, pp. 339-41

Publication de l'édition illustrée de *L'Assommoir* de Zola, ornée de gravures sur bois d'après des dessins de Bellenger, Butin, Castelli, Clairin, Garnier, Gill, Goeneutte, Leloir, Monillon, Regamey, Renoir...

Zola, *Correspondance* éditée par B.H. Bakker, 1982, III, p. 173

1879 février

Mort d'Alma-Henriette Lebœuf, un modèle du peintre (*voir* cat. n° 35). En dépit de plusieurs références — y compris une de Renoir lui-même — à un modèle appelé « Margot », le certificat de décès ne laisse aucun doute sur son identité.

Lettres de Renoir à Gachet et à Murer, 25 février 1879, in Gachet 1957, pp. 85, 89-90; reg. État-civil

10 avril

Parution du premier numéro de *La Vie moderne,* journal fondé par Charpentier et édité par Émile Bergerat. Edmond Renoir en est le rédacteur en chef en 1884-5.

E. Renoir in Rewald 1945, pp. 183-4

avril-mai

Renoir comme Cézanne et Sisley refusent de participer à la 4ᵉ exposition de peinture organisée par les Impressionnistes, 28 avenue de l'Opéra.
Cat.

mai-juin

Il expose au Salon :
n° 2527 *Portraits de Mme G.C. et de ses enfants* [Mme Georges Charpentier, *voir* cat. n° 43].
n° 2528 *Portrait de Mlle Jeanne Samary,* sociétaire de la Comédie Française.
n° 4476 *Portrait de Paul C...* (pastel).
n° 4477 *Portrait de Théophile B...* (pastel).

Le château de Wargemont
(Paris, Musée d'Orsay,
Documentation des peintures)

Dessus de porte peint par Renoir,
Wargemont
(Paris, Musée d'Orsay,
Documentation des peintures)

Dessus de cheminée peint par Renoir,
Wargemont
(Paris, Musée d'Orsay,
Documentation des peintures)

		Le portrait de Mme Charpentier est accroché au Salon « au centre du mur » grâce à l'influence combinée du modèle et d'Ephrussi. Cat.; Kolb, Adhémar 1984, p. 30
	juin	La cinquième exposition de la galerie de *La Vie moderne* (probablement des pastels) est consacrée à Renoir. Edmond Renoir écrit un article sur l'exposition le 19 juin sous forme d'une lettre adressée à Émile Bergerat. Renoir participe aussi à une exposition de dessins (1re série) qui se tient à la galerie en juillet et à l'exposition *Les tambourins de la Vie moderne* en décembre. *La Vie moderne*, 19 juin 1879, pp. 174-5; 17 juillet 1879, p. 239; 20 décembre 1879, p. 581
	été	Il séjourne à Wargemont sur la côte normande chez les Berard (*voir* cat. nos 44, 45) qu'il a rencontrés par l'intermédiaire de Deudon dans le salon de Mme Charpentier. Perruchot 1964, p. 364; Berard 1938, p. 9
	septembre	Il rend visite à Jacques-Émile Blanche et à sa mère à Dieppe où il peint pour leur maison des décorations à thèmes wagnériens. Blanche 1949, p. 440; Meier-Graefe 1912, p. 108
		Jacques Spuller, dont il fit un portrait exposé en 1877, Sous-Secrétaire d'État à la Présidence du Conseil du cabinet Gambetta, essaie d'obtenir pour Renoir une commande de l'État. Lettres de Renoir à Charpentier, in *Florisoone* 1938, pp. 32-4; lettre de Caillebotte à Pissarro [été 1879], in Berhaut 1978, p. 245
1880	janvier	Il se casse le bras droit et s'amuse « à travailler de la main gauche ». Lettre de Renoir à Duret, 13 février 1880, in Paris, Braun *L'Impressionnisme* 1932, pp. 10-1
	avril	Il n'expose pas à la cinquième exposition de peinture organisée par les Impressionnistes, 10 rue des Pyramides. Cat.
	16 avril	Il assiste à l'enterrement de Duranty en compagnie de nombreuses personnalités. Crouzet 1964, p. 394
	mai-juin	Il expose au Salon : no 3195 *Pêcheuses de moules à Berneval (côte normande)* (*voir* cat. no 80, fig. 45). no 3196 *Jeune fille endormie* (*voir* cat. no 49). no 5703 *Portrait de Lucien Daudet* (pastel). no 5704 *Portrait de Mlle M.B.* (pastel). Cat.
		Les deux tableaux sont « accrochés dans la galerie circulaire qui règne autour du jardin; et la lumière crue du grand jour, les reflets du soleil, leur font le plus grand tort... » Zola 1880, in Zola 1970, p. 341
	10 mai	Renoir et Monet adressent une lettre au Ministre chargé des Beaux-Arts pour protester contre le mauvais accrochage de leurs œuvres et demander une exposition du groupe des Impressionnistes. Cézanne prie Zola de faire paraître la lettre dans *Le Voltaire*. Celui-ci écrit alors une série d'articles du 18 au 22 juin « Le naturalisme au Salon ». Lettre de Cézanne à Zola, 10 mai 1880, in Cézanne 1978, pp. 191-2
	23 mai	Un projet de règlement du Salon, élaboré par Renoir et rédigé par Murer, est publié dans *La Gazette des tribunaux*. Gachet 1956, pp. 166-7
	juin-juillet	Il rend visite aux Berard à Wargemont où il peint *Les géraniums,* datés 1880. Il lit les articles de Zola parus dans *Le Voltaire*. Lettre de Renoir à Chocquet, in Joëts 1935, p. 121
	juillet	« Renoir aurait quelques bonnes commandes de portraits à faire » (Cézanne). Il obtient en effet plusieurs commandes : de Mme Cahen d'Anvers (*voir* cat. no 52),

présentée au peintre par Charles Ephrussi, de M. Turquet, ancien Sous-Secrétaire d'État aux Beaux-Arts. Il travaille à ces portraits à Paris en juillet.
Lettre de Cézanne à Zola, 4 juillet 1880, in Cézanne 1978, pp. 193-4 ; Duret 1924, p. 62 ; lettre de Renoir à Berard [juillet 1880], in Daulte 1974, p. 12

14 juillet	Il assiste à la grande fête donnée par Murer dans son restaurant à l'occasion de la première célébration officielle de la fête nationale. Gachet 1956, p. 162
vers septembre-octobre	Il séjourne dans l'île de Chatou chez Fournaise, où il commence *Le Déjeuner des canotiers* (cat. n° 51). Probablement durant l'été ou à l'automne il rencontre Aline Charigot (Essoyes, 23 mai 1859 - Nice, 27 juin 1915) — sa future épouse — jeune couturière qui lui sert de modèle (*voir* cat. n° 51 etc.). Lettres de Renoir à Berard [fin de l'été 1880], in Berard 1968, pp. 3-5

1881	janvier	Durand-Ruel reprend des achats réguliers de séries de tableaux à Renoir. A.D.-R.
	mars-avril	Il voyage en Algérie (*voir* cat. n°s 54, 55) où il retrouve Lhote, Lestringuez et Cordey. Durant son séjour en Algérie, il envisage de faire un voyage à Londres que Duret prépare, puis il abandonne le projet. Rivière 1921, p. 189 ; lettre de Renoir à Duret, 4 mars 1881, in Paris, Braun, *L'Impressionnisme* 1932, p. 11 ; lettre de Renoir à Duret, lundi de Pâques 1881 (18 avril), in Florisoone 1938, p. 40 Ephrussi se charge de son envoi au Salon. Renoir explique dans une lettre à Durand-Ruel pourquoi il veut y exposer : « Il y a dans Paris à peine quinze amateurs capables d'aimer un peintre sans le Salon ». Lettre de Renoir à Duret, 4 mars 1881, in Paris, Braun *L'Impressionnisme* 1932, p. 11 ; lettre de Renoir à Durand-Ruel, mars 1881, in Venturi 1939, I, p. 115
	avril	A son retour, il loue un atelier rue Norvins (18e arr.). Vollard 1919, p. 106 Il peint à Chatou où Whistler lui rend visite (*voir* cat. n° 56). Lettre de Renoir à Duret, lundi de Pâques 1881 [18 avril] in Florisoone 1938, p. 40
	avril-mai	Il n'expose pas à la sixième exposition de peinture organisée par les Impressionnistes, 35 boulevard des Capucines. Cat.
	mai-juin	Il expose au Salon : n° 1986 *Portrait de Mlle xxx*. n° 1987 *Portrait de Mlle xxx*. Cat.
	juillet	Il séjourne à Wargemont chez les Berard (*voir* cat. n° 59). Pendant son séjour, Mme Blanche le reçoit avec réticence à Dieppe. Lettre de Renoir à Durand-Ruel 27 juillet 1881, in Venturi 1939, I, p. 116 ; lettre de Mme Émile Blanche au Dr Blanche 20 juillet 1881, in Blanche 1949, pp. 443-4 ; lettre de J.-E. Blanche au Dr Blanche 20 juillet 1881, in Blanche 1949, pp. 444-5
	septembre	Il est à nouveau à Wargemont. *Portrait d'Albert Cahen d'Anvers* signé et daté : 'Renoir, Wargemont, 9 septembre 81' (Daulte 1971, n° 362)
	octobre-novembre	Il part pour l'Italie à la fin du mois d'octobre. « [Je] suis devenu subitement voyageur et la fièvre de voir les Raphaël m'a pris. (...) J'ai pris par le Nord, et je vais descendre la botte toute entière... » Le 1er novembre il est à Venise (*voir* cat. n° 60). Il visite Padoue (selon Coquiot) et Florence (selon Coquiot et Vollard). Puis il se rend à Rome où il admire surtout les fresques de Raphaël. Fin novembre, il séjourne à Naples (auberge de la Trinacria). Il étudie au Musée les peintures de Pompéi. Lettre de Renoir à Mme Charpentier, in Florisoone 1938, p. 36 ; lettre de Renoir à Berard, 1er novembre 1881 (Vente Paris, Hôtel Drouot 16 février 1979, n° 69) ; Coquiot 1925, p. 84 ; Vollard 1938, p. 202 ; lettre de Renoir à Durand-Ruel, 21 novembre 1881, in Venturi 1939, I, pp. 116-7 ; lettre de Renoir à Deudon [? décembre 1881], in Schneider 1945, pp. 97-8

	décembre	Il visite la Calabre. A la fin de l'année, il est à Capri (Hôtel du Louvre) d'où il félicite Manet de sa nomination au grade de Chevalier de la Légion d'honneur. Aline Charigot l'accompagne pendant la dernière partie de son voyage (*voir* cat. n° 62).

J. Renoir 1962, pp. 224-8, 231 ; lettre de Renoir à Manet, 28 décembre 1881, in E. Moreau-Nélaton *Manet raconté par lui-même*, Paris 1926, p. 88 ; Manet 1979, p. 66

1882 janvier Il essaie d'obtenir une lettre d'introduction auprès de Wagner qui est à Palerme où il achève son opéra *Parsifal*. En attendant il visite Montreale. Wagner le reçoit le 14 janvier et le jour suivant il lui accorde trente-cinq minutes de pose.

Lettre de Renoir [janvier 1882], in Drucker 1944, pp. 132-4

17 janvier Renoir, qui est à Naples, prévoit de rentrer en France par Marseille.

Lettre de Renoir à Durand-Ruel, 17 janvier 1882, in Venturi 1939, I, pp. 117-8

23 janvier Il séjourne à l'Estaque (Hôtel des Bains) et travaille auprès de Cézanne (*voir* cat. n° 63).

Lettre de Renoir à Durand-Ruel, 23 janvier 1882, in Venturi 1939, I, p. 118

février Il attrape une pneumonie.

Lettres de Renoir à Durand-Ruel, 14 et 19 février 1882, in Venturi 1939, I, pp. 118-9

mars Renoir refuse de participer à la septième exposition des Artistes Indépendants dans les Salons du Panorama de Reichschoffen, 251 rue Saint-Honoré : « La première raison est que j'expose au Salon, ce qui ne s'accorde guère avec le reste. » Mais il ne peut empêcher Durand-Ruel d'exposer les toiles qui lui appartiennent. Celui-ci présente vingt-cinq tableaux de Renoir.

Lettre de Renoir à Durand-Ruel, 26 février 1882, in Venturi 1939, I, p. 121 ; cat.

mars-avril Sur les conseils de son médecin, il part en Algérie où il prévoit de séjourner quinze jours à Alger, mais il y reste six semaines environ. Il loue un appartement 30 rue de la Marine. Pendant son séjour, il peint surtout des personnages.

Lettre de Renoir à Chocquet, 2 mars 1882, in Joëts 1935, pp. 121-2 ; lettre de Renoir à Paul Berard (A. D.-R.) ; lettres de Renoir à Durand-Ruel, mars et 4 avril 1882, in Venturi 1939, I, pp. 122-5

mai-juin Il charge Paul Berard de son envoi au Salon où il expose :
n° 2268 *Portrait de Mlle Y.G....* (Yvonne Grimprel)

Lettre de Renoir à Paul Berard (A. D.-R.) ; cat.

juillet Des tableaux de Renoir sont présentés à l'exposition de peinture impressionniste organisée par Durand-Ruel à Londres, 13 King Street.

Cooper 1954, p. 23

été Renoir séjourne probablement à Wargemont chez les Berard. Accompagné par Durand-Ruel il rend visite à Monet à Pourville. Il fait de nombreuses visites à Jacques-Émile Blanche à Dieppe.

Wildenstein, 1979, II, p. 220 ; lettre de Monet à Pissarro, 16 septembre 1882, in Wildenstein 1979, II, p. 8 ; lettre de J.-E. Blancher au Dr Blanche, 13 août 1882, in Blanche 1949, p. 441

1883 De février à juin Durand-Ruel organise une série d'expositions monographiques : Boudin, Monet, Renoir, Pissarro, Sisley.

Cat.

avril Rétrospective Renoir, 9 boulevard de la Madeleine (70 numéros). Duret écrit la préface du catalogue. « Je prends comme type, parmi le groupe impressionniste, M. Claude Monet pour le paysage et M. Renoir pour la figure ».

Cat.

avril-juillet Dix tableaux de Renoir sont exposés par Durand-Ruel à la galerie Dowdeswell and Dowdeswell, à Londres 133 New Bond Street.

Cat.

mai-juin Il expose au Salon :
n° 2031 *Portrait de Mme C...* [Mme Clapisson, cat. n° 69].

Cat.

mai	Durand-Ruel envoie trois tableaux de Renoir à Boston à L'*American Exhibition of Foreign Products, Arts and Manufactures*. Cat.
été	Il se rend au Petit-Gennevilliers chez Caillebotte où il exécute le portrait de sa compagne Charlotte Berthier Berhaut 1978, pp. 18 n. 91,21
début septembre	Il se rend à Jersey puis à Guernesey où il séjourne un mois (*voir* cat. nᵒ 71) Lettre de Renoir à Berard, 5 septembre 1883, in Berard 1968, p. 4; lettre de Renoir à Durand-Ruel, 27 septembre 1883, in Venturi 1939, I, p. 126
automne	Il participe à une exposition impressionniste à la galerie Gurlitt à Berlin. Pissarro 1950, p. 66; Rewald 1973, pp. 498-500
16 décembre	Renoir et Monet partent en voyage d'études sur la Riviera (*voir* cat. nᵒ 70). Ils vont de Marseille à Gênes par petites étapes en visitant Hyères, Saint-Raphaël, Monte-Carlo et Bordighera. Sur le chemin du retour ils rendent visite à Cézanne. Lettre de Monet à de Bellio, 16 décembre 1883, in Wildenstein 1979, II, p. 232; lettre de Renoir à Durand-Ruel, *in* Venturi 1939, I, pp. 126-7; lettre de Cézanne à Zola, 23 février 1884, in Cézanne 1978, p. 214
	Vers 1883-4, selon Rivière, Renoir quitte son appartement 35 rue Saint-Georges (*voir* 1873 : septembre ; en mars 1885, il habite 18 rue Houdon (18ᵉ arr.). Rivière 1921, p. 88; reg. État civil

1884	janvier	Il expose deux tableaux au Cercle artistique de la Seine, 3 bis rue de la Chaussée-d'Antin. Fénéon, « exposition du Cercle artistique de la Seine », *La libre revue,* 16 janvier 1884, in Fénéon 1970, I, p. 22
		Rétrospective Manet à L'École Nationale Supérieure des Beaux-Arts. Renoir se réjouit du succès de l'exposition. Lettre de Renoir à Monet, in Geffroy 1924, II, pp. 24-5
	4-5 février	Vente Manet à l'Hôtel Drouot. Renoir n'a pu « se payer un souvenir de l'ami disparu ». Lettre de Bellio à Monet, 24 février 1884, in Wildenstein 1979, II, p. 27 nᵒ 262
	février	Il aide son frère aîné Victor, rentré ruiné de Russie. Lettre de Renoir à Monet [février 1884], in Baudot 1949, p. 59
	mai	A la suite du krach de l'Union Générale, Durand-Ruel est menacé de faillite. Renoir et Monet l'encouragent à vendre leurs tableaux bon marché. Wildenstein 1979, II, p. 30; lettre de Monet à Durand-Ruel, 15 mai [1884], in Wildenstein 1979, II, p. 252; lettre de Renoir à Durand-Ruel, mai 1884, in Venturi 1939, I, p. 127
		Renoir projette de fonder une nouvelle association de peintres : la Société des irrégularistes, prônant l'irrégularité comme esthétique. Il envisage aussi de publier un *Abrégé de la grammaire des Arts* inspiré par la lecture du *Traité de la peinture* de Cennino Cennini, traduit en 1858 par le peintre Mottez. Lionel Nunès, un parent de Pissarro est chargé par Renoir de recherches pour développer le texte initial. Venturi 1939, I, pp. 127-9 (brouillon A.L.); lettre de Monet à Pissarro, in Wildenstein 1979, II, pp. 252-3; Pissarro 1980, pp. 299-300 nᵒ 2
	été	Il séjourne chez les Berard à Wargemont. *L'après-midi des enfants à Wargemont* (cat. nᵒ 73) daté de 1884
		Selon Venturi, il se rend à La Rochelle (Hôtel d'Angoulème). « Le dernier tableau que j'avais vu de Corot m'avait donné une envie folle de voir ce port. » Lettre de Renoir à Durand-Ruel, s.d., in Venturi 1939, I, pp. 129-30
	Octobre-décembre	Renoir est à Paris. Monet suggère d'organiser des dîners mensuels pour réunir le groupe impressionniste. Lettres de Pissarro à Monet, 9 décembre 1884, in Pissarro 1980, p. 314; lettres de Monet à Pissarro, 11 novembre et 12 décembre 1884, in Wildenstein 1979, II, pp. 256-7

	8 décembre	Mirbeau publie un article favorable à Renoir dans *La France*

1885 5 janvier — Renoir participe au banquet organisé par la famille Manet et Antonin Proust chez le Père Lathuille pour célébrer l'anniversaire de l'exposition Manet de l'École des Beaux-Arts. Pissarro s'abstient.
Pissarro 1980, I, p. 322 ; lettre de Monet à Pissarro, in Wildenstein 1979, II, p. 257

22 janvier — Il assiste à l'inauguration de l'exposition d'Eva Gonzalès dans les locaux de *La Vie moderne*.
La Vie moderne, 24 janvier 1884, p. 60

21 mars — Naissance de Pierre, premier fils du peintre. L'adresse portée sur l'acte de naissance est 18 rue Houdon. Son parrain est Gustave Caillebotte.
Reg. État Civil ; J. Renoir 1962, p. 259

juin — Les tableaux de Renoir sont présentés à l'exposition organisée par Durand-Ruel à l'Hôtel du Grand-Miroir à Bruxelles.
Fénéon 1970, I, p. 38 ; Verhaeren 1927, pp. 177-81

été — Renoir s'installe avec sa famille à La Roche-Guyon (*voir* cat. n° 76) près de Giverny, où il loue une maison dans la Grande Rue. Cézanne s'installe chez eux avec Hortense Fiquet et leur fils Paul du 15 juin au 11 juillet. En juillet Renoir est à Wargemont chez les Berard mais il retourne en août à La Roche-Guyon.
Lettre de Cézanne à Zola, 6 juillet 1885, in Cézanne 1978, pp. 218-20 ; Rewald, *Paul Cézanne*, Londres 1950, p. 119 ; lettres de Renoir à Durand-Ruel [juillet-août 1885], in Venturi 1939, I, p. 130-1 ; lettre de Renoir à Berard, 17 août 1885 (Vente Paris, Hôtel Drouot, 16 février 1979, n° 74)

septembre-octobre — Il se rend pour la première fois à Essoyes (Aube), le village natal d'Aline Charigot (*voir* cat. n° 77).
Lettres de Renoir à Durand-Ruel [septembre-octobre 1885], in Venturi 1939, I, p. 133

novembre — De Wargemont où il séjourne chez les Berard, Renoir félicite Durand-Ruel au sujet d'une lettre parue dans L'*Événement* du 5 novembre 1885, concernant un procès contre la maison Goupil à propos d'une affaire de faux tableau.
Lettre de Renoir à Durand-Ruel [novembre 1885], in Venturi 1939, I, p. 134 ; Venturi 1939, II, pp. 249-52 ; lettre de Monet à A. Hoschedé, 30 octobre 1885, in Wildenstein 1979, II, pp. 263-4 ; Venturi 1939, I, pp. 72-3

L'adresse de Renoir portée sur les listes électorales de 1885 est 37 rue Laval (9e arr.) (aujourd'hui rue Victor-Massé). Cette adresse apparaît aussi dans une lettre à Octave Maus du 30 novembre 1885, concernant la participation de Renoir à l'exposition des XX à Bruxelles en février 1886.
A.P., listes électorales, D¹M², 9e arr., quartier Saint-Georges, 1885 ; lettre de Renoir à Maus, 30 novembre 1885, in Venturi 1939, II, p. 227 ; cat.

Durant l'hiver 1885-6 Berthe Morisot organise des réunions amicales chez elle. Renoir y participe souvent.
Rouart 1950, pp. 127-8

1886 11 janvier — Berthe Morisot rend visite à Renoir à son atelier où elle admire ses *Maternités* et ses *Baigneuses*.
Rouart 1950, p. 128

février — Il envoie huit tableaux à l'Exposition des XX à Bruxelles.
Lettres de Renoir à O. Maus [5-10 janvier 1886], in Venturi 1939, II, pp. 228-9 ; cat.

avril-juin — Durand-Ruel organise une exposition à New York, patronnée par l'American Art Association, comprenant trente-huit peintures et pastels de Renoir. Théodore Duret écrit la préface du catalogue. L'exposition est présentée à l'American Art Galleries en avril et à la National Academy of Design en mai-juin.
Venturi 1939, II, p. 216 ; cat.

mai — Renoir refuse de participer à la huitième et dernière exposition de peinture organisée par les Impressionnistes, 1 rue Laffitte.
Lettre de Pissarro à son fils Lucien [5 avril 1886], in Pissarro 1950, p. 102

	juin-juillet	Cinq tableaux de Renoir sont présentés à la cinquième exposition internationale à la galerie Georges Petit, rue de Sèze ; Paul Durand-Ruel à son retour de New York, le 18 juillet, visite l'exposition où « il a vu les Renoir, il n'aime pas du tout sa nouvelle manière, mais pas du tout. » Cat. ; lettre de Pissarro à son fils Lucien, 27 juillet 1886, in Pissarro 1950, p. 108
	16 juin	Mirbeau publie un article élogieux sur le peintre dans *Le Gaulois*. Renoir le remercie. Lettre de Renoir à Mirbeau, 18 juin 1886 (Vente Paris, Hôtel Drouot, 19 juin 1979, n° 138)
	juillet	Renoir est à La Roche-Guyon où il reste jusqu'à la fin du mois. Lettres de Renoir à J. Durand-Ruel [3 juillet 1886, juillet 1886], in Venturi 1939, I, pp. 134-5
	août-septembre	Il fait « le tour de la Bretagne du Nord », séjourne à La Chapelle-Saint-Briac (Ille-et-Vilaine) où il a loué la « Maison Perette » pour deux mois. Il invite Monet à venir le rejoindre et lui recommande Le Guildo, un château en ruines près de Saint-Briac qu'il admire particulièrement. Il prévoit son retour pour le 25, puis le 27 septembre et même plus tard si Monet se décide à venir. Lettre de Renoir à Berard [août 1886] (Vente Paris, Hôtel Drouot, 16 février 1979, n° 73) ; lettres de Renoir à Durand-Ruel [août 1886], in Venturi 1939, I, pp. 135-7 ; lettres de Monet à A. Hoschedé, 21, 29 septembre 1886, in Wildenstein 1979, II, pp. 277-8 ; lettre de Renoir à Monet, in Geffroy 1924, II, pp. 23-4
	15 octobre	Il emménage 35 boulevard Rochechouart (9e arr.), où il reste au moins une année. A.P., listes électorales, D¹M², 9e arr., quartier Saint-Georges, 1887 ; lettre de Renoir à Durand-Ruel [septembre 1886], in Venturi 1939, I, p. 137 ; lettre de Renoir à Monet, 15 octobre 1886 (Vente Paris, cat. Charavay, octobre 1980 n° 770) ; lettre de Renoir à Berard, 24 septembre [1887] (Vente Paris, Hôtel Drouot, 11 juin 1980, n° 94)
	décembre	Il séjourne en famille à Essoyes jusqu'au début du mois de janvier. Lettre de Renoir à Murer, 30 décembre 1886, in Gachet 1957, p. 98
1887	5-6 mai	Durand-Ruel organise une vente aux enchères à New York, aux Moore's Art Galleries - 290 Fifth avenue, où cinq tableaux de Renoir sont proposés. Cat. (A. D.-R.)
	mai-juin	Deuxième exposition organisée par Durand-Ruel à la National Academy of Design de New York, patronnée par l'American Art Association, comprenant cinq tableaux de Renoir. Cat. ; Venturi 1939, II, p. 218
		Il participe à la 6e exposition internationale à la galerie Georges Petit où il expose cinq tableaux dont les *Baigneuses* (fig. 37). Cat.
	août	Il est au Vésinet, 35 rue de la Station. Lettre de Renoir à Murer, jeudi 4 août [1887], in Gachet 1957, p. 94
	septembre	Il fait des allées et venues entre Paris et Louveciennes. Lettre de Renoir à Berard, 24 septembre [1887] (Vente Paris, Hôtel Drouot 11 juin 1980, n° 94)
	septembre-octobre	Il rend visite à Murer à Auvers ; il y rencontre Pissarro. Pissarro 1950, pp. 162-3
1888	15 janvier	Mallarmé annonce qu'il a porté chez l'éditeur Dentu le manuscrit de son poème en prose *Le tiroir de laque* pour lequel sont prévues quatre illustrations en couleurs et à l'eau-forte de John Lewis Brown (couverture), Degas, Renoir et Morisot. Le volume ne paraît qu'en 1891 chez Deman, sous le titre *Pages* avec pour unique illustration une eau-forte de Renoir pour *Le Phénomène futur* en frontispice. Lettre de Mallarmé à Verhaeren, 15 janvier [1888], in Mallarmé 1969, III, pp. 161, 162 n. 3, 163
	1er février	Durand-Ruel envoie de l'argent à Renoir au Jas de Bouffan où il séjourne en famille chez Cézanne. Mais « à cause de l'avarice noire qui règne dans la

maison », il s'installe à l'Hôtel Rouget aux Martigues : « la Venise et la Constantinople des Ziem et peintres Suédois. »

A. D.-R., livre de comptes ; lettre de Renoir à Monet [février 1888], in Baudot 1949, pp. 53-4 ; lettres de Monet à A. Hoschedé [21 janvier 1888, 13 février 1888], in Wildenstein 1979, III, pp. 225-9

mars	Il quitte subitement Les Martigues pour regagner Louveciennes où sa mère est malade. Lettre de Renoir à Durand-Ruel [mars 1888], in Venturi 1939, I, pp. 139-40
mai-juin	Exposition à la galerie Durand-Ruel, rue Le Peletier, comprenant : 19 peintures, 5 pastels et gouaches de Renoir. Cat.
été	Il travaille à Argenteuil et fait de brefs séjours à Essoyes. Lettre de Renoir à Murer, in Gachet 1957, p. 99
septembre	Il séjourne chez Caillebotte au Petit-Gennevilliers. Lettre de Renoir à Murer, 29 septembre 1888 (cachet de la poste), (Université de Paris, Bibliothèque d'Art et d'Archéologie, fonds Doucet) « J'ai longtemps causé avec Renoir. Il m'a avoué que tout le monde, Durand, amateurs anciens, lui criaient après, déplorant ses tentatives pour sortir de sa période romantique » (Pissarro). Lettre de Pissarro à son fils Lucien, 1er octobre 1888, in Pissarro 1950, p. 178
automne	Il s'installe jusqu'à la fin de l'année à Essoyes « pour fuir les modèles coûteux de Paris ; ... [et faire] des blanchisseuses ou plutôt des laveuses au bord de la rivière. » (*voir* cat. nº 80) Lettre de Renoir à E. Manet, in Rouart 1950, p. 142
fin décembre	A la suite d'un coup de froid, il est atteint de paralysie faciale. Lettre de Renoir à Charpentier, 29 décembre 1888, in Florisoone 1938, p. 38 ; lettre de Renoir à E. Manet, in Rouart 1950, p. 143 ; lettre de Renoir à Durand-Ruel [31 décembre 1888], in Venturi 1939, I, pp. 140-1

1889		Son adresse portée sur les listes électorales est 11 boulevard de Clichy (9e arr.). Renoir occupe deux ateliers situés face à face sur le palier du 2e étage. Cette adresse apparaît aussi sur son certificat de mariage en avril 1890, mais en octobre il déménage 13 rue Girardon (18e arr.). Il utilise encore les deux ateliers en 1894. A.P., listes électorales, D1M2, 9e arr., 1889, 1890 ; A.P., calepins cadastraux, D1P4 C/10, 1876 ; reg. État-civil ; lettre de Renoir à Murer, 30 octobre 1890, in Gachet 1957, p. 101 ; A.L., P8
	24 avril	Il annonce au Dr Gachet une amélioration de son état de santé. Il projette de lui rendre visite à Auvers après un bref séjour chez son frère à Villeneuve. Lettre de Renoir à Gachet, 24 avril 1889, in Gachet 1956, p. 84
	juillet	Il refuse de participer à la Centennale (exposition rétrospective de l'art français au XIXe siècle) prévue dans le cadre de l'Exposition Universelle de 1889. Il écrit à Roger Marx : « Quand j'aurai le plaisir de vous voir, je vous expliquerai ce qui est bien simple, que je trouve tout ce que j'ai fait mauvais et que ce me serait on ne peut plus pénible de le voir exposé. » Lettre de Renoir à R. Marx [10 juillet 1889] (Paris, Musée du Louvre, Cabinet des dessins)
	été	Selon Rewald, il passe l'été à Montbriant près d'Aix-en-Provence, dans une propriété qu'il a louée au beau-frère de Cézanne (*voir* cat. nº 81). Il peint des paysages. Rewald, *Paul Cézanne*, Londres 1950, p. 142
	11 août	Il écrit à Monet au sujet de la souscription lancée pour l'achat d'*Olympia* : « Impossible de trouver l'argent (...) Manet ira au Louvre sans moi, je l'espère, mais je ne puis faire autre chose que des vœux pour la réussite de ce que vous tentez. » Il envoie cependant cinquante francs le 10 janvier 1890. Lettres de Renoir à Monet, 11 août [1889] et 10 janvier 1890, in Geffroy 1924, I, p. 245

Catalogues d'exposition disponibles

Art moderne

Reynold Arnould (Hommage à)
  Grand Palais 1983 - 30 F
L'art moderne dans les musées
de Province
  Grand Palais 1978 - 75 F
Cappiello
  Grand Palais 1981 - 70 F
Marc Chagall, Vitraux et
Sculptures
  Musée Chagall, Nice 1984 -
  60 F
Donation Picasso
  Louvre 1978 - 35 F
Le douanier Rousseau
  Grand Palais 1984
  140 F broché
L'Impressionnisme
et le paysage français
  Grand Palais 1985
  200 F broché
Manet
  Grand Palais 1983
  160 F broché - 320 F relié
Mucha
  Grand Palais 1980
  65 F broché
Charles Nègre
  Musée du Luxembourg 1980 -
  70 F
Pissarro
  Grand Palais 1981
  80 F broché - 130 F relié
De Renoir à Matisse
  Grand Palais 1978 - 20 F

Peinture

Art Européen à la Cour
d'Espagne au XVIIIe siècle
  Grand Palais 1979 - 60 F
Chardin
  Grand Palais 1979 - 68 F
Cimabue, le crucifix de
Santa Croce
  Louvre 1982 - 65 F
Conservation et restauration.
Peintures des musées de Dijon
  Musée Magnin, Dijon 1983 -
  35 F
Courbet
  Grand Palais 1977
  60 F broché
Courbet
  Dossier de «l'atelier du
  peintre»
  Grand Palais 1977 - 15 F
Diderot et l'art de Boucher à
David - Les Salons 1759-1781
  Hôtel de la Monnaie, 1984
  210 F broché
Fouquet
  Louvre 1981 - 30 F
Gainsborough
  Grand Palais 1981 - 70 F
Claude Gellée dit le Lorrain
  Grand Palais 1983 - 115 F
Hippolyte, Auguste et Paul
Flandrin
  Luxembourg, 1984
  120 F broché
Le Nain
  Grand Palais 1978 - 65 F
La Liberté guidant le peuple
de Delacroix
  Louvre 1982 - 34 F

Le Louvre d'Hubert Robert
  Louvre 1979 - 22 F
La Madone de Lorette
  Musée Condé, Chantilly 1979
  30 F
Murillo dans les musées français
  Louvre 1983 - 35 F
Natoire
  Compiègne 1977 - 20 F
Un nouveau monde :
Chefs-d'œuvre de la peinture
américaine, 1760-1910
  Grand Palais 1984 - 150 F,
  éd. angl.
La peinture flamande au
XVIIe siècle
  Louvre 1977 - 20 F
La peinture française du
XVIIe siècle
dans les collections américaines
  Grand Palais 1982 - 100 F
Les peintures de Hans Holbein
le Jeune
  Louvre 1985 - 45 F broché
Raphaël et l'art français
  Grand Palais 1983 - 158 F
Raphaël dans les collections
françaises
  Grand Palais 1983 - 158 F
Le XVIe siècle florentin au
Louvre
  Louvre 1982 - 32 F
Watteau
  Grand Palais 1984
  210 F cart.

Dessins

L'aquarelle en France au
XIXe siècle
  Louvre 1983 - 60 F
Acquisitions du Cabinet des
dessins
(1973-1983)
  Louvre 1984 - 65 F
L'atelier de François Desportes
à la Manufacture de Sèvres
  Louvre 1982 - 60 F
Autour de Raphaël
  Louvre 1983 - 70 F
Les collections du Comte
d'Orsay -
Dessins du musée du Louvre
  Louvre 1983 - 90 F
De Burne-Jones à Bonnard.
Dessins provenant du musée
national d'art moderne
  Louvre 1977 - 15 F
Dessin et Sciences,
XVIIe-XVIIIe siècle
  Louvre 1984 - 65 F
Dessins baroques florentins
  Louvre 1981 - 85 F
Dessins de Bouchardon : la
statue équestre de Louis XV
  Louvre 1972 - 18 F
Dessins du musée de Darmstadt
  Louvre 1971 - 18 F
Dessins du musée de Dijon
  Louvre 1976
  32 F relié
Dessins français de 1750 à 1825
Le néo-classicisme
  Louvre 1972 - 15 F
Dessins français du XVIIe siècle
  Louvre 1984 - 65 F

Dessins français du XIXe siècle
du musée Bonnat à Bayonne
  Louvre 1979 - 35 F
Donations Claude Roger-Marx
  Louvre 1980 - 45 F
Graveurs français de la seconde
moitié du XVIIIe siècle
  Louvre 1985 - 70 F
Maîtres de l'eau-forte des XVIe
et XVIIe siècles
  Louvre 1980 - 45 F
Le néo-classicisme français -
Dessins des musées de province
  Grand Palais 1974 - 30 F
Rubens, ses maîtres, ses élèves
  Louvre 1978 - 35 F

Sculptures

Les Chevaux de Saint-Marc
  Grand Palais 1981
  80 F broché - 130 F

Objets d'art

Céramique du Beauvaisis du
Moyen Age au XVIIIe siècle
  Sèvres 1973 - 22 F
Faïences françaises
  Grand Palais 1980 - 85 F
Faïences de Delft
  Sèvres 1954 - 3,50 F
Faïences de Rouen
  Lille 1953 - 5 F
Romain (Jules) Histoire de
Scipion
  Grand Palais 1978 - 55 F
De la terre et du feu
Cinq potiers contemporains
  Sèvres 1983 - 40 F
Le trésor de Saint-Marc de
Venise
  Grand Palais 1984 - 150 F

Histoire de France

L'art celtique en Gaule
  Musée du Luxembourg 1983 -
  50 F
Des Burgondes à Bayard
  Musée du Luxembourg 1983 -
  55 F
Cinq années d'enrichissement
du patrimoine national
  Grand Palais 1980
  90 F - 35 F album
Défense du Patrimoine national
  Louvre 1978 - 50 F
Madame Campan
  Malmaison 1972 - 20 F
Le Roi René
  Musée des Monuments
  français
  1981 - 25 F
Le temple, représentations de
l'architecture sacrée
  Musée Chagall, Nice 1982 -
  94,50 F
La vie mystérieuse des
chefs-d'œuvre
  Grand Palais 1980
  135 F broché

Arts et traditions populaires

L'abeille, l'homme, le miel et la
cire
  A.T.P. 1981
  55 F broché - 90 F relié
Alsace, vignerons et artisans
  A.T.P. 1976 - 20 F
Après la pluie, le beau temps...
la météo
  A.T.P. 1984 - 65 F
Le fait divers
  A.T.P. 1982 - 65 F
Hier pour demain
  Grand Palais 1980
  70 F broché - 110 F relié
Mari et femme dans la France
traditionnelle
  A.T.P. 1973 - 16 F
Saint Sébastien, rituels et figures
  A.T.P. 1983 - 65 F

Civilisations

L'Amérique vue par l'Europe
  Grand Palais 1976 - 65 F
Avant les Scythes
  Grand Palais 1979 - 45 F
Esprits et dieux d'Afrique
  Musée Chagall, Nice 1980 -
  50 F
Mer Égée, Grèce des Iles
  Louvre 1979 - 65 F
Les mandala himalayens du
musée Guimet
  Musée Chagall, Nice 1981 -
  50 F
Naissance de l'écriture
  Grand Palais 1982 - 100 F
La rime et la raison, les
collections Ménil
  Grand Palais 1984 - 150 F
Trésors du Kremlin
  Grand Palais 1979
  65 F broché

En vente :

- chez votre libraire
- au musée du Louvre
- par correspondance,
  au Service
  commercial
  de la RMN
  10, rue de l'Abbaye
  75006 Paris